Caryle Hirshberg / Marc Ian Barasch

Unerwartete Genesung

Caryle Hirshberg / Marc Ian Barasch

Unerwartete Genesung

Die Kraft zur Heilung kommt aus uns selbst

Mit einem Vorwort von Walter M. Gallmeier

Droemer Knaur

Titel der Originalausgabe: Remarkable Recovery
Originalverlag: Riverhead Books, New York

Aus dem Amerikanischen von
Enrico Heinemann, Reiner Pfleiderer
und Martina Reitz

Die Deutsche Bibliothek – CIP-Einheitsaufnahme

Hirshberg, Caryle:
Unerwartete Genesung : Die Kraft zur Heilung kommt aus uns selbst
Caryle Hirshberg/Marc Ian Barasch.
Aus dem Amerikan. von Enrico Heinemann …
– München : Droemer Knaur, 1995
Einheitssacht.: Remarkable Recovery <dt.>
NE: Barasch, Marc Ian

Die Folie des Schutzumschlages sowie die Einschweißfolie
sind PE-Folien und biologisch abbaubar. Dieses Buch
wurde auf chlor- und säurefreiem Papier gedruckt.

Umschlaggestaltung: Agentur ZERO, München
Umschlagfoto: Gruner+Jahr / Photonica, Hamburg
Satzarbeiten: Dr. Ulrich Mihr GmbH, Tübingen
Druck und Bindung: Franz Spiegel Buch, Ulm
Printed in Germany
ISBN 3-426-26869-8

2 4 5 3 1

Unseren Eltern für ihre Liebe,
Unterstützung
und grenzenlose Toleranz

Inhaltsverzeichnis

Vorwort zur deutschen Ausgabe

Unerwartete Genesungen sind ein wichtiges Thema in unserer Medizin, und doch bleiben sie weithin unbeachtet. Wir Ärzte scheuen uns, sie zu diskutieren, und wer es dennoch tut, findet sich als Wissenschaftler und Arzt rasch im Abseits. Mehr scherzhaft wird man dann zitiert: »Wer nicht an Wunder glaubt, der ist kein Realist.« Aber ich würde hier gerne ergänzen: Wer nicht wahrnimmt, was jeder sehen kann, gibt damit seinen Anspruch als Wissenschaftler auf, weil er an der Realität vorbeischaut.
Unerwartete Genesungen sind eine Realität – auch in der Medizin des 20. Jahrhunderts. Sie sind ein seltenes Phänomen, und dennoch erlebe ich als Klinikarzt immer wieder Menschen, deren Krankheit günstiger verläuft, als wir befürchtet hatten. Es gibt viele Kategorien unerwarteter Genesungen. Manchmal leben Kranke einfach länger, als ihre Ärzte ihnen vorausgesagt hatten. Aber kein Arzt kann Leben oder Sterben wirklich prognostizieren, zeitliche Festlegungen sollten daher auch nicht ausgesprochen werden. In vielen Fällen erreichen wir heute in der modernen Onkologie, etwa mit Hochdosis-Chemotherapie und Knochenmark-Transplantation, Genesungen und Heilungen selbst in Fällen, bei denen

die Chancen gering waren. Ein glücklicher Ausgang ist hier allerdings noch gut erklärbar. Immer wieder sieht der Arzt aber auch Kranke, bei denen eine langfristige Heilung von vornherein unrealistisch war, seine Bemühungen jedoch zu einer Besserung im Befinden und damit zu einem lebenswerten und erfüllten Leben beitragen konnten – ebenfalls eine wertvolle, wenn auch häufig nur kurze, unerwartete Genesung.
Daneben aber gibt es die sehr kleine Gruppe von Menschen mit weit fortgeschrittener Krebserkrankung, deren Zustand sich unaufhaltsam verschlechtert, bei denen vielleicht eine Linderung der Beschwerden, nicht aber eine Beeinflussung der Grundkrankheit möglich erschien, und die dennoch gegen jede Erwartung genesen. Ich habe solche Fälle in meiner Praxis gesehen, wie etwa den heute 66jährigen Mann mit einem Lungenkarzinom und weit fortgeschrittener Metastasierung, dessen Tumor ich nicht mehr behandeln konnte. Mit einer Schmerztherapie habe ich ihn nach einem ausführlichen und offenen Familiengespräch nach Hause entlassen. Gut gelaunt und völlig gesund erschien er nach einem Jahr wieder in meinem Büro. Er hatte 25 kg an Gewicht zugenommen und brauchte nun Unterlagen für eine kleine geplante Operation. Die vorher sehr genau dokumentierte Krebskrankheit war verschwunden, große Metastasen waren nicht mehr sichtbar, und dies, ohne daß der Kranke irgend etwas für uns Ärzte Außergewöhnliches unternommen hatte – keine unkonventionelle Heilmethode, keine ungewöhnliche Diät, keine für uns erkennbare Änderung in seinem Leben. Eine unerwartete Genesung, vor der wir ohne schlüssige Erklärung mit Staunen stehen.
Unerwartete Genesungen sind also ein – sehr seltenes – Phänomen des ärztlichen Alltags, eine Realität, auf die sicherlich viele Kranke hoffen und der wir Ärzte uns nicht entziehen können, selbst wenn wir es wollten. Vor unseren Augen läuft hier ein Heilungsprozeß ab, von dem wir immer noch – trotz aller Erfolge der Medizin – so wenig wissen. Die Hoffnung liegt nahe, aus diesen »Experimenten der Natur« für die klinische Praxis zu lernen, und doch ist es kein Zufall, daß diese Quelle der Information von unserer Medizin so wenig genutzt wird. Auch für den unvorein-

genommenen Wissenschaftler ist es schwierig, Konzepte und Untersuchungsmethoden heranzuziehen oder zu entwickeln, mit denen wir unser Verständnis für diese sogenannten Spontanremissionen erweitern können.

Daher ist das Buch von Caryle Hirshberg und Marc Ian Barasch so wichtig und kommt zu einem idealen Zeitpunkt in die Diskussion. Es stützt sich auf die gründlich recherchierte wissenschaftliche Literatursammlung, die C. Hirshberg und der leider zu früh verstorbene B. O'Reagan im Auftrag des Institute for Noetic Sciences erstellt und 1993 veröffentlicht haben. Aus einer Fülle von detaillierten Krankengeschichten und persönlichen Begegnungen berichten Hirshberg und Barasch nun über das breite Spektrum der unerwarteten Genesungen. Vielleicht könnte ich als Onkologe in dem einen oder anderen Fall eine medizinische Erklärung anbieten, vielleicht stimme ich auch nicht mit allen ihrer Hypothesen überein, aber das ist nicht die Frage. Von Bedeutung ist, im Zusammenhang an einer Reihe von Schicksalen zu erleben: Wie gehen Menschen mit schwerer Krankheit um, und unter welchen Umständen trat eine unerwartete Genesung auf, gerade dort, wo sich keine plausible Erklärung anbietet?

Die Autoren schreiben mit großer Nüchternheit und doch mit Verständnis und Anteilnahme über die Menschen, denen sich unerwartet ein Weg aus schwerer Erkrankung geöffnet hat. Viele von ihnen haben sie persönlich besucht und kennengelernt. So resultieren nicht sensationelle oder rührselige Berichte, sondern eindringliche Tatsachenschilderungen von ungewöhnlichen Vorgängen. Viel wichtiger erscheint mir aber: Caryle Hirshberg und Marc Ian Barasch haben es bewußt vermieden, simple Erklärungen oder voreilige Deutungen abzugeben, sie engen die Fragestellung auch nicht unzulässigerweise ein, etwa auf »die Psyche«, »den Geist« oder »das Immunsystem«, sondern behalten das breite Spektrum der biologischen und menschlichen Reaktionen im Blickfeld. Unter Hinweis auf die Vielschichtigkeit und allseitige Vernetzung der Lebensfunktionen weisen sie darauf hin, wie schwierig es ist, das komplexe Geschehen unerwarteter Genesungen zu beschreiben oder gar zu verstehen. Wer dieses Buch liest, ist von der intellektuellen Redlichkeit und Wahrhaftigkeit der Au-

toren genauso beeindruckt wie von ihrer Menschlichkeit und Solidarität mit Menschen in Not.
Entsprechend zurückhaltend sind auch ihre Empfehlungen. Sie haben gezeigt, wie unterschiedlich die Wege der einzelnen Betroffenen sind, und geben daher bewußt keine konkreten Ratschläge oder Rezepte. Dem Leser wird klar, daß Spontanremissionen mit keiner Methode angestrebt, erreicht oder gar erzwungen werden können.
Exemplarisch wird ein Patient des Psychotherapeuten LeShan zitiert: »Man kann es nicht vorschreiben und nicht lehren, aber man kann es erlernen.« Und der Arzt Johannes Schilder äußert die Hoffnung, daß durch Erfahrung bestimmte Verhaltensweisen und Situationen gefunden werden könnten, die einen Patienten in die Lage versetzen, seine »erworbene Hilflosigkeit« zu durchbrechen und wieder eigene Stärke zu entwickeln. Eigenverantwortung und Eigeninitiative des Kranken spielen sicher eine größere Rolle, als wir Ärzte bisher annahmen. Sie bestimmen zumindest die Qualität eines weiteren Lebens mit Krankheit und möglicherweise dessen Dauer. Und dennoch frage ich mich bei dem Zitat von Dr. Johannes Schilder: »... daß es nicht so sehr darauf ankommt, was die Patienten tun, sondern vielmehr darauf, wer sie sind«: Wissen wir das? Sind es andere Menschen, vielleicht sogar »außergewöhnliche« – wie der Autor eines Erfolgsbuchs meint –, denen eine unerwartete Genesung zufällt? Ist sie das Ergebnis ihrer Anstrengungen? Oder liegt der Schlüssel vielleicht ganz woanders, und könnte es sein, daß die Naturwissenschaften ihn in den nächsten Jahren finden? Wer soll man denn sein? Ein anderer oder besserer Mensch? Was soll man tun? Warum schaffen so viele das nicht, was diesen wenigen anscheinend gelungen ist?
Diese Fragen sind derzeit offen, zum Teil aber auch schon in Bearbeitung. Für gefährlich halte ich Schlußfolgerungen, die unerwartete Genesungen zur Angelegenheit des »richtigen« Tuns oder der »rechten« Einstellung eines Kranken machen. Damit wird kranken Menschen ungerechtfertigterweise eine Bürde aufgelastet, die das hoffnungsvolle Geschehen zur Quelle von Schuld und Verzweiflung machen kann.

Die Autoren dieses Buches tun dies nicht. Sie nehmen unerwartete Genesungen zum Anlaß, Fragen zu stellen zu Medizin, Krankheit und Kranksein. Für mich ist es nicht (mehr) strittig, daß bei jeder Behandlung, z.B. in der modernen Onkologie bei Strahlentherapie, Operation oder Medikation, stets ein noch unbekannter Anteil von Heilkräften anderen, noch unerklärten und sicherlich irgendwann einmal erklärbaren Ursprungs mitwirkt. Aus der Theorie der Chemotherapie etwa weiß ich, daß auch bei Einsatz der wirksamsten Medikamente stets nur ein bestimmter Prozentsatz bösartiger Zellen zugrunde geht, ganz gleich, ob vor Behandlung sehr viele oder sehr wenige vorhanden waren. Jede Heilung durch Chemotherapie – und es gibt deren viele – ist nur möglich, wenn andere »körpereigene Kräfte« wirksam werden. Damit ist z. B. jede durch Chemotherapie erreichte Heilung auch ein Beweis für das erfolgreiche Zusammenwirken medizinischer Eingriffe und biologischer Abläufe im Patienten. Naturwissenschaftlich begründete Therapie ist daher immer – bald mehr, bald weniger – Hilfe zur Selbsthilfe. Die großen Erfolge der modernen Medizin geben Anlaß zu Stolz und Freude, sie sollen jedoch niemals der Grund sein für Arroganz und Überheblichkeit gegenüber unbekannten Phänomenen, Spontanremissionen oder unerwarteten Genesungen, nur deshalb, weil dies etwas ist, das wir nicht oder noch nicht verstehen.
Zu Recht weisen auch Hirshberg und Barasch auf die zwischenmenschlichen Beziehungen als einen wichtigen Faktor im Heilprozeß hin, der sich unserer Erfahrung nach nicht nur an dem Patient-Arzt-Verhältnis, sondern an der Wirksamkeit des gesamten therapeutischen Umfeldes zeigen läßt. Wir haben gelernt, daß die Individualität des Arztes wie die des Kranken eine bedeutsame Rolle in dem therapeutischen Beziehungsgeflecht hat und beachtet werden muß. Wir wissen auch, daß die für die Betreuung wichtige Beziehung zum Kranken nur so gut sein kann, wie es die zwischen den Betreuern selbst ist.
Nicht erst seit meinen Gesprächen mit Brendan O'Reagan 1988 interessieren wir uns an der von mir geleiteten Klinik für Spontanremissionen. Wie die Autoren sind wir der Auffassung, daß das Studium unerwarteter Remissionen Erkenntnisse für die Betreu-

ung und Behandlung anderer Patienten bringen müßte. Deshalb haben wir von der Deutschen Krebshilfe in Bonn den Auftrag übernommen, in einer von ihr unterstützten »Arbeitsgruppe Biologische Krebstherapie« u. a. auch unerwartet gute Krankheitsverläufe zu studieren und auszuwerten. Mit dem diesem Buch beigelegten Fragebogen meines Kollegen, des Krebsspezialisten und Psychotherapeuten Dr. Herbert Kappauf, bitten wir Kranke, Angehörige, ihre Ärzte und andere Betreuer, uns außergewöhnliche Krankheitsverläufe mitzuteilen. Auch wir sind überzeugt, daß gut dokumentierte Einzelfälle einen unverzichtbaren Beitrag bei der Verbesserung der Krebstherapie leisten können, neben den klinischen Studien mit vielen Patienten, die wir nicht ersetzt sehen wollen.
Letztlich klingt aus diesem positiven Buch von Hirshberg und Barasch auch der Wunsch heraus, mehr Menschlichkeit in die moderne Medizin einzubringen, die Individualität des Kranken zu achten, seine Bedürfnisse zu erkennen und in einer guten Beziehung Zuwendung und Nähe zu praktizieren. Dieses Ziel wird jeder Arzt bejahen, unabhängig davon, ob es möglicherweise in einen Zusammenhang mit bisher unerklärten Genesungen gebracht werden kann. Wir wissen, daß eine andere Medizin auch im hektischen Alltag einer Klinik der höchsten Versorgungsstufe gelebt werden kann: also Hochleistungsonkologie, die auch Psychoonkologie, Familiengespräche und Musik- oder Kunsttherapie integriert. Aber wir wissen auch, daß trotz aller Appelle und bester Absichten eine patientenorientierte Medizin nicht immer gelingen kann, weil Zeit, d. h. die vorhandenen Personalstellen, und eigene Kraft begrenzt sind. Gerade in den Zeiten schmaler Ressourcen muß es unser Ziel sein, die Qualität des therapeutischen Umfeldes in Klinik und Praxis zu erhalten, nicht weil wir mehr Spontanremissionen erwarten, sondern weil von einer guten Betreuung die Lebensqualität kranker Menschen, und nicht nur ihre, abhängt.
Bei aller Begeisterung und der großen Versuchung zu vorschneller, einleuchtender Deutung müssen wir uns mit dem Phänomen der unerwarteten Genesung unvoreingenommen und nüchtern befassen. Vielleicht werden wir sie einmal verstehen, vielleicht

finde es hilfreich und tröstlich, zu erleben, daß es unerwartete Genesungen gibt, auch wenn wir noch nicht wissen, wie sie zustande kommen.
Caryle Hirshberg und Marc Ian Barasch haben hierüber ein schönes Buch geschrieben, das Kompetenz und Redlichkeit, menschliche Anteilnahme und wissenschaftliche Begeisterung in gleicher Weise ausstrahlt. In klar verständlicher Form informieren sie über den heutigen Stand des Wissens, sensibel und solidarisch sprechen sie über die Schicksale von Menschen in Not. Caryle Hirshberg und Marc Ian Barasch werden einen großen Leserkreis finden. Betroffene, Angehörige, aber auch Ärzte und alle Betreuer kranker Menschen werden ihr Buch mit besonderem Gewinn lesen, weil es zu neuem wissenschaftlichen Denken aufrüttelt, Anstöße gibt und Hoffnung ausstrahlt, Hoffnung in einem weiteren Sinne, wie sie der Dichter Václav Havel sieht: »Hoffnung ist eben nicht Optimismus, ist nicht die Überzeugung, daß etwas gut ausgeht, sondern die Gewißheit, daß etwas Sinn hat – ohne Rücksicht darauf, wie es ausgeht.«

WALTER M. GALLMEIER

Prof. Dr. med. Walter M. Gallmeier leitet die 5. Medizinische Klinik und das Institut für Medizinische Onkologie und Hämatologie am Klinikum Nürnberg. Er ist Ärztlicher Direktor dieses Klinikums, seit 1978 Mitglied des Medizinischen Beirates der Deutschen Krebshilfe und seit 1994 Präsident der Bayerischen Krebsgesellschaft. Zusammen mit H. Kappauf hat er 1995 das Buch *Nach der Diagnose Krebs – Leben ist eine Alternative* veröffentlicht.

Einführung

Als junger Arzt wurde ich einmal mit einem ungewöhnlichen Fall konfrontiert: Ein metastasierter Lungenkrebs verschwand wieder ohne Behandlung. Überrascht bat ich zwei meiner Professoren um eine Erklärung. Der eine meinte einfach, so etwas komme eben vor, während der andere den Fall zum »normalen Krankheitsverlauf« erklärte. Obwohl meine Frage damit nicht beantwortet war, brachten mir ihre »Erklärungen« doch einen gewissen Trost. Wie sie empfand ich diesen mysteriösen Vorgang, das Unerklärliche und Unkontrollierbare, als Bedrohung. Fälle von Krebs, der von selbst wieder verschwindet, gemahnen daran, daß auch Ärzte nicht immer alles wissen. Diese Erfahrung lehrte mich nach und nach die typische Haltung des Berufsmediziners gegenüber unerwarteten Genesungen: einfach ignorieren. Jetzt, nach Jahren, wird mir allmählich bewußt, daß diese Haltung eines ganzen Berufsstandes mit dem Anspruch des Wissenschaftlers unvereinbar ist. Jeder Studienanfänger in den Naturwissenschaften, der etwas Offenheit mitbringt, wird eine spontane Remission als wertvolles Fallbeispiel begreifen, das vielleicht entscheidende Hinweise zur Entwicklung eines neuen Heilverfahrens liefert. Aber statt uns mit dem Phänomen wissenschaftlich zu befassen, sehen wir in ihm nur den Störfall im Forschungsbetrieb, der wie ein Plazebo-Effekt Ergebnisse verfälscht, oder einen wakkeligen Stein im Fundament des Lehrgebäudes, der daran erinnert, daß Modelle häufig unzulänglich und Therapien nur allzuoft wirkungslos sind.

Daß unerwartete Genesungen kollektiv verdrängt werden, ist ebenso erstaunlich wie irrational. Was mag dahinterstecken?

Für Einstein, den wohl berühmtesten Wissenschaftler unseres Jahrhunderts, war Phantasie in der Forschung wichtiger als Wissen, denn Einfallsreichtum ging dem Sammeln von Erkenntnissen voran. Erst aus der Phantasie zieht der Forscher Hinweise, wo er für sein schwieriges Problem die Lösung suchen und wo er experimentieren muß. Unerwartete Genesungen ignorieren heißt der Phantasie entbehren. Es ist, als wolle man aus Mangel an Vorstellungsvermögen den Ruf der Natur nicht hören: »Der Schatz liegt hier! Hier müßt ihr graben!«

Unerwartete Genesungen werden oft als unverhofftes Geschenk oder als Gnade aus heiterem Himmel empfunden. Die geheimen Mechanismen, die sie auslösen, sind uns unbekannt. Wir können sie nicht zwingen, unserem Diktat zu gehorchen, und sie nicht beherrschen. Herrschaft über körperliche Abläufe ist für wissenschaftlich ausgebildete Ärzte aber seit Generationen immer wichtiger geworden. Haben die modernen Mediziner, die so verzweifelt um die Beherrschung der Natur ringen, vor unerwarteten Genesungen vielleicht deshalb die Augen verschlossen, weil sie ihnen nicht gehorchen wollen? Das würde über die Vertreter unseres Berufsstandes einiges verraten.

Unter Ärzten dreht sich das Denken wie in der breiten Öffentlichkeit vornehmlich um den Krebs. Auf ihn konzentrieren sich gemeinhin die Ängste vor Leiden und Tod. Irrational ist dies schon deshalb, weil Statistiken zeigen, daß koronare Herzerkrankungen unter der Bevölkerung stärker verbreitet und die Prognosen nach der Diagnose in solchen Fällen schlechter sind. Und doch ist der Krebs gefürchteter als der Herzinfarkt. Eine Diagnose von Krebs gilt als Todesurteil, verbunden mit Siechtum und würdelosem Sterben. Ärzte reagieren angesichts der lebensbedrohenden Gefahren durch Krebs auf unterschiedliche Weise: Sie versuchen, Kranken nach der Diagnose mit dem Verweis auf die Überlebensraten Mut zu machen, drängen überstürzt zu Behandlungen oder üben sich im Gespräch mit Patienten und deren Familien in Zweckoptimismus. Selten sehen sie dagegen den Silberstreif am Horizont: die Fälle, in denen der Krebs von selbst wieder verschwindet. Diese Fälle sind gleichsam ein Fanal mit der Botschaft an die Ärzte: »Krebs verläuft nicht immer tödlich. Hoffnung gibt es immer. Überprüfe deine Haltung. Habe Mut zur Phantasie.«

Diese Botschaft wird von den Ärzten am häufigsten mit dem Argument ignoriert, solche Fälle seien selten und eine öffentliche Diskussion könne nur schaden: sie werde bei den Patienten falsche Hoffnungen wecken, sie womöglich dazu bewegen, auf eine medizinische Behandlung mit geeigneten Methoden wie Chemotherapie, Operation und Bestrahlung zu verzichten und sich der Quacksalberei »alternativer Behandlungen wie Geistheilen« anzuvertrauen und auf das große Wunder zu warten. Zum Wohl des Patienten sei es angezeigt, nur die biologischen Aspekte von Krebs zu betrachten.

Auch diese Sichtweise entspringt nicht immer einer rationalen Erwägung. Auch Ärzte sind nur Menschen, unsicher im Umgang mit der Krankheit und dem Leid der Patienten. Manche neigen zum Pessimismus, wollen in einem halb vollen stets nur das halb leere Glas sehen und sind angesichts der Umstände verständlicherweise chronisch bedrückt. Von ihnen wird man kaum erwarten, daß sie die Möglichkeit einer unerwarteten Genesung in Betracht ziehen.

Sollten Ärzte, nur um sicherzugehen, hier »negativ reagieren« und auf Patienten, die sich an einen Strohhalm klammern, nicht weiter eingehen? Viele meinen ja. Was aber ist mit Hinweisen, wonach negative Suggestionen verhängnisvolle Folgen haben können? Viele Ärzte kennen den Fall, daß einem Patienten eine Statistik zum Verlauf seiner Krankheit präsentiert wird und er daraufhin »pünktlich« verstirbt. Und zahlreich sind die Patienten, die nach dem Erhalt einer schlechten Nachricht oder nach der falschen Deutung eines rasch dahingesagten Kommentars des

Arztes der Tod ereilt. Was ist schlimmer: falsche Hoffnungen wekken oder übertriebenen Pessimismus verbreiten? Wenn Ärzte mehr über unerwartete Genesungen wüßten, wenn beispielsweise bekannt wäre, daß sie gewiß häufiger sind als gemeinhin angenommen, dann gäbe es mehr Raum für das, was die Autoren Hirshberg und Barasch das Wecken »vertretbarer Hoffnung« nennen. Diese Hoffnung ist keine falsche Hoffnung. Sie beruht auf realen Möglichkeiten, nicht auf Phantasie.

Und auch eine andere Haltung gegenüber unerwarteten Genesungen ist unter den Ärzten weit verbreitet. Sie werden als »nette Geschichten« ohne wissenschaftlichen Wert abgetan und ins Reich der Anekdoten verwiesen. Aber für den aufgeschlossenen Arzt bieten solche Geschichten interessante Einblicke in unbekannte Bereiche, und zwar genau dann, wenn die Geschichte als »Krankengeschichte« betrachtet wird. Ob Ärzte Fälle unerwarteter Heilungen als bedeutungslose Anekdoten oder als wertvolle Fallbeispiele betrachten, hängt nur von ihrer Unvoreingenommenheit ab.

Die Krankengeschichten, die hinter unerwarteten Genesungen stecken, sind von einiger Bedeutung. Die Entdeckung fast aller wichtigen Krankheiten von Skorbut über Blinddarmentzündung bis hin zur Tuberkulose sind das Ergebnis von Einzelfalluntersuchungen, ein strapazierter Begriff, der dann gebraucht wird, wenn der Arzt sich einmal die Zeit nimmt, sich die Krankengeschichte eines einzelnen Patienten aufmerksam anzuhören. Weil Ärzte wie Robert Graves, Thomas Addison, Richard Bright, James Parkinson und Thomas Hodgkin Krankengeschichten in der Vergangenheit ernst genommen und sie in Bezug zu physischen Befunden gesetzt haben, sind uns heute die Graves desease (Basedow-Krankheit), die Addison-Krankheit, das Parkinson-Syndrom und die Hodgkin-Krankheit bekannt. Die Krankengeschichte gehört zu den Grundlagen der Medizin. Ohne sie wäre eine Heilkunde, wie wir sie heute kennen, schlicht inexistent.

Das vorliegende Buch enthält interessante Krankengeschichten, die dem Leser eine hervorragende Gelegenheit bieten, sich mit einer im Wandel begriffenen Medizingeschichte auseinanderzusetzen. Wenn man sie liest, spürt man, wie die Medizin in Bewe-

gung gerät, denn sie lassen neu entstehende Konzepte und Theorien zu Ursprung und Behandlung von Krebs erahnen.
Aber das Buch ist weitaus mehr als nur eine Sammlung von Lebensgeschichten. Denn anders als die meisten Autoren, die sich mit dem Phänomen unerwarteter Heilungen befassen, stellen die Verfasser Hirshberg und Barasch die entscheidenden Fragen: Kann man aus diesen Krankengeschichten auch Schlüsse ziehen? Können sie auf wissenschaftliche Weise systematisch untersucht werden? Werfen sie Erkenntnisse zum Heilsystem des Menschen ab? Die Autoren bejahen diese Fragen und stützen sich dabei auf eine Vielzahl ungewöhnlicher menschlicher Erfahrungen und modernster Forschungsergebnisse.

Als eines der größten Hindernisse steht dem Verständnis der unerwarteten Genesungen die weitverbreitete Annahme entgegen, sie würden durch rein zufällige Ereignisse ausgelöst, eine Vorstellung, die sich bereits in dem von den Ärzten häufig benutzten Begriff der »spontanen Remission« niederschlägt. Der Begriff deckt in der Medizin seither eine Art Sperrbezirk für Untersuchungen ab. Deshalb führen die Autoren Hirshberg und Barasch den umfassenderen Begriff der »unerwarteten Genesung« ein. Er deckt das gesamte Spektrum ab, angefangen beim Krebs, der auf unerklärliche Weise wieder verschwindet, bis hin zum Langzeitüberleben nach der Diagnose einer tödlich verlaufenden Krankheit. Wenn wir den Begriff der »spontanen Remisson« wie Hirshberg und Barasch genauer unter die Lupe nehmen, so entdecken wir, daß er für eine Reihe ganz unterschiedlicher Ereignisse steht. Die sinnvolle terminologische Neuerung der Autoren vertreibt den Nebel unpräziser Definitionen und taucht das Gebiet in ein freundlicheres Licht.
Sind unerklärliche Genesungen »Wunder«? Oder sind es natürliche Vorkommnisse, statistisch selten und kompliziert, aber von den Wissenschaftlern in der Zukunft einmal erklärbar? Es ist Zeit, sich von diesen Fragen, die letztlich Scheinfragen sind und am Kern der Sache vorbeigehen, ganz freizumachen. Sie behindern die ernsthafte Beschäftigung mit einem Phänomen, das neue therapeutische Wege weisen kann. Sie sind der Widerhall des seit lan-

gem bestehenden und historisch längst überholten Widerstreites zwischen Wissenschaft und Religion. Wer die Argumente der einen Richtung gegen die andere ins Feld führt, der sei an ein Wort des berühmten Physikers Max Planck erinnert, wonach es einen wirklichen Gegensatz zwischen Religion und Wissenschaft nicht geben kann. Denn das eine ist die Ergänzung des anderen, und alle neuen Erkenntnisse konfrontieren uns mit dem Mysterium unseres Seins.

Einstein sah die vordringliche Frage darin, ob das Universum dem Menschen freundlich gesinnt sei. Er selbst bejahte sie, entdeckte er doch überall Hinweise auf eine gütige und barmherzige Seite der Natur. Ich bin überzeugt davon, hätte Einstein die Gelegenheit zur Lektüre dieses Buchs gehabt, hätte er sich in seiner Meinung bestätigt gesehen. Denn *Unerwartete Genesung* macht deutlich, daß die Natur nicht nur Krankheiten wie Krebs, sondern auch Möglichkeiten zu ihrer Heilung bereithält.

Und weiter meinte Einstein, die Natur halte ihr Geheimnis wegen ihres erhabenen Wesens, nicht aus Heimtücke verborgen. Ich vermute, der große Physiker hätte bei den in diesem Buch beschriebenen Fällen Anhaltspunkte für diese Erhabenheit der Natur entdeckt. Sie spiegelt sich nicht nur in der eindrucksvollen physischen Komplexität des menschlichen Heilsystems wider, sondern auch in den spirituellen Aspekten, die bei so vielen dieser Fälle eine Rolle spielen.

Wenn die Natur tatsächlich erhaben und nicht nur kompliziert ist, dann legt dies auch eine andere wissenschaftliche Herangehensweise an unerwartete Genesungen nahe. Wissenschaftliche Experimente müssen vielleicht nicht nur mit Intelligenz und Einfallsreichtum geplant, sondern auch mit Respekt und Hochachtung für die Ereignisse und Abläufe durchgeführt werden, die es zu untersuchen gilt. Vielleicht sollte das Experiment nicht als ein Mittel begriffen werden, der Natur ihre Geheimnisse zu entreißen, sondern als respektvolle Aufforderung, sich in ihrer ganzen Erhabenheit zu präsentieren, eine Haltung, die sich in den Worten des Paläontologen und jesuitischen Priesters Teilhard de Chardin niederschlägt: »Forschung ist die höchste Form der Verehrung.« Ist dies vielleicht einer der Gründe, warum unerwartete

Genesungen wissenschaftlich anscheinend so schwer faßbar sind? Mit einem weiteren Wort erinnerte Max Planck daran, daß die größten Denker aller Zeiten nicht zufällig auch zutiefst religiöse Seelen waren.
Nach einer alten Weisheit muß man einen Schatz, den man verstecken will, allen Blicken darbieten, damit ihn bestimmt keiner sieht. So heißt es denn auch in einer Erzählung:

> Einst stritten die Götter darüber, wo sie das Geheimnis des Lebens verstecken sollten, um es vor den Menschen zu verbergen. Ein Gott meinte: Begrabt es unter einem Berg, dort werden sie es niemals entdecken. Nein, erwiderten die anderen, sie werden eines Tages Mittel und Wege finden, den Berg abzutragen. Ein anderer schlug vor, es in den Tiefen des Ozeans zu versenken: Dort wird es sicher sein. Nein, entgegneten die anderen, eines Tages werden die Menschen auch die Tiefen des Ozeans ausloten und dem Geheimnis dann mühelos auf die Spur kommen. Schließlich kam ein anderer Gott auf den Gedanken, man müsse es in den Menschen selbst verstecken: Dort werden sie es ganz bestimmt nicht suchen. Alle Götter stimmten zu, und so kam es, daß das Geheimnis des Lebens in uns liegt.

Das Buch *Unerwartete Genesung* zeigt, daß eines der größten Geheimnisse des Lebens, die Heilung von Krebs, in uns selbst liegt. Vielleicht haben wir den Mut und die Phantasie, dieser Tatsache Aufmerksamkeit zu schenken.

LARRY DOSSEY

Dr. med. Larry Dossey ist Herausgeber der *Alternative Therapies*. Er leitet ein Projekt zu Formen der Geist-Körper-Therapie im Auftrag des Office of Alternative Medicine des National Institute of Health. Der ehemalige Chefarzt am Medical City Dallas Hospital ist Autor der erfolgreichen Bücher *Healing Words, Meaning and Medicine, Recovering the Soul, Die Medizin von Raum und Zeit* und *Wahre Gesundheit finden.*

1

Wer, was, wo, wann und warum: einem medizinischen Geheimnis auf der Spur

Keine medizinische Fachzeitschrift beschäftigt sich mit der Untersuchung unerwarteter Genesungen, mit seltsamen Fällen, bei denen beispielsweise Krebserkrankungen im Endstadium auf wundersame Weise von selbst wieder verschwinden. In keinem Medizinseminar wird erklärt, warum sich ein Tumor unter gewissen, nicht nachvollziehbaren Bedingungen zur Verblüffung der Ärzte am Computertomographen offenbar in Luft aufgelöst hat. Obwohl wissenschaftliche Institute die wichtigsten Erkrankungen erforschen und wichtige Daten zur Krankheits- und Seuchenbekämpfung zentral erfaßt werden, gibt es in den USA nach wie vor kein nationales Register, in dem Fakten zu unerklärlichen Heilungen gesammelt werden. So ist nicht bekannt, wie oft, bei welchen Krankheiten und bei welcher Art Person sie vorkommen, geschweige denn, was ihre Ursachen sind.

Noch immer führen sie eine Randexistenz, die zum Tode Verurteilten, die durch eine unerwartete Gnade dankbar oder verblüfft plötzlich wieder ins Leben traten: Menschen wie jene Frau, die in einer Talkshow berichtete, daß ihr orangengroßer Tumor am linken Eileiter sich unversehens in nichts aufgelöst habe. Wer sich eine Spur gesunder Skepsis bewahrt hat, mag sich mit einem Urteil zurückhalten. Und doch kommt man mit einer gewissen Neugierde an den Fragen nicht vorbei: Kann das sein? Kommen solche Fälle wirklich vor? Erst in jüngster Zeit antworten Wissenschaftler offen: Solche Fälle gibt es tatsächlich.

Freilich sind sie noch kaum erforscht. Ungewöhnliche Heilungen sind etwas so Spektakuläres, schwer Faßliches und wissenschaftlich Anrüchiges, daß nur wenige Forscher sie zur Kenntnis genommen oder gar versucht haben, ihnen auf den Grund zu gehen. Sie gelten, sofern sie sich nicht mit einer Fehldiagnose erklären lassen, als Ausreißer, die nur den glatten Verlauf einer statistischen Kurve stören.

»Dem Thema haftet etwas von Geisterbeschwörung an«, sagte ein Arzt 1976 bei einem Kongreß zu einem Journalisten, der tiefer nachgebohrt hatte. Diese unter Medizinern auffallend weit verbreitete Haltung täuscht darüber hinweg, welche Tragweite das Phänomen in Wahrheit hat. Das brennende Interesse einer Handvoll Forscher an »spontanen Remissionen« oder »Spontanheilungen«, wie sie in der Fachsprache heißen, könnte die Medizin nämlich durchaus weiterbringen. Dr. Stephen Rosenberg, ein renommierter Immunologe vom amerikanischen National Cancer Institute, der auf dem Gebiet der körpereigenen Abwehr von Krebs bahnbrechende Arbeit geleistet hat, schlug seine Laufbahn beispielsweise unter dem Eindruck eines Patienten ein, der auf rätselhafte Weise von einem Magenkrebsleiden gesundet ist.

Rosenberg beschreibt den Patienten in einem Bericht als einen 51jährigen Mann mit »faustgroßem« Abdominaltumor und Metastasen in der Leber, einer rasch fortschreitenden Erkrankung mit tödlichem Verlauf.[1] Die Ärzte nahmen eine Operation am Magen vor, stellten dabei aber fest, daß sich der Krebs bereits zu stark ausgebreitet hatte. Sie schlossen die Wunde wieder und schickten den Mann zum Sterben nach Hause. Zwölf Jahre später wurde er in eine Klinik für Veteranen bei Boston aufgenommen. Dort lernte ihn Rosenberg kennen.

Rosenberg war damals ein vielversprechender junger Chirurg; er hatte mit 16 Jahren das College absolviert und mit Anfang 20 in Medizin und Philosophie promoviert. Doch dieser Fall, einer seiner ersten als Assistenzarzt, verhieß zunächst nicht mehr als langweilige Routine. DeAngelo, so hieß der Patient, ein grauhaariger Veteran, litt an einer Entzündung der Gallenblase. Dann aber tischte er Rosenberg »mit stillem Triumph« eine Geschichte auf, die der Arzt, wie er sich später erinnerte, für das Hirngespinst eines verwirrten alten Trinkers hielt. DeAngelo behauptete nämlich, er habe an einem unheilbaren Krebs gelitten, der dann aber verschwunden sei. Rosenberg kramte die alten Krankenberichte heraus und entdeckte, daß der lebhafte Mann mit der triumphierenden Miene die Wahrheit sagte: Er war ein medizinisches Wunder.

Rosenberg führte die Operation an der Gallenblase durch und nahm sich dabei die Zeit, die Leber des Mannes auf Krebs zu untersuchen. Er war sicher, daß er auf Metastasen stoßen würde, fand aber nichts. »So, wie ich war, rannte ich aus dem Operationssaal«, schrieb er später, »im grünen Anzug, voller antrocknender Blutspritzer.« Er konnte es kaum fassen. »Es gab damals – nicht nur in den USA, sondern weltweit – nur vier dokumentierte Fälle von Magenkrebs mit spontaner und kompletter Remission.«[2] Er begriff sofort, daß hinter DeAngelos Fall »ein Geheimnis von gewaltigem Ausmaß« steckte. Von da an widmete er sich der Erforschung der körpereigenen Abwehrmechanismen gegen Krebs, von deren Existenz er nun restlos überzeugt war.

Leider wurde die Frage, was DeAngelo von anderen Patienten unterschied, niemals richtig gestellt, geschweige denn beantwortet. Selbst Rosenbergs kurze Fallstudie von 1972 verblüfft durch ihren Mangel an Neugierde. »In der Bauchhöhle fanden sich keine Anzeichen eines Tumors oder anderer Geschwülste«, heißt es darin lakonisch. » Verdickte Lymphknoten konnten nicht palpiert [ertastet] werden.«[3] Durchforstet man die medizinischen Annalen nach Wundern, so findet man in allen Artikeln nur trokkene Auflistungen medizinischer Fakten. Die Autoren setzten offenbar stillschweigend voraus, daß die Persönlichkeit, die Beziehungen oder der Lebenwandel der Betroffenen bei der Frage nach den Ursachen ihrer überraschenden Gesundung vollkommen bedeutungslos waren.

Kürzlich, bei einem medizinischen Seminar, kam das Gespräch

auf DeAngelo, einen Alkoholiker, der pro Woche fast vier Liter Whiskey in sich hineinschüttete, und ein Arzt rief in die Runde: »Hat der Mann das Trinken aufgegeben, als er erfuhr, daß er Krebs hat?« Auf eine verneinende Antwort fragte er unter dem schallenden Gelächter der Kollegen weiter: »Und welche Sorte Whiskey hat er getrunken?«
Der fröhliche Meinungsaustausch brachte kein Ergebnis: Die Medizin kann nicht erklären, warum der Patient DeAngelo wieder gesund geworden ist. Wenn sie es könnte, dann hätte sie vielleicht ein Heilmittel gegen Krebs in der Hand. Vor sechzig Jahren schrieb Dr. Joseph DeCourcy im *Journal of Medicine* über spontane Remissionen:

> In der Natur gibt es keine Zufälle. Diese vermeintlichen Ausnahmen von der Regel, wonach jeder bösartige Tumor ad infinitum weiterwächst, illustrieren das Wirken eines Naturgesetzes, das wir noch nicht kennen. Ich glaube, es ist von höchster Bedeutung, diese Art Fälle eingehend zu erforschen, um, sofern möglich, einen Einblick in die Heilmethoden der Natur zu gewinnen und herauszufinden, wie man ihr die Arbeit erleichtern kann.[4]

Dr. DeCourcy faßte in wenigen Worten die vielversprechenden Perspektiven einer Beschäftigung mit Spontanheilungen zusammen. Allerdings entziehen sich unerklärliche Heilungen nur allzuoft einer genauen Erforschung, werden sie doch zumeist erst nach ihrem stillen Wirken entdeckt, ohne daß sie Spuren hinterlassen haben. Ein Zeitschriftenartikel über Brustkrebs vom Anfang des Jahrhunderts spiegelt eine bis heute vorherrschende Haltung wider: »Von Zeit zu Zeit ist über spontane Rückbildungen von Krebs berichtet worden, doch viele Fälle basieren auf unzulänglichen Beweisen.«[5] Zudem haben viele Kliniker einen Widerwillen, entsprechende Fälle in der Fachliteratur zu veröffentlichen, nicht selten aus Furcht vor der Kritik der Kollegen.
Dennoch gibt es solche Krankenberichte, auch wenn wir bisweilen in den hintersten Regalen stöbern mußten, um an sie heranzukommen. In der medizinischen Bibliothek der Stanford Uni-

versity beispielsweise förderten wir in einem staubigen Archiv, das anscheinend seit Jahrzehnten niemand mehr betreten hatte, einen dicken in Leder gebundenen Band des *British Medical Journal* aus dem Jahre 1907 zutage und fanden darin den Artikel eines gewissen Dr. Charles McKay mit dem vielversprechenden Titel: »Ein Fall, der auf eine mögliche Lösung des Krebsproblems hinzudeuten scheint.« Beim Durchblättern der brüchigen vergilbten Seiten fiel unser Blick auf eine Passage, die den Kern des Problems umreißt:

> Gelegentlich kommt das Wachstum einer echten Krebsgeschwulst zum Stillstand, wenn sie tatsächlich ihre Potenz verloren zu haben scheint ... Es besteht berechtigter Grund zu der Annahme, daß irgendein Wirkstoff dem Körpergewebe bei der Abwehr des Angriffs geholfen oder aber den Krebszellen selbst entgegengewirkt hat ... Was für ein Wirkstoff könnte das sein? Wird im Körper des Patienten möglicherweise etwas erzeugt, das ... Spontanheilungen bewirken kann?[6]

Unsere Entdeckung war geradezu bestürzend: Die Fragen, denen wir nachgingen, waren vor fast 90 Jahren schon einmal gestellt und bislang noch nicht beantwortet worden. Gegenstand der Studie war der Fall einer 47jährigen Frau, deren Brustkrebs bereits so weit fortgeschritten war, daß mehrfach das Rippenfell angestochen werden mußte, um eitrige Flüssigkeit abzuziehen. Die Ärzte hatten sie aufgegeben, aber sie erholte sich wieder. Hinter der Krankengeschichte dieser Patientin, die im Herbst 1904 an einem »szirrhösen Karzinom der Mamma« gelitten hatte, ahnten wir das Schicksal einer Frau, die gekämpft, gelitten und entgegen allen Erwartungen überlebt hatte. Ihr verblüffter Arzt vermerkte mit klinischem Understatement:

> Ihr Zustand hatte sich vollkommen verändert. Die Schluckbeschwerden waren verschwunden. Die Atemfrequenz war von 44 auf 24 gefallen. Die Flüssigkeit im Thorax war größtenteils verschwunden. Sie nahm in ausreichenden Mengen

> Nahrung zu sich, und ihr Zustand besserte sich in jeder Hinsicht. Noch bemerkenswerter war die Tatsache, daß die Erkrankung am ursprünglichen Herd sich fast im gleichen Maße wie der Allgemeinzustand ... schrittweise besserte ... Einige Hautpartien bekamen wieder ihre ursprüngliche helle Färbung ... Die befallenen Bereiche, die nicht mit Röntgenstrahlen behandelt worden waren, hatten sich auf ungewöhnliche Weise verändert.[7]

Wir werden niemals erfahren, was mit dieser Frau, von deren Schicksal wir einen kleinen Teil dem Vergessen entreißen konnten, genau vor sich gegangen war. Wir wollten wissen, was sie bei ihrem Kampf gegen die Krankheit gedacht und empfunden, wovon sie geträumt hatte, ob ihr Freunde und Angehörige zur Seite gestanden hatten. Obwohl sich der Krankenbericht darüber ausschwieg, konnten wir uns ihre Leiden und die Betroffenheit ihrer Ärzte anhand dieser Seiten gut ausmalen.

Überhaupt fällt an älteren Krankenberichten auf, daß sie der »Persönlichkeit« des Patienten größere Aufmerksamkeit schenken. Sie stammen aus einer Zeit, als die Ärzte das Leben ihrer Patienten noch aus eigener Anschauung kannten, aus der Ära der Hausbesuche, als der Hausarzt noch zum Abendessen oder zur Geburtstagsfeier seiner Patienten eingeladen wurde und Zeit hatte, mit ihnen über ihre Hoffnungen, Ängste und Ansichten zu reden.

Ein medizinischer Bericht von 1914 über die teilweise Rückbildung eines Brustkrebses unterscheidet sich im Tonfall erheblich von typischen Berichten aus unserer Zeit:

> Die Patientin riß sich zusammen wie ein junger Bursche ... Im Juli fuhr sie zu ihrer Schwester nach Denver und nutzte die Gelegenheit für zahlreiche Ausflüge ... Ich besuchte die Patientin zu Hause ... und wir versuchten, ihr die wenigen verbleibenden Tage so angenehm wie möglich zu machen. Sie fragte: »Was meinen Sie, Doktor, wie lange noch?« Wir versicherten resigniert, wir wüßten es nicht, aber gewiß nicht mehr sehr lange, und sie antwortete: »Hoffentlich nicht, ich

bin so erschöpft.« Ich werde nicht so schnell vergessen, was ich empfand, als sie zwei Wochen später mit einem triumphierenden Lächeln in meine Praxis kam und mich mit den Worten begrüßte: »Es geht mir besser, Doktor.«
Hätte ich zwei Wochen zuvor ihren Totenschein ausgestellt, wäre der positive Überraschungseffekt kaum größer gewesen.[8]

Mit der fortschreitenden Technisierung der Medizin ist die persönliche Betreuung der Patienten einer reibungslosen, mechanischen und oft anonymen Behandlung der Krankheit gewichen. Doch auch Berichte aus neuerer Zeit erweisen sich mitunter als Fundgrube an persönlichen Details. In medizinischen Fachzeitschriften fanden wir Hunderte solcher Fallstudien, denen bislang niemand nachgegangen war. Wir beschlossen, unsere Untersuchung mit jahrzehntealten Krankenberichten zu beginnen. Wenn die betroffenen Patienten noch am Leben waren, so unsere Überlegung, dann würde dies auf eindrucksvolle Weise belegen, daß es tatsächlich Menschen gibt, die eine Krankheit nach einer unerwarteten Genesung sehr lange überleben. Bei unserer Suche nach den Verfassern der Berichte stießen wir auf unterschiedliche Reaktionen: 80jährige Ärzte im Ruhestand schrieben in eleganter verschnörkelter Schrift auf die Rückseite ihrer Einverständniserklärung, sie seien sehr froh, daß jemand den Fall zur Kenntnis genommen habe.
Andere Antworten überraschten durch Gleichgültigkeit. So schrieb ein Arzt, der über eine Remission (Verschwinden von Krankheitszeichen) bei Brustkrebs berichtet hatte, etwas schroff: »Ich habe alle Einzelheiten vergessen. Ich interessiere mich jetzt mehr für Gartenarbeit und andere Hobbys.« Andere zeigten sich noch barscher und schrieben in Großbuchstaben über die Vorderseite des Formulars: »Einverständnis verweigert.« Ein Brief läßt die Gründe erahnen: »Ich befürchte ernsthaft, die Patienten könnten meinen Bericht falsch deuten. Möglicherweise verlassen sie sich auf eine spontane Remission und beschließen, die indizierte medizinische Behandlung hinauszuschieben oder sogar ganz auf sie zu verzichten.«

Ein weiterer Arzt schrieb ziemlich besorgt, daß er mit der Veröffentlichung eines einzigen Artikels zu dem Thema seine Karriere aufs Spiel gesetzt habe. Spontanheilungen, so dämmerte uns, waren zu einer Art Tabuthema geworden. Wie viele solcher Heilungen waren niemals dokumentiert worden? Und aus welchen Gründen? Diese Fälle, so sagten wir halb im Scherz, waren »die UFOs der Medizin«. War es schon schwer genug, einwandfrei dokumentierte Fälle aufzutreiben, so fragten wir uns nun, ob die Hauptschwierigkeit nicht darin bestehen würde, aus dem toten Material lebendige Fälle zu rekonstruieren.

Der kurze Artikel mit dem quadratischen Format war ein unscheinbarer Füller, wie man ihn in jeder amerikanischen Kleinstadtzeitung findet: »Mann tödlich verunglückt.« Der Redakteur, der die Überschrift verfaßt hatte, schien für das alltägliche Ereignis wie der Sensenmann allenfalls ein Gähnen übriggehabt zu haben.
Auch der Text der Nachricht gab nicht allzuviel her: Ein gewisser Robert Moore aus Florida, 80 Jahre alt, war rückwärts auf die Fahrbahn getreten, um die blinkenden Lampen einer Weihnachtsbeleuchtung aus der Ferne zu bewundern. Er trug dunkle Kleidung, und es war ein bis zwei Stunden nach Sonnenuntergang. Der Fahrer eines Dodge 1982 sah ihn zu spät. Die rechte vordere Stoßstange des Wagens erfaßte Moore und verletzte ihn schwer. Der 22jährige Fahrer, der den Unfall noch mit einer Vollbremsung zu vermeiden versucht hatte (er stand nicht unter Alkoholeinfluß, wie die Zeitung anstandshalber betonte), erlitt einen Schock. Moore, ein ehemaliger Kfz-Mechaniker, erlag seinen Verletzungen einen Tag später im West Volusia Memorial Hospital in Daytona Beach.
Wenn man davon absieht, daß Robert Moore an einem Neujahrstag geboren wurde und am Heiligabend 1993 starb, so scheint er ein vollkommen durchschnittliches Leben geführt zu haben. Und doch hatte er in manchen Kreisen ebensoviel Staunen ausgelöst wie die Pyramiden von Gizeh oder der rätselhafte schmallippige Sphinx. Die Umstände, die ihn zu einem der Sieben Weltwunder der Medizin machten, werden in einem Artikel beschrieben, den die Zeitschrift *Cancer* 1986 veröffentlichte und der im übrigen

kaum ausführlicher war als die Todesmeldung: »Spontane 19-Jahres-Rückbildung von kleinzelligem Bronchialkarzinom mit Metastasen der Skalenuslymphknoten.«

Der Bericht beginnt so: »Im Jahre 1966 wurde ein 55jähriger Weißer nach einer Überweisung durch den Hausarzt im Western Pennsylvania Hospital in Pittsburgh aufgenommen. Der Mann litt seit sechs Wochen unter Kurzatmigkeit. Nach eigenen Angaben hatte er seit Jahren 30 Zigaretten pro Tag geraucht, das Rauchen aber vier Monate zuvor aufgegeben.«[9]

Moore wurde geröntgt, doch der Verdacht des Arztes auf ein Lungenemphysem konnte nicht bestätigt werden. Erst die Gewebsprobe aus einem Lymphknoten führte zu der schrecklichen Gewißheit: Der Patient litt an einem rasch wachsenden undifferenzierten kleinzelligen Bronchialkarzinom, einer fast immer tödlich verlaufenden Krebsart.

Eine Behandlung, so befanden die Ärzte, war sinnlos. »Da vollkommen inoperabel und unheilbar«, so der Vermerk zur Entlassung aus dem Krankenhaus, »wäre mit einer Behandlung wie Strahlentherapie oder Stickstoff-Lost nichts gewonnen.« Die Ärzte verschwiegen dem Patienten die düstere Prognose und teilten ihm lediglich mit, er habe »einen Tumor, der behandelt werden könne, wenn er Symptome verursache. Wir hielten es für das beste, wenn er möglichst bald wieder zur Arbeit ging.«

Fünf Jahre später geschah das Unfaßbare: Moore, der längst hätte tot sein müssen, betrat das Krankenhaus erneut. Er hatte »akute Beschwerden in der Schulter«, welcher Art genau, ist dem Krankenbericht nicht zu entnehmen. Eine Röntgenuntersuchung brachte keinerlei Befund. Der Radiologe verglich die neuen Aufnahmen von Moores Brustraum mit den alten. In seinem Bericht kann er sein Erstaunen nicht verbergen. So schreibt er: »Keine Geschwulst vorhanden ... absolut nichts erkennbar ... War der Knoten tatsächlich bösartig? Schlage Überprüfung durch Pathologen vor.«

Die Überprüfung konnte das Rätsel nicht lösen: Die Feinschnitte von Moores alter Gewebsprobe wurden noch einmal untersucht. Die Mitarbeiter der pathologischen Abteilung bestätigten einhellig die alte Diagnose einer unheilbaren Krebserkrankung.

Überraschenderweise wurde das medizinische Wunder nicht weiter beachtet. Moores weitere Krankengeschichte verlief ohne besondere Auffälligkeiten: Ein paar Jahre später wurde er wegen Schmerzen in der Brust behandelt, die als »starke koronare Insuffizienz« diagnostiziert wurden. Bei einer späteren Bypassoperation nutzten die Ärzte die Gelegenheit zu einer Inspektion seiner Lungen. »Es gab keinen erkennbaren Hinweis auf eine bösartige Geschwulst, obwohl während der Operation beide Pleuraspalten [Zwischenraum zwischen Rippenfell und den Lungen] geöffnet wurden.«

Sporadisch mußte er sich weiteren medizinischen Behandlungen unterziehen. Wie in der letzten Zeile des Berichts vermerkt, erkrankte er im Winter 1984 an einer Lungenentzündung und erholte sich wieder. Der Rest liegt im dunkeln.

Wir standen damals noch am Beginn unserer Untersuchungen und hofften, das Schweigen um die Person des Patienten durchbrechen zu können. Da erfuhren wir von seinem Tod. Zähneknirschend mußte wir feststellen, daß wir für ein persönliches Gespräch mit Moore nur wenige Monate zu spät gekommen waren. Sein Fall war beispiellos in der Medizingeschichte, und nun war er gestorben, ohne daß wir etwas über sein persönliches Leben erfahren hatten.

Daß wir schließlich doch noch etwas mehr erfuhren, verdankten wir Dr. Alexander Lowy, Moores mitteilsamem Hausarzt aus Pittsburgh, der seinen Krankenbericht mit verfaßt hatte. Lowy, der inzwischen im Ruhestand lebte, hatte Moores Unterlagen aufgehoben und den gesundheitlichen Werdegang seines ungewöhnlichen Patienten anders als viele Kliniker mit seltener Beharrlichkeit weiterverfolgt. »Ein solcher Fall kommt einem Arzt nur einmal im Berufsleben unter«, erklärte er uns, »und meistens versäumt er es, Aufzeichnungen zu machen, oder ist einfach zu faul. Wenn der Patient dann stirbt, ist der Fall für die Medizin verloren.«

Aber Dr. Lowy hatte vorgesorgt. Bevor sich ihre Wege trennten, hatte er seinen Wunderpatienten an den breiten Schultern ergriffen und erklärt: »Ich möchte Sie den Rest meines Lebens nicht aus den Augen verlieren. Halten Sie Kontakt zu mir. Wenn Sie sterben, will ich eine Autopsie. Wann und wo, ist mir egal. Wir zahlen dafür.«

Er bekam seine Autopsie. Ein Pathologe in Daytona Beach führte sie durch, und anders als viele Kollegen machte sich Dr. Lowy die Mühe, einen Teil seiner Beobachtungen zu veröffentlichen. In einem Schreiben an die Zeitschrift *Cancer* erwähnte er Moores zahlreiche Verletzungen und seine Herzkranzgefäßerkrankung, stellte aber auch den wesentlichen Punkt heraus: »Weder eine makroskopische noch eine mikroskopische Untersuchung erbrachten Hinweise auf Überbleibsel eines Tumors.«[10]

Noch über ein Vierteljahrhundert später staunte Dr. Lowy. Der Onkologe, der so lange praktiziert hatte, bis er »innerhalb von zwei Tagen fünf Patienten verlor«, wurde nachdenklich, als wir ihn fragten, was die überraschende Heilung des Mannes bewirkt haben könnte. »Gott allein weiß es. Ich entsinne mich, daß er gerne lachte.« Moore, so schwärmte er, sei »ein kräftiger und gutaussehender gesunder Mann« gewesen. Lowy hatte ihn vor seinem tödlichen Unfall sogar noch in Florida besucht: »Ich wünschte, ich würde so gut aussehen. Er kam herein und umarmte mich ungestüm. Einige Jahre zuvor hatte er seine Frau verloren, sich dann aber eine Freundin zugelegt. Sie lebten getrennt, kochten aber jeden Abend füreinander.« Er zuckte vielsagend die Achseln. »Ich kann nur soviel sagen: Sie können es glauben, oder Sie können es bleibenlassen.«

Gab es irgend etwas, wodurch sich Moore von allen anderen Patienten, die diese Krankheit gehabt hatten und ihr erlegen waren, unterschied? Wir machten seine Tochter ausfindig. Sie beschrieb ihren Vater als großen blonden Mann mit einem breiten, gewinnenden Lächeln. Manchmal habe er sich in Schale geworfen, nur um eine Runde ums Haus zu drehen. Rastlos sei er gewesen, »immer mit Reparaturen beschäftigt. Er renovierte Tische, verkleidete die Wände im Keller mit Holz und baute im Garten einen Schuppen. Einmal stieg er auf das Dach, das von Schimmel befallen war, und sprühte es mit Clorox ein. Meine Mutter geriet außer sich: ein Herzkranker auf dem Dach!«

Er neckte seine geliebte Tochter – »Ich war immer seine kleine Prinzessin« –, lachte gerne mit ihr und nahm sie zum Angeln und auf Reisen mit. Er war ein leidenschaftlicher Jäger, bis sein grauer Star dem Rotwild eine unerwartete Schonzeit verschaffte. Sein Repertoire an Lebensregeln war so konventionell wie Grußkarten, verriet aber einiges über seine Lebenseinstellung: »Es kommt schon alles ins Lot«, sagte er oft aus tiefer Überzeugung. »Was kommt, das kommt.«

Der starke Raucher, der in einer Werkstatt ohne Atemschutz Karosserien lackierte, hatte miterlebt, wie seine Stiefmutter an Krebs gestorben war. Seine Tochter erinnerte sich: »Wenn ich je Krebs kriege«, so habe er gesagt, »will ich nicht mehr leben«, und dies sei auch der Grund gewesen, weshalb »meine Mutter nicht wollte, daß die Ärzte ihm die Diagnose sagten. Sie fürchtete, er könnte depressiv werden. Ich glaube, das hat sehr viel zu seiner Genesung beigetragen.«

Es gibt eine Hypothese, wonach die Diagnose einer tödlich verlaufenden Erkrankung wie eine sich selbst erfüllende Prophezeiung wirken kann. In der Fachliteratur sind mehrere Fälle beschrieben worden, die darauf schließen lassen, daß die Vorenthaltung von Informationen die Überlebenschancen eines Patienten manchmal verbessern kann. Dr. Charles Mayo, der Sohn des Gründers der Mayo Clinic, beschreibt einen solchen Fall. Er betrifft eine Frau, die an unheilbarem Darmkrebs erkankt war und der die Familie verschwieg, daß sie nur noch wenige Monate zu leben hatte. Mayo legte seinem Bericht einen Brief bei, den er zwölf Jahre später vom Sohn der Patientin erhalten hatte: »Meine Mutter weiß nicht, daß sie Krebs hatte, und da sie ›geheilt‹ ist, sehen wir auch keinen Grund, es ihr zu sagen.«[11] Man könnte hier folgendes ins Feld führen: Wenn man einem Patienten mitteilt, wie schlecht es um ihn steht, könnte ihn dies veranlassen, den Kampf aufzugeben. Andererseits könnte ein anderer Patient gerade diese Informationen benötigen, um Abwehrkräfte zu mobilisieren.

Was könnte Moore noch dabei geholfen haben, seinen Krebs zu besiegen? Sein tragischer Unfall in einer dämmrigen Straße in einem Vorort von Daytona hat die Hoffnung auf eine Antwort zunichte gemacht. »Sie muß im Immunsystem liegen«, spekuliert Dr. Lowy. »Wenn ich noch die Gelegenheit hätte, würde ich ihm

Blut abnehmen und es einfrieren«, sagte er mit einem Unterton des Bedauerns. »Um die Zeit, als er überfahren wurde, hatten wir noch daran gedacht.«

»Für mich bedeutet ›spontane Remission‹ genau das, was es heißt«, fährt er achselzuckend fort. »Sie erfolgt spontan, also ohne Ursache und Wirkung. Aber«, so beeilte er sich hinzuzufügen, »ich werde über keine Hypothese lachen.«

Dr. Lowys Meinung ist unter Medizinern und Nichtmedizinern durchaus gängig. Wenn ein Phänomen wirklich spontan ist, wenn etwas auf nicht vorhersagbare (und nicht zu erklärende) Weise, sozusagen aus heiterem Himmel, geschieht, dann läßt es sich auch nicht mit den Methoden der exakten Wissenschaft erforschen, dann gibt es keine vorhersagbaren Ergebnisse, keine therapeutischen Modelle. Wenn das stimmt, dann bleibt dem Wissenschaftler nichts anderes übrig, als den Sonderfall staunend beiseite zu legen und zur Tagesordnung überzugehen.

Die Bereitschaft, die Augen offenzuhalten, ist eine elementare Voraussetzung jeder Wissenschaft. Daß die Forschung auch die Praxis vorantreibt, ist ein erster wichtiger Grundsatz. Feldmesser wie Forschungsreisende stecken der Wissenschaft neue Betätigungsfelder ab. Pioniere vermessen den Boden der verfügbaren Daten, damit Theoretiker und Experimentatoren ein neues wissenschaftliches Lehrgebäude errichten können. Und schließlich treten Praktiker auf den Plan, die der Menschheit die neuen Erkenntnisse nutzbar machen.

Aber die Remissionsforschung bildet hier eine Ausnahme. Trotz ihrer gewaltigen Bedeutung hat sie bislang wenig oder keine systematische Beachtung erfahren. Im Gegenteil, die Medizin reagiert auf spektakuläre Fälle oft mit frostiger Verachtung. Nach landläufiger Ansicht sind sie zu selten, um die Wissenschaft befruchten zu können. Nach den am häufigsten genannten Zahlen kommt auf 80 000 bis 100 000 Krankeitsfälle nur eine einzige spektakuläre Heilung. Die Zahlen sind freilich durch keine wissenschaftliche Untersuchung belegt und möglicherweise zu tief gegriffen. Einer anderen Schätzung zufolge werden nur zehn Prozent aller unerwarteten Genesungen in den medizinischen Fachzeitschriften besprochen, und auch das ist möglicherweise untertrieben. Schon die Recherchen zu diesem Buch förderten Dutzende von Fällen zutage, über die in der Literatur niemals berichtet wurde. Und wie viele wertvolle Krankengeschichten mögen noch in den Aktenschränken von Ärzten in aller Welt unter Verschluß liegen?

Manche Forscher vermuten, daß viele Mediziner deshalb vor einer Veröffentlichung solcher Fälle zurückschrecken, weil sie keine stichhaltige wissenschaftliche Erklärung parat haben. So sagte Harris Dienstfrey, Herausgeber einer medizinischen Zeitschrift: »Das besondere Problem bei Krankengeschichten über Remissionen besteht darin, daß niemand weiß, was er mit ihnen anfangen soll. Soll ein bestimmter Fall in einer Zeitschrift veröffentlicht werden, muß er sich in einen festen theoretischen Kontext einbetten lassen. Aber noch gibt es für diese Fälle keine Theorie, und ein Kontext wird erst durch positive Besprechungen in den Zeitschriften geschaffen!«

»Die Frage ist doch«, fuhr er mit einem spöttischen Lachen über die Tücken des Wissenschaftsbetriebs fort, »wie die Medizin normalerweise entscheidet, was untersucht und besprochen wird. Oder anders ausgedrückt: Welches Maß an Mysteriosität ist hinnehmbar?«

Bergen Spontanheilungen ein akzeptables Maß an Mysteriosität? Selbst wenn dem so wäre: Wie nützlich sind die verfügbaren Krankengeschichten für ihre Erforschung? Die Forscher Challis und Stam, die zwischen 1900 und 1987 erschienene Zeitschriftenartikel zu Remissionen bei Krebs analysiert haben, machen darauf aufmerksam, daß zwar immunologische und hormonelle Faktoren, operative Traumata und Infektionen als mögliche Ursachen für solche Remissionen genannt werden, aber die Frage nach der Persönlichkeit und der Lebensweise der Patienten niemals gestellt wird. Und doch deuten aktuelle Untersuchungen darauf hin, daß beides von Bedeutung ist. Es gibt Spekulationen, wonach die Gründe für dieses Informationsdefizit darin liegen, daß »kein Arzt und keine Ärztin ihren Ruf aufs Spiel setzen möchten, indem sie über den Fall einer spontanen Rückbildung einer Krankheit berichten, die ihrer Meinung nach auf einer psychologischen Methode beruht hat«.[12] So bleibt denn offen, ob Menschen, die unerwartet wieder gesund werden, beispielsweise besondere Lebensgewohnheiten haben. Ernähren sie sich auf eine bestimmte Weise? Oder haben sie psychische oder soziale Eigenarten oder bestimmte Überzeugungen, die an einer Heilung mitgewirkt haben könnten? Und wie könnte man solche Einsichten in die Medizin einbringen, um Menschen die beste Betreuung und den besten Beistand zu geben?

Obwohl man – wenn überhaupt – nur von den wenigsten Vertretern der orthodoxen Medizin behaupten kann, daß sie sich auf die Erforschung spontaner Remissionen spezialisiert haben, so geben doch viele Kliniker offen zu, daß das Thema sie fasziniert. Dr. Tom Oliver, ein weltgewandter Fünfziger mit jugendlicher Ausstrahlung, ist Onkologe am Royal London Hospital und befaßt sich mit einem vielversprechenden Forschungszweig der Schulmedizin: Als Spezialist für Hoden- und Nierenkrebs fahndet er in seinem Labor fieberhaft nach dem Mechanismus, der es Tumoren ermöglicht, die normale Immunabwehr der Zellen auszuschalten. Eines Tages, so hofft er, werde man in der Lage sein, »die fehlenden Gene in den Tumor zu schießen« und die körpereigene Abwehr zu reaktivieren.

Oliver hat auch etwas von einem medizinischen Renegaten. Die Beobachtung, daß aggressive Behandlungsmethoden bei Nierenkarzinomen keinen durchschlagenden Erfolg bringen, veranlaßte ihn zu einer radikalen Neuorientierung: Bei Patienten, die ihre Krankheit offenbar selbst in Schach hielten, beließ er es bei einer bloßen »Überwachung«, verzichtete also bei »aufmerksamem Abwarten« auf jede Behandlung. Zu seiner Überraschung verzeichnete er in einer Gruppe von 73 Patienten drei komplette und zwei partielle Remissionen, und bei vier Patienten blieb der Zustand über ein Jahr lang stabil. (Von den drei Vollremissionen hielt sich eine mindestens sechs Jahre lang.)[13]

Einige Fälle haben Dr. Olivers Glauben an althergebrachte biologische Einsichten schwer erschüttert. Er zieht aus einem Aktenschrank die Röntgenaufnahme von der Lunge einer Patientin, die er zwischen 1981 und 1983 behandelt hat: eine »berühmte« Remission. Der Nierentumor der Frau hatte in den Lungen metasta-

siert, die Prognose gab ihr keine Chance. Oliver entdeckte, daß ihre Tumore nicht in dem Rhythmus wuchsen, der für den Wucherungsprozeß von Nierenkrebs typisch war, sondern entsprechend den Höhen und Tiefen ihrer Beziehung zu ihrem Ehemann, der sie körperlich mißhandelte. Obwohl sie schließlich starb, wirkten die Phasen der Trennung von ihrem Mann, soweit er es beurteilen konnte, möglicherweise als lebensverlängernde Arznei.
Ein anderer Patient mit Metastasen in der Lunge, dessen Frau sechs Monate zuvor verstorben war, habe, so Oliver süffisant, »hinter seinem Rücken ein Medium engagiert, das Kontakt zum Geist seiner verstorbenen Frau herstellte«: Der angebliche Geist der Frau erklärte ihm, daß es für einen Übertritt ins Jenseits noch zu früh sei. »Eigentlich hätte er vor sieben Jahren sterben müssen«, merkte Dr. Oliver an, »aber er ist noch immer am Leben.« Oliver, der aufgrund seiner Beobachtungen die psychologische Dimension von Heilungsvorgängen vorsichtig in seiner Praxis zu nutzen versucht, schätzt, daß eine »optimistische Gehirnwäsche« bei den Patienten die Aussichten auf eine Besserung ihres Zustands um ein bis zehn Prozent erhöhen könne. Kein hoher Prozentsatz, wie er einräumt, »aber die Chemotherapie bringt in vielen Fällen auch nicht mehr«.

Dr. Steven Rosenberg schrieb über den verblüffenden Fall DeAngelo: »In der Forschung kommt es vor allem darauf an, die richtigen Fragen zu stellen.«[14] Eine solche Frage könnte lauten: Schreitet eine Krebserkrankung notwendigerweise unaufhaltsam fort? Lange Zeit war dies ein Dogma in der Onkologie, und bei den meisten Krebsarten kann die Antwort nur entmutigen. Eine britische Studie von 1926, der 651 Fälle von Frauen mit unbehandeltem Brustkrebs zugrunde lagen, erbrachte eine durchschnittliche Lebensdauer nach Ausbruch der Krankheit von 3,2 Jahren und eine mittlere Überlebensrate (Zeit bis zum Tod der Hälfte der Patientinnen) von 2,3 Jahren. Ein Jahr später kam eine Studie in Boston fast zu dem gleichen Ergebnis: Die durchschnittliche Lebensdauer lag bei 3,3, die mittlere Überlebensrate bei 2,5 Jahren. Weitere fünf Jahre später erbrachte eine Studie eine mittlere

Überlebensrate von 3,3 Jahren. Die Zahl, so wird beiläufig angemerkt, kam jedoch dadurch zustande, daß »zwei Fälle mit einer angeblichen Krankheitsdauer von 40 bis 41 Jahren außer acht gelassen wurden«.[15] Hierbei handelt es sich um statistische Ausreißer, die so extrem von den Durchschnittswerten abweichen, daß sie routinemäßig nicht mitgerechnet werden. So blieben in einer Studie zu 64 Patientinnen zwei außergewöhnliche – und sehr bedeutsame – Fälle von der Betrachtung ausgeklammert.

Dies ist um so merkwürdiger, als die Naturwissenschaften und insbesondere die Physik immer dann ihre größten Erfolge erzielten, wenn sie sich mit ungewöhnlichen Erscheinungen befaßten: Die Untersuchung seltener radioaktiver Mineralien hat das Leben auf unserem Planeten für immer verändert. Gregor Mendels Beobachtung, daß Erbsenpflanzen mit Blüten, die vom Albinismus betroffen sind, erstaunlicherweise Nachkommen mit farbigen Blütenblättern hervorbringen können, führte zu den bahnbrechenden Erkenntnissen der Genetik, die in unserem Zeitalter Furore machen.

Wenn Sonderfälle der Mineralogie und der Botanik unsere Welt so tiefgreifend verändern können, wie sehr dann erst Ausnahmefälle der Medizin? »Operation gelungen, Patient tot«, spotten Patienten wie Kollegen über den Ärztestand. Befassen wir uns mit dem faszinierenderen Gegenteil: »Operation mißlungen, Patient lebt.«

2

Das Unmögliche definieren

»Das seltene, aber spektakuläre Phänomen einer spontanen Remission bei Krebs bleibt für die Annalen der Medizin etwas ganz Unerklärliches, aber völlig Reales, ein Strohhalm der Hoffnung bei der Suche nach einem Heilverfahren«,[1] schrieb Dr. Lewis Thomas, der Vorsitzende des New Yorker Memorial Sloan-Kettering Cancer Center. Seine Haltung ist in gewisser Weise typisch für jene Mediziner, die ein gewisses Interesse am Gegenstand bekunden: Sie wollen das Phänomen näher untersuchen, es sich gleichzeitig aber vom Hals halten, ohne genau zu definieren, worum es sich eigentlich handelt.

Selbst die wenigen Spezialisten, die es weltweit gibt, haben unterschiedliche Definitionen vorgeschlagen. Tilden Everson und Waren Cole, die großen alten Männer auf dem Gebiet der spontanen Remission, definierten sie als das teilweise oder vollständige Verschwinden eines bösartigen Tumors ohne adäquate medizinische Behandlung, wobei sie das Phänomen jedoch nicht mit Heilung gleichsetzen. Der japanische Forscher Ikemi erweiterte die Definition und schloß auch Fälle ein, bei denen die Patienten lange überleben, die Krebserkrankung aber fortdauert.

Einige Mediziner vertreten die Auffassung, Remission sei nicht als statischer Zustand, sondern als »Rekurrenzzeit«, also als die Zeit bis zum nächsten Rückfall, zu begreifen. So gesehen sind alle Remissionen nur vorübergehende Pausen bis zum unvermeidlichen Wiederauftreten von Krankheitssymptomen. (Da über den natürlichen Verlauf von Remissionen so gut wie nichts bekannt ist, läßt sich allerdings nur schwer sagen, ob eine Art eher dauerhaft und eine andere eher vorübergehend ist.)

Patienten, die Phasen der Erholung erlebten, halten den Ausdruck nur selten für sinnvoll. »Das ist ein Streit um Worte«, sagte uns einer, »für mich ist Heilung nichts Plötzliches, sie ist ein lebenslanger Prozeß, an dem ich arbeite.« Und ein anderer meinte: »Ich benutze das Wort ›Remission‹ nie. Es hat geheißen, bei meiner Krankheit gibt es keine Remission. Ich sage einfach, ich bin krank gewesen, und jetzt bin ich es nicht mehr.«

Diese Einwände von Menschen, die das Problem aus eigener Erfahrung kennen, sind für die Diskussion von zentraler Bedeutung. Meinen wir mit »Remission« etwas Vorübergehendes oder Dauerhaftes? Heißt »spontan« sofort? Soll damit ausgedrückt werden, daß die Ursache unbekannt ist? Das Etikett, das rätselhaft und nichtssagend zugleich ist, trägt zum Verständnis der Sache nur wenig bei. Wie ein renommierter Forscher klagte: »Es suggeriert, daß etwas ohne Ursache geschieht. Das ist natürlich ebenso absurd, denn alles hat eine Ursache, ob erkennbar oder nicht.«[2]

Wie kann man etwas untersuchen, wenn man es nicht klar definieren kann? Der deutsche Duden hilft auf die Sprünge: Die ursprüngliche Bedeutung des Wortes »spontan« (aus dem Lateinischen *sponte* für »aus eigenem Willen«) hat wenig zu tun mit Abruptheit, Raschheit oder einem unvermittelten Wandel ohne eine Ursache, was im heutigen Wortgebrauch mitschwingt. »Spontan« bedeutete ursprünglich vielmehr »von selbst«, »von innen heraus« und »ohne Aufforderung«. Es geht also um natürliche Vorgänge, die von innen gesteuert werden.

Nach unserer Überzeugung trägt der Ausdruck »unerwartete Genesung« dieser Bedeutung eher Rechnung, wobei wir unter »Genesung« allerdings nicht den Endzustand der Gesundung, sondern eine vorübergehende oder dauerhafte, teilweise oder vollständige Besserung des Leidens verstehen. Wir schlagen diese erweiterte Definition vor, weil wir bei den Recherchen zu diesem Buch zu der Überzeugung gelangt sind, daß sehr viel mehr Fälle in die Untersuchung mit einbezogen werden müssen. Anfangs fragten wird die Ärzte, ob ihnen Fälle von »spontanen Remissionen« begegnet seien. Die meisten versicherten, damit hätten sie noch nie zu tun gehabt. Oder es hieß, man habe im »25jährigen Berufsleben nur einen Fall gehabt, den Patienten aber aus den Augen verloren«. Deshalb stellten wir die Frage anders, wollten wissen, ob sie Patienten gehabt hätten, die sich trotz ihrer Krankheit überraschend gut gehalten hätten, etwa einen Krebspatienten im Endstadium, der nur noch palliativ behandelt wurde, sich aber plötzlich wieder erholte; oder einen Patienten, der seine Krankheit entgegen den statistischen Erwartungen jahrelang überlebte; oder einen Patienten mit einem Tumor, der erfahrungsgemäß unaufhaltsam wuchs, sich in seinem Fall aber teilweise zurückgebildet hatte. Wenn wir die Frage so stellten, fiel die Antwort der Ärzte fast immer gleich aus: »Natürlich, ich habe viele solcher Fälle erlebt!« Und nicht selten brachte uns der Arzt in Kontakt mit einem Patienten, der entgegen den Erwartungen noch lebte und von seiner ungewöhnlichen Krankengeschichte berichten konnte.

Wir waren auf ein überraschendes Faktum gestoßen: Wegen einer zu eng gefaßten Definition war der medizinischen Forschung ein Phänomen von besonderem Interesse (nicht zuletzt auch im Hinblick auf die Betreuung der Patienten) entgangen. Ist es denn keine Untersuchung wert, wenn eine Person viel länger lebt, als ihr prognostiziert wurde, auch wenn sie am Ende doch an der Krankheit stirbt? Sollte es nicht unsere Neugierde wecken, wenn ein Patient, dem die Ärzte nur noch sechs Monate geben, seiner Krankheit erst nach Jahren erliegt? Gewiß sind bestimmte körperliche, seelische und vielleicht sogar spirituelle Aspekte dafür verantwortlich. Auf die Spur kommen wir ihnen aber nur, wenn wir uns in eine Grauzone der medizinischen Forschung begeben und entsprechenden Fällen genügend Beachtung schenken.

In der Tat kamen wir zu der Überzeugung, daß in dieser Grauzone wichtige Einsichten darüber gewonnen werden können, ob es Strategien gibt, mit denen man Patienten, bei denen eine tödlich verlaufende Krankheit diagnostiziert wurde, das Leben verlängern und ihnen auf moralisch vertretbare Weise neue Hoffnung machen kann. Zudem warten hier Einblicke in ein bislang noch kaum erkundetes Gebiet, das viel mit der Beziehung zwischen Körper und Seele zu tun hat. Wir sprechen von den Selbstheilungskräften des Menschen.

Norman Cousins sah in diesem dem Menschen innewohnenden System zur Selbstheilung eine »großartige Orchestrierung« all jener Kräfte, die einen kranken Menschen wieder gesunden lassen. Wenn wir Hinweise auf dieses System suchen, dann finden wir sie wohl am ehesten in den Fällen, die wir unter der erweiterten Kategorie der unerwarteten Genesung fassen. Bei unserer Untersuchung gingen wir von der Überzeugung aus, daß wir das Netz möglichst weit spannen müßten, wenn wir diesem System der Selbstheilung auf die Spur kommen wollten.

Berichte über Spontanheilungen, die nach der Übertragung von Blut eines genesenden Patienten eingetreten sein sollen, werfen die interessante Frage auf, ob für eine Heilung nicht besondere biologische Faktoren verantwortlich sind, die gegebenenfalls isoliert und im Labor vervielfältigt werden könnten. Fälle von unerwarteten Genesungen, die nach Infektionen und Fieber erfolgten, deuten darauf hin, daß es im Körper Mechanismen gibt, welche die Immunabwehr verstärken. Fälle, in denen Meditation und Hypnose zu einem unerwarteten medizinischen Ergebnis führen, lassen auf bislang kaum erforschte Beziehungen zwischen Körper und Seele schließen.

Eine Definition ist ein Instrument, mit dem sich die Forschung auf der Suche nach neuen Erkenntnissen weitere Teilbereiche der Wirklichkeit erschließt. Wenn wir an Patienten, denen es bessergeht und die länger leben, als ihre Krankheit eigentlich erwarten ließe, übereinstimmende Besonderheiten erkennen können, dann liefern sie uns möglicherweise wichtige Erkenntnisse für die künftige Behandlung, gleichgültig, ob es sich um einfache »Experimente der Natur« oder um das Ergebnis biologischer, psychischer und sozialer Komponenten im Leben der Betroffenen handelt.

Die Vielzahl der Definitionen, die auf ganz unterschiedlichen Ansätzen beruhen, hat beim Verständnis unerwarteter Genesungen für allerhand Verwirrung gesorgt. Dies spiegelt zunächst einmal den allgemeinen Mangel an Wissen über das Phänomen wider. Darüber hinaus offenbart es aber auch die Grenzen der traditionellen Kategorien, die sich mehr auf das Verhalten von Tumoren als auf das Verhalten der einzelnen Patienten konzentrieren, die auf die Krankheit in ganz unterschiedlicher Weise reagieren. Um das ganze Spektrum der Heilungsreaktionen zu überblicken und zu einer »weitwinkligen« Betrachtung zu gelangen, die auch das Verhältnis zwischen Krankheit, Behandlung und persönlichen Eigenheiten erfaßt, haben wir die unerwarteten Genesungen in sechs grundlegende Kategorien eingeteilt: 1. Keine Behandlung: Fälle, bei denen die nach einer Röntgenuntersuchung, Gewebsentnahmen oder anderen Tests gestellte Diagnose eine Behandlung als nicht mehr sinnvoll erscheinen ließ, die Krankheit aber von selbst wieder verschwand. 2. Unzulängliche Behandlung: Fälle, bei denen nach der Diagnose konventionell behandelt wurde, ohne eine Heilung oder Remission herbeizuführen. Der Patient wurde vom Arzt aufgegeben, kehrte aber ein, fünf oder zehn Jahre später beschwerdefrei wieder. 3. Gleichgewicht (oder verzögertes Fortschreiten): Fälle von Patienten, bei denen entweder eine teilweise Besserung des Krebsleidens eintritt oder die bei leidlich guter Gesundheit lange Zeit weiterleben. 4. Langes Überleben: Menschen, die einer konventionellen Behandlung unterzogen wurden, gut auf sie ansprachen und sehr viel länger lebten, als bei ihrer Krebsart und Behandlung laut Statistik zu erwarten war. 5. Therapeutische Ergänzungen: Patienten, die sich einer gemischten Behandlung aus oft sehr unterschiedlichen traditionellen und sogenannten »alternativen« Methoden unterzogen haben und gesundet sind. 6. »Wunder«: sogenannte spirituelle Heilungen wie die oft sehr plötzlichen Genesungen, die vom Comité Médical International in Lourdes dokumentiert werden.

Keine Behandlung

Wie häufig kommt es vor, daß eine unheilbare Krankheit ohne wirkungsvollen medizinischen Eingriff von selbst wieder verschwindet? Der starke Eindruck, den ein solches Ereignis auf den Arzt macht, kommt in einem medizinischen Bericht aus dem Jahre 1910 zum Ausdruck. Ein Mann, dessen Mandeln, Zunge und Kehlkopf bereits so stark vom Krebs zerfressen waren, daß er einen »übelriechenden Ausfluß« absonderte, wurde zum Sterben nach Hause geschickt. Sein Arzt schrieb:

> Ich teilte ihm mit, daß man sein Leiden nur noch lindern [also palliativ behandeln] könne und daß er nur noch wenige Monate zu leben habe ... Etwa achtzehn Monate später suchte mich der Patient erneut auf. Ich erkannte ihn nicht und war wie vom Donner gerührt, als er mir mitteilte, wer er war. Ich hatte ihn tot geglaubt. Er war bei bester Gesundheit, und von seiner Geschwulst war nur ein recht glattes Narbengewebe geblieben. Kurz nachdem er nach Hause zurückgekehrt sei und seine Angelegenheiten in Ordnung gebracht habe, so erklärte er mir, hätten die Schmerzen und der Ausfluß aufgehört und die Wucherung hätte sich zurückgebildet. Die einzige Behandlung hatte in antiseptischen Mundspülungen und Sprays sowie schmerzstillenden Mitteln bestanden.[3]

Unter diese Kategorie fällt natürlich auch der rätselhafte Fall des Patienten Moore, der im vorangegangenen Kapitel erwähnt wurde. Ein weiteres Beispiel ist der Fall einer Frau namens Carol Knudtson.

Carols frühe Kindheit war ungewöhnlich unbeschwert verlaufen. Sie wuchs auf einem kleinen Milchhof bei Madison im Bundesstaat Wisconsin auf, in einer heilen Welt, wie sie der amerikanische Maler und Zeitschriftenillustrator Norman Rockwell entworfen hat. Sie wohnte in der gleichen Straße wie der Junge, den sie später heiratete, und wuchs mit der flotten Musik aus ihrem Transistorradio auf, das sie zum besseren Empfang an das alte Telefon an der Wand hängte. Viele Leute konnte sie freilich nicht anrufen: Bei ihrer Heirat 1954 hatte die Stadt gerade einmal 303 Einwohner. Inzwischen, so Carol, sei sie »wie verrückt« gewachsen und zähle nun 5000 Seelen.

Als Mädchen träumte sie davon, Astronautin zu werden oder als Missionarin in den entlegensten Winkeln der Welt das Evangelium zu verkünden. Oft hatte sie das Gefühl, sie sei »verrückt, weil ich mich so anders fühlte. Ich fragte meine Mutter, ob ich adoptiert sei.« Sie hatte eine lebhafte Phantasie und litt manchmal unter der quälenden Furcht, daß etwas Schreckliches geschehen werde. Nach dem Überfall der Japaner auf Pearl Harbour weigerte sich die eigensinnige Elfjährige, der Bitte ihrer Eltern Folge zu leisten und etwas aus der Scheune zu holen, überzeugt, in dem Moment, wo sie das Licht anknipste, von einer feindlichen Bombe getroffen zu werden.

Als Grundschülerin hatte sie zum ersten Mal einen Alptraum, der sie bis über die High-School hinaus verfolgte: »Ich trat vom Bordstein auf die Straße, und ein großer Lastwagen raste auf mich zu. Ich wollte ›Mörder‹ schreien, brachte aber keinen Ton heraus. Dann schreckte ich aus dem Schlaf auf. Der Traum kam immer wieder.«

Carol hätte nicht vermutet, daß die schrecklichen Vorahnungen der Kindheit viel später, als sie 52 Jahre alt war, konkrete Gestalt annehmen würden. Es begann harmlos mit einem unangenehmen Gefühl in der Kehle, das von einer kleinen Verhärtung im hinteren Rachenraum herrührte. Zunächst vermutete sie eine steckengebliebene Hülse von der üblichen Portion Popcorn, die sie abends beim Fernsehen aß. Aber das Gefühl von etwas Spitzem verschwand nicht. Ihr Arzt vermutete, daß die Luft in ihrem Haus zu trocken sei, und so schaffte sie sich einen Luftbefeuchter an. Dann aber verstrichen Thanksgiving, Weihnachten und der Neujahrstag, ohne daß Besserung eintrat. Im Gegenteil: Das spitze Ding in ihrer Kehle wuchs und fühlte sich schließlich an »wie ein Holzstock, der sich in die andere Seite meiner Kehle bohrte«.

Dann entdeckte sie die Wucherung in ihrem Rachen. Eine Gewebsentnahme brachte Gewißheit: Sie hatte ein rasch wachsendes Lymphom. Der gespenstische Laster, der hupend auf sie zuraste, war tatsächlich im Begriff, sie überrollen.

In dem Bericht über Carols Fall, der in der Zeitschrift *Cancer* erschien, wird ihr Lymphom als eine »aggressive histologische Unterart« beschrieben.[4] Eine Rückbildung sei »äußerst selten«. Ohne Belang war dagegen, welcher »Unterart« Carol angehörte, wie der Arzt ihr mitteilte: »Bei dieser Krankheit macht es keinen Unterschied, wie alt Sie sind, welche Hautfarbe Sie haben, wie hoch Ihr Einkommen ist oder woran Sie glauben: Es sieht schlecht aus.« Die Prognose war düster. »Die Ärzte sahen mich alle bloß mitleidig an.« Sie bereitete sich auf den Tod vor und versuchte sich vorzustellen, wie es mit ihrem Sohn, ihrer kleinen Tochter und mit ihrem Mann Dean nach über 25 Ehejahren weitergehen würde. »Dean war völlig erschüttert, während ich keine Träne geweint habe«, sagte sie und wunderte sich rückblickend über ihre Reaktion. Sie stand unter Schock, starrte mit dem Gefühl, »in den Weltraum hinauszugleiten«, aus dem Fenster. Sie ging nicht einmal mehr ans Telefon.

Ihr Mann, so erinnerte sie sich, »konnte sich mit dem Gedanken, daß am Montag Hals über Kopf die Behandlung beginnen sollte, nicht abfinden. Dean schlug mit der Faust auf den Tisch und sagte: ›Ich hab's! Wir gehen in die Mayo Clinic und holen eine zweite Meinung ein.‹« Die Initiative ihres Mannes brachte sie wieder etwas zu sich. »Ich war nach der Diagnose völlig verstört, dann aber erinnerte ich mich wieder an die Worte meiner Mutter: ›Der liebe Gott bürdet dir nicht mehr auf, als du tragen kannst.‹« Dean fuhr sie in die Mayo Clinic, wo sie eine ganze Woche lang Knochenmarksuntersuchungen, Computertomogramme und »dieses ganze Zeug« über sich ergehen lassen mußte. Dean, der »praktisch die ganze Zeit weinte«, bedrängte sie, mit ihm in die Bibliothek hinunterzugehen und in den Büchern nach neuen Therapiemöglichkeiten zu suchen. Während ihres einwöchigen Klinikaufenthalts hatte sie merkwürdigerweise den Eindruck, daß die Geschwulst kleiner würde. Sie sprach darüber mit den Ärzten, doch die, so Carol, hätten sie nur »angesehen, gelacht und gemeint: ›Nein, so etwas kann nicht schrumpfen.‹«

Die Ärzte der Mayo Clinic bestätigten vielmehr die ursprüngliche Diagnose und schickten sie nach Madison zurück, wo sie sich bei Dr. Paul Carbone, dem jetzigen Leiter des Comprehensive Cancer

Center der University of Wisconsin, einer Behandlung unterziehen sollte. Dr. Carbone sei »mitfühlend gewesen«, erinnerte sie sich, und das habe ihr gutgetan. Bei der Untersuchung entdeckte er dann allerdings nur noch »eine kleine Himbeere«. Er überwies sie an einen HNO-Arzt, und der erklärte ihr, für eine behandlungsbedürftige Krankheit gebe es keinerlei Anzeichen. »Ich wußte nicht mehr, woran ich war«, erklärte sie. In Dr. Carbones ärztlichem Bericht wird das Ereignis offen benannt: »Wegen der offenkundigen Rückbildung des Primärtumors wurde auf eine Chemotherapie verzichtet. Es folgten monatliche Untersuchungen durch zwei Ärzte. Der zervikale Lymphknoten bildete sich vollständig zurück, und bei einer Untersuchung im Frühjahr 1982 fiel der Befund völlig normal aus.«[5] In weniger als sechs Wochen waren alle Symptome der Krebserkrankung vollständig verschwunden.

»Ich ging weiterhin ins Krankenhaus«, berichtete Carol. »Die Ärzte brachten ihre Studenten mit und führten ihnen das Wunder vor.« Bei der letzten Untersuchung »blickte mich ein junger indischer Arzt entgeistert an. Er sagte nur immer wieder: ›Interessant, Interessant.‹«

Bei diffusen großzelligen Lyphomen bemißt sich die Überlebensdauer in Monaten, spontane Remissionen sind selten. Die mittlere Überlebensrate nach Diagnose beträgt ein Jahr.[6] Was war passiert? Carol war weder behandelt noch waren begleitende Therapiemaßnahmen ergriffen worden, die eine Gesundung herbeigeführt haben könnten. (Lachend bekannte sie sich zu ihrer schlechten Ernährung: »Mom und ich lieferten meine Tochter um acht Uhr morgens in der Schule ab, gingen dann zum Restaurant A & W und aßen zum Frühstück Hamburger mit Pommes. An meiner Ernährung habe ich nie etwas geändert. Ich lebe immer noch von Hamburgern!«)

Dagegen war Carol seit jeher felsenfest von der Kraft des positiven Denkens überzeugt. Als Kind war sie geradezu fanatisch gewesen, hatte aus der Tageszeitung Artikel des protestantischen Geistlichen und Autors Norman Vincent Peale ausgeschnitten und sie in ihrem Zimmer stapelweise gesammelt. Seit dem Besuch der Bibel-Schule spielte auch der Glaube in ihrem Leben eine besonders wichtige Rolle. Das Radio bei ihr zu Hause ist immer auf den Empfang eines religiösen Senders eingestellt. Während der Krankheit machte es ihr Mut, daß ihre Mutter, Schwester, Schwägerin und Gemeindemitglieder für ihre Heilung beteten. Einmal, im Krankenhaus, blieb ein katholischer Geistlicher an ihrem Bett stehen und sprach ein Gebet: »Ich fand es großartig, daß er für mich betete, obwohl er mich gar nicht kannte und ich Lutheranerin bin. Ich glaube, das hatte ein bißchen damit zu tun, daß sich alles zum Guten gewendet hat.«

Carols Mann starb vor ein paar Jahren an Krebs. Manchmal fragt sie sich noch: »Warum habe ich es geschafft und er nicht?«

Unzulängliche Behandlung

Eine besonders rätselhafte Kategorie unerwarteter Genesungen, die einer Registrierung nur allzuoft entgeht, sind Fälle, bei denen der Patient ohne Aussichten auf Erfolg behandelt wurde. So gibt es Beispiele für Krebserkrankungen, die nach einer experimentellen Behandlung verschwanden, die sich bei einer späteren wissenschaftlichen Prüfung als völlig nutzlos erwiesen hat. Oder Remissionen, die auf eine sogenannte »palliative« Behandlung folgten, also eine Chemo- oder Strahlentherapie, die bei unrettbar Krebskranken lediglich zur Linderung eingesetzt wird.

Dr. Rose Papac, leitende Onkologin an der Yale University, entdeckte einen solchen Fall fast zufällig beim Durchstöbern ihrer alten Krankenberichte.[7] An einem kalten Morgen im Januar 1967 war Edward Petrelle mit besorgniserregend hohem Fieber in das Veterans' Hospital in West Haven eingeliefert worden. Eine Zählung seiner Blutkörperchen ergab katastrophal niedrige Werte: Der 52jährige Fernsehtechniker litt an einer akuten myelomonozytären Leukämie, einer rasch tödlich verlaufenden Form von Blutkrebs, bei der abnorme Zellen die Bildung roter Blutkörperchen im Knochenmark verhindern. Zur damaligen Zeit betrug die mittlere Überlebensrate bei einer solchen Erkrankung ohne Behandlung drei Monate. Obwohl Petrelle als »wenig aussichtsreicher Kandidat für eine besondere Behandlung« eingestuft wurde, verordnete Dr. Papac eine Chemotherapie. Der Behandlungsplan wurde später allerdings abgeändert, so daß der Patient nur einen Bruchteil der üblichen Dosis an Medikamenten erhielt. Dann aber nahm Petrelles Krankengeschichte einen völlig unerwarteten Verlauf. Das Fieber sank, die Anzahl seiner Blutkörperchen stieg, und sein Gesicht bekam wieder Farbe. Eine mikroskopische Untersuchung ergab, daß die abnormen Zellen verschwunden waren. Seine lazarusartige Auferstehung, so erinnerte sich Dr. Papac, sei für sie »eine einmalige Erfahrung« gewesen.

Wir machten Edward Petrelle in einem Vorort von Denver ausfindig, der vornehmlich von Angehörigen der unteren Mittelschicht bewohnt wird. Der verschrumpelte und gnomenhafte 80jährige, der ohne Frau lebte und es inzwischen zum »Uhrmachermeister mit einem Diplom von der American Horological Society« gebracht hatte, wie er stolz verkündete, hatte nicht die leiseste Ahnung, wem er die Reparatur seiner Lebensuhr verdankte. Auf seinem Klavierschemel sitzend, hinter sich die aufgeschlagenen Noten von »I'm Always Chasing Rainbows«, berichtete er uns, wie hoffnungslos elend und niedergeschlagen er sich seinerzeit gefühlt habe. Man habe ihn vorübergehend einer Chemotherapie unterzogen, aber die habe ihm nicht gutgetan.

»Ich aß nichts mehr«, fuhr er fort. »Alle sagten mir, ich würde sterben. Ich vegetierte nur noch dahin. Aber meine Schwägerin hielt zu mir. Sie wollte nicht glauben, daß ich Leukämie hatte, egal was die Ärzte sagten. Und ich spürte, daß Dr. Papac ein gutes Herz hatte. Sie ging sehr gefühlvoll mit mir um, bei ihr hatte ich nicht das Gefühl, wie am Fließband abgefertigt zu werden.«

Dr. Papac wiederum beschrieb ihren Patienten rückblickend als »einen besonders ängstlichen Menschen, der wie gelähmt war beim Gedanken an den Tod«. Allem Anschein nach lag Petrelle bereits im Sterben. Immer wieder fiel er in ein Präkoma. »Angeblich schlief ich die ganze Zeit«, erinnerte er sich, »aber das stimmte nicht. Ich führte einen ständigen Kampf, es war, als rutschte ich in einen tiefen Stollen hinab und arbeitete mich immer wieder nach oben.«

Er rutschte tiefer, fing sich dann aber irgendwie wieder. Er erinnerte sich, wie er nach einem schweren Arthritisanfall mühselig das Schnalzen mit den Fingern wieder erlernt hatte, indem er den einen Finger zunächst lautlos und dann immer kräftiger am anderen rieb, bis er schließlich wieder schnalzen konnte. Zu seinem Kampf gegen die Leukämie meinte er: »Es muß schon viel passieren, bevor ich wütend werde, aber irgendwann wurde ich es. Ich war wütend, weil ich nicht herumgehen konnte. Ich stand auf und ging den Flur im Krankenhaus auf und ab, obwohl mir die Füße weh taten. Ich sagte zu meinen Füßen, wenn ihr weh tut, dann tut ihr eben weh, aber ihr begleitet mich trotzdem. Ich kann sehr beharrlich sein. Ich lasse nicht locker, wenn etwas nicht klappt. Ich bringe es auf die Reihe, und wenn es Blutkrebs ist.« Später, als er so schwach auf den Beinen war, daß er kaum noch stehen konnte, zwang er sich zu einem Rundgang durch den Park des Krankenhauses. Schließlich schaffte er einen Fußmarsch von über zwölf Kilometern. »Ich lege heute noch jeden Tag über fünf Kilometer zurück«, berichtete er. »Vor meiner Krankheit habe ich mich nie so wohl gefühlt!«

Ed lebt heute bei seinem Enkel, verbringt seine Zeit mit Gartenarbeiten und klagt nur noch leutselig über den »kargen Boden«. Daß er sich so gut erholt hat, führt er vornehmlich auf seinen beharrlichen Kampf zurück: »Eines weiß ich: Wenn man den ganzen Tag im Lehnstuhl sitzt, dann sitzt man eben nur da, bis man schließlich stirbt.« 27 Jahre nach ihrer Begegnung im Veterans' Hospital von West Haven tauschen er und Dr. Papac zu Weihnachten noch immer Grußkarten aus.

GLEICHGEWICHT (ODER VERZÖGERTES FORTSCHREITEN)

Im *British Medical Journal* erschien 1925 ein Krankenbericht mit dem Titel: »Lange ausbleibender Rückfall nach Brustkrebsoperation«. Ein Arzt beschreibt darin den Fall einer Frau, der 24 Jahre zuvor wegen eines »typischen zirrhösen Karzinoms« die Brust amputiert worden war. Über zwei Jahrzehnte später tauchte sie in seinem Sprechzimmer auf. Sie hatte

> einen kleinen Knoten in der Haut, ungefähr fünf Zentimeter unterhalb der Mitte des rechten Schlüsselbeines ... Unter dem Mikroskop war erkennbar, daß es sich um Brustkrebs handelte. Bei einer weiteren Untersuchung der Patientin unter Betäubung wurden harte Tumore in den Regionen um beide Eileiter festgestellt. Sie starb innerhalb eines Jahres ... Die Tatsache, daß der Rückfall an der Haut der Brust auftrat und daß es sich um einen typischen Brustkrebs handelte, läßt keinen Zweifel daran, daß wir es mit einem Wiederauftreten des ursprünglichen Tumors und nicht mit einer unabhängigen neuen Wucherung zu tun hatten.[8]

Everson und Cole, die Pioniere bei der Erforschung von Remissionen, sehen in Fällen wie diesem einen Hinweis darauf, daß es einen angeborenen biologischen Mechanismus für die Kontrolle von Krebs gibt, und einen klaren Beweis, daß die Ausbreitung von Krebs im Körper nicht immer nach dem gleichen Muster und stetig verläuft, sondern zuweilen auch auf Lebenszeit zum Stillstand kommen kann. Der Pathologe William Boyd definierte Remission 1966 als »zeitweilige Besserung einer Erkrankung, auf die eine spätere Verschlimmerung folgt. Wenn das Wachstum eines Tumors nach anfänglich rascher Entwicklung sich verlangsamt oder ganz zum Stillstand zu kommen scheint ...«[9]

Das Krebswachstum kann variieren. »Ich habe Fälle von Brustkrebs gesehen«, sagte uns der Onkologe Dr. Leo Stolbach, »bei denen es erst nach dreißig Jahren zu einem Rückfall kam, auch wenn er bei der Mehrzahl der Patientinnen, sofern überhaupt, schon innerhalb der nächsten fünf Jahre erfolgt.« Und auch nach einem Rückfall sei der Krankheitsverlauf nicht vollständig vorhersagbar. Stolbach schilderte den Fall einer Patientin, die einen Rückfall bereits fünf Jahre überlebt hat. Sie »arbeitet immer noch jeden Tag, und es geht ihr gut. In ihrem Fall hätte man damit gerechnet, daß sie innerhalb eines Jahres sterben würde. Aber so muß es eben nicht sein.«

Dr. Hugh Faulkner, ein 80jähriger Allgemeinmediziner, den wir ebenfalls kennenlernten, begriff besser als die meisten anderen Patienten, was er von seiner lakonisch formulierten Prognose zu halten hatte: »Sie fanden einen Schatten auf meiner Bauchspeicheldrüse und rieten zu einer sofortigen Operation. Bei dem Eingriff entdeckten sie am Kopf der Bauchspeicheldrüse einen Tumor von der Größe eines Tennisballs. Es handelte sich um ein Adenokarzinom, wie die Gewebsentnahme erbrachte. Es war nichts mehr zu machen, der Tumor war inoperabel.« Beim Nachschlagen in der Literatur erfuhr er, daß er allenfalls noch vier bis sechs Monate zu leben hatte. »Ich nahm das als Arzt zur Kenntnis. Ich wollte mir die verbleibende Zeit so angenehm wie möglich machen und möglichst würdig sterben.«

Dr. Faulkner erinnerte sich an einen Freund, der an Lungenkrebs erkrankt war und ein rauschendes Fest veranstaltet hatte, um »mit Stil« aus dem Leben zu scheiden, im Kreis seiner Freunde, mit gutem Essen und erlesenen Weinen. Faulkner hielt Würde zwar nicht für das Allerwichtigste, trotzdem bedeutete »Stil« für ihn in diesem Zusammenhang, seine Tage in einer komfortablen Sterbeklinik zu beschließen. Doch ironischerweise fühlte er sich schon beim Gedanken an einen würdigen Tod sehr viel besser. »Meine Physiologie«, sagte er Jahre später, »empfing die Botschaft der Hoffnung, noch ehe ich selbst sie empfing. Ich bemerkte es nicht einmal, aber meine Frau.«

Als Dr. Faulkner sich bereits auf den Tod vorbereitete, überredete ihn seine Ehefrau, die fest an eine mögliche Einflußnahme des Geistes auf den Körper glaubte, zu Akupressur und makrobiotischer Ernährung. »Ich stellte fest, daß die erste Behandlung [mit Akupressur] gegen Schmerzen und Steifheit half«, sagte er. »Trotzdem war mir klar, daß man mit Akupressur keinen Krebs heilen kann.« Bei seiner typisch britischen Reserviertheit fiel es Dr. Faulkner nach Auskunft seiner Frau »besonders schwer, über seine Gefühle und sich selbst zu reden. Er erinnerte sich nur schwer an ein Erlebnis, wenn es unangenehm gewesen war. Ich erinnere mich sehr genau an alles, aber er vergaß alles Lästige sofort.« Und doch schienen ihm die Liebe, die Überzeugungen und der spirituelle Glaube seiner Frau dabei zu helfen weiterzuleben.

Hugh Faulkner überlebte die Diagnose, die sein Todesurteil bedeutete, noch acht Jahre und starb 1994 schließlich an einem Rückfall. Als Arzt blieb er bis zum Schluß skeptisch und grübelte über die unbekannten Kräfte nach, die ihn am Leben erhalten und den Lernstoff der medizinischen Fakultäten Lügen gestraft hatten. »Ich war mir bewußt«, hatte er einem Freund mitgeteilt, »daß ich irgendwie an meinem Krebs arbeitete, auch wenn ich auf intellektueller Ebene nicht daran glaubte. Ich spreche noch immer nicht von Heilung, aber ich akzeptiere die Tatsache, daß bei mir eine spontane Remission vorliegt, wie es in der abendländischen Schulmedizin heißt, was bedeutet, daß man nichts darüber weiß.«

Langes Überleben

Um das gesamte Spektrum der Selbstheilungskräfte zu begreifen, mußten wir uns auch mit solchen Patienten beschäftigen, die konventionell behandelt wurden, aber ihre statistische Lebenserwartung als Kranke bei weitem übertroffen haben. Das System der Selbstheilung nimmt vielerlei Gestalt an. Vielleicht haben die medizinischen Maßnahmen bei diesen Patienten wie eine Chemotherapie nicht nur als äußere Behandlung gewirkt, sondern auch als eine Art Initialzündung zur Aktivierung ihrer Selbstheilungskräfte.

Christine Bailey hatte keinen Grund zur Beunruhigung, als sie im Juli 1989 aus der Vorsorgeuntersuchung kam. Und auch ihr Leben verlief trotz einiger Härten in stabilen Bahnen. Die schüchterne 37jährige Brünette hatte eine hübsche fünfjährige Tochter namens Rachael und ging in einem Ort bei Atlanta einer angenehmen Bürotätigkeit nach. Ihr Mann war vier Jahre zuvor an Lungenkrebs gestorben, aber Christine, die von Kindesbeinen an auf den väterlichen Tabakfeldern in Virginia gearbeitet hatte, hatte sich nach dem schweren Schlag mit ungewöhnlich viel Mut und Zähigkeit wieder hochgerappelt.

Einige Monate nach der Routineuntersuchung entdeckte sie beim Duschen einen Knoten in ihrer Brust. Die Frau, die seit ihrer Kindheit, seit dem frühzeitigen Tod des Vaters, große Angst vor dem Tod hatte, war auf eine Geschwulst gestoßen, die sich später als ein Tumor von fünf Zentimetern Durchmesser herausstellte. Die anschließende Prozedur ist Millionen von Frauen in aller Welt vertraut: Mammogramm, Entnahme einer Gewebsprobe, operative Entfernung der Brust, Chemotherapie.

Christine sprach auf die Chemotherapie sehr negativ an. Mit dem Haarausfall – Rachael hatte beim Anblick ihrer Perücke gekichert – wurde sie ebenso fertig wie mit den gewaltigen Fieberschüben. Bei der zweiten Behandlung traten allerdings Krämpfe auf, und der Blutdruck sank so dramatisch, daß eine Bluttransfusion notwendig wurde. Aber das Schlimmste: Alles war umsonst. In den Lungen wurden Metastasen entdeckt, und angesichts ihrer Verbreitung und Größe erschien ein chirurgischer Eingriff nicht mehr sinnvoll. Die Röntgenaufnahmen waren ein Schock: »So sah die Lunge meines Mannes aus, als er starb.« Rachael war zum Zeitpunkt der Diagnose fünf Jahre alt, so alt wie sie selbst, als ihr Vater dahingesiecht war. Ein schwacher Trost, daß der behandelnde Arzt sich erbot, das Kind zu adoptieren, »falls etwas passieren sollte«. Er sagte ihr, sie solle Anfang des nächsten Jahres wiederkommen und sich einer neuen Serie von Behandlungen unterziehen: Sie habe nur noch drei Monate zu leben, aber die wolle er ihr so angenehm wie möglich machen. Ein zweiter Arzt bestätigte die Prognose und gab ihr den freundlichen Rat, die Niederschrift ihres Testaments nicht hinauszuschieben.

Beim Gedanken an ihre Tochter und an die Mühen, unter denen sie sich ihre jetzige Lebenssituation hatte erkämpfen müssen, konnte sich Christine mit ihrer Prognose einfach nicht abfinden. Sie las Bücher über Geistheilungen und bat in ihren Gebeten um einen Weg zurück ins Leben. Die Wende, so erinnert sie sich, sei unmittelbar nach Neujahr eingetreten. Sie wurde wütend auf ihre Schwester, die bei ihr wohnte und sich von ihr aushalten ließ. »Ich hatte es satt. Das einzige, was ich je von ihr verlangt hatte, war, das Abendessen zu richten. Alles andere habe ich selbst gemacht.« Die Schwester packte beleidigt ihre Sachen und verschwand. An diesem Montag begann Christine wieder zu arbeiten. Einige Wochen später fuhr sie nach Tennessee und bestieg den Berg Stone Mountain, »nur um mir zu beweisen, daß ich das konnte«.

Die Kirche hatte in ihrem Leben immer eine zentrale Rolle gespielt. Sie war mit zwölf Jahren von zu Hause ausgerissen und von einem Geistlichen und seiner Frau aufgenommen worden. An einem Sonntag erlebte sie in der Kirche ihrer Baptistengemeinde in Chamblee, wie ein Arzt »Zeugnis« von seiner Herzkrankheit ablegte und eine Salbung mit einem geweihtem Öl empfing. Unter dem Eindruck dieser Zeremonie, bei der ein Arzt göttlichen Beistand erbat, beschloß sie, sich im Kreis ihrer Gemeinde ebenfalls salben zu lassen. In diesem Monat schrieb sie Tag für Tag immer wieder dasselbe einfache Bekenntnis in ihr Tagebuch: »Ich weiß, daß Gott mich heilen kann ... Ich weiß, daß Gott heilt ... daß er mich behütet.«

In der letzten Januarwoche versammelte sich die Gemeinde und führte für Christine eine Heilzeremonie durch. Zu ihrer Geburtstagsparty eine Woche später kamen von überall her Freunde. Sie zählte 67 Gäste, von denen alle wußten, daß sie wohl das letzte Mal mit ihr feiern würden. Jemand rollte eine riesige selbstgebakkene Torte herein, auf der 38 Kerzen flackerten. Ohne die Befürchtung, das Fest könne zu einer vorgezogenen Totenfeier geraten, rief ein Gast: »Wünsch dir was!« Christine schloß fest die Augen, holte so tief Luft, wie sie konnte, und bat im stillen um eine Wunderheilung, »meiner Tochter wegen«. Durch ihren Wunsch gestärkt und mit einem Blick auf Rachael, deren Gesicht in freudiger Erwartung strahlte, blies sie trotz ihrer kraftlosen und angegriffenen Lunge alle 38 Kerzen mit einem Atemzug aus. »In diesem Augenblick wußte ich«, sagte sie begeistert, »daß ich weiterleben würde. Ich wußte, daß etwas geschehen war.«

Bei der nächsten Untersuchung waren ihre Lungen überraschenderweise ohne Befund. Bald darauf wuchsen ihre glänzenden dunkelbraunen Haare wieder nach. Sie überwand ihre Schüchternheit und gab dem Drängen einer Freundin nach, sich mit einem Computerprogrammierer aus der Gemeinde zu verabreden. Fünf Monate später machte er ihr auf einem Seminar des Chors vor allen Anwesenden einen Heiratsantrag. Brautführer war ihr Onkologe Dr. Jeffrey Scott. Ihre inzwischen 13jährige Tochter, die zu adoptieren er sich erboten hatte, war Brautjungfer.

In den ärztlichen Berichten, in denen diese inneren und äußeren Ereignisse freilich kaum erwähnt werden, ist zunächst von einer »verzweifelten 37jährigen weißen Frau« mit düsterer Prognose die Rede, sechs Monate später von einer Patientin mit »Vollremission« und bald darauf von »einer liebenswürdigen weißen Frau ohne akute Beschwerden und mit Lungen ohne Befund«. Zwei Jahre später spricht ihr »metastasierter Brustkrebs« auf die wiederholte chemotherapeutische Behandlung »erstaunlich gut an«. Weitere drei Jahre später ist die »hübsche junge Frau«, die »geheiratet hat und sehr zuversichtlich wirkt«, »unerwarteterweise noch immer in Remission«.

Positiv überrascht und verblüfft notiert der Arzt: »Es geht ihr erstaunlich gut, wenn man das Fehlen spektakulärer Heilungen oder Langzeitüberlebender mit dieser Erkrankung bedenkt.«

Heute, fünf Jahre später, sind Christines Lungen auf den Röntgenaufnahmen noch immer ohne Schatten. »Für mich ist das keine spontane Remission«, versichert sie. »Für mich ist das göttliches Eingreifen.« Im Augenblick plant sie eine Ausbildung zur psychologischen Beraterin für Krebspatienten.

Wieder stellt sich die Frage: Was ist passiert? Für einige mag Christines Heilung das Ergebnis ihrer Operationen sein, für andere eine verzögerte Reaktion auf mehrere strapaziöse Behandlungen mit Chemotherapeutika. Andererseits sind die Überlebenschancen bei metastasiertem Brustkrebs äußerst gering. Auf die Frage eines Lokalreporters, ob Christines Fall als Wunder einzustufen sei, antwortete Dr. Scott: »Ich würde es nicht verneinen.«

Hatte die Chemotherapie bei Christine irgendeine Wirkung? Vielleicht, auch wenn die Erfolge der konventionellen Krebsbehandlung fraglicher sein mögen, als die behandelnden Ärzte im allgemeinen zugeben. Aktuelle Statistiken zeigen, daß die Überlebenschancen bei Krebserkrankungen in den letzten 20 Jahren außer bei sehr seltenen Arten oder bei Kindern nicht wesentlich gestiegen sind. Bei vier der häufigsten Krebsarten (Dickdarm, Mastdarm, Bauchspeicheldrüse und Lunge) gibt es nach Meinung eines Internisten von der University of California in Los Angeles »keine stichhaltigen Beweise dafür, daß die Chemotherapie irgendwelchen Nutzen bringt«,[10] obwohl zahlreiche Patienten dieser Behandlung unterzogen werden.

In seinem Kommentar zu Eversons und Coles Bericht über 176 Fälle von spontaner Remission bemerkt C. I. V. Franklin: »60 Prozent der Remissionen dauerten über zwei Jahre, viele davon sogar über zehn Jahre. Wendet man die gleichen Kriterien auf Rückbildungen an, die auf einer hormonellen oder zytotoxischen Chemotherapie beruhen, so ist die Erfolgsquote vermutlich nicht sehr viel höher!«[11] Im Jahre 1918 vertrat Dr. G. L. Rohdenburg eine These, die in der heutigen Medizin geradezu ketzerisch wäre: »Das Auftreten von partiellen oder kompletten spontanen Besserungen sollte einen bei der Beurteilung neuer therapeutischer Verfahren besonders kritisch stimmen. Hüten wir uns davor, ihnen Erfolge zuzuschreiben, die in Wahrheit auf Naturkräfte zurückgehen, über die wir bislang noch überhaupt nichts wissen.«[12] Sind unerwartete Genesungen möglicherweise sehr viel häufiger, als zunächst angenommen? Verbergen sie sich hinter den Statistiken zu konventionellen Heilverfahren? Noch krasser formuliert: Wieviel Prozent der medizinischen Erfolge sind Fälle von spontan eingetretenen Besserungen, die irrtümlich einer Behandlung zugeschrieben wurden? Da über die Häufigkeit von Remissionen bislang nichts bekannt ist, kann es sich bei einigen offenkundigen Erfolgen der konventionellen (und unkonventionellen) Therapien durchaus um Remissionen handeln, für die medizinische Maßnahmen in Wahrheit kaum verantwortlich waren. Und noch etwas ist übersehen worden: Wirken bei bestimmten Behandlungsmethoden in Wahrheit Medizin und angeborene Selbstheilungskräfte des Menschen zusammen?

Therapeutische Ergänzungen

Geschichten über unerwartete Genesungen sind selten einfach. Ein Patient bekommt eine Diagnose gestellt, wird chemotherapeutisch behandelt, spricht teilweise auf die Behandlung an und wird irgendwie wieder gesund. Ein anderer spricht auf die Therapie überhaupt nicht an, wird entlassen und kehrt später zur Verblüffung seiner Ärzte gesund zurück. Eine Patientin läßt nach der Biopsie eine Chemo- und Strahlentherapie über sich ergehen, trinkt Kräutertees, macht Yoga und wird ebenfalls wieder gesund. Die meisten Methoden, mit denen die heutigen Patienten eine Besserung ihres Leidens herbeizuführen versuchen, sind in keinem Krankenbericht festgehalten. Und doch können einige alternative Formen der Medizin, die früher als Quacksalberei, Placebos oder bestenfalls als Therapien galten, deren Wirksamkeit nicht nachgewiesen war, vielleicht zur Grundlage der Schulmedizin von morgen werden. Das National Institutes of Health's Office of Alternative Medicine befaßt sich bei seiner Suche nach wirksamen Substanzen zur Krebsbekämfpung mit allem, was ihm unterkommt. Die Palette reicht von »Antineoplastonen« über die Proteinbestandteile im menschlichen Urin bis hin zu Knorpeln von Haifischen. Da in den medizinischen Fallstudien im allgemeinen nur die anerkannten Behandlungsmethoden auftauchen, bleiben Dinge im dunkeln, die erklären könnten, warum sich die Krankheit bei einem bestimmten Patienten ganz anders entwickelt, als sie der Regel nach müßte.

Selbst bei einer eingehenden Untersuchung bleibt die Wirkungsweise der meisten sogenannten alternativen Heilverfahren weitgehend unbekannt. Dies zeigt beispielsweise die veröffentlichte Fallstudie eines Mannes, dessen Leberzellkarzinom, eine Form des Leberkrebses, wieder abgeklungen ist. Nach einer fehlgeschlagenen medizinischen Behandlung mußten die Ärzte überrascht feststellen, daß »die Leber in den folgenden sechs Monaten schrittweise an Größe abnahm. Der Patient teilte uns mit, er habe eine chinesische Kräuterkur gemacht. Bei der letzten Untersuchung Ende 1979 ging er noch immer seiner Arbeit nach, war frei von Symptomen und hatte offenbar noch keinen Rückfall erlitten. Seit Ausbruch der Krankheit hatte er seine Ernährungsgewohnheiten nicht wesentlich geändert. Wir haben die Rezeptur der chinesischen Kräuter an ungefähr 20 weiteren Patienten mit Leberzellkarzinom ausprobiert. Eine Rückbildung des Tumors wurde bei keinem Patienten beobachtet.«[13]

Welche Faktoren sind ausschlaggebend dafür, daß es mit einem Patienten wieder bergauf geht? Wie schwierig die Beantwortung dieser Frage ist, veranschaulicht der Fall von Suzanna McDougal. Suzanna hätte sich niemals vorstellen können, daß sie eines Tages an Krebs erkranken würde. Sie wuchs auf einer Farm im Mittleren Westen auf, wo ihre Vorfahren schottischer, deutscher, französischer und englischer Abstammung schon seit zwei Jahrhunderten

Gemüse angebaut hatten. Ihre Mutter, eine Bibliothekarin, hatte ihr einst ein Buch mit dem Titel »Ein Stückchen Land und Sicherheit« geschenkt und ihr ans Herz gelegt, es aufmerksam durchzulesen. Später arbeitete Suzanna in ihrem eigenen biodynamischen bäuerlichen Kleinbetrieb bei Hamilton im Bundesstaat Montana. »Alle meine Vorfahren hatten einen grünen Daumen«, lachte sie. »Für Leute wie sie waren die Menschen nur deshalb auf diesem Planeten, um Pflanzen zu ziehen.« Suzanna nannte ihre Farm »Lifeline Produce«, zog Heilpflanzen und sammelte in den Wäldern der Umgebung Kräuter, die zu »natürlichen« Tinkturen und Salben für homöopathische Ärzte verarbeitet wurden.

Im Februar 1987 ließ sie routinemäßig einen Papanicolaou-Abstrich machen. Bei der Untersuchung wurde eine Wucherung am Eierstock in der Größe eines vier Monate alten Fötus entdeckt. Eine Sonographie erbrachte im Kernbereich der Wucherung einen limonengroßen »dunklen Fleck« – ein böses Omen. Obwohl sich Suzanna besonders für Alternativmedizin interessierte, lehnte sie konventionelle Behandlungsmethoden nicht grundsätzlich ab: Ihr Großvater und Urgroßvater waren Doktoren der Medizin gewesen. Dennoch wollte sie zunächst einmal abwarten, bevor sie einer Operation zustimmte. Sie machte eine Therapie mit Kräutern und eine Diät und suchte einmal in der Woche einen Naturheilkundler auf. Bei der nächsten Ultraschalluntersuchung hatte sich die Wucherung nicht verändert, und so ließ sie sich für April einen Operationstermin geben.

Der Gynäkologe fragte sie, ob sie sich nötigenfalls mit einer Entfernung ihrer Gebärmutter einverstanden erklären würde. Suzanna lehnte ab. Die Chirurgen entfernten eine Zyste mit einem Durchmesser von 13 Zentimetern und einen Eileiter. Zwei Tage später teilten sie der Patientin mit, alles sei glatt verlaufen, sie könne so bald wie möglich wieder nach Hause gehen. »Das Krankenhaus ist für mich kein Ort, an dem man gesund wird, also verließ ich es drei Tage nach meiner Unterleibsoperation wieder«, verkündete sie stolz. Einige Tage später erhielt sie einen Anruf: Der pathologische Befund lautete auf ein besonders aggressives Ovarialkarzinom. Ihre Gebärmutter müsse sofort operativ entfernt werden.

Suzanna holte eine zweite Meinung ein und erhielt die gleiche Antwort: Ohne Operation und anschließende Chemotherapie habe sie nur noch ein Jahr zu leben. Beim Verlassen des Sprechzimmers weinte sie: »Ich umarmte den Arzt, dankte für den Ratschlag und sagte, ich müsse erst einmal nach Hause gehen und nachdenken. Zu Hause trank ich als erstes drei Gläser Wein, drehte Musik auf und tanzte, weinte, lachte und sang. Am nächsten Tag suchte ich einen Naturheilkundler auf und beschloß, mich selbst zu heilen. Ich habe mich nie gescheut, einer Eingebung zu folgen.«

»Ich glaubte an harte Arbeit«, fuhr sie fort, »also begann ich mit einer Diät. Ich ernährte mich makrobiotisch, nahm eine spezielle Kräuterrezeptur zu mir und bekam dreimal die Woche ›Kristallwaschungen‹. Ich ließ mich massieren, machte Visualisierungsübungen und meditierte zweimal am Tag. Leute brachten mir verschiedene alternative Heilmittel und Empfehlungen von Ärzten. Ich ernährte mich gut, atmete saubere Luft, trank reines Wasser und schuf mir Freiräume.« Ihre 80jährige Nachbarin betete täglich für sie. Sie wanderte viel und »stieg auf viele Berge«. Bei einem Lehrer für afrikanische Tänze lernte sie trommeln und zu wilden, komplizierten Rhythmen zu tanzen. Außerdem nahm sie Gesangsunterricht. »Als ich klein war, sang ich gerne, aber alle sagten mir, ich solle aufhören, ich könne keinen Ton halten. Nach meiner Krebserkrankung hatte ich plötzlich das Bedürfnis, es zu lernen. Ich hätte nie gedacht, daß ich eine Note singen könnte. Und jetzt singe ich in einem großartigen Chor.«

Im Herbst wurde sie erneut untersucht. Wieder fiel die Prognose düster aus. An ihrem verbliebenen Eileiter war eine weitere Wucherung festgestellt worden. »Ich verdoppelte meine Anstrengungen«, sagte sie. In dem Gefühl, kurz vor einem Wendepunkt zu stehen, fastete sie 17 Tage lang, trank nur Fruchtsäfte und schluckte dazu Unmengen von Pillen mit Vitaminen, Mineralstoffen und Enzymen, »fünfzig Stück am Tag«. Um allein zu sein, zog sie sich zeitweilig in das Haus ihrer Freundin zurück, denn die ständigen Besuche von Freunden störten sie in ihrer Konzentration. Ihre Bilder bei den Visualisierungsübungen wurden lebendiger. Bei einer Übung wurde sie von einer alten Frau am Strand sanft in den Armen gewiegt. Bei einer anderen ritt sie auf einem Pferd, das so aussah wie die, die sie als Kind auf der Weide des Nachbarn hatte grasen sehen. Manchmal preschte sie auch auf Black Beauty und anderen Pferden aus den Lieblingsbüchern ihrer Kindheit durch den Sand, wobei sie sich nur mit einer Hand an der Mähne festhielt.

Beim nächsten Arztbesuch war von einem Tumor keine Spur mehr zu entdecken. Suzanna hat kürzlich 30 Hektar Land im Bitteroot Valley gekauft und 700 Bäume gepflanzt, »um der Erde zu danken«. Sie plant den Bau eines Genesungszentrums auf dem Land.

Was hat Suzanna geheilt? Läßt sich die Wirkung äußerer Eingriffe und innerer Heilvorgänge auch nur annäherungsweise einschätzen? Die Schulmedizin ist ratlos, es herrscht Verwirrung um Begriffe: Kann nur die »richtige« Medizin heilen? Wofür soll man sich entscheiden? Muß man sich überhaupt für eine bestimmte Form der Medizin entscheiden? Suzanna nutzte ihre Fähigkeiten, folgte ihren Erfahrungen und Vorlieben und gehorchte ihren Gewohnheiten. Allerdings ließen sich ihre selbstverordneten Therapiemaßnahmen, sofern sie keine anerkannten Heilmethoden sind, allesamt auch als harmlose Placebos gelten. Nach heutigem Kenntnisstand können Placebos ebensowenig Krebs heilen wie Säfte, Kräuter und Vitamine. Dennoch würden die Verfechter der verschiedenen alternativen Heilmethoden Suzannas Gesundung gerne für sich vereinnahmen, auch wenn sie selbst nicht weiß, welchem Verfahren sie ihre Heilung zuschreiben soll. Ihr Arzt notierte: »Die Patientin denkt rational, sie ist intelligent und setzt bei der Behandlung des diagnostizierten Ovarialkarzinoms auch weiterhin auf alternative Heilmittel. Bislang ist sie insofern erfolgreich gewesen, als es keinen Anhaltspunkt für einen Rückfall gibt. Sie nimmt die Risiken bewußt in Kauf, und ich billige ihr das Recht zu, über ihr Schicksal selbst zu entscheiden.«

Wunder

Der erste Bericht über Wunderheilungen, der in einer medizinischen Fachzeitschrift erschien, trug den Titel »Spontane Rückbildung von Krebs« und wurde von Dr. S. L. Shapiro in der Zeitschrift *Eye, Ear, Nose, and Throat Monthly* veröffentlicht:

> Gegen Ende des 13. Jahrhunderts erkrankte ein glaubeneifriger junger Priester vom Orden der Serviten an einem schmerzhaften Krebs am Fuß. Er ertrug die Prüfung klaglos, und als beschlossen wurde, eine Amputation vorzunehmen, betete er die ganze Nacht vor der Operation vor seinem Kruzifix. Er sank in einen leichten Schlummer, und als er erwachte, war er vollkommen geheilt: Die verblüfften Ärzte konnten von seinem Leiden keine Spur mehr entdecken. Der fromme Mann lebte bis ins Alter von 80 Jahren und starb im Zustand der Heiligkeit.[14]

Der später kanonisierte Mann wurde als heiliger Peregrinus bekannt, als Schutzpatron der Krebskranken und als berühmtes Beispiel für eine Spontanheilung. Dr. Shapiro fährt mit einer kurzen Schilderung des berühmten Falls der Schwester Gertrude fort:

> Schwester Gertrude von den Barmherzigen Schwestern in New Orleans wurde am 27. Dezember 1934 als Patientin in das Hotel-Dieu Hospital von New Orleans aufgenommen. Seit einigen Monaten verschlechterte sich ihr Gesundheitszustand rapide. Bei der Aufnahme hatte sie eine gelbe Gesichtshaut und litt unter starken Schmerzen, Übelkeit, Schüttelfrost und hohem Fieber. Sie wurde von Dr. James T. Nix behandelt, der sie bereits wegen eines Leidens an der Gallenblase operiert hatte.
>
> Nach einer Diagnose, die auf Krebs der Bauchspeicheldrüse lautete, wurde am 5. Januar für eine genauere Untersuchung ein Bauchschnitt vorgenommen. Der Kopf der Bauchspeicheldrüse hatte dreifache Normalgröße. Der Tumor erwies sich als inoperabel, eine Behandlung war aussichtslos. Nach

> einer Gewebsentnahme wurde die Operationswunde wieder verschlossen. Drei Pathologen diagnostizierten ein Pankreaskarzinom.
> Die Schwestern des Ordens erbaten die Fürsprache der Mutter Seton, der verstorbenen Ordensgründerin. Bei Andachten an neun aufeinanderfolgenden Tagen baten die Nonnen sie darum, Schwester Gertrudes Leben zu schonen, damit sie weiter ihren Dienst verrichten könne. Tatsächlich begann sich ihr Zustand zu bessern, und sie machte rasche Fortschritte. Am 1. Februar wurde sie aus der Klinik entlassen, und am 1. März nahm sie ihre Arbeit wieder auf.
> Siebeneinhalb Jahre lang erfüllte sie ihre mühseligen Pflichten. Am 20. August 1942 starb sie ganz überraschend. 36 Stunden nach Eintritt des Todes führte Dr. Walter J. Seibert im Labor des DePaul Hospital in St. Louis im Bundesstaat Missouri eine Autopsie durch. Unmittelbare Todesursache war eine schwere Lungenembolie. Auf ein Pankreaskarzinom gab es keinen Hinweis.[15]

Eine weitere Wunderheilung, die Mutter Seton zugeschrieben wird, war der Fall von Ann O'Neill. Noch heute erinnert sich Ann daran, wie sie in der Osterwoche 1952, damals vier Jahre alt, völlig verstört mit akuter lymphatischer Leukämie ins Krankenhaus von Baltimore eingeliefert wurde. Zur damaligen Zeit verlief diese Krankheit noch in 100 Prozent der Fälle tödlich (heute ist sie zu 73 Prozent heilbar). Der Priester hatte bereits die Letzte Ölung vorgenommen, ihre Tante ein handbesticktes Totenhemdchen aus gelber Seide genäht. Aber die Eltern gaben sie nicht auf. An einem regnerischen Tag brachten sie ihre warm eingemummte Tochter auf den Friedhof, wo sie, umringt von betenden Nonnen, auf das Grab von Mutter Elizabeth Seton gelegt wurde.
Einige Tage später stellte sich ein Wunder heraus: Bei der Blutuntersuchung in der Klinik fand man von ihrem Krebs keine Spur mehr. Eine Kommission des Vatikans reiste eigens aus Rom an, um den Fall zu untersuchen. Neun Jahre später bestand die Kirche darauf, Ann der schmerzhaften Entnahme einer Knochenmarksprobe zu unterziehen, um ihre Heilung zu bestätigen. (Sie

wurde unter der Leitung von Sidney Farber durchgeführt, dem Harvarder Professor für Pathologie, der die erste wirksame Behandlung von Leukämie entwickelt hat.) Der Papst erklärte Anns Heilung zum Wunder und sprach Mutter Seton wenig später heilig. Gibt es für dieser Wunderheilung auch eine wissenschaftliche Erklärung? Anns Arzt, Milton Sacks, einer der renommiertesten Hämatologen des Landes, bezeugte während des Kanonisierungsverfahrens, daß das Mädchen angesichts der wundgelegenen Stellen an Schultern und Rücken, der ernsten Blutarmut und 40,5 Grad Fieber die damals »unweigerlich tödlich verlaufende« Krankheit sicher nicht überlebt hätte.

Gibt es, wenn schon keine medizinische, eine psychologische Erklärung? Alle, die das Leiden der kleinen Ann miterlebten, wissen noch, wie sehr ihre Mutter, Felixana O'Neill, an ihrem sterbenden Kind hing. Die Barmherzigen Schwestern, die im St. Agnes Hospital Pflegedienst tun, erinnern sich, wie sie reagierte, als die Oberschwester der pädiatrischen Abteilung das kleine Mädchen fragte, ob es in den Himmel kommen wolle. »Nein, Schwester«, unterbrach die Mutter die Nonne mit fester Stimme, »noch nicht.« Dr. John Healy, damals ein junger Arzt in der Kinderabteilung, erinnerte sich noch 40 Jahre später an die unerschütterliche Zuversicht von Anns Mutter. »Für sie war es keine Frage, daß das Kind wieder gesund würde.«[16] Hochschwanger wachte sie am Bett ihrer fiebernden Tochter, betupfte ihr dann und wann mit Alkohol die Stirn und wich nur kurze Zeit von ihrer Seite, um ihr drittes Kind zur Welt zu bringen.

Oder gibt es eine biologische Erklärung?

Ann war während ihres Martyriums zusätzlich an Windpocken und einer Lungenentzündung erkrankt. Mehrere Ärzte haben darüber spekuliert, ob das Immunsystem dadurch stimuliert worden sein könnte, doch sind solche Remissionen niemals von Dauer. Heute ist Ann, eine Friseuse, 46 Jahre alt und bereits Großmutter. Privater Kummer blieb ihr nicht erspart, sie ist geschieden und hat ihren ältesten Sohn im Alter von 16 Jahren verloren. Sie geht mehrmals in der Woche zur Messe, an Sonntagen zuweilen zweimal. Beim Gottesdienst, so sagte sie uns, sei ihr ganzer Körper wie elektrisiert, wie erfüllt vom Heiligen Geist. Sonst aber führt

sie ein gewöhnliches arbeitsames Leben. Die lebenslange Aufmerksamkeit und Publizität habe sie satt, sie wolle nicht länger eine »wandelnde Reliquie« sein.
Daß es solche Fälle tatsächlich gibt – Fälle unerwarteter Genesungen –, spricht deutlich für das Vorhandensein eines heilenden »Faktors X«, einer verborgenen Variablen in der Beziehung von Seele, Geist und Körper, die auf den Schaubildern der Mediziner nicht auftaucht. Dies wirft eine wichtige Frage auf. Wie und warum kommt es zu solchen Heilungen, wie kann man sie sinnvoll untersuchen, und was bedeuten sie für die Heilungsversuche der Medizin? Da die verschiedenen Krankheitsfälle, bei denen unerwartet eine Besserung eintrat, noch nie richtig definiert und klassifiziert worden sind, war eine eingehende Auseinandersetzung mit dem Phänomen bislang nahezu unmöglich. Ärzte sind Pragmatiker. Für die meisten ist eine »spontane Remission« ein seltenes Ereignis, das aus den Rastern der Medizin herausfällt und deshalb auch nicht näher betrachtet werden muß. Zudem beschränkt eine zu enge Definition das Betätigungsfeld auf eine winzige Auswahl von unerklärten (und unerklärlichen) Fällen, die allenfalls als medizinische Kuriosa gelten können. Dehnt man den Bereich der Untersuchung indes aus und versucht, die einzelnen Fälle in einen gesamtheitlichen Zusammenhang zu stellen, so erschließt sich der Forschung ein neuer fruchtbarer Tätigkeitsbereich, der auch den Betroffenen völlig neue Perspektiven eröffnet: Man kann von Gesundenden, die vielfältige Erfahrungen gesammelt haben, lernen, mit der Krankheit umzugehen, genügend Fälle zusammentragen, um nach auffälligen Übereinstimmungen zu suchen, und die Ergebnisse dazu nutzen, das Repertoire an Behandlungsmethoden zu erweitern. Wenn der Mensch über noch unerkundete Selbstheilungskräfte verfügt, die selbst Tumore zum Verschwinden bringen, geschädigte Organe regenerieren oder allgemein tödlich verlaufende Krankheiten besiegen können, dann muß ihre umfassende Erforschung ein vordringliches Anliegen der Medizin sein. Es muß Teil unseres Allgemeinwissens werden, wie der menschliche Körper sich selbst heilt, ein Wissen, dessen Erwerb in der Geschichte der Heilkunst, von den Anfängen in grauer Vorzeit bis heute, stets eine Herausforderung dargestellt hat.

Es ist unwahrscheinlich, daß sich das Phänomen der unerwarteten Genesungen ganz auf das Aktivwerden von »Killer-T-Zellen« reduzieren oder mit genetischen Anomalien erklären läßt. Immer mehr deutet darauf hin, daß man Heilvorgänge am besten im Zusammenhang mit der Gesamtheit eines individuellen Lebens begreift. Gleichwohl gibt es daneben auch richtungweisende biologische Ansätze zur Erklärung unerwarteter Genesungen. Die Begegnung mit dem Patienten DeAngelo veranlaßte Dr. Steven Rosenberg beispielsweise, eine berufliche Laufbahn einzuschlagen, in deren Verlauf er im relativ jungen Alter von 34 Jahren Chef der Chirurgie am National Cancer Institute wurde. Vor mehreren Jahren entwickelte er eine völlig neue Behandlungsmethode für Krebs im fortgeschrittenen Stadium, die augenblicklich noch in der Erprobungsphase steckt. Dabei werden umfunktionierte Zellen verabreicht, die einen Tumornekrosefaktor (TNF) produzieren, ein hochwirksames Enzym, das im Tierversuch Tumore rasch zersetzen konnte. Es könnte bei der wundersamen Heilung von DeAngelo mit im Spiel gewesen sein.

Wie Dr. William Boyd 1966 etwas ärgerlich schrieb: »Vielleicht ist es an der Zeit, daß wir auf Ausdrücke wie ›erstaunlich‹, ›unglaublich‹ und ›unfaßbar‹ verzichten, wenn wir vom Fall einer spontaner Rückbildung bei Krebs erfahren, und uns statt dessen auf das Wesentliche, das Immunsystem, konzentrieren.«[17]

Dr. Lewis Thomas räumte zwar ein, daß niemand »die leiseste Ahnung« habe, wie unerwartete Genesungen zustande kämen, doch gleichzeitig war er überzeugt, daß die biologischen Mechanismen eines Tages vollständig aufgeklärt werden könnten. »Manche haben eine plötzliche Mobilisierung der Immunabwehr ins Feld geführt«, schrieb er, »andere äußern die Vermutung, eine hinzukommende Infektion durch Bakterien oder Viren habe mitgeholfen, die Krebszellen zu vernichten, aber keiner weiß etwas darüber. Es ist ein faszinierendes Mysterium, aber zugleich auch eine guter Grund, hoffnungsvoll in die Zukunft zu blicken: Wenn es mehreren hundert Patienten gelungen ist, aus eigener Kraft gewaltige Mengen bösartiger Zellen unschädlich zu machen, dann liegt es im Bereich des Vorstellbaren, daß die Medizin eines Tages das gleiche lernen kann.«[18]

3

Körpereigene Kräfte: Gibt es eine biologische Erklärung?

Angesichts der Erbarmungslosigkeit des Krebses könnte jede Diskussion über unerwartete Genesungen rein hypothetisch erscheinen. Krebs macht vor nichts halt. Zwar machen Lungen-, Dickdarm- oder Brustkrebs die Hälfte aller Fälle aus, aber kein Körperteil ist vor ihm sicher: Auch z.B. Leber und Knochen, Eierstöcke und Hoden, Gehirn, Nase, Zunge, Gehörgang, Speicheldrüse, Augenlid, Samenleiter, Ferse und Herz können befallen werden. Wenn zwei normale Zellen aneinanderstoßen, hören sie sofort auf, sich weiter zu teilen; man nennt dieses »soziale Wohlverhalten« auf mikroskopischer Ebene »Kontaktinhibition«. Für Krebs gilt das nicht. »Eine Krebszelle«, so der Onkologe Lucien Israel, »ist eine unzivilisierte und völlig unsoziale Einzelgängerin, die darauf programmiert ist, sich ungehemmt zu vermehren und ihren Nachbarn die Nahrung streitig zu machen, bis sie schließlich den Organismus zerstört, auf dessen Kosten sie lebt.«[1]

Das auffallendste Merkmal des Krebses ist nicht seine Gefräßigkeit, sondern die Schnelligkeit, mit der er sich ausbreitet, seine anscheinend nicht zu bremsende Wanderlust. Normale Zellen sind sozusagen seßhaft und wissen genau, wohin sie gehören.

Selbst gutartige Tumore bleiben dort, wo sie entstanden sind. Der Krebs hingegen ist Nomade. Durch Metastasenbildung befällt er umliegendes Gewebe und benachbarte Organe und überspringt selbst von Knochen gebildete Schranken.

Das Wachstum einer Krebszelle folgt einer klassischen geometrischen Reihe, sie verdoppelt sich wie eine Zygote (eine aus der Vereinigung der Ei- und der Samenzelle hervorgegangene Zelle). Nach der dreizehnten Verdopplung hat das Krebsgeschwür bereits einen Durchmesser von einem Zentimeter erreicht, die kleinste Größe, ab der es sich in tieferliegenden Organen überhaupt feststellen läßt. Selten verdoppelt es sich mehr als vierzigmal – was ein Geschwür mit einem Durchmesser von zehn Zentimetern ergibt, das aus einer Billion Zellen besteht –, ohne daß Komplikationen mit tödlichen Folgen entstehen. »Das bedeutet«, so ein Onkologe, »daß wir bei solchen Tumoren derzeit erst im letzten Viertel der Krankheitsentwicklung eine Behandlung anbieten können, und das ist entsetzlich spät.«[2]

Und doch beweisen unerwartete Genesungen, daß der Krebs nicht immer Sieger bleibt. Manchmal kann ihn der Körper aufhalten oder sogar ganz besiegen. Folglich muß es eine rein biologisch bedingte Remission geben, durch die erklärbar wird, wie etwas so Hartnäckiges und Tödliches wie ein Tumor und seine Metastasen einfach verschwinden können. Irgendwo in dem Gewirr der Systeme unseres Körpers, dem Immunsystem, dem Blutkreislauf, dem Atmungs-, Nerven-, Verdauungs- und Ausscheidungssystem, oder in einem glitzernden Stückchen eines Gens, das wie ein Diadem auf der Spirale unserer DNA sitzt, liegt das Geheimnis verborgen, wie dieser Trick funktioniert.

Welcher Mechanismus für unerwartete Heilungen auch verantwortlich sein mag, die Frage, was hilft oder gar heilt, führte uns zurück zu den Anfängen der angewandten Medizin und verwies uns nach vorn auf die sich abzeichnende Medizin der Zukunft. Daß Krebskranke unerwartet wieder gesund werden, läßt vermuten, daß sich in einem der zahlreichen Systeme unseres Körpers eine biologische Abwehrkraft verbirgt. Doch in welchem?

In ihrer bahnbrechenden Sammlung von Fallstudien schrieben die Forscher Everson und Cole: »Die Existenz spontaner Rückbildungen ... untermauert die Vorstellung, daß es eine biologische Kontrolle des Krebses gibt, und bestärkt uns in der Hoffnung, daß eines Tages eine Methode zur Behandlung von Krebs gefunden wird, die befriedigender ist als chirurgische Eingriffe und Bestrahlungen.«[3]

Die breit angelegte Studie von Cole und Everson ist nicht nur wegen der darin angeführten Fälle bemerkenswert, sondern auch deshalb, weil die Autoren versuchen, ein biologisches Muster zu finden. So hatten sie beispielsweise festgestellt, daß Remissionen überwiegend bei bestimmten Krebsarten vorkamen, nämlich bei Nierenkrebs, Neuroblastom (einem bei Säuglingen und Kindern auftretenden Krebs), Melanom (einem Hautkrebs, der sich auf Lunge, Gehirn und andere Organe ausbreiten kann) und Chorionepitheliom (einem aggressiven Gebärmutterkrebs).

Die Berichte waren faszinierend: Einige Kranke erholten sich nach einer einfachen Biopsie wieder, was bedeuten könnte, daß die Gewebsentnahme das Immunsystem wachrüttelte und veranlaßte, den ungebetenen Gast wieder zu entfernen; einige wurden nach Blut- und Plasmatransfusionen wieder gesund, was darauf hinwies, daß es im Blut Komponenten gab, die sich gegen den Eindringling zur Wehr setzten; bei einigen besserte sich der Gesundheitszustand im Gefolge von Infektionen und Fieber. Eine Frau mit Hautkrebs, die an der befallenen Stelle eine gefährliche Infektion bekam, erholte sich, nachdem man Teile der Geschwulst entfernt hatte. Hatten die Infektion oder das Fieber einen Alarm ausgelöst, der die Selbstheilungskräfte des Körpers mobilisierte? Die erstaunliche Gesundung des geheimnisvollen Mr. DeAngelo (siehe Kapitel zwei) offenbarte einen weiteren Aspekt. Er bekam eine schwere Infektion und Fieber, nachdem man ihm zwei Drittel des krebsbefallenen Magens entfernt hatte. Zehn Tage nach der Operation öffneten die Chirurgen die Wunde wieder und stellten fest, daß die gesamte Bauchhöhle vereitert war. Einige Zeit danach verschwand der Krebs.

Kliniker vermuten, daß eine Vielzahl anderer natürlicher Faktoren und Mechanismen für unerwartete Genesungen verantwortlich sein könnte, so etwa Hormone, allergische Reaktionen, Veränderungen der Blutzufuhr (und damit der Nährstoffversorgung) eines Tumors, ein Ausbleiben karzinogener Stoffe, Überempfindlichkeit auf Behandlungsarten, die normalerweise unzulänglich sind, schwere Schockzustände wie Koma oder Blutung oder auch genetische Faktoren.

Die Frage, wie der Körper den Krebs bekämpft, hat die Debatte über die Behandlung von Krebs seit langem unterschwellig beeinflußt. Auf der einen Seite stehen die Strategen, die mit chirurgischen Eingriffen, Chemotherapie und Bestrahlungen gegen die Krankheit vorgehen. Andere hingegen, deren Ansichten im Lauf der Jahre immer weniger ketzerisch klingen, haben sich auf die Möglichkeit konzentriert, die körpereigenen Abwehrkräfte gegen bösartige Tumore medizinisch zu unterstützen.

Bereits vor fast einem Jahrhundert beobachtete Dr. William Coley, einer der unbesungenen Helden der Medizin, daß Fieber, die natürliche Reaktion des Körpers auf eine Infektion, zu einer Remission bestimmter Krebsarten zu führen schien. Coley, der heute als einer der vielen »Väter der Immunologie« gilt, ist ein Beispiel dafür, wie die Faszination durch unerwartete Heilungen einen einzelnen dazu bewegen kann, medizinisches Neuland zu betreten.

Coley war noch ein junger Chirurg, als er 1890 seine erste Patientin, die 19jährige Verlobte des jungen John D. Rockefeller jr., verlor. Todesursache war ein sich rasch ausbreitendes Sarkom. Der Tumor hatte sein gnadenloses Vernichtungswerk an ihrem rechten Arm begonnen, und selbst eine Radikaloperation konnte ihr Leben nicht retten. Zutiefst betroffen durchforstete Dr. Coley das bis ins 18. Jahrhundert zurückreichende Archiv des New York Hospital (heute zum Memorial Sloan-Kettering Cancer Center gehörig) und stieß dabei auf verschiedene Fälle von »spontanen Regressionen« bei Sarkomen und anderen Krebsarten. Er stellte fest, daß einige Patienten, bevor sie dem vermeintlich sicheren Tod entronnen waren, an akuten Infektionen und Fieber gelitten hatten.

Er überprüfte Krankenberichte jüngeren Datums und entdeckte, daß einer der Patienten, die ein normalerweise zum Tode führendes Sarkom überlebt hatten, noch am Leben war. Coley machte den Mann ausfindig und sprach mit ihm. Dabei erfuhr er, daß der

Patient vor seiner unerwarteten Genesung eine schwere Streptokokken-Infektion der Haut gehabt hatte. Nun war er überzeugt, das Geheimnis gelüftet zu haben: Die Infektion, so glaubte er, hatte eine Reaktion des Immunsystems ausgelöst, die den Krebs unschädlich gemacht hatte. Coley machte sich daran, eine Behandlungsmethode zu entwickeln, die darauf beruhte, künstlich eine Infektion und Fieber hervorzurufen. Er hoffte, den Körper auf diese Weise dazu zu bringen, den Tumor wirkungsvoll zu attackieren. Zunächst injizierte er lebende Streptokokken-Bakterien in die Tumore, hatte damit jedoch nur mäßigen Erfolg. Das Verfahren war riskant, da sich die Infektion nur schwer kontrollieren ließ, und die Patienten wurden von schweren Fieberanfällen geschüttelt. Dann hatte Coley einen Einfall, der sich, wie so oft in der Wissenschaft, als entscheidender Schritt auf dem Weg zu einer erfolgreichen Behandlung erweisen sollte. Er fügte dem Gebräu eine zweite Bakterie hinzu und tötete, um das Risiko einer zu starken Infektion zu vermindern, die beiden Erreger durch Erhitzen ab.

Diese Toxinmischung, die in der Medizin als Coleys Toxine bekannt werden sollte, erprobte er erstmals an einem 19jährigen Jungen, der 1893 mit einem inoperablen Sarkom an der Hüfte und in der Bauchhöhle eingeliefert worden war. Dr. Coley verabreichte ihm fast vier Monate lang Injektionen am Sitz des Tumors, worauf der Junge hohes Fieber bekam, das oft bis auf 40 Grad und darüber kletterte. Obwohl der Junge keine andere Behandlung erhielt, verschwand die Geschwulst vollständig. Er blieb bei guter Gesundheit, bis er 16 Jahre später einem Herzanfall erlag.

Ermutigt arbeitete Coley weiter. Damals waren Antibiotika noch unbekannt, und die Bakteriologie steckte in den Kinderschuhen. Manchmal geriet die künstlich erzeugte Infektion außer Kontrolle, bei anderen Gelegenheiten wiederum wollte sich trotz wiederholter Injektionen keine Infektion einstellen, was möglicherweise an der unterschiedlichen Stärke der individuellen Immunsysteme lag.

Dennoch hielt Coley an seiner Theorie fest. Ein Porträt von ihm aus jenen Tagen zeigt einen forschen jungen Mann mit Schnauzer, streng zurückgekämmtem Haar und entschlossenem Blick.

»Kein Mensch«, schrieb er 1909, »hätte angesichts der Resultate den Glauben an meine Methode verloren. Bedauernswerte Patienten mit inoperablen Geschwulsten, für die eigentlich keine Hoffnung mehr bestand, zeigten Anzeichen der Besserung. Ich sah, wie ihre Tumore stetig kleiner wurden, bis schließlich ihr Lebensmut und ihre Gesundheit wiederhergestellt waren. Das genügte, um mir meinen Enthusiasmus zu bewahren.«[4]
Er löste tatsächlich künstlich »spontane Remissionen« aus, zum Wohle vieler, für die keine andere Therapie mehr zur Verfügung stand. Er behandelte insgesamt 210 Patienten, denen chirurgisch nicht geholfen werden konnte. 50 Prozent der Patienten mit Weichteilsarkomen lebten noch fünf Jahre oder länger. Nach derselben Studie überlebten 38 Prozent der Patienten, die an Lymphknotenkrebs (Lymphomen) litten, länger als fünf Jahre.[5] (Bei Patienten, die an Knochenkrebs erkrankt waren, was häufig Amputationen erforderlich machte, um die Ausbreitung der Krankheit zu verhindern, war Coleys Behandlungsmethode weniger erfolgreich. Laut einer Analyse lebten nur 13 Prozent der Patienten mit inoperablem Krebs noch fünf Jahre.)[6]
Von allen Patienten, die mit Coleys Toxinen behandelt wurden, hat der 86jährige William Curtis am zweitlängsten überlebt (der andere Patient ist heute, 91). Wir besuchten Mr. Curtis, und er erinnerte sich für uns an den Sommer des Jahres 1920, den er krank im Bett verbracht hatte, unfähig, etwas anderes als Milch und Kekse zu sich zu nehmen. Die Ärzte nahmen an, er habe Scharlach. Im Herbst, als er wieder zur Schule ging, stieß er sich das Bein an einer Bank und stellte erstaunt fest, daß es binnen kurzer Zeit steif wurde und anschwoll. Man diagnostizierte ein Osteosarkom, einen Knochentumor. Wie damals üblich, verordnete man eine Behandlung mit Röntgenstrahlen und führte Radiumnadeln direkt in die Geschwulst ein. Doch der Tumor wuchs rasch weiter, und der Zustand des Patienten verschlechterte sich. Einer der behandelnden Ärzte kannte Dr. Coleys Arbeit und beschloß, dessen Toxine zur Anwendung zu bringen.
Curtis konnte sich noch lebhaft an »den Schüttelfrost und die schweren Fieberanfälle« erinnern, die zwischen zwölf und vierundzwanzig Stunden dauerten. Die Behandlung konnte zwar

nicht verhindern, daß ihm sieben Monate später das Bein amputiert wurde, aber allem Anschein nach hatte sie die tödliche Metastasenbildung gestoppt und ihm so das Leben gerettet. 1921 bestand bei Knochenkrebs eine ein- bis zweiprozentige Chance, die nächsten fünf Jahre zu überleben. Dazu Dr. Curtis: »In meinem Fall hatten die Toxine zwar keine erkennbare Wirkung auf den Primärtumor. Da ich aber 86 Jahre alt geworden bin, muß mir doch irgend etwas geholfen haben, dieses stolze Alter zu erreichen!« Schließlich »gab es in meinem Blutkreislauf Millionen von Krebszellen, aber keine von ihnen wuchs«. Er vermutete, daß Coleys Toxine seinen Körper dazu angeregt hatten, Antikörper gegen den Krebs zu bilden.

Curtis besuchte später die Rush Medical School in Chicago und wurde 1933 vom dortigen National Bone Sarcoma Registry, einer Behörde, die alle Knochensarkomfälle registiert, als »der einzige Patient in ihren Akten« gefeiert, »der jemals lebend dort aufgetaucht ist«.

Ein makaberer Zwischenfall erinnerte ihn zwei Jahre später daran, wie knapp er dem Tod entronnen war. Bei seinem Staatsexamen in Seattle sollte er eine aus einem Pathologiemuseum stammende Probe diagnostizieren. »Ich mußte nach vorn an den Tisch treten, und man gab mir das Bein eines Jungen. Die Diagnose war einfach – Sarkom –, und ich gab das Bein zurück.« Der Prüfer warf einen Blick in die zu dem Bein gehörigen Unterlagen und erbleichte. »Um Himmels willen, Bill, es tut mir schrecklich leid«, stammelte er. »Das ist ja *Ihr* Bein!«

Dr. Curtis lachte herzlich, als er das erzählte. In den 15 Jahren, die er als Allgemeinmediziner praktizierte, brauchte er sein Bein nicht. Während des Krieges half er über 1000 Babys auf die Welt, und dabei stand er fest auf seiner Prothese. Heute genießt er in einem Altersheim auf Mercer Island, einer Seattle vorgelagerten Insel, seinen Ruhestand. Er singt in einem Chor, spielt Cello, fährt Rad und malt Aquarelle von Schiffen, Segeln und Leuchttürmen.

Auf die Frage, welche Faktoren seiner Meinung nach zu seiner Genesung beigetragen hatten, antwortete Dr. Curtis: »Der moralische und psychologische Beistand durch meine Schwester, die

Röntgenbestrahlungen und Radiumnadeln, die Unterstützung durch die Familie und Dr. Coleys Vakzinetherapie.«

Dr. Curtis praktizierte bereits zu einer Zeit, als die Ärzte gegen Lungenentzündung noch Senfpflaster und Zwiebelumschläge verschrieben. Auch wenn er über die phantastischen neuen Methoden der Immunmedizin nicht mehr auf dem laufenden war, leuchteten ihm solche Ansätze grundsätzlich ein. Er berichtete uns über eine unerwartete Remission aus seiner eigenen Praxis. »Ein Eierstockkrebs hatte in der Lunge Metastasen gebildet. Eine Behandlung schien nicht mehr möglich – die Patientin hatte einen großen, dichten Ball von Metastasen –, also beobachteten wir den Krankheitsverlauf und machten alle zwei Monate eine Röntgenaufnahme. Einmal waren die Geschwüre groß, dann wieder klein. Ich beobachtete die Patientin jahrelang, und einmal nahm ich ihre Röntgenbilder sogar mit zu einem Kongreß. Meine Kollegen waren höchst erstaunt, hatten aber auch keine Erklärung. Diese Frau war – wie meiner Meinung nach viele Menschen – in der Lage, den Krebs mit Hilfe ihres Immunsystems in Schach zu halten. Heutzutage konzentrieren sich die Ärzte darauf, Krebs herauszuschneiden, herauszubrennen oder mit Gift zu bekämpfen, und doch taucht er oft an anderen Stellen des Körpers wieder auf. Die Lösung muß in den körpereigenen Abwehrkräften liegen. Wenn wir herausfinden könnten, wie diese Dame das angestellt hat, hätten wir es geschafft.«

Dr. Curtis hatte völlig recht. Man sollte tatsächlich zuerst im Immunsystem nach den biologischen Mechanismen suchen, die für unerwartete Genesungen verantwortlich sind. Eine Reaktion des Immunsystems ist beispielsweise Fieber. Durch die erhöhte Körpertemperatur werden die weißen Blutkörperchen aktiviert und in die Lage versetzt, rascher zu einem Infektionsherd vorzudringen und eifriger Mikroben zu vertilgen.

Gelegentlich geht der Rückbildung einer Geschwulst eine schwere Infektion voraus. Dieses Phänomen wurde von zahlreichen Wissenschaftlern beobachtet, und auch wir sind bei einer ganzen Reihe von Fällen darauf gestoßen. Solche Infektionen werden gewöhnlich von hohem Fieber begleitet. Krebszellen reagieren empfindlicher auf höhere Temperaturen als normale Zellen. Könnte es also sein, daß die erhöhte Temperatur – oder, was wahrscheinlicher wäre, eine im Zusammenhang mit Fieber auftretende komplexe biologische Reaktion – die Selbstheilungskräfte des Körpers mobilisiert?

In vielen Berichten über unerwartete Heilungen spielt das Thema Fieber eine Rolle. So erzählte uns eine Frau, die eine Chemotherapie durchgemacht hatte, von der niemand ernsthaft erwartete, daß sie ihr helfen würde: »Es war, als ob die Chemikalien, die in meine Venen tropften, meine Haut Tag und Nacht zum Brennen brachten. Ich hatte jeden Abend hohes Fieber. Mein Mann hielt mich im Arm und kühlte mir Stirn und Nacken mit kaltem Wasser. Ich glühte förmlich.« Kann es sein, daß zusätzlich zu der Chemotherapie die Fieberanfälle zu ihrer Genesung beigetragen haben?

Wir machten einen Arzt ausfindig, der 1964 über »den ersten Fall einer vollständigen Regression eines Bronchialkarzinoms in der Literatur« berichtet hatte. Er gab zu, daß er »keine wirkliche Erklärung« dafür habe. »Der Patient war ein ganz normaler Mann, an ihm war nichts Besonderes. Jemand brachte ihn dazu, häufig an die frische Luft zu gehen, auf einer Farm zu arbeiten und sich gesund zu ernähren, wie bei einer normalen herkömmlichen Kur.« Er hielt kurz inne und fügt dann hinzu: »Er hatte vier oder fünf Tage lang Fieber, ohne daß wir die Ursache gefunden hätten.«[7]

Dr. Coley glaubte nicht daran, daß das Fieber allein für die von ihm dokumentierten Genesungen verantwortlich sei. »Wäre die hohe Körpertemperatur die einzige Ursache«, schrieb er 1931, »so müßten alle fiebrigen Erkrankungen, die im Zusammenhang mit ... bösartigen Geschwulsten auftreten, erkennbare Regressionen auslösen. Soweit wir wissen, ist das aber nicht der Fall.«[8] Coley verstand Fieber vielmehr als Teil eines umfassenderen Heilsystems des Körpers, ein Gedanke, den die moderne Immunforschung bestätigt hat.

Es zeugt von Coleys Erfolg, daß er zu einer Zeit, als die Wirkungsweise des Immunsystems noch weitgehend unbekannt war, in weiten Kreisen der medizinischen Fachwelt Unterstützung fand. (Es gibt Hunderte von Berichten über Patienten, die mit Coleys Toxinen behandelt wurden, doch zwei Drittel davon wurden nicht von ihm selbst, sondern von anderen Ärzten verfaßt.) Ebenso spricht für ihn, daß der amerikanische Ärzteverband Mitte der dreißiger Jahre seine Toxine als die einzige systematische Krebsbehandlung anführte. Doch seine selbstgebrauten Lösungen wirkten nur bei einer kleinen Untergruppe von Patienten gut (Weichteilsarkome machen nur 0,7 Prozent aller auftretenden Krebsarten aus).[9] Nach Coleys Tod im Jahre 1936 verdrängten breiter anwendbare Methoden wie Chemotherapie und Bestrahlung seine etwas hausbacken wirkenden Impfstoffe.

Schließlich wären Coleys Toxine möglicherweise noch im Mülleimer der Medizingeschichte gelandet, wäre seine Tochter Helen Coley Nauts nicht gewesen. Ihre beharrlichen Bemühungen, das medizinische Erbe ihres Vaters lebendig zu halten, trugen nicht unerheblich zum heutigen Verständnis der natürlichen Abwehrmechanismen des Körpers bei.

Helen erzählte uns, daß sie nicht von Anfang an die Sache ihres Vaters vertreten hatte. Nach seinem Tod hatte sie lediglich vorgehabt, für die Familie seine Lebensgeschichte niederzuschreiben. Doch eines Tages, so berichtete sie, ging sie in die Scheune und entdeckte dort einen großen Stapel Kisten. Die Kisten enthielten, fein säuberlich nach Jahren geordnet und bis zur Jahrhundertwende zurückreichend, 15000 Briefe, Tagebücher und Krankenberichte.

»Er hat nichts weggeworfen«, lachte sie liebevoll. Bei der Durchsicht des Materials gelangte sie zu der Überzeugung, daß dieses unveröffentlichte Archiv für die Wissenschaft von großer Bedeutung sein könnte. Bald darauf verkaufte sie die Sammlung seltener Bücher, die sie von ihrem Vater geerbt hatte, um »das Werk«, wie sie es nennt, finanzieren zu können. Aus demselben Grund ließ sich ihr Ehemann kurze Zeit später seine Lebensversicherung ausbezahlen. Von nun an hatten die Onkologen vor ihr kein Ruhe mehr. Sie blieb zwar stets ausgesucht höflich, kümmerte sich aber nicht darum, wenn man ihr sagte, daß sie aufgeben solle, daß sie als namenlose Laiin auf dem Gebiet niemanden auch nur dazu bringen werde, ihre Arbeiten zu lesen, und daß die Ideen ihres Vaters zu altmodisch oder aber der Zeit zu weit voraus seien.

Doch Helen Coley Nauts war und ist nicht zu bremsen. Sie widmet ihre ganze Energie einer einzigen Sache, besitzt eine rasche Auffassungsgabe und die Umgangsformen des gehobenen Bürgertums. Bis heute verwaltet sie in einem Büro, das sie bei sich zu Hause eingerichtet hat und das bis in den letzten Winkel mit Karteikästen und Aktenordnern vollgestopft ist, ihr umfangreiches Material (70000 größtenteils handschriftliche Einträge zu den Themen Infektion, Fieber und Remission). Mit ihren 86 Jahren ist sie immer noch erstaunlich vital und verdient Hochachtung für ihre jahrzehntelangen Bemühungen, die Hinterlassenschaft ihres Vaters zu bewahren und zu erweitern. Im Laufe der Jahre wurde sie zu einer profunden Kennerin der Medizingeschichte, las Zehntausende von Artikeln und entdeckte faszinierende Vorläufer der Theorien ihres Vaters. So etwa einen Bericht Schwenkes aus dem 18. Jahrhundert über eine an Brustkrebs erkrankte Frau, der mit den damals zur Verfügung stehenden Mitteln nicht mehr zu helfen war. Im Endstadium der Krankheit bildete sich in ihrem Bein ein Abszeß. Es wuchs, und Eiter trat aus, doch mit zunehmender Vereiterung schrumpfte die Krebsgeschwulst. Die Frau kurierte das Geschwür, und die Krebsgeschwulst wuchs wieder an. Als die Ärzte am Sitz des Abszesses einen neuen »Ausfluß« anlegten und eine erneute Eiterbildung veranlaßten, verschwand der Brustkrebs wieder.[10]

Helen entdeckte so, daß vor ihrem Vater schon andere gewußt hatten, daß Infektionen »heilen« können. Im 18. und 19. Jahrhundert hatten solche Paradoxa Ärzte veranlaßt, bei Patienten mit inoperablen Tumoren »heilsamen Eiter oder Haarseil« in Hautwunden einzubringen – was in der Tat die erste Immuntherapie darstellte. Helen Coley Nauts beschrieb in einer veröffentlichten Monographie ein Experiment aus dem 19. Jahrhundert:

> Ein französischer Arzt namens Dussosoy brachte Gazeverbände, die mit gangränösen Absonderungen getränkt waren, auf Brustkrebsgeschwüre auf oder impfte »Gangrän« in einen kleinen Einschnitt ... Mit vollem Erfolg. Die Entzündung zerstörte den gesamten Tumor, der sich am 19. Tag ablöste. Anschließend konzentrierte sich Dussosoy darauf, die Aus-

breitung der Gangrän zu kontrollieren, was ihm auch gelang, so daß das Geschwür innerhalb weniger Tage leuchtend rot wurde und sich mit gesundem Granulationsgewebe überzog.[11]

Helen Coley Nauts setzte ihre Nachforschungen fort. Sie war fest entschlossen, das Werk ihres Vaters zu neuem Leben zu erwecken, auch wenn ihr Vorhaben manchmal wie der Versuch anmutete, aus wenigen von der Lava verbrannten Fresken und ein paar beschriebenen Tonscherben Pompeji zu rekonstruieren.

Schon allein die technischen Hindernisse schienen unüberwindlich. Mit bemerkenswerter Geduld und Ausdauer ackerte Helen alle Aufzeichnungen durch und suchte die richtige Rezeptur für die Mikroorganismen, die ihr Vater selbst titriert, zusammengestellt und abgemessen hatte. Unklar waren neben der genauen Dosis auch die Häufigkeit der Impfungen, die Stellen, wo gespritzt werden sollte, und die Dauer der Behandlung. »Coley«, so schrieb seine Tochter, »verfügte über keinerlei bakteriologische Ausbildung und mußte anderen die eigentliche Herstellung überlassen.« Zwischen 1896 und 1936 veröffentlichte Dr. Coley 143 Aufsätze zum Thema, hielt aber nirgends genau fest, wie und wie lange die Behandlung angewandt werden mußte.[12] Schon einigen seiner Zeitgenossen war es deshalb nicht gelungen, seine Behandlungserfolge zu wiederholen. Dennoch waren Coley und seine Kollegen bei insgesamt 523 inoperablen Fällen 238mal erfolgreich – was bedeutet, daß diese Krebspatienten fünf Jahre nach der Diagnose noch lebten –, während die Behandlung in 285 Fällen nicht anschlug, was einer erstaunlichen Remissionsrate von beinahe 50 Prozent entsprach.

1976 nahm Helen Coley Nauts Kontakt mit Lloyd Old auf, einem namhaften Physiker, der als Forscher am Memorial Sloan-Kettering Cancer Center tätig war. Sie bat ihn um eine Untersuchung von Coleys Toxinen mit Hilfe moderner Labortechnik. Forschfröhlich forderte Dr. Old sie auf, ihm zuerst hundert gut dokumentierte Fälle vorzulegen. Sie kam der Aufforderung nach, indem sie die Unterlagen von über tausend Fällen in sein Büro schleppte.

Tief beeindruckt, führte Old zunächst Versuche mit Mäusen durch und fand dabei heraus, daß die Toxine das Immunsystem der Tiere und damit die Produktion des sogenannten Tumor-Nekrose-Faktors, kurz TNF, stimulierten. Mittlerweile ist diese Substanz, die das Immunsystem bei Infektionen und Fieber produziert, auch auf gentechnologischem Wege erzeugt und bei klinischen Tests an Patienten erprobt worden. Maßgeblich beteiligt daran war Dr. Steven Rosenberg, der sich, angeregt durch die Genesung des unverwüstlichen Mr. DeAngelo, deren Zeuge er gewesen war, selbst in die immunologische Foschung gestürzt hatte. Schließlich wurden Coleys Toxine, inzwischen mit dem modernen und vertrauenerweckend technisch klingenden Namen MBV oder Mixed Bacterial Vaccines versehen, doch noch als Wegbereiter der zahlreichen Therapien anerkannt, die heute auf die »biologischen Abwehrkräfte« setzen. Bei diesen Therapien werden Substanzen wie TNF oder das bekannte Interferon verabreicht, körpereigene Abwehrstoffe, von denen sich Wissenschaftler wahre Wunder im Kampf gegen den Krebs erhoffen.

Zu Coleys bahnbrechender Arbeit auf dem Gebiet der Immuntherapie schrieb Steven Rosenberg: »Wer die Ergebnisse Coleys geprüft hat, wird schwerlich daran zweifeln, daß diese bakteriellen Toxine in einigen Fällen höchst wirksam waren.« 1979 begannen Rosenberg und seine Partner mit einer Studie, bei der Patienten, die an einem Non-Hodgkin-Lyphom litten, einer kombinierten Behandlung unterzogen worden, bestehend aus Chemotherapie und der Verabreichung von Coleys Toxinen. Fünf Jahre später, als sie die Untersuchung abschlossen, zeigte sich, daß die Patienten, die neben einer Chemotherapie auch Coleys Toxine erhalten hatten, besser auf die Behandlung angesprochen und länger überlebt hatten als diejenigen, die nur chemotherapeutisch behandelt worden waren.[13]

Rosenberg hält die Autodidaktin Helen Coley Nauts für eine der bedeutendsten Gelehrten auf dem Gebiet der »unspezifischen Krebsimmuntherapie«. Indirekt auf William Coleys Arbeit aufbauend, führte er labortechnisch in isolierte Zellen von Patienten Gene ein, die den Tumor-Nekrose-Faktor (TNF) stimulieren. Danach wurden den Patienten die veränderten Zellen wieder injiziert, was bei fortgeschrittenen Melanomen zu einigen bemerkenswerten Remissionen führte.

Andere Forscher sind allerdings der Meinung, daß TNF nur ein Teil des Puzzles ist. Einer erklärte uns: »Für Coley war der Tumor-Nekrose-Faktor nur ein kleines Glied einer ganzen Kette von Wirkungen, die innerhalb des Systems aufeinander abgestimmt sind. Ich bin mir nicht sicher, ob man jemals in der Lage sein wird, auch nur einen einzigen aktiven Bestandteil im Labor zu isolieren.«

Die Liste, die Coley über die vielfältigen Effekte seiner Behandlung aufstellte, ist jedem zur Genüge bekannt, der sich für erstaunliche Remissionen interessiert: Fieber, Entzündung, Erneuerung von Gewebe und Knochen. Uns war es wichtig, darauf hinzuweisen, daß sie alle an das vertrauteste Phänomen der Selbstheilung erinnern, nämlich an das Heilen einer Wunde. Könnte derselbe, durchaus nicht einfache Mechanismus, der zu Heilung einer Schnittwunde führt, auch mit Remissionen in Verbindung gebracht werden?

Erinnern wir uns an den Arzt aus dem vorangegangenen Kapitel, der seinen todkranken Krebspatienten nach Hause schickte und später »wie vom Donner gerührt« war, als sich herausstellte, daß das Geschwür des Patienten verschwunden war. »Ich hatte gedacht, er sei inzwischen gestorben«, schrieb der Arzt. »Aber er war völlig gesund, und man sah nur an dem glatten Narbengewebe, daß er überhaupt eine Geschwulst gehabt hatte.«[14] Narben jedoch sind das Zeichen für einen abgeschlossenen Heilungsprozeß, wie man an jedem entzündeten Kratzer beobachten kann.

Seit alters her haben Ärzte die vier Entzündungszeichen als Hitze, Schwellung, Rötung und Schmerz. Wir kennen einige Mechanismen, die sich hinter diesen Erscheinungen verbergen: Erhöhter Blutfluß erzeugt Rötung und Hitzegefühl, die Anhäufung weißer Blutkörperchen verursacht Schwellungen und Schmerzen, während das Proteine und Antikörper enthaltende Blutplasma schnell an den Wirkungsort gepumpt wird, um Eindringlinge zu bekämpfen und Giftstoffe zu verdünnen. Spezielle weiße Blutkörperchen, die sogenannten Granulozyten, produzieren beim Abwehrkampf den Eiter, der sich in Wunden bildet. Schließlich legt

fibröses Gewebe – Narbengewebe – ein Gespinst um die Wunde, das Blutzellen und Bakterien umschließt und so ein Ausbreiten der Infektion verhindert.
Diese biologischen Vorgänge lassen sich mit den Beobachtungen eines Arztes namens Eugene Hodenpyl vergleichen, der 1910 auf folgende Idee kam: Er entnahm einem Patienten, bei dem er eine »spontane Remission« festgestellt hatte, Aszitesflüssigkeit (Bauchwasser, das sich oft in größeren Mengen bildet, wenn das normale »Abflußsystem« des Körpers durch den Krebs verstopft ist) und injizierte sie anderen Krebspatienten:

> Bei fast allen Patienten waren nach diesen Injektionen vorübergehende lokale *Rötungen, eine erhöhte Empfindlichkeit und Schwellungen* [Hervorhebung Hirshberg/Barasch] im Tumorbereich zu beobachten, die rasch wieder nachließen. Anschließend kam es zu einer Erweichung und zu einer Nekrose des Tumorgewebes, das absorbiert oder abgestoßen wurde, worauf sich Bindegewebe bildete, mal mehr, mal weniger. In allen Fällen wurden die Tumore kleiner, in einigen verschwanden sie völlig.[15]

Hodenpyl starb, bevor er einen ausführlichen Bericht über seine Ergebnisse anfertigen konnte. Doch ging er davon aus, daß die körpereigene Produktion von Aszitesflüssigkeit (bzw. einer Substanz, die in ihr enthalten ist) nicht rein pathologisch sein könne, sondern den allerletzten Versuch des Körpers darstelle, sich selbst zu heilen.
Noch vor Hodenpyl hatte Dr. MacKay zu Beginn unseres Jahrhunderts ein ähnliches Experiment ins Auge gefaßt, nämlich Aszitesflüssigkeit eines Patienten, der sich erholt hatte, anderen, an einer ähnlichen Krankheit leidenden Patienten zu injizieren. Damit bewies er eine frühe Einsicht in die Möglichkeit, die biologischen Abwehrkräfte zu stimulieren.
In einem anderen Bericht über eine unerwartete Genesung bei Brustkrebs äußerte Dr. G. A. Boyd 1914 ebenfalls die Vermutung, daß die vom Körper produzierte Aszitesflüssigkeit bei der Heilung eine gewisse Rolle gespielt haben könnte: »Auch wenn die expe-

rimentellen Befunde nicht dafür sprechen, daß die Aszitesflüssigkeit irgendeine heilsame Wirkung hat«, schrieb er, »so fällt es doch schwer, die Abfolge der Ereignisse gedanklich zu trennen … Die Aszitesflüssigkeit könnte etwa die Produktion von schützenden Substanzen verstärkt haben, sei es in Form von Antikörpern … [oder] Enzymen …, die ihrerseits auf die Tumorzellen wirkten und so möglicherweise die beobachtete Rückentwicklung verursachten.«

Wie zuvor schon Dr. MacKay, so hatte auch Dr. Boyd festgestellt, wie schnell sich der Körper mit der Flüssigkeit füllte und wie die Flüssigkeit dann, gleichsam nach getaner Arbeit, rasch wieder vom Körper absorbiert wurde. Er hatte den Eindruck, als habe der Körper eine Substanz produziert, deren Aufgabe darin bestand, den tödlichen Tumor zu überschwemmen – um ihn dann mit Hilfe einer zersetzenden Komponente des Immunsystems unschädlich zu machen und aufzulösen. Boyd schrieb mit einer Mischung aus Enttäuschung und Freude: »Ich hatte das Gefühl, daß die Natur vor meinen Augen mit ihrer Heilkraft protzte, meine Augen jedoch zu blind waren, um zu sehen.«[16]

Was diese frühen Experimente für heutige Krebspatienten bedeuten, ist unklar. Vielleicht gibt es sie ja gar nicht, die »Wunderwaffe«, mit der sich ein Tumor unschädlich machen läßt. Vielleicht müssen ganz unterschiedliche Faktoren zusammenwirken, um den Krebs zu besiegen.

Dennoch ist es von großer Bedeutung, daß der Körper zumindest gelegentlich über eigene Mittel verfügt, sich eines Tumors zu entledigen. Die Hinweise, die aus Fallberichten zu unerwarteten Genesungen über die körpereigenen Abwehrkräfte zusammengetragen werden konnten, dienen der Krebsforschung seit Jahrzehnten als Orientierung. 1974 wurde auf dem Johns-Hopkins-Kongreß über spontane Remissionen – übrigens dem einzigen dieser Art, der jemals stattfand – ein allgemeiner Konsens gefunden: »Wir setzen auf das Immunsystem. Aus diesem Steckenpferd wollen wir soviel wie möglich herausholen!«[17]

In den vergangenen einhundert Jahren haben sich Kliniker immer wieder Gedanken über Beziehung zwischen Krebs und seinem Milieu, dem menschlichen Körper, gemacht. So bemerkte

William Handley um die Jahrhundertwende: »Die bekannten Fälle einer natürlichen Heilung von Krebs sind weder anormal noch außergewöhnlich, sondern führen uns nur eindrucksvoller als sonst die Naturgesetze vor Augen, die bei jedem Fall dieser Krankheit walten. Die natürliche Ordnung läßt keine wirklichen Anomalien zu und läßt sich im Lichte vermeintlicher Ausnahmen oft am besten studieren.[18]

Die »vermeintlichen Ausnahmen« von der Regel, daß Krebs unheilbar sei, also die unerwarteten Genesungen, haben Wissenschaftler und Ärzte veranlaßt, jene Krebsarten zu studieren, von denen man weiß, daß sie sich häufiger zurückbilden. Dazu gehört auch der Kinderkrebs Neuroblastom, der sich im Nervengewebe oder Nebennierenmark bildet und dann häufig als Abdominalgeschwulst auffällt. Von ihm ist schon lange bekannt, daß er erstaunlich oft wieder verschwindet. Ja, er gehört zu den ganz wenigen Krebsformen, bei denen, abhängig vom Typ, eine spontane Remission *erwartet* werden kann. Die am Kinderkrankenhaus in Philadelphia tätige Spezialistin Dr. Audrey Evans hat eine Methode entwickelt, die es ermöglicht, ein »gutartiges« Neuroblastom, das bei etwa sieben Prozent der betroffenen Kinder auftritt, von dem ernsteren »bösartigen« Typ zu unterscheiden.[19] Nur eines von fünf Kindern, die an dem »gutartigen« Neuroblastom erkranken, erleidet einen Rückfall, bei der »bösartigen« Form sind es 90 Prozent.[20] Anhand einer Formel, bei der das Alter des Kindes, das Stadium der Krankheit und die Ferritinkonzentration im Blutserum berücksichtigt wird, können die Ärzte die Wahrscheinlichkeit einer Rückbildung mit einer solchen Genauigkeit voraussagen, daß sie bei Kindern, die an der »gutartigen« Form erkrankt sind, normalerweise nur einige Geschwulste operativ entfernen, sonst aber keine Behandlung vornehmen.
»Lange Zeit gab es keine spontanen Rückbildungen, denn Neuroblastome galten als so schlimm, daß jeder Patient behandelt wurde«, erklärt Dr. Evand. »Meiner Meinung nach sind spontane Rückbildungen weit häufiger, als wir beobachten können. Eine beträchtliche Anzahl unserer Kinder wird nur chirurgisch behandelt. Wir wissen, daß die Krankheit auch nach der Operation wei-

terbesteht. Wir erwischen vermutlich nur 95 Prozent. Obwohl wir keine weiteren Schritte unternehmen, tritt die Krankheit nicht wieder auf.«[21]

Irene Markham war entsetzt, als man bei ihrem vierten Kind, einem Jungen namens Kendall, unmittelbar nach der Geburt ein Neuroblastom feststellte. Sie war geschieden, lebte als alleinerziehende Mutter, hatte mit einem Alkoholproblem zu kämpfen und litt unter den Folgen sexuellen Mißbrauchs in ihrer Kindheit. Diese neuerliche Tragödie in ihrem Leben drohte über ihre Kräfte zu gehen. Kendalls Zustand verschlimmerte sich, und Irene, eine Inuit und Zeugin Jehovas, erklärte den Ärzten, sie wolle ihren Sohn mit nach Hause nehmen, damit er dort sterben könne.

»Doch dann besuchte mich ein Freund und betete mit mir. Das erinnerte mich daran, daß ich als kleines Kind einmal sehr krank gewesen war. Ich hatte eine Halzentzündung, Herzerweiterung und geschwollene Gelenke, und meine Tanten beteten für mich. Ich wurde wieder gesund, weil ich in einem Eskimo-Haus lag und weil die Sterne im Himmel mir beistanden. Deshalb betete ich mit meinem Freund, obwohl ich eigentlich erwartete, daß Kendall am Morgen tot sein würde. Aber er war noch am Leben, und seine Schwellung ging zurück.«

Per Gerichtsbeschluß hatten die Ärzte durchgesetzt, daß sie dem Jungen gegen Irenes religiöse Überzeugung die nötigen Bluttransfusionen geben konnten. »Als ich mein Baby sehen durfte, war es von Kopf bis Fuß so rot, daß ich es gar nicht anfassen wollte. Da wurde der Doktor zornig und befahl mir, mich um das Kind zu kümmern. Er sagte, durch meine Liebe werde es schneller gesund. Es war ein sehr merkwürdiges Gefühl, einen kleinen Jungen im Arm zu halten, der Knoten hatte, die so groß waren wie Murmeln. Er hatte einen Ausschlag und war am ganzen Körper rot und wund. Aber ich blieb bei ihm. Wir haben uns ein bißchen unterhalten. Ich fragte: ›Geht es dir gut?‹ Und er schien mit leisem Glucksen zu antworten: *Ja, es geht mir gut.* ›Geht es dir gut?‹ *Ja, es geht mir gut.* So ging es weiter, bis wir beide einschliefen.«

Kendalls Zustand verbesserte sich weiter. Später, als er zwei Jahre alt war, erzählte ein Freund Irene von der Heilkraft der Pflanze

Ysop. Sie gab Kendall mehrmals davon und stellte fest, daß die Werte seines Neuroblastom-Urintests (Vanillinmandelsäure) jedesmal sanken. Also gab sie ihm jeden Tag davon. Als sie Kendall zum ersten Mal auf Fotos zeigte, wie er als Baby mit seinen »Beulen« ausgesehen hatte, meinte er: »Mama, ich muß eine Mißgeburt gewesen sein.« Heute ist er ein gesunder 15jähriger Junge. Früher hatte er Dutzende von Knötchen, doch bis auf eine Handvoll haben sich alle zurückgebildet, und die werden von Irene und einem Arzt aufmerksam beobachtet. Irene erzählte, Kendall sei ein typischer aufsässiger Teenager. »Manchmal ärgert er mich und bringt mich zur Weißglut. Aber es geht ihm gut.« Sie wiederholte den Satz wie eine Beschwörungsformel. »Es geht ihm gut.« Irene war sich immer noch nicht sicher, was der Grund für die Genesung ihres Sohnes war. »Er hat keinerlei Chemotherapie oder Bestrahlung bekommen«, sagte sie. »Die Ärzte meinen natürlich, es waren die Transfusionen, aber meiner Meinung nach haben auch die Kräuter dazu beigetragen, und ganz besonders natürlich meine Liebe. Liebe kann stärker als jede Medizin sein.« Irenes Meinung mag unwissenschaftlich sein, aber selbst Experten haben keine eindeutige medizinische Erklärung für solche Fälle. Dazu Dr. Evans, die aus ihrer Praxis Hunderte von Neuroblastom-Fällen und Dutzende von Remissionen kennt: »Einige Immunologen sind zwar anderer Meinung, aber ich glaube, daß das Immunsystem dieser Säuglinge an der Heilung mitgewirkt hat. Wenn wir verstehen lernen, welche Rolle das Immunsystem spielt, kommen wir vielleicht dahinter. Beispielsweise könnte sich herausstellen, daß Medikamente das Immunsystem schwächen, so daß es besser wäre, die Menschen nicht damit vollzupumpen. Bislang können wir nur vermuten, daß ein Patient, der eine schwere Krankheit selbst in den Griff bekommt, irgendwelche Abwehrkräfte entwickelt.«[22]

Anderen Theorien zufolge könnte die mittlerweile fast alltägliche Genesung von einem »gutartigem« Neuroblastom durch den biologischen Mechanismus der Zellreifung ausgelöst werden. Die verschiedenen Zellen eines Embryos entwickeln sich normalerweise aus einem undifferenzierten »Zellhaufen« zu hochspezialisierten Zellen mit spezifischen Funktionen – im Fingernagel oder im Augenlid, im Magen oder im Gehirn. So gesehen werden Krebszellen nie erwachsen. (Bei Erwachsenen sind Krebszellen »entdifferenzierte«, fast embryonale Abarten normaler Zellen.) Mit zunehmendem Alter haben sich Kendalls restliche Neuroblastomzellen möglicherweise zu einem gesunden, spezialisierten Gewebe entwickelt. Das würde aber bedeuten, daß jeder Körper über selbstregulierende Mechanismen verfügt, die teilweise genetischer Natur sind und »unreife« Krebszellen dazu bringen können, sich zu normalen zu entwickeln.

Dr. Evans meint, daß auch die Gene eine Rolle spielen könnten. Nach ihren Beobachtungen sind bei Patienten mit »bösartigen« Neuroblastomformen chromosomale Abweichungen weit häufiger als bei Patienten mit der »gutartigen« Form. Möglicherweise kann die Genetik eines Tages erklären, wie es möglich ist, daß Krebs manchmal anscheinend von selbst wieder verschwindet.

Der Onkologe Wally Sampson erklärte uns: »Die wichtige neue Erkenntnis ist, daß es genetische Programme gibt, die das Zellwachstum insgesamt stoppen. Was mich daran besonders fasziniert, ist, daß ausgereifte Nierenzellen sich meist nicht fortpflanzen. Vielleicht kennen sie das Geheimnis, wie das Wachstum gestoppt wird. Es wird Zeit, daß wir uns die Tumore anschauen, die sich am häufigsten zurückbilden, und untersuchen, welche Gemeinsamkeiten sie haben, selbst wenn sie aus unterschiedlichen Geweben stammen.« Seine Überlegungen werfen erneut die strittige Frage auf: Sind manche Reaktionen des Körpers, die angeblich durch die Behandlung ausgelöst werden, in Wahrheit nicht vielmehr Teil eines natürlichen Rückbildungsprozesses? Gibt es bestimmte Krebsarten – Sarkom, Melanom und Lymphom etwa, bei denen ein hoher Prozentsatz der bekannten Remissionen beobachtet wurde (und bei deren Behandlung die Doktoren Coley und Rosenberg ihre Erfolge erzielten) –, gibt es also bestimmte Krebsarten, die aus genetischen Gründen eher zu einer Rückbildung tendieren?

Die Kartierung der menschlichen Chromosomen und ihrer Gene ist gewissermaßen die Gralssuche der medizinischen Wissenschaft. 1970 machte ein schwedischer Wissenschaftler die Entdekkung, daß Chromosomen, die während der Zellteilung eingefärbt werden, in hellen und dunklen Bändern ihr genetisches Muster preisgeben. Auf diese Weise ließen sich Unregelmäßigkeiten der Bänder feststellen, wobei fehlende oder unterbrochene Bänder häufig einer physischen Abnormität entsprachen. Die Suche wurde zumindest durch ein Problem behindert: Chromosomen haben die Konsistenz nicht ganz weichgekochter chinesischer Glasnudeln. Elastisch wie Gummi und gallertartig, blieben sie nicht flach liegen. Sie ließen sich nur so weit strecken, daß 640 farblich voneinander abgehobene Bänder zu erkennen waren, was nur einem kleinen Teil ihres tatsächlichen Informationsreichtums entspricht.

Da trat Jorge Yunis auf den Plan. Der 50jährige Arzt erfand zunächst eine ganze Reihe origineller, letztlich aber unbefriedigender Verfahren, bis er schließlich eine verblüffend unprofessionell wirkende Methode entwickelte, die es erlaubte, in den Chromosomen wie in einem Buch zu lesen. Sie funktionierte folgendermaßen: Aus einer Höhe von knapp zwei Metern warf Yunis kleine Stückchen zelltragenden Materials auf eine schiefe Ebene mit einem Neigungswinkel von 25 Grad. Die Neigung der Fläche verhinderte, daß die Chromosomen bis zur Unleserlichkeit zusammengedrückt wurden oder ganz vom Objektträger rutschten. »Aus zwei Metern Abstand lande ich eigentlich immer einen Volltreffer«, erklärte er stolz. Seine Methode zahlte sich sofort aus. Dank einer Reihe erstaunlicher Verbesserungen gelang es ihm, unter dem Elektronenmikroskop nahezu 10000 Bänder aufzuspüren.[23]

Vor seinen Entdeckungen hatten die Wissenschaftler geschätzt, daß etwa 50 Prozent aller Krebsfälle mit chromosomalen Defekten einhergingen. Yunis wies mit Hilfe seiner Methode eine Rate von 97 Prozent nach. Außerdem zeigte sich nun, daß chromosomale Veränderungen Indikatoren dafür waren, wie schnell oder wie aggressiv sich der Krebs im Körper weiter ausbreiten würde, ein Wissen, das für die Prognose und die weitere Behandlung von unschätzbarem Wert war.

Darüber hinaus stellte Yunis fest, daß die Überlebenschancen eines Patienten ausgezeichnet waren, wenn seine Krebszellen im sechzehntgrößten Chromosom ein kopfstehendes Teilstück aufwiesen. Und er bemerkte, daß Patienten mit diesem Chromosomenmuster auf Chemotherapien manchmal besser ansprachen. Gibt es also genetische Markierungen, die Menschen kennzeichnen, die eher zu einer Remission neigen? Sind das dieselben Patienten, die gut auf eine Behandlung ansprechen? Und, die spannendste Frage: Sind diese Menschen für eine Heilung bereits gerüstet, und wirkt die medizinische Behandlung nur als eine Art Katalysator für ihre körpereigenen Selbstheilungsmechanismen?

Dr. David Weiss, der 1974 an dem Kongreß über Spontanheilungen teilnahm, zog einen weiteren Vergleich aus der Biologie heran, der für das Verständnis unerwarteter Genesungen hilfreich sein könnte: Danach läßt sich Krebs als ein parasitärer Organismus begreifen, der sich von seinem Wirt ernährt. Tumore brauchen, wie jedes andere lebende Gewebe, Nährstoffe, um leben zu können. Und vielleicht, so seine Überlegung, wächst der Krebs schlechter, wenn seine Umgebung weniger gastfreundlich ist. Vielleicht gibt es ernährungstechnische Möglichkeiten, das Gleichgewicht des Systems wieder auf Normalwachstum zurückzustellen.

Spezielle Diätvorschriften werden in zahlreichen Berichten über spontane Remissionen angeführt, besonders in der älteren Literatur. Der mitunter abwegig anmutende »Speisezettel« der Patienten trägt allerdings wenig zur Klärung des Sachverhalts bei.

Nach einem Bericht aus dem Jahr 1887 erhielt ein Mann, der an einem inoperablen »Osteo-Sarkom ... einem Tumor am Schulterblatt von der Größe eines Halblitertopfs« litt, von einem Heilpraktiker den Rat, »aus dem Bach, der durch seinen heimatlichen Bauernhof floß, eine Pflanze zu holen, die dort wuchs (welche, sagte der Ratgeber nicht). Von dieser Pflanze sollte er sich einen schwachen Aufguß machen und so lange nichts anderes trinken, bis der Tumor verschwunden war. Als feste Nahrung sollte er Brot zu sich nehmen. Der Kranke befolgte den Rat. Die Pflanze, die er verwendete, war ›Wasserampfer‹.« Als der Mann zwei Jahre später wieder seinen Arzt aufsuchte, stellte dieser fest, daß »der Tumor beinahe verschwunden war, es war nur noch eine leichte Verdikkung der Haut festzustellen«.[24]

In einem Bericht über einen Fall von Lungenkrebs aus dem Jahr 1984 konstatierten die Ärzte: »Der Allgemeinzustand des Patienten war sehr schlecht (allgemeine Erschöpfung und acht Kilogramm Gewichtsverlust innerhalb von drei Monaten). Der Patient nahm fortan nur noch Obst, Kartoffeln, Zucker, tierisches Eiweiß und tierische Fette zu sich. Innerhalb weniger Monate verbesserte sich sein Zustand zusehends.«[25] Zu einem anderen Lungenkrebsfall notierten die Ärzte, daß der Patient »über einen beträchtlichen Zeitraum hinweg täglich zwei Heilbutt-Lebertran-Kapseln, vier Tabletten aus pflanzlichen Präparaten, gelegentlich ein Barbiturat zum Einschlafen sowie Vitamin-B^1-Tabletten zu sich nahm. Die pflanzlichen Tabletten wurden analysiert: Sie enthielten Spargel, Petersilie, Brunnenkresse und Brokkoli.«[26]

Wir stießen in der Literatur auf die unterschiedlichsten Diätpraktiken. Die einen machten eine Kräuterkur, andere verzehrten übermäßig viel Fleisch, wieder andere aßen überhaupt kein Fleisch, und eine Frau, die an einem bösartigen Melanom erkrankt war, ernährte sich »nur noch von Trauben«[27]. Der Forscher Harold Foster überprüfte 200 dokumentierte Fälle unerwarteter Genesungen und fand dabei heraus, daß fast 88 Prozent der Patienten angaben, sie hätten vor der Genesung ihre Ernährungsgewohnheiten drastisch verändert und sich »streng vegetarisch ernährt«.[28]

Wie oder ob eine Diät überhaupt die Fähigkeit des Körpers beeinflussen kann, einen Tumor zu erkennen und unschädlich zu machen, ist schwer zu beantworten. Schlechte Ernährung kann zu einer Unterversorgung des Körpergewebes mit Sauerstoff führen und es dadurch anfälliger machen. Krebszellen benötigen weniger Sauerstoff als gesunde Zellen, schlechte Ernährung könnte ihrer Vermehrung also förderlich sein. Eine Ernährung, die dafür sorgt, daß Blut und Gewebe mit mehr Sauerstoff versorgt werden, ist möglicherweise das Stimulans, das das Immunsystem braucht, um den Tumor zu attackieren und zu zerstören (oder, um mit Dr. Weiss zu sprechen, die Umgebung weniger »gastfreundlich« gegenüber der Krankheit zu machen.) Auch wenn Forsters Analyse von 200 Fällen eine Vielfalt von Diätformen zutage gefördert hat, so wird doch eines deutlich: Viele Patienten ändern ihre Ernährungsgewohnheiten, wenn eine Krebserkrankung bei ihnen festgestellt wird. Die Gründe, die sie dafür angeben, reichen von medizinischen (oder vergleichbaren) Theorien bis zu einfachen Erwägungen des gesunden Menschenverstands.

»Sie sagen mir, ich hätte Leukozyten im Blut und Natrium und Kohlenstoff im Fleisch«, schrieb George Bernard Shaw. »Ich dankte ihnen für den Hinweis und erkläre ihnen, daß ich schwarze Käfer in der Küche, kohlensaures Natrium in der Waschküche und Kohlen im Keller habe. Ich leugne ihre Existenz nicht, aber ich versuche, alles an seinem Platz zu lassen.«
Eine ähnlich pragmatische Haltung vertrat, mit der ihm eigenen Begeisterung, Norman Arnold. Der 52jährige war seit 20 Jahren glücklich verheiratet und hatte drei heranwachsende Söhne. Er war Vorstand und Geschäftsführer einer der zehn größten Getränkegroßhandlungen des Landes, ein sozial engagierter Mann, der ehrenamtlich einen örtlichen Jugendclub leitete, im staatlichen Jugendfürsorgeverband mitarbeitete und dem Wirtschaftsbeirat des Gouverneurs angehörte.
Im kühlen Herbst 1981 spürte Norman einen stechenden, anhaltenden Schmerz im unteren Rückenbereich. Die vorläufige Diagnose lautete auf Gallensteine, doch er war beunruhigt. Am Abend vor der Operation fragte er den Arzt: »Wie groß ist die Wahrscheinlichkeit, daß Sie etwas anderes finden?« Gleich Null, erhielt er zur Antwort. Doch am nächsten Tag entdeckte der Chirurg, der ein paar Wochen zuvor am Nationalfeiertag auf Normans Grillfest noch Hufeisen geworfen hatte, einen Tumor, der am Kopf der Bauchspeicheldrüse saß und bereits in die Lymphknoten und die Leber metastasiert hatte. Der pathologische Bericht konstatierte ein »metastasenbildendes Adenokarzinom der Bauchspeicheldrüse, mit Lymphknotenmetastasen und einem isolierten Metastasenbefall der Leber«.
Seine Frau Gerry Sue erfuhr die schlimme Nachricht zuerst. Sie sah das aschfahle Gesicht des Arztes und hörte ihn das gefürchtete Wort aussprechen. »Ich weiß noch, wie ich in meinem Schock ganz automatisch zu ihm sagte: ›Aber wir wollten an Weihnachten

doch zum Skifahren.‹ Kein Problem, antwortete er. Dann sagte ich: ›Unsere Zwillinge haben im April ihr Bar-Mizwah.‹ Und er fragte: ›Können Sie das vorverlegen?‹ Da begriff ich, von welchem Zeitraum er sprach.«

Bauchspeicheldrüsenkrebs ist eine bösartige, fast ausnahmslos tödlich verlaufende Krankheit, für die es keine wirksame Behandlungsmethode gibt. 95 Prozent der Patienten sterben sechs bis acht Monate nach Diagnose, 99,7 Prozent innerhalb der nächsten 18 Monate. Norman fiel vorübergehend in eine Depression – niedergeschlagen erklärte er Gerry, er habe eigentlich gehofft, noch ein bißchen Zeit zu haben und die Kinder heranwachsen zu sehen. Doch dann faßte er neuen Lebensmut. »So lautet die Prognose der Ärzte«, sagte er damals. »Jetzt wollen wir mal sehen, was ich dagegen tun kann.«

Im Krankenhaus blätterte er in einer Ausgabe der Zeitschrift *Life* vom August 1982, deren Titelseite eine verführerisch blickende Marilyn Monroe schmückte. Dabei stieß er auf einen Artikel über einen Arzt, der sich durch eine »makrobiotische«, größtenteils aus Gemüse und Reis bestehende Diät angeblich selbst von einem Krebsleiden kuriert hatte. Norman schöpfte neue Hoffnung. Als früher Förderer des Vitamin-C-Pioniers Linus Pauling war er »seit jeher eine Art Gesundheitsfanatiker, wenn mir die Sache einleuchtete, wie Sport beispielsweise«. Dennoch mußte er zugeben: »Ich ernährte mich sehr schlecht. Ich war der Meinung, daß ein Mann von meiner Statur dreimal am Tag Fleisch braucht. Und ich dachte mir nichts dabei, allein eine Familienpackung Schokoladeneis zu verputzen.«

Wie elektrisiert von dem Artikel engagierte Gerry Sue ein japanisches Ehepaar, das sich auf makrobiotische Küche spezialisiert hatte. An dem Tag, als Norman aus dem Krankenhaus entlassen wurde, zeigten sie Gerry Sue, wie man Naturreis, Seetang und Reisbohnen zubereitet. »Sie glaubten fest daran«, erzählte Norman. »Die Sache überzeugte mich mehr als alles andere, was ich bisher gehört hatte – schließlich ging es darum, gesund zu werden, und nicht nur darum, Zeit herauszuschinden.«

Er entdeckte ein Taschenbuch, das eine Frau geschrieben hatte, deren Mann, ein Universitätsprofessor, durch makrobiotische Ernährung angeblich von Bauchspeicheldrüsenkrebs genesen war. Norman griff sofort zum Telefon und rief die Autorin an. Sie teilte ihm mit, daß ihr Mann inzwischen gestorben sei. »Also ist es ihm doch nicht so gut bekommen«, entgegnete Norman sarkastisch. »Aber er ist doch an Grippe gestorben«, unterbrach ihn die Frau und erklärte, ihr Mann habe nach der Krebsdiagnose noch sieben lange und erfüllte Jahre gelebt, obwohl ihm die Ärzte nur ein paar Wochen gegeben hatten.

Optimistisch gestimmt rief Norman bei Michio Kushi in Brookline, Massachusetts, an, dem Mann, der die makrobiotische Ernährung in den Vereinigten Staaten populär gemacht hatte. Eine Sekretärin teilt ihm mit, daß Kushi am selben Abend außer Landes reisen würde. Doch Norman ließ sich nicht abwimmeln: »Ich muß ihn heute noch sehen.«

»Können Sie um fünf Uhr hier sein?« fragte die Sekretärin.

Norman charterte ein Flugzeug, ließ sich von einem Wagen am Flughafen abholen und stand wenige Stunden später vor Kushis Haustüre, am Leib noch die Drainagen von der Operation.

Er kam sich vor wie in einer anderen Welt. Das große Steinhaus mit dem imposanten Portal erinnerte ihn an die Addams Family aus dem Fernsehen. Vor der Tür zu einer marmorverkleideten Halle waren fein säuberlich Schuhe aufgereiht, und drinnen saßen Leute auf Bänken und warteten ruhig und gesittet »wie in einer Kirche oder Synagoge«. Doch Norman verstand sich auf Anhieb mit Michio Kushi. Der bescheidene japanische Philosoph bestätigte dem harten Geschäftsmann, daß er wieder gesund werden könne. »Da packte ich ihn einfach und umarmte ihn«, erzählte Norman. »Alle anderen hatten behauptet, ich könnte bestenfalls ein paar Monate gewinnen. Und er sagte mir, ich könnte die Krankheit besiegen.«

Norman wußte, daß seine Zukunft, wenn er überhaupt noch eine hatte, weitgehend von einer makrobiotischen Ernährung abhing. Er bat seinen Rechtsanwalt, nach Boston zu fliegen und Kushis Akten nach Fällen von Bauchspeicheldrüsenkrebs zu durchforsten. Die Nachforschungen führten den Anwalt schließlich nach Minnesota, wo er einen pensionierten Piloten aufspürte, der von einem Bauchspeicheldrüsenkrebs genesen war. Schließlich machte er noch drei weitere »Überlebende« ausfindig. »Gut«, sagte Norman, als er den Bericht des Anwalts erhielt. »Jetzt habe ich ein gewisses Vertrauen in die Sache.«

Norman abonnierte medizinische Fachzeitschriften und Mitteilungsblätter und wurde Mitglied in Computer-Informationsdiensten. Sein Cousin, ein Experte für Immunologie und Allergien, wurde seine »Stütze, was die medizinische Seite der Sache« anbetraf. »Er machte mich auf den führenden Onkologen Dr. Phillip Schein aufmerksam.«

Gerry Sue Arnold beschreibt Dr. Schein rückblickend als »einen hervorragenden Arzt und wunderbaren Menschen, der tiefen Eindruck auf mich machte«. Schein erklärte Norman, daß er einige Patienten durch Chemotherapie bis zu 18 Monate am Leben erhalten hatte. Norman, dem die Ärzte nur noch sechs Monate gegeben hatten, ließ sich überzeugen und beschloß, die aggressive Methode auszuprobieren. Nach der ersten Behandlung – »unter anderem erhielt er eine Chemikalie, die sie den roten Teufel nennen, das ist das Mittel, das Haarausfall verursacht« – war Norman nach Hause gekommen und dort erschöpft zusammengebrochen. Nach der zweiten Behandlung lehnte er es ab, sich hinzulegen, und arbeitete den restlichen Tag im Garten. »Ich glaube«, sagte Gerry, »er hatte das Gefühl: ›Wenn ich mich jetzt hinlege, werde ich nie wieder aufstehen.‹«

Während der Chemotherapie suchte Norman weiter nach Alternativen. Er konsultierte einen Arzt, der Visualisierungsübungen einsetzte, ging zu einem Therapeuten, der mit Hypnose arbeitete, und flog schließlich, nach der fünften chemotherapeutischen Behandlung, nach Dallas, in das Therapiezentrum von Carl Simonton, dem Verfasser des Buches *Wieder gesund werden*. »Das war vielleicht ein Auftritt,« lachte Gerry. »Wir reisten mit unserem makrobiotischen Koch, der aussah wie ein Hippie aus den sechziger Jahren. Norman hatte sich den häßlichsten Gummibaum gekauft, den man sich nur vorstellen kann, weil ihm Michio Kushi gesagt hatte, er brauche ›grünen Sauerstoff‹ im Zimmer. Er gewöhnte sich so an die Pflanze, daß wir sie im Flugzeug mit nach Hause nehmen mußten.«

Am ersten Tag setzten sich die Patienten in einem Kreis zusammen. Jeder sollte sich vorstellen und von seinem Leben erzählen. Irgendwann stand Norman auf und verließ die Runde, angeblich, um zur Toilette zu gehen. »Im Grunde bin ich ein Einzelgänger«, erklärte er uns. »Es war mir unangenehm, mir die intimsten Gefühle anderer Leute anzuhören. Ich kam mir wie ein Voyeur vor.« Als er nicht zurückkam, schickte man nach ihm, um ihn zu einer Rückkehr zu bewegen. Norman ließ sich überzeugen, und mit der Zeit lernte er, sich als Teil der Gruppe zu verstehen. Dies war für ihn »ein entscheidender Wendepunkt«. Er versuchte, sich künftig weniger unter Druck zu setzen und Streß abzubauen.

Die Bilder, die er sich ausdachte, um den Krebs zu bekämpfen, waren typisch für ihn. Er hielt sich nicht an die Standardübung, bei der sich der Patient vorstellte, wie »kleine weiße Hunde bösartige Zellen auffressen«. Statt dessen stellte er sich »starkes, kräftiges Blut vor, das den Tumor angriff und zerfraß wie Salzsäure Zement. Meine Kinder malten zusammen mit mir auch Bilder davon. Die ganze Familie unterstützte mich nach Kräften.«

Die strenge makrobiotische Diät zwang ihn, seine Lebensgewohnheiten zu ändern. »Es war, als hinge ich an einer Nabelschnur. Ich mußte zum Essen nach Hause oder mein Essen mitnehmen, wenn ich unterwegs war. Ich konnte nicht mehr einfach in ein Flugzeug steigen und nach New York fliegen.« Mittlerweile wußte jeder in der Stadt, daß Norman Bauchspeicheldrüsenkrebs hatte. »Die Leute waren schockiert«, erklärte Gerry. »Er war prominent und noch relativ jung.« Bekannt war auch, daß er seine Ernährung umgestellt hatte. Einige Freunde luden ihn und seine Frau daraufhin nicht mehr zum Dinner ein. Andere tolerierten es, wenn sie ihr Essen selbst mitbrachten. In einigen Restaurants kochte man sogar spezielle Gerichte für sie. Doch manche Leute »lachten nur«, erinnerte sich Gerry Sue. »Sie sagten: ›Es ist ein Jammer. Der Mann muß sterben und ist darüber so verzweifelt, daß er alles ausprobiert.‹« Alle warteten darauf, was als nächstes passieren würde.

Norman suchte weiter nach Alternativen. Durch seinen Cousin erfuhr er von einem Forschungsinstitut in Philadelphia, das eine Versuchsreihe mit monoklonalen Antikörpern durchführte. Dazu Gerry Sue: »Norman paßte nicht in ihr Programm. Aber er nahm trotzdem an einem Treffen teil und bemühte sich, einen starken, gesunden Eindruck zu machen. Er sagte: ›Ich bin ein Siegertyp, ich schaffe es.‹ Ich glaube, das hat sie überzeugt. Wenn jemand so kämpft, sollte man ihm eine Chance geben.« Einen Monat später erhielt er eine Dosis monoklonale, von Mäusen stammende Antikörper. In dem beiliegenden Begleitschreiben wurde eine einmalige Injektion empfohlen.

Inzwischen hatte er fünf chemotherapeutische Behandlungen hinter sich und war dabei von 160 auf 112 Pfund abgemagert. Langsam verlor er den Glauben an diese Therapieform, die selbst nach Ansicht der Ärzte nur aufschiebende Wirkung hatte, aber keine Heilung versprach. Schließlich beschloß er, die Chemotherapie abzubrechen, obwohl Dr. Schein ihm dringend davon abriet. »Wenn Sie zulassen, daß die Krankheit die Oberhand gewinnt«, sagte der Arzt zu ihm, »werden Sie nie gegen sie ankommen. Sie wird Sie am Ende in die Knie zwingen.«

Die Arnolds flogen zu einem seit langem geplanten Urlaub auf die Bahamas. Sie hatten auf einer entlegenen Insel ein Häuschen gemietet. Dort saß Norman stundenlang am Strand, sah aufs Meer hinaus und hörte dabei seine Kassetten mit den Visualisierungsübungen. Seine Frau und seine Kinder spielten unterdessen Monopoly, gingen schwimmen oder unternahmen Bootsfahrten. Und wenn sie zurückkamen, erklärte Norman, er könne spüren, wie es ihm langsam bessergehe.

Ein paar Monate später suchte er abermals Dr. Schein auf. »Sie sehen wirklich blendend aus«, sagte der Arzt begeistert, im Glauben, Norman habe die Chemotherapie fortgesetzt. Norman gestand, daß er die Behandlung abgebrochen hatte. Gerry erinnerte sich: »Ich dachte, dem Doktor fällt gleich der Block aus der Hand, so schockiert war er. ›Aber was haben Sie dann getan?‹ fragte er. ›Sie sehen ja besser aus als ich.‹«

»Ich halte mich an die Diät«, erklärte Norman, »und ich mache Visualisierungsübungen.«

Der Arzt wandte sich an Gerry und sagte kopfschüttelnd: »Wissen Sie, der Patient weiß immer schon vor dem Arzt, wenn er Fortschritte macht.«

Laut Michio Kushi ermöglicht eine auf Vollkorngetreide, Hülsenfrüchten, Gemüse und etwas Fisch basierende Ernährung dem Körper, die Giftstoffe abzustoßen, die sich in ihm angesammelt haben; außerdem versorgt sie das Gewebe reichlich mit Sauerstoff und Nährstoffen. Norman litt zwar unter zahlreichen merkwürdigen Nebenwirkungen, angefangen bei vorübergehenden Erkältungserscheinungen bis hin zu einer beunruhigenden Schwarzfärbung der Zunge. Doch Kushi versicherte ihm, das seien typische Anzeichen dafür, daß sein Körper die angesammelten Giftstoffe absondere. Mit der Zeit fühlte Norman sich so vital wie seit Jahren nicht mehr.

Für die Arnolds war Makrobiotik mehr als eine Ernährungsweise, sie war eine Lebenseinstellung. Kushi, der eher philosophisch als wissenschaftlich dachte, betonte unablässig, daß zu einer makrobiotischen Lebensführung auch Harmonie in der Familie, sportliche Betätigung und eine optimistische Grundhaltung gehörten. Norman begriff, daß »die Stärke der Makrobiotik nicht nur in der Ernährung besteht, sondern auch in der Tatsache, daß man bei jeder Mahlzeit, also fünf- oder sechsmal am Tag, daran erinnert wird, daß man etwas für seinen Körper tut. Das stimmt optimistisch und vermittelt einem das Gefühl, daß man die Dinge selbst in der Hand hat. Da ist niemand, der einem sagt: ›Wir machen jetzt dies und jenes mit Ihnen‹, oder: ›Nehmen Sie diese Pille.‹«

Sieben Monate nach der Diagnose wurde eine Ultraschallaufnahme von Normans Unterleib gemacht. Sie zeigte eine normale Bauchspeicheldrüse und »keinen Hinweis auf Metastasenbildung in der Leber«. Weitere sechs Monate später war der Tumor verschwunden. Weder die Blutuntersuchung noch eine Ultraschallaufnahme, noch andere Tests zeigten Anzeichen für die Krankheit. Jahre später, an seinem 60. Geburtstag, bestieg Norman in Afrika den 5895 Meter hohen Kilimandscharo.

Was hat Norman Arnold geheilt? Monoklonale Antikörper haben bei Pankreaskarzinomen im wesentlichen keine und bei den meisten anderen Krebsarten nur begrenzte Wirkung. Norman Arnold selbst fällt es schwer zu sagen, in welchem Umfang die makrobiotische Ernährung, die Visualisierungsübungen und die Meditationen zu seiner Genesung beigetragen hatten. »Ich glaube, am allerwichtigsten war,« sagte Norman, »daß mich das alles

psychisch und emotional aufgebaut hat, und das hat wiederum mein Immunsystem gestärkt.« Wir baten ihn, anhand an einer Tortengrafik aufzuzeichnen, welchen Anteil die einzelnen Faktoren an seiner Heilung nach seinem Empfinden gehabt hatten. Er hielt folgendes fest: Willenskraft 10 Prozent; Diät 9,999 Prozent; medizinische Behandlung 0,001 Prozent; unbekannte Faktoren 80 Prozent (siehe Anhang S. 393).
Gerry Sue erinnerte sich an ein Gespräch, das sie kurz nach Normans Genesung mit einer Gruppe von Ärzten geführt hatte: »Einer von ihnen sagte zu den anderen: ›Ja, sicher, das nennt man eine spontane Remission.‹ Und ich antwortete: ›Ist es nicht seltsam, daß uns nie jemand gesagt hat, daß es so etwas gibt? Als mein Mann so krank war, haben wir immer wieder gefragt, ob noch irgendeine Hoffnung besteht, ob er noch eine Chance hat. Keiner hat gesagt, daß es zu einer spontanen Remission kommen kann.‹«

Eine der erstaunlichen Eigenschaften lebender Organismen ist ihre Fähigkeit, sich nicht nur selbst zu reproduzieren, sondern auch selbst zu regenerieren, selbst zu organisieren. Dazu der Mikrobiologe René Dubos: »Man könnte annehmen, daß es in jedem Lebewesen, den Menschen eingeschlossen, einen Mechanismus für spontane Heilungen geben muß, denn wenn es ihn nicht gäbe, könnte kein Lebewesen die Angriffe überleben, denen es unentwegt ausgesetzt ist.«
Welche Mechanismen sich hinter unerwarteten Genesungen auch verbergen mögen, so ist doch offensichtlich, daß die Selbstheilungskräfte so komplex sind wie die Menschen, die über sie verfügen. Die körpereigene Abwehr umfaßt mehr als nur genetische und biochemische Faktoren. Eine Biologie der unerwarteten Heilungen müßte sich mit dem Immunsystem, mit Zellbiologie, Biochemie und Genetik und mit der Beziehung zwischen Parasit und Wirt beschäftigen. Auf alle diese Gebiete haben jene Ausnahmeforscher ihre Arbeit konzentriert, die der Ansicht waren, daß die Mittel zur Krebsbekämpfung in den Selbstheilungskräften des Körpers zu suchen sind. Doch mittlerweile bezieht die Medizin in ihre Forschungen auch das Individuum mit ein, das aus der medizinischen Fachliteratur so lange verschwunden war.

Wie Menschen lernen, mit einer tödlichen Krankheit zu leben, ist nur schwer zu beschreiben. Viele Patienten, die überraschend wieder gesund geworden sind, berichten, daß sie sich und ihr Leben grundlegend verändert haben. Und neuere Studien verweisen auf den großen Einfluß, den solche psychosozialen Veränderungen auf das Immunsystem haben können. Eine Heilung hat eine Vielzahl von Ursachen. Gemessen daran wirken unsere Fragen beschränkt und prosaisch, ganz zu schweigen von den wenigen – und dürftigen – Antworten, die wir vielleicht finden. Und doch kann eine richtig gestellte Frage eine Kettenreaktion auslösen, die vorgefaßte Meinungen erschüttert. Wir beschlossen, mit der einfachsten Frage zu beginnen, die gleichzeitig die tiefgreifendste ist: Wären Sie so freundlich, uns Ihre Geschichte zu erzählen?

4

Eine verwickelte Frage: Wirkt der Kopf auf den Körper?

Die Medizin erkennt mittlerweile an, daß es unerklärliche Genesungen gibt. Aber sie hat wenig Interesse an einer Überlegung gezeigt, die Patienten beinahe zwangsläufig anstellen: Könnten Gedanken und Gefühle bei solchen Fällen eine Rolle spielen? Die Menschen, mit denen wir gesprochen haben, glauben, daß ihre Einstellung zu sich selbst, zu anderen und zur Welt im allgemeinen mehr zur Besserung ihres Gesundheitszustandes beigetragen hat als die medizinische Behandlung, ja vielleicht sogar der eigentliche Grund für ihre Genesung gewesen ist. Bald wurde uns eines klar: Wenn wir herausbekommen wollen, was hinter dem Rätsel der »unerwarteten Genesungen« steckt, brauchen wir einen neuen konzeptuellen Rahmen, neue Forschungsmethoden und vielleicht sogar eine neue Form der Medizin. Sollte es tatsächlich seelisch-körperliche Faktoren geben, die am Verschwinden oder Wachstumsstillstand von Tumoren beteiligt sind, dann könnten sie die Grundlage eines neuen, vielschichtigen Programms zur Krebsvorbeugung und -behandlung bilden.

Kann der Glaube tatsächlich bösartige Krankheiten beinflussen, oder entspringt dieser Gedanke lediglich dem romantischen

Wunschdenken bestimmter New-Age-Kreise? Nehmen wir den berühmten Fall eines Mannes, der in den fünfziger Jahren an einem Lymphosarkom im Endstadium litt. Die Nachwelt kennt ihn unter dem Pseudonym »Mr. Wright«. Nach dem Bericht seines Arztes Dr. West hatte er »im ganzen Körper zahlreiche orangengroße Tumore«. Zudem benötigte er eine Sauerstoffmaske zum Atmen, da sich sein Brustkorb mit einer »milchigen Flüssigkeit« gefüllt hatte. Die Krankheit war so weit fortgeschritten, daß sie mit den damals zur Verfügung stehenden Mitteln – Stickstofflost und Röntgenbestrahlung – nicht mehr behandelt werden konnte. Dennoch klammerte sich der Patient an eine letzte Hoffnung wie ein Ertrinkender an einen Strohhalm: Wie es der Zufall wollte, sollte das damals in der Boulevardpresse als Wundermittel gegen den Krebs gefeierte Krebiozen an der Klinik getestet werden.
Unglücklicherweise erfüllte Mr. Wright nicht die Voraussetzungen für eine Teilnahme an dem Experiment. Es genügte nicht, daß der Patient für die übliche Behandlung nicht mehr in Frage kam, er mußte darüber hinaus eine Lebenserwartung von mindestens drei Monaten haben. »Es wäre allzu optimistisch gewesen, ihm noch mehr als zwölf Wochen zu geben«, schrieb Dr. West. Zudem reichte das Krebiozen, das der Klinik zur Verfügung gestellt worden war, nur für ein Dutzend Patienten, und alle Plätze waren bereits vergeben. Doch Mr. Wrights »Begeisterung war nicht zu bremsen«, schrieb Dr. West, »und obwohl ich alles tat, um ihn davon abzubringen, fleht er mich weiter an, ihm diese ›Riesenchance‹ zu geben. Und so entschloß ich mich schließlich, ihn wider besseres Wissen in das Programm aufzunehmen, obwohl ich damit auch gegen die Richtlinien des Krebiozen-Ausschusses verstieß.«
Die Injektionen sollten dreimal wöchentlich verabreicht werden. Mr. Wright war bettlägerig und atmete schwer, als er an einem Freitag seine erste Spritze erhielt. Am Montag, als Dr. West aus dem Wochenende zurückkehrte, war er darauf gefaßt, seinen Patienten »sterbend oder tot vorzufinden, so daß man das Medikament künftig einem anderen Patienten würde geben können«. Doch zu seinem Erstaunen fand er einen Genesenden vor. Der Zustand aller anderen Patienten, die das Mittel erhalten hatten, war unverän-

dert, doch Mr. Wright spazierte auf der Station herum. »Er plauderte fröhlich mit den Schwestern und erzählte jedem, der es hören wollte, von seinem Glück.« Der Bericht über die anschließende Untersuchung hat inzwischen Berühmtheit erlangt. Darin heißt es: »Die Tumore waren geschmolzen wie Schneebälle in einem heißen Ofen. Bereits nach diesen wenigen Tagen hatten sie nur noch die Hälfte ihrer ursprünglichen Größe.«

Nach zehn Tagen wurde Mr. Wright entlassen. Beinahe alle Krankheitszeichen waren verschwunden. Zwei Monate lang war er praktisch völlig gesund. Dann erfuhr er, daß alle Kliniken, die Krebiozen getestet hatten, negative Ergebnisse meldeten. Seine Hoffnung schwand, und schließlich fiel er in den früheren Zustand zurück. Zu diesem Zeitpunkt faßte Dr. West einen kühnen Gedanken: Er sah in dem Fall eine günstige Gelegenheit, mehr darüber herauszufinden, wie »Quacksalber« es manchmal schafften, mit vermeintlich sinnlosen Behandlungsprozeduren Heilerfolge zu erzielen. »Ich kannte meinen Patienten mittlerweile. Er war von Natur aus Optimist, und diesen Umstand machte ich mir nun zunutze. Meine Beweggründe waren rein wissenschaftlicher Natur. Ich führte das perfekte Kontrollexperiment durch und erhoffte mir davon Antworten auf die Fragen, die dieser verblüffende Fall aufgeworfen hatte. Im übrigen konnte ihm mein Vorhaben in keiner Weise schaden, denn es gab nichts, womit ich ihm hätte helfen können.«

»Ich log ihn bewußt an«, schrieb Dr. West. »Ich sagte ihm, er solle nicht glauben, was in den Zeitungen stehe. Das Medikament gebe Anlaß zu größter Hoffnung.« Verständlicherweise fragte ihn der Patient, warum er dann einen Rückfall erlebt habe, und West flüchtete sich in die Behauptung, daß »die Substanz bei der Lagerung an Wirkung verliert« und daß am nächsten Tag ein neues »hochreines, doppelt so wirksames« Präparat geliefert werde. Er ging sogar so weit, eine Verspätung der angeblichen Lieferung vorzutäuschen, was die »Hoffnung des Patienten auf Rettung ins Unermeßliche steigen ließ. Als ich ihm sagte, daß er nun eine neue Serie von Injektionen erhalten werde, reagierte er geradezu überschwenglich. Er war von einem unerschütterlichen Glauben beseelt.«

»Mit viel Trara und Theater (was ich unter den gegebenen Umständen für zulässig hielt)«, so Dr. West, verabreichte er ihm eine Injektion, die lediglich aus Wasser bestand. Mr. Wrights zweite Genesung war noch frappierender als die erste. Wieder schmolzen die Tumore dahin, und die Flüssigkeit in seiner Brust verschwand. Der Patient sah aus »wie das blühende Leben«, bis zwei Monate später die amerikanische Ärztevereinigung ihren Abschlußbericht veröffentlichte, in dem sie dem Medikament Krebiozen jede Heilwirkung abschrieb. Wenige Tage danach wurde Mr. Wright erneut mit allen Symptomen seiner bösartigen Krankheit ins Krankenhaus eingeliefert. Zwei Tage später war er tot.
Es ist schwer zu sagen, was bei diesem unerlaubten Experiment mit dem Patienten geschah. Manch einer wird von einem bloßen Zufall sprechen – schließlich weiß man von einigen Tumoren, daß sie im Verlauf der Krankheit wachsen und schrumpfen, wenn auch nur äußerst selten so dramatisch und so gut wie nie im Takt von Placebo-Injektionen. Sarkome und Lymphome sind Krebsarten, die Coley einst mit seinen fiebererzeugenden Toxinen wirkungsvoll behandelt hatte. Hat Fieber auch in diesem Fall eine Rolle gespielt? In Dr. Wests Bericht steht jedenfalls, daß sein Lymphosarkom-Patient am Freitag nach der ersten Injektion Fieber bekommen habe.[1] Andererseits war Dr. Wests ungewöhnliches Experiment vielleicht der einzige reine Placebo-Versuch, den ein Arzt jemals gezielt an einem Krebspatienten vorgenommen und später auch zugegeben hat, ein Versuch, der ausschließlich auf dem Glauben des Patienten beruht hat.
Normalerweise ist ein Placebo eine simple Traubenzuckerpille, die für ein Arneimittel ausgegeben wird. Früher durfte sie in keinem Arztkoffer fehlen. So schrieb der Bostoner Arzt Richard Cabot über seine Ausbildung an der Harvard Medical School zu Beginn des Jahrhunderts: »Wie vermutlich jeder andere Arzt, so lernte auch ich, mit Placebos, Pillen aus Brot, der subkutanen Applizierung von Wasser und anderen Tricks zu arbeiten, um die Symptome des Patienten auf psychischem Wege zu beeinflussen.«[2]
In einer Biographie des um die Jahrhundertwende praktizierenden Sir William Osler wird eine Visite des berühmten Arztes am

Krankenbett eines Jungen beschrieben, der an schwerem Keuchhusten und einer schweren Bronchitis erkrankt war. Heute sind solche Erkrankungen vergleichsweise harmlos, doch zur damaligen Zeit, als es noch keine Antibiotika gab, konnte der Arzt nur wenig tun, und so war eine Genesung des Jungen eher unwahrscheinlich. Der Autor der Lebensbeschreibung, der ältere Bruder des Patienten, schreibt, daß der sterbenskranke Junge »nichts mehr zu sich nehmen konnte und auf die Aufmerksamkeiten seiner Eltern und der Krankenschwestern nicht mehr reagierte«.
Dr. Osler machte seinen ersten Hausbesuch bei dem Jungen in dem prächtigen scharlachroten Talar eines Oxforder Universitätsdozenten. »Ein solcher Doktor kam dem kleinen Jungen wie ein Besucher von einem anderen Stern vor«, heißt es in dem Bericht. »War er überhaupt ein Doktor? Oder nicht eher der Weihnachtsmann? Nach einer sehr kurzen Untersuchung setzte sich der ungewöhnliche Besucher, schälte einen Pfirsich, streute Zucker darüber und schnitt ihn in Stücke. Dann spießte er Stück für Stück auf eine Gabel und gab sie dem entzückten Patienten mit der Worten, er solle alles aufessen, davon werde ihm nicht schlecht, im Gegenteil, er werde festellten, daß es ihm vielmehr guttue, denn es sei eine ganz besondere Frucht.«
Später, an der Tür, nahm Osler den Vater beiseite und erklärte ihm betroffen, daß der Junge nur geringe Überlebenschancen habe. Dennoch schaute er über einen Monat lang jeden Tag vorbei und vergaß nie, vor dem Betreten des Krankenzimmers den prächtigen Talar überzustreifen. Und jedesmal gab er dem Jungen etwas zu essen. Es war unglaublich: An vierzig aufeinanderfolgenden Tagen besuchte einer der vielbeschäftigtsten und berühmtesten Ärzte Londons einen Patienten, nur um ihm ein Placebo zu verabreichen. Doch genau dieser »geniale Trick, der nichts mit akademischem Würden oder Laborgeheimnissen zu tun hatte«, trug zu der unerwarteten und vollständigen Gesundung des Jungen bei.[3]
Wieder einmal lieferte uns die medizinische Literatur einen Hinweis, der wertvoll sein konnte. Uns war klar, daß unerwartete Genesungen einen biologischen Hintergrund haben mußten. Gleichwohl fragten wir uns, ob die Macht, die der Geist, zumin-

dest solchen Anekdoten zufolge, über den Körper hatte, nicht auch von Bedeutung war. Früher wäre ein solcher Gedanke den Ärzten nicht fremd gewesen. Doch in der Zwischenzeit ist man, sieht man einmal von harmlosen »psychosomatischen« Störungen ab, ganz davon abgekommen, auf die Heilkraft von Placebos, also auf die Kraft des Glaubens zu setzen.

Um die Gründe dafür zu verstehen, wollen wir uns kurz mit einem Glaubenskrieg beschäftigen, der sich durch das gesamte 19. Jahrhundert zog. Im Jahr 1847 schworen die vier führenden deutschen Physiologen Helmholtz, Ludwig, DuBois-Reymond und Brücke einen berühmt gewordenen Eid darauf, daß sich alle Vorgänge im Körper rein physikochemisch erklären ließen. Die deutsche Schule gewann bald einen solchen Einfluß, daß aus Amerika eigens 15 000 Ärzte anreisten, um das Experimentieren im Labor zu erlernen. Dennoch geriet sie in Konflikt mit einer Medizin, die seit Jahrhunderten, wenn nicht Jahrtausenden existierte, einer Medizin, die davon ausging, daß das Innenleben und die sozialen Verhältnisse eines Kranken bei jeder Diagnose und Behandlung in Betracht gezogen werden müßten.

Dieser Glaubenskrieg um den Kernpunkt der Heilkunst tobte bis in die jüngere Vergangenheit. Einen extrem materialistischen Standpunkt vertrat ein Theoretiker des 19. Jahrhunderts, als er dem Geist jeden Einfluß auf den Körper absprach und ihn scherzhaft mit der »Dampfpfeife einer Lokomotive« verglich: »Sie begleitet zwar die Arbeit der Lokomotive, hat jedoch keinen Einfluß auf die Maschine.« Die Gegenposition formulierte der New Yorker Arzt W. L. Conklin 1895 in einem Vortrag vor dem Ärzteverband des Bundesstaates Alabama wie folgt: »Ein Mechaniker, der versucht, sich mit einem komplizierten Mechanismus vertraut zu machen, ohne das Hemmungsrad zu beachten, würde ein ebenso genaues Bild erhalten wie ein Arzt, der sich keine oder nur wenig Gedanken über die seelische Verfassung seines Patienten macht.«[4]

Ärzte wie Conklin vertraten die Ansicht, daß die Medizin nicht nur biologische, sondern auch psychologische, moralische und religiöse Faktoren berücksichtigen sollte, eine Einsicht, die sie aus genauen klinischen Beobachtungen gewonnen hatten. Gegen

Ende des Jahrhunderts, als die patientenspezifische Behandlung durch eine krankheitsspezifische abgelöst wurde, verloren solche Modelle und Methoden jedoch an Einfluß. Nun galt jeder Bericht über eine Beziehung zwischen seelischer Verfassung und körperlichen Funktionen als voreingenommen, subjektiv und nicht quantifizierbar, mithin als unwissenschaftlich. Sinnvolle Forschung erschien nur noch im Labor möglich, an isolierten Komponenten wie Mikroorganismen, Bestandteilen des Blutes und des Urins, des Gewebes und der Organe. Ziel dabei war, unabhängig vom einzelnen Patienten universal anwendbare Heilmittel zu entwickeln.

Diese Haltung hat die moderne Medizin in eine merkwürdige Situation gebracht: Sie muß neu lernen, was sie vor einem Jahrhundert noch wußte, nämlich daß Glaube, Gedanken und Gefühle die Physiologie beeinflussen können. Der Harvard-Kardiologe Herbert Benson, der sich in in den siebziger Jahren damit einen Namen machte, daß er den objektiv meßbaren therapeutischen Effekt der »Entspannungsreaktion« nachwies, betont, daß im *Index Medicus* seit den dreißiger Jahren kein Artikel mehr aufgeführt wurde, der die Auswirkungen des seelischen Befindens auf den Körper diskutierte, da das mittlerweile als unmöglich galt. Die Wirkung von Placebos wurde unterschätzt. Man traute ihnen allenfalls noch zu, das subjektive Schmerzempfinden eines Patienten zu beeinflussen, nicht aber, Krankheiten zu heilen. Dr. Norman Sartorius von der Weltgesundheitsorganisation merkte dazu kritisch an: »Heilerfolge wurden einem beunruhigenden Effekt zugeschrieben, den man unter dem Begriff ›Placebo‹ zusammenfaßte und als eine Art störendes Nebengeräusch im System verstand.«[5]

In den letzten Jahrzehnten haben die Kliniker einsehen müssen, daß dieses Geräusch mitunter ohrenbetäubend laut ist: Der Placebo-Effekt kann auf den Körper enorme Auswirkungen haben, die sich medizinisch allein nicht erklären lassen. Nehmen wir als Beispiel einen Artikel aus dem *World Journal of Surgery* von 1983 über die Erprobung einer Chemotherapie gegen Magenkrebs. Eines der Schaubilder enthält eine Zahl, hinter der sich eine faszinierendes Phänomen verbirgt: Beinahe ein Drittel der Kontrollgruppe, der statt hochwirksamer Medikamente lediglich Kochsalzlösung verabreicht worden war, hatte unter Alopezie gelitten.[6] Alopezie – der Betroffene findet jeden Morgen Büschel ausgefallener Haare auf dem Kopfkissen und macht einen großen Bogen um jeden Spiegel – ist bei Krebspatienten, die starke Medikamente erhalten, eine bekannte Nebenwirkung. In unserem Fall hatten die Patienten aber praktisch gar nichts eingenommen, und doch stellte sich bei ihnen eine ausgeprägte physiologische Veränderung ein.

Vielleicht liefert uns der Placebo-Effekt auch die Erklärung für einen anderen erstaunlichen Fall, auf den wir in der medizinischen Literatur gestoßen sind. Am 12. März 1956 wurde ein 46jähriger Mann im Portland Veterans Administration Hospital aufgenommen. Er hatte einen Knoten am rechten Ohr. Der pathologische Befund erbrachte ein bösartiges Melanom des Ohres mit Metastasen in einem Lymphknoten. In einem Bericht, der neun Monate später angefertigt wurde, heißt es:

> Festgestellt wurde ein fünf Millimeter tief gelegener subkutaner Nodulus genau neben dem Angulus mandiulae [Kieferwinkel] ... Der Patient hatte beträchtliche Schmerzen, aber er verweigerte die Einweisung in ein Krankenhaus und erhielt ein Rezept für Schmerzmittel. Der Patient erschien nicht zu weiteren Nachsorgeuntersuchungen, und man nahm an, er sei gestorben. Doch 13 Monate später, am 15. Juli 1958, tauchte er wieder auf, augenscheinlich in guter Verfassung ... Der Patient wurde gefragt, was er in den vergangenen 13 Monaten getan habe. Er hatte keinerlei medizinische Beratung oder Behandlung erhalten und das Geschwür mit Vaseline eingerieben und mit Kompressen behandelt ... Er selbst glaubt, er sei durch Beten wieder gesund geworden.[7]

Die Vaseline-Kompressen-Kur wird als Behandlung gegen Krebs im Endstadium wohl ebensowenig in die Geschichte der Medizin eingehen wie Beten. Der Fall dieses Patienten weist alle Merkmale einer Placebo-Kur auf, auch wenn die Kraft der Suggestion – in

diesem Fall der Autosuggestion – bei Krebsremissionen im allgemeinen nicht als Faktor angesehen wird. In der medizinischen Literatur finden sich jedoch verschiedene Fälle, bei denen Suggestion mit Sicherheit eine Rolle gespielt hat.
Einer dieser Fälle führt uns zurück in die Zeit, bevor die Äthernarkose Vebreitung fand und als es noch in Mode war, die Betäubung mittels Hypnose herbeizuführen. In einem »Bericht über die Remission von Tumoren im Zusammenhang mit Hypnose« aus dem Jahr 1846 wird der Fall einer an Brustkrebs erkrankten Frau beschrieben, die von La Roy Sunderland (1804–1885) hypnotisiert wurde, einem Geistlichen, der eine Hypnosemethode entwickelt hatte, die er »Pathetismus« nannte. Sunderland arbeitete mehrere Tage lang mit der Patientin, deren Geschwulst bereits »größer als ein Hühnerei« war, und bereitete sie auf eine vollständige Betäubung während der bevorstehenden Operation vor. Er begleitete sie in den Operationssaal und versetzte sie in Hypnose. Was dann passierte, war erstaunlich. Wir zitieren wörtlich aus seinem Bericht:

> Zum festgesetzten Zeitpunkt versetzte ich Mrs. Nicholson in der vom Chirurgen angegebenen Position in Trance. Ihre gesamte Muskulatur befand sich in einem Zustand kalter Starre, die an den Schlaf einer Toten erinnerte. Vier Chirurgen warteten im Stockwerk unter uns. Ich ließ ihnen ausrichten, daß alles bereit sei. Sie betraten den Raum, in dem die Patientin in Trance lag, und breiteten sofort ihre chirurgischen Instrumente auf dem Tisch aus, auf dem bereits Wasser und all die anderen Hilfsmittel bereitstanden, die bei solchen Gelegenheiten benötigt werden.
> Zunächst suchte Dr. Walker nach dem Geschwür. Nach ein paar Minuten wandte er sich an den Chirurgen neben ihm und sagte: »Der Tumor scheint nicht besonders klar begrenzt zu sein.« Er machte dem zweiten Chirurgen Platz, der nun seinerseits nach dem Tumor forschte, nach wenigen Augenblicken jedoch aufgab und von dem dritten und schließlich dem vierten Chirurgen abgelöst wurde. Daraufhin untersuchte erneut Dr. Walker die Patientin, wobei er einen etwas

> beschämten Eindruck machte. Wieder beugte sich einer nach dem anderen über die Kranke. Sie suchten weitere zwanzig Minuten lang nach dem Tumor, dessentwegen die Patientin bei einem von ihnen seit eineinhalb Jahren in Behandlung war. Schließlich ließen sie von Mrs. Nicholson ab und steckten in einer Ecke des Raumes die Köpfe zusammen. Ich konnte nicht verstehen, was sie miteinander tuschelten, aber anschließend sagte Dr. Walker: »Wir sind zu dem Schluß gekommen, daß es besser ist, nicht zu operieren.« Ich fragte ihn nach dem Grund, und er antwortete: »Wir können keinen Tumor entdecken«.
> Nach dieser Feststellung verschwanden Pflaster, Skalpell und all die anderen Instrumente, und ich widmete meine Aufmerksamkeit der Wiederbelebung der Patientin ... In den wenigen Tagen, in denen ich mit ihr gearbeitet hatte, waren der Tumor und die Schmerzen wie durch Zauberei verschwunden, und da das inzwischen 14 Jahre her ist, gilt sie als geheilt ... In meinen Augen haben wir es hier mit einem bemerkenswerten Fall von Selbstinduktion zu tun, der deutlich macht, über welche selbstheilenden Energien der menschliche Organismus verfügt.[8]

Was für heilende Energien? Ermöglichte die Hypnose, indem sie das im Wachzustand dominierende Bewußtsein ausschaltet, einen auf tieferer Ebene stattfindenden Austausch zwischen Geist und Körper? Eine wachsende Zahl von Studien deutet darauf hin, daß Hypnose eine unmittelbare Wirkung auf das Immunsystem hat. Und das Immunsystem ist sicherlich ein entscheidender biologischer Faktor bei unerwarteten Genesungen.
Für eine in Japan durchgeführte Studie wählten die Forscher 16 Gymnasiasten aus, die auf eine bestimmte Pflanze hochallergisch reagierten. Bei dem Experiment mußten die Versuchspersonen die Augen schließen und wurden dann mit den Blättern einer harmlosen Pflanze am Arm berührt, wobei man ihnen sagte, es handele sich um eine giftige Planze. Alle 13 zeigten Reaktionen, angefangen bei einer einfachen Rötung bis hin zu Schwellungen und Pusteln.

Beim nächsten Versuch machten es die Forscher genau umgekehrt. Wieder mußten die Jungen die Augen schließen, doch diesmal berührte man sie mit der giftigen, efeuähnlichen Pflanze, die bei anderen Gelegenheiten eine Reaktion hervorgerufen hatte. Nun aber sagte man ihnen, daß die Pflanze nicht giftig sei, und nur bei zwei Probanden zeigte die Haut eine Reaktion.[9]
Diese Studie, die verschiedentlich als Hypnose-Experiment und als Placebo-Experiment zitiert wurde, ist für die Immunologie von großer Bedeutung, denn sie deutet darauf hin, daß zumindest einige Immunreaktionen durch Gefühle, Gedanken und Annahmen stärker beeinflußt werden als bislang angenommen.
Ein führender Theoretiker und begeisterter Experimentator auf diesem Gebiet ist Dr. Theodore X. Barber. Er begann seine Karriere als Doktorand in den fünfziger Jahren. Damals stieß er im *British Medical Journal* auf den Krankenbericht eines gewissen Dr. A. A. Mason, in dem die Anwendung von Hypnose bei einer Hautkrankheit mit dem komplizierten Namen »Erythrodermia ichthyosisformis congenita« geschildert wurde. Bei dieser schrecklichen und zumeist unheilbaren Krankheit wird die Haut dick und schwarz und schließlich so hart wie ein Fingernagel, bricht unter Dehnung und sondert Feuchtigkeit ab. Bei der ersten Hypnosesitzung suggerierte Dr. Mason dem Patienten, einem Jungen, daß die Haut an seinem linken Arm wieder normal werde. Und tatsächlich wurde die verhornte Haut dort weicher und löste sich innerhalb von fünf Tagen ab. Rasch folgten weitere Erfolge: Beide Arme, 90 Prozent des Rückens und 50 bis 70 Prozent der Haut an Beinen, Oberschenkeln und Hinterteil regenerierten sich auf wunderbare Weise wieder. Fünf Jahre später hatte sich daran nichts geändert, doch die restliche Haut war immer noch krank. Barber wertete dies als Beweis, daß »abnorme Hautzellen zumindest bei einigen Patienten wieder normal funktionieren, sobald man mit ihnen spricht und bestimmte Worte zu ihnen sagt«.
Masons Bericht überzeugte Barber, daß Hypnose der »Königsweg« zur Lösung der Frage sei, wie Geist und Körper zusammenwirkten. Allerdings nahm Barbers Argumentation zuweilen ketzerische Züge an. So widersprach er der weitverbreiteten Auf-

fassung, wonach Hypnose ein besonderer Bewußtseinszustand sei, der stets gezielt ausgelöst werden müsse und Fähigkeiten wecke, über die der Mensch im normalen Wachzustand nicht verfüge. Hypnose, so Barber, sei vielmehr ein Zustand erhöhter Aufnahmebereitschaft, der durch den Glauben an bestimmte Suggestionen hervorgerufen werde.

Angriffslustig warf er seinen Kollegen den Fehdehandschuh hin: »Anstatt einfach nur zu fragen: ›Wie verändern sich unter Hypnose ‚unveränderliche' Körperfunktionen und Abläufe im Körper‹, können wir auch die genauere und präzisere Frage stellen: ›Wie kommt es, daß durch die Suggestion, alle äußeren Sorgen fallenzulassen und auf neue oder ungewohnte Weise zu fühlen, zu denken, sich zu erinnern oder sich etwas vorzustellen, Warzen, Hautreizungen und Blasen geheilt, unheilbare Hautkrankheiten gelindert und allergische Reaktionen verhindert werden ...‹«[10]

Seit langem wird darüber diskutiert, worin genau der Hypnosezustand besteht. Dr. David Spiegel, der an der Stanford University Psychiatrie lehrt, entmystifiziert den Begriff und unterteilt ihn in drei Komponenten. Die erste nennt er *Absorption:* »Der Hypnosezustand ist wie der Blick durch ein Teleobjektiv: Man sieht einige Dinge sehr genau und deutlich, verliert aber den breiten Überblick«. Die zweite nennt er *Suggestibilität:* »Eine gesteigerte Aufnahmebereitschaft für Eingebungen von außen ... Je mehr sich die Person auf die Anregungen konzentriert, desto unwahrscheinlicher wird es, daß sie kritisch zu ihnen Stellung nimmt ... was wiederum eine Wirkung wahrscheinlicher macht.« Und die dritte schließlich *Dissoziation:* vergleichbar dem Zustand, in dem wir uns befinden, wenn wir beim Autofahren Tagträumen nachhängen und erst nach kilometerlanger Fahrt wieder »aufwachen« (die sogenannte »Autobahnhypnose«).

»Hypnotische Phänomene wie Dissoziation treten im Zusammenhang mit traumatischen Erfahrungen auf«, betont Dr. Spiegel.[11] Nicht wenige Forscher glauben, daß eine Krebsdiagnose und die anschließende Behandlung traumatisch genug sein können, um solche dissoziativen Zustände hervorzurufen. Zweifellos löst die Diagnose einer tödlichen Krankheit einen Schock aus, denn Leiden oder Tod scheinen unausweichlich. Kliniker, die sich auf das psychische Belastungssyndrom PTSD (posttraumatischer Streß) spezialisiert haben, verweisen darauf, daß Traumata einen veränderten Zustand herbeiführen, bei dem die rationalen Denkmuster der Großhirnrinde übergangen werden und die Information direkt an das limbische System weitergegeben wird, den Sitz der Emotionen und Steuerungszentrale vieler selbständig funktionierender Körperfunktionen. Kann ein Trauma jene seelisch-körperlichen Mechanismen auslösen, die, wie wir glauben, Bestandteil des Heilsystems sind? Wir haben viele Fälle entdeckt, die erstaunliche Einblicke in diesen Bereich gewähren.

Cindy Zeligman führte in Evergreen, Colorado, einem ruhigen Städtchen bei Denver, das typische Leben einer Aufsteigerin und arbeitete als »Headhunter« für einer internationale Firma, die Fachkräfte vermittelte. Das ehemalige Fotomodell hatte einen netten kleinen Sohn, und ihr Mann leitete eine eigene gutgehende Baufirma. Als leidenschaftliche Skiläufer mieteten die Zeligmans öfter einen Hubschrauber und ließen sich ins verschneite Hinterland fliegen, wo sie dann über unberührte weiße Hänge zu Tal jagten und dabei die zunehmenden Spannungen in ihrer Ehe vergaßen.

Eines Abends, es war ein Freitag, ging Cindy mit ihrem Sohn in den Keller, um einen Wurf neugeborener Kätzchen zu füttern, die dort untergebracht waren. Der 2000 Liter fassende Propangastank, ohne den man in den Bergen nicht auskommt, war gerade neu gefüllt worden, und Cindy meinte, Gas zu riechen. Sie drehte die Flammen von Boiler und Heizung ab und eilte schnell nach oben. An der Kellertür stieß sie auf ihren Mann. Sie erzählte ihm von ihrem Verdacht, doch er schüttelte nur den Kopf und stapfte mit den Worten, sie solle Feuer im Kamin machen, an ihr vorbei in den Keller, um die Brenner wieder anzuzünden.

»Um Gottes willen, nein«, rief sie ihm nach, »sonst fliegt alles in die Luft.«

»Unsinn«, meinte er, und um sie aufzuziehen und ihr zu zeigen, daß ihre Besorgnis grundlos war, zog er ein Feuerzeug aus der Hosentasche und knipste es an.

Eine riesige Stichflamme schoß aus dem Keller hervor, und Cindy spürte, wie ein blauer Feuerball das Haus für einen Moment aus dem Fundament hob. Dann stand sie selbst lichterloh in Flammen, und ihre Nylonstrümpfe brannten wie Napalm. Sie warf sich auf den Boden und erstickte die Flammen. Zu diesem Zeitpunkt waren bereits 90 Prozent ihrer Haut versengt, die Hälfte davon mit Verbrennungen dritten und vierten Grades. Sie sprang wieder auf, riß den brennenden Körper ihres Sohnes an sich und erstickte die Flammen mit ihrem Leib. Und dann wählte sie mit ihrem schwarzverbrannten Zeigefinger die Nummer 911 des Hubschrauber-Rettungsdienstes. Mit geradezu gespenstischer Ruhe meldete sie, was geschehen war. Ja, sie besaß sogar noch die Geistesgegenwart zu erwähnen, daß sie und ihr Sohn gegen Penizillin allergisch waren, und anschließend eine Nachbarin anzurufen, die Krankenschwester war. Dann verlor sie das Bewußtsein.

Als sie wieder zu sich kam, lag sie in einem Rettungswagen, der mit quietschenden Reifen um die Haarnadelkurven der Bergstraße fuhr. Der Fahrer suchte nach einer Stelle unterhalb des tiefhängenden Nebels, wo der Rettungshubschrauber sie aufnehmen konnte. Cindy klammerte sich mit aller Kraft ans Leben. »Ich versuchte, Zach zu beruhigen, und sagte zu ihm: ›Kämpf um dein Leben, Kleiner, du mußt um dein Leben kämpfen. Stell dir ganz fest vor, wie wir alle zusammen sind, du und deine Mama und dein Papa, wie wir glücklich sind und Spaß miteinander haben. Stell dir das vor. Versprich deiner Mama, daß du dir das vorstellst.‹ Und er sagte: ›Ja, Mama.‹«

Sie erinnert sich noch daran, daß sie »wacker durchhielt«, bis man ihre Bahre aus dem Rettungswagen zog und zum Hubschrauber trug. In dem Moment hörte sie, wie ihr Sohn rief: »Nein, bitte, laßt mich bei meiner Mama, bitte, nehmt sie nicht mit.« Dann war es aus.

In diesem Moment wich das Leben aus ihrem Körper. Die Instrumente zeigten nichts mehr an, die Notärzte verloren für zwei Minuten und 32 Sekunden ihren Herzschlag, während der Hubschrauber auf die Lichter von Denver zuhielt. Doch Cindy war bereits woanders und sah mitleidsvoll auf einen schrecklich verbrannten Körper hinab. »Ich wußte, daß ich das war, und ich sah zu, wie sie versuchten, mein Leben zu retten. Doch ich fühlte mich wie in einem Licht, so warm und geliebt und friedlich und wie von zwei Händen gehalten. Ich hätte aufgegeben, wenn mein Kind nicht gewesen wäre.«

War diese religiöse Erfahrung der Grund? Oder ein plötzlicher Hypnosezustand als Reaktion auf die schweren traumatischen Verletzungen? Was auch immer, jedenfalls wußte Cindy, daß sie überleben würde. Später sollte sie den knappen Krankenbericht lesen, in dem stand, man habe nicht erwartet, daß Mutter oder Kind das Krankenhaus noch lebend erreichen würden. Cindys Mann, der ebenfalls gerettet wurde, hatte nur Verbrennungen zweiten Grades erlitten. Cindy und ihr Sohn hingegen hatten ausgedehnte Verbrennungen und waren in einem kritischen Zustand. In fieberhafter Eile hatten die Ärzte Katheter gelegt, mit Sauerstoff beatmet und Injektionen gegeben, und doch hatten sie dabei kostbare Zeit verloren. Sie hatten enorme Probleme, lebenswichtige Flüssigkeiten in die Körper der Patienten zu pumpen. Cindy erinnert sich, wie sie ein stilles Gebet sprach, ihr Leben in andere Hände legte und darum bat, geleitet zu werden. »Ich weiß noch, wie ich dachte: ›Lieber Gott, ich bitte dich, ich muß meinen Sohn großziehen, ich habe mich nicht genügend um meine beiden Großmütter gekümmert, und ich war auch nicht glücklich. Bitte, gib mir noch eine Chance und laß mich am Leben. Bitte!‹«

Der Hubschrauber landete, und sie kehrte zurück. »Ich war plötzlich wieder in meinem Körper, und ich weiß noch, wie ich die Augen aufgeschlagen habe und ganz einfach wußte: *Ich bin da.*«

Sie war in einen Körper zurückgekehrt, an dem jeder Quadratzentimeter vor Schmerz brannte. Die Ärzte gaben ihr Morphium, als sie ihre offenen Wunden reinigten und dabei die freiliegenden Nervenenden reizten, doch das vermochte das ständige Brennen nicht zu lindern. Cindy geriet in einen Zustand der Dissoziation. »Die Schmerzen waren so stark, daß ich mich im Geist instinktiv in eine Höhle am Meer zurückzog. Während sie meinen Körper zweimal täglich mit Stahlbürsten abrieben, stellte ich mir vor, wie ich mit Zachary am Strand spazierenging.«

Cindy kannte diesen Zustand aus ihrer Kindheit. Als junges Mädchen war sie mißbraucht worden und hatte schon früh lernen müssen, die Angst auszuhalten, wenn große Hände sie packten und niederdrückten. »Er nahm meinen Körper zu seinem Vergnügen und gegen meinen Willen. Ich konnte das damals nur aushalten, weil ich meinen Körper ›verließ‹, wenn er mich anrührte. Ich schwebte dann hoch oben in einer Ecke des Zimmers und beobachtete, was er tat, aber er tat es nicht mit mir.« Dem Kind rettete diese Fähigkeit den Verstand. Und dem Verbrennungsopfer hat sie möglicherweise das Leben gerettet, je nachdem, wie hoch wir den Einfluß der Psyche auf den Körper einschätzen.

Als das neuerliche Leid für Cindy unerträglich wurde, hatte sie wieder das Gefühl, ihren Körper durch eine Reihe von Röhren und Tunnel zu verlassen. Sie sah die Fasern ihrer Muskeln, hörte das Rauschen ihres Blutes, und »dann schloß sich die Tür zu meinem Körper, und ich war draußen. Es war ein Gefühl absoluter Freiheit.« Zehn Tage lang lag sie im Koma. Sie konnte sehen, wie ihre Großmutter und ihre Mutter, beide schon in Trauerkleidung, um sie weinten und wie ihr Bruder die Ärzte anflehte, ihr Leben zu retten, als sie ihm schonend beibrachten, daß er sich von ihr verabschieden müsse. Sie wog nur noch 72 Pfund und war bis auf die Knochen abgemagert. Ihr Mannequin-Körper war zerstört, doch in ihren blauen Augen brannte ein Feuer. Man gab ihr eine Überlebenschance von einem Prozent.

Sie war nie lange bei Bewußtsein und litt ständig unter Infektionen. Kaum hatten die Ärzte einen Erreger identifiziert, suchte schon ein anderer ihren Körper heim. Sie waren dagegen machtlos. Keine Behandlung schlug an. »Und dann«, erzählte Cindy, »ging es mir urplötzlich besser.«

Die dreißig Ärzte, die sie behandelten, waren verblüfft. Doch Cindy wußte, weshalb sie die Flammen und die 27 Operationen innerhalb von zweieinhalb Monaten überstanden hatte. Von irgendeinem Instinkt geleitet, hatte sie sozusagen die Schalter zwischen Seele und Körper entdeckt, die Unterbrecher ausgeknipst und ihre Lebenskraft wieder angestellt.

»Ich war immer davon überzeugt, daß ich wieder gesund werden würde. Im Geiste schickte ich funkelnde Smaragde, Diamanten, Rubine und Saphire durch meine Blutbahnen. Ich schickte gefräßige Pac-Women – nie Pac-Men! – durch meinen Körper, die alle Erreger angriffen, vertilgten und wegräumten. Und dann stellte ich mir vor, wie dieses schwarze Zeug aus mir herauskam. Ich nannte das meine ›Spülung‹. Sie fing oben am Kopf an, setzte sich durch den ganzen Körper fort und schwemmte das Gift und die Toxine hinaus. Anschließend füllte ich meinen Körper mit weißem Licht wieder auf, das gab mir Frieden. So verharrte ich dann, ruhte mich aus und wurde wieder gesund.«

Heute ist ihre Haut besser verheilt, als alle erwartet hatten, auch wenn man die Brandnarben noch sieht. »Die Ärzte würden liebend gerne noch an mir herumschnippeln, aber ich möchte die kleinen topographischen Landkarten auf meiner Haut lieber behalten. Die Narben stören mich nicht. Wir alle tragen innerlich schmerzhafte Narben mit uns herum, und ich trage meine eben außen.«

Heute ist Cindy Präsidentin der Zach Foundation, einer Organisation, die Kinder unterstützt, die hochgradige Verbrennungen erlitten haben. »Ich habe mein Leben dieser Aufgabe gewidmet«, erzählte sie. »Das ist meine Leidenschaft. Ich glaube, das Feuer hat mich gestählt. Ich ruhe mehr in mir selbst als zuvor.«

Manche Menschen benötigen Hilfe von außen, um in einen Hypnosezustand zu verfallen – mitunter genügt das Zelebrieren einer Placebo-Injektion oder der Einfluß eines charismatischen Arztes. Cindy aber hatte diese Technik schon früh gelernt und konnte sich selbst in einen Zustand versetzen, der nach Meinung einiger Forscher heilsam ist.

Erwiesenermaßen kann man im Zustand der Hypnose, einerlei ob mit oder ohne äußere Hilfe herbeigeführt, das Heilen einer Wunde und das Abklingen einer Entzündung beschleunigen, die Blutzufuhr verstärken oder drosseln und die Temperatur erhöhen – alles Faktoren, die bei unerwarteten Genesungen eine Rolle spielen. Im Rahmen einer Studie waren Versuchspersonen bereits nach kurzem Training in der Lage, die Temperatur bestimmter Hautpartien um vier bis acht Grad Celsius zu heben oder zu senken.[12]

Diese bekannten Phänomene wurden mit meßbarem Erfolg bei der Behandlung schwerer Brandwunden eingesetzt, da hier die

Blutzufuhr zu den betroffenen Hautregionen für die Heilung von entscheidender Wichtigkeit sein kann. Die instinktiven, inneren Heilmethoden, die Cindy angewendet hat, wären für Dabney Ewin, einen Spezialisten für Verbrennungen aus New Orleans, beileibe kein Novum. Dr. Ewin, der Gründer der dortigen Gesellschaft für klinische Hypnose, hat nämlich die Beobachtung gemacht, daß der Patient durch ein Trauma anscheinend spontan in »einen tranceähnlichen Zustand« versetzt wird: »Seine Wahrnehmungen«, so sagt er, »werden in einer Weise geprägt und beeinflußt, die mit posthypnotischen Suggestionen« vergleichbar ist«.[13] Als Chirurg rät Ewin den Ärzten bei schweren Verbrennungsfällen »in den spontanen Trancezustand des Patienten einzusteigen, eine Beziehung zu ihm herzustellen, ihm beizubringen, seine Schmerzen zu kontrollieren, und ihn dann mit Hilfe geführter Imagination zu lenken« – also mit anderen Worten, die Glaubenskraft des Patienten als heilende Kraft zu nutzen.[14]

Zu diesem Zweck schlägt Ewin den Patienten vor, sich im Geiste an einen Ort zu begeben, der stark an Cindys »Höhle am Meer« erinnert, einen friedvollen und angenehmen Ort, an dem sie sich entspannt, unbeschwert und frei von jeder Verantworung fühlen. Er sagt ihnen, daß an diesem Ort ihre Schmerzen gelindert werden. Dr. Ewin hat beobachtet, daß es bei Anwendung dieser Technik weit seltener zu Ödemen kommt, als man erwarten könnte, und manchmal nicht einmal zu einer Vernarbung. Zum ersten Mal erprobte er sie an einem Fabrikarbeiter, der mit dem Bein knietief in über 900 Grad heißes, geschmolzenes Metall getreten war. Ewin suggerierte ihm, sein Bein fühle sich kühl und entspannt an und werde sich bis zur Heilung so anfühlen. Der Mann konnte bald wieder laufen und wurde bereits nach 19 Tagen aus dem Krankenhaus entlassen.

Ewins Beobachtung, nach der man die Ausbreitung von Entzündungen durch die rechtzeitige Anwendung von Hypnose verhindern oder begrenzen kann, hat eine Vorgeschichte. Bereits 1887 brannte Joseph Delboeuf, der belgische Wissenschaftler, Philosoph und begeisterte Anhänger der Hypnose, mit einem glühenden Eisen einem hypnotisierten Patienten zwei kleine Brandwunden in die Haut. Dann suggerierte er ihm, daß die eine schmerzhaft sei und die andere nicht. Auf der Seite, die er als schmerzfrei beschrieben hatte, entstand ein trockener Brandfleck, der keine Narbe bildete, während sich auf der anderen Seite eine eitrige Brandblase bildete, die anschließend vernarbte.[15] Wie bei Dr. Ewins Technik wurde auch hier in einem frühen Stadium der Schmerz wegsuggeriert, was anscheinend entzündungshemmend wirkt und die Heilung fördert.

Die Mechanismen, die dem Schmerzempfinden zugrunde liegen, haben Wissenschaftlern, die psychisch ausgelöste Heilreaktionen erforschen, faszinierende Hinweise geliefert. Manchmal haben sie aber auch, statt Fragen zu klären, nur zusätzliche Verwirrung gestiftet. So erschien 1978 in der britischen medizinischen Fachzeitschrift *Lancet* ein Bericht über ein Experiment, das einen kleinen Meilenstein in der Forschung darstellt. Bei dem Experiment gab man Patienten, denen gerade ein Zahn gezogen worden war und die deshalb Schmerzen hatten, eine Traubenzuckerpille und sagte ihnen, es sei ein sehr wirksames Schmerzmittel. Die Patienten gaben an, das Medikament habe ihre Schmerzen deutlich gelindert. Der bekannte Placebo-Effekt. Doch die Wissenschaftler gingen einen Schritt weiter und verabreichten einer weiteren Gruppe von Patienten zusammen mit dem Placebo die Chemikalie Naloxon, die bekanntlich die Wirkung der körpereigenen Schmerzmittel, der Endorphine, blockiert. Diese zweite Gruppe berichtete von einer wesentlich geringeren Schmerzlinderung als die erste Gruppe.[16]

Diese Studie beweist, daß es einen speziellen Faktor – die Endorphine – gibt, ohne den die Zauberkraft der Placebos versagt. Nach Ansicht einiger Wissenschaftler fungieren die Endorphine bei seelisch-körperlichen Wechselwirkungen oft als Vermittler, einerlei, ob diese Wirkungen durch ein Trauma, ein Placebo, durch Hypnose oder etwas anderes ausgelöst werden. Hypnotische Suggestionen und Placebos (»Suggestionen in greifbarer Form«, wie es ein Wissenschaftler formulierte) scheinen zu ähnlichen Ergebnissen zu führen. So ist erwiesen, daß Warzen sich mit beiden Verfahren gleich gut behandeln lassen.

Und doch bleiben Fragen offen. Bei zwei Studien, die unabhängig voneinander durchgeführt wurden, empfanden Patienten trotz der Einnahme des Endorphin-Blockers Naloxon unter Hypnose eine Schmerzlinderung, während Patienten, die ein Placebo erhalten hatten, keine Linderung verspürten.[17] Und in einer dritten Studie zum Placebo-Effekt wurde der Schmerz auch dann gelindert, wenn gleichzeitig der Endorphin-Blocker zum Einsatz kam.[18] Eine mögliche Erklärung dafür wäre, daß manche Endorphinformen die Blockade durch das Naloxon umgehen können. Wahrscheinlich gibt es viele Verbindungen zwischen Psyche und Körper und somit viele Mechanismen, die dieselben Wirkungen hervorrufen.[19] Dann wäre es sogar möglich, daß verschiedene psychische Zustände auch auf unterschiedlichen Wegen auf den Körper einwirken. Oder ein und dieselbe Substanz hat mannigfaltige Effekte: Eine Schmerzlinderung könnte ihrerseits das Immunsystem stärken, denn die schmerzlindernden Endorphine übernehmen eine zentrale Botenfunktion und kommunizieren auch mit dem Immunsystem.

Die Neuropeptide, wie man diese Moleküle mit Botenfunktion nennt, kommen sowohl im Gehirn wie auch im übrigen Körper vor. Das macht es wahrscheinlich, daß sie bei den vielfältigen Verknüpfungen zwischen Denken, Fühlen und Heilen eine zentrale Rolle spielen. Wenn jemand erklären kann, wie diese Verknüpfungen tatsächlich funktionieren, dann Candace Pert, die ehemalige Leiterin der Abteilung Gehirn-Biochemie am National Institute of Mental Health und Mitentdeckerin der Endorphine.

»Das ist eine schwedische Kernspintomographie von meinem Gehirn«, erklärt sie in einer Vorlesung vor Pharmakologiestudenten. Sie deutet auf die riesige Kernspintomographie eines eiförmigen Gebildes, das von einem bläulichen Leuchten umgeben ist, eine Art Fabergé-Ei, in dessen Mitte ein Klecks schwimmt, umgeben von zinnenartigen Ornamenten. Die Signale, die zwischen Geist und Körper ausgetauscht werden, so ihre Erläuterung, sind Substanzen, die der Körper in seiner eigenen Apotheke herstellt: Die Palette reicht von Stimulantia oder Depressorsubstanzen bis zu Antibiotika und Insulin. Auch »gefährliche Drogen« seien darunter, scherzt sie, wie zum Beispiel Testosteron und Progesteron, die ununterbrochen die Wahrnehmung von Jugendlichen trübten. Drogen, die das Bewußtsein verändern, Drogen, die die Physiologie verändern, und nicht zuletzt Drogen, die – definitionsgemäß – beides verändern.

Die Funktionsweise von Neuropeptiden und ihren Rezeptoren wird gewöhnlich mit einem Schloß und dem dazu passenden Schlüssel verglichen. Zu einem Peptid mit einer bestimmten Form paßt nur ein bestimmter Rezeptor. Candace Pert fordert ihre Zuhörer jedoch auf, sich ein weniger starres Bild zu machen. »Diese großen und langen Proteine sind beweglich, dynamisch und verändern ihre Form. In der einen Gestalt setzen sie vielleicht irgendeinen Prozeß in einer Zelle in Gang, in der anderen beenden sie ihn. Diese Botensubstanzen verändern sich von Sekunde zu Sekunde, und sie halten uns damit auf Trab. Eigentlich sind wir eine einzige große Signalstoffabrik.«

Beim derzeitigen Stand der Wissenschaft muß die Frage offenbleiben, ob Cindy Zeligman mit ihrer Vorstellung, in ihrem verbrannten Körper die »Unterbrecher auszuknipsen«, gleichzeitig einer Schaltzentrale in ihrem Innern das Signal gab, ihre Heilung zu steuern. Vielleicht hat der durch das Trauma hervorgerufene dissoziative Bewußtseinszustand es den Neuropeptiden ermöglicht, sich schneller in bestimmte Rezeptoren einzuklinken. Denkbar wäre auch, daß ihr Glaube, daß sie weiterleben würde, dem Körper ein verschlüsseltes Überlebenssignal übermittelt hat. Möglicherweise hat die Intensität ihrer Gefühle auch die Erzeugung eines speziellen »Heilmittels« ausgelöst, das auf bislang unbekanntem Wege zur Genesung führt. Pert ist davon überzeugt, daß viele dieser Signale des Gehirns mit Gefühlen zu tun haben, und verweist darauf, daß die kleinen, sich schlängelnden Neuropeptide in der Lage sind, den Blutstrom umzuleiten und »Liebeswallungen« hervorzurufen, indem sie das Öffnen oder Sichzusammenziehen von Blutgefäßen regulieren. Auch bei dem biologischen Mechanismus, der bei unerwarteten Genesungen wirksam ist und von dessen Existenz wir ausgehen, passen Schlüssel und Schloß perfekt zueinander.

Immunzellen verfügen alle über Rezeptoren für Neuropeptide. Das bedeutet, so Pert, »daß die Biochemie der Gefühle die Wanderung der natürlichen Killerzellen durch den Körper steuert«. Selbst Tumorzellen hätten solche Rezeptoren, und möglicherweise steuerten Gefühle auch deren Bewegungen. »Es ist durchaus nicht abwegig, sich eine Krebstherapie vorzustellen, die sich teilweise auf den Einfluß der Gefühle stützt. Das ist vielleicht auch der Grund, warum die Überwindung einer emotionalen Krise so häufig der Heilung vorauszugehen scheint. Das ist wie bei einem alten Fernseher, dem man einen Fußtritt gibt, wenn das Bild hängt.«

Michael Ruff, ein noch recht junger Neurochemiker und Perts Ehemann, wirkt mit seiner zwanglosen, legeren Art nicht wie jemand, dem wir die wichtige Entdeckung verdanken, auf die sich Pert hier bezieht: daß nämlich die Immunzellen des Körpers mit Rezeptoren für Endorphinmoleküle ausgestattet sind. Diese Entdeckung eröffnet faszinierende Perspektiven. Gefühle wie Freude hängen mit der Ausschüttung von Endorphinen zusammen. Dieselben Sekrete bzw. Emotionen (was aus biochemischer Sicht fast dasselbe ist) könnten also das Immunsystem aktivieren und eine unerwartete Genesung herbeiführen.

Ruff entwirft ein Szenario, bei dem Krebszellen Botschaften empfangen, die sie absterben lassen: Alle Zellen sind darauf programmiert, verschlüsselte Programme zu aktivieren, die zu ihrem Tod führen. Dieses *Harakiri* auf zellularer Ebene erfolgt zum allgemeinen Nutzen des Körpers. »Wenn das Immunsystem aktiviert wird«, sagt Ruff, »vervielfachen sich verschiedene Zellen und bekämpfen die Infektion. Aber man braucht auch ein Regulativ, um die Sache wieder zu beenden, damit die zusätzlichen Zellen absterben, wenn sie ihre Aufgabe erfüllt haben.« Er denkt einen Moment nach und fährt sich dabei grübelnd durch den Bart. »Vielleicht erhalten Krebszellen bei Remissionen auch das Signal zum Absterben. Eine Krebszelle ist genauso empfänglich wie jede normale Zelle für die chemische Botschaft, die dafür sorgt, daß ihre DNA sich auflöst, das Chromatin kondensiert und die Zelle sozusagen einfach wegschmilzt.«

Emotionen könnten seiner Meinung nach beim Absterben eines Tumors durchaus eine Rolle spielen. Zur Verdeutlichung führt er folgendes Beispiel an: Wenn wir plötzlich bemerken, wie ein führerloser Lastwagen auf uns zurollt, erfaßt uns ein gewaltiger Schreck, den wir mit jeder Faser spüren und der uns veranlaßt, instinktiv zur Seite zu springen. Starke Gefühle, speziell der Wille zum Überleben, lösen vielleicht auf vergleichbare Weise eine Heilreaktion aus. »Möglicherweise muß sie gar nicht einmal so massiv sein. Krebs ist zwar eine schwere Entwicklungsanomalie, resultiert aber aus einer Folge unmerklicher Veränderungen über einen gewissen Zeitraum hinweg. Vielleicht kommt auch die Heilung eher unauffällig zustande. Vielleicht neigt sich die Waage durch das Gewicht der Gefühlsmoleküle wieder zur anderen Seite.«

Seine Beschreibung der körpereigenen Abwehr erinnert an jenes berühmte, wenn auch zweifelhafte Bild aus der Chaosforschung vom Schmetterling, der in Tokio durch Flügelschlagen die Luft bewegt und durch eine Schritt für Schritt sich aufbauende Eskalation an der kalifornischen Küste einen Taifun auslöst. »Es handelt sich um einen Schneeballeffekt auf zellulärer Ebene. Ein Peptid wirkt auf eine Zelle ein, die Zelle sondert darauf zehn Peptide ab, die zehn weitere Peptide verändern, und plötzlich sind hundert Peptide im Spiel. Bei Krebs kommt die Lawine plötzlich ins Stocken. Eine Heilung bringt sie vielleicht wieder ins Rollen.«

Nach herkömmlicher Sicht sind psychische Kräfte zu schwach, um den Krebs besiegen zu können. Doch in der Mikrowelt von Seele und Körper gewinnt nicht immer nur der Stärkere, sondern auch der Schlauere. Hier ist Information Macht. Das Gehirn steckt voller Rezeptoren für Moleküle, die mit Gefühlen zu tun haben. Und das sind dieselben Moleküle, die auch die Angriffsspitze gegen Krankheiten bilden. Die Immunzellen halten ständig Kontakt mit dem Gehirn, sie patrouillieren durch den Körper, machen Meldung, erhalten Befehle, tragen Berichte an andere Schauplätze und greifen ein, um Wunden zu heilen. Unerwartete Genesungen deuten darauf hin, daß Krebs unter bestimmten Voraussetzungen keine uneinnehmbare Festung ist, sondern eher einem Kartenhaus gleicht, das die richtigen Informationen zum Einsturz bringen können.

Wally Shore (der Name wurde geändert) hielt sich immer für unbesiegbar. Sein Leben lang, so erzählt er uns lachend, habe er gedacht, »daß nichts Ethel Shores kleinen Jungen umhauen kann«. Immerhin hatte er als Soldat die Invasion der Alliierten in der Normandie überlebt. Und auch den Krieg im Pazifik hatte er unbeschadet überstanden: Sein Schiff war gerade zum Kriegsschauplatz unterwegs, als die Nachricht vom Atombombenabwurf in Japan eintraf, worauf das Schiff kehrt machte und sicher nach New York zurückkehrte.

Und so war Wally auch überzeugt, daß seine Magenschmerzen keine ernste Ursache hatten, bis ihm sein Arzt schließlich mitteilte, daß er Darmkrebs hatte. Obwohl der Doktor ihm einen Chirurgen empfahl, beschloß Wally, der stolz auf seine Selbständigkeit und Findigkeit war, sich selbst einen zu suchen. Er rief im Memorial Sloan-Kettering Hospital an und bekam eine OP-Schwester an den Apparat. Er fragte sie: »Wenn Ihr Bruder Darmkrebs hätte, von wem würden Sie ihn operieren lassen?« Die Schwester wollte ihm keine Empfehlung geben, aber Wally ließ nicht locker. »Hören Sie, wissen Sie, wie ich heiße?« – »Nein«, entgegnete die Schwester. – »Und weiß ich, wie Sie heißen?« – »Nein«. – »Na also«, erklärte Wally, »ich habe ein ernstes Problem und brauche Ihren Rat.« Schließlich empfahl sie ihm einen Chirurgen.

Schon wenige Tage nach seiner Operation im Jahr 1982 war Wally wieder auf den Beinen. Er »schlurfte in Pantoffeln über den Korridor« und schob vergnügt das Wägelchen mit seiner Infusionsflasche vor sich her. Da bog sein Chirurg um die Ecke, und Wally blieb ruckartig stehen. Der Gesichtsausdruck des Arztes sprach Bände. Er schenkte Wally reinen Wein ein: Er habe den Tumor zwar restlos entfernen können, doch in der Leber hätten sich inoperable Metastasen gebildet. Den Rest des Tages zerbrach sich Wally den Kopf, wie er die Nachricht seiner Frau und seinen drei Töchtern beibringen sollte. Er war völlig verzweifelt, als plötzlich ein 72jähriger Mann, der als freiwilliger Helfer im Krankenhaus arbeitete, ins Zimmer trat und ihm das Buch *Wieder gesund werden* in die Hand drückte. Von dem Moment an, so glaubt Wally heute, hatte er wieder eine Chance.

Der Bestseller des Strahlenonkologen Carl Simonton und der Psychologin Stephanie Simonton über Visualisierung und Heilung behandelte Themen, die Wally beim Durchblättern vertraut vorkamen. Die geheimnisvollen Kräfte des Geistes hatten ihn seit jeher fasziniert. Schon als Kind hatte er mit Tricks aus Kinderzeitschriften versucht, »jeden zu hypnotisieren, ganz besonders«, wie er mit einem Zwinkern zugibt, »die kleine Schwester meines Freundes, wenn ich wollte, daß sie mit mir Flaschendrehen spielte«. Die Bilder, die im Buch der Simontons vorgeschlagen wurden, fand er jedoch »zu einfach und zu leidenschaftslos«. Instinktiv beschwor er Bilder herauf, die mit starken Emotionen befrachtet waren. Er erinnerte sich an die Angst, die er bei der Invasion in der Normandie empfunden hatte, als ihm eine Kugel am Ohr vorbeipfiff und den Kameraden neben ihm tötete. Er rief sich einen Alptraum in Erinnerung, den er nach dem Krieg immer wieder gehabt hatte: Bei schwerer See mußte er mit einem Kran zwei Tonnen Munition auf ein Landungsboot hieven und hatte dabei panische Angst, die Soldaten zu erdrücken. Er hörte die Trommeln aus den alten Tarzanfilmen, und jeder Trommelschlag wurde vom dem Kriegsruf *Töte!* begleitet. Wally war fest davon überzeugt, daß bestimmte Gefühle dem Körper ungeahnte Kräfte verliehen. So erinnerte er sich an einen Zeitungsartikel über »einen zehnjährigen Jungen, der ein Auto hochhob, unter dem sein Vater eingeklemmt war«, und an einen »schmächtigen Kerl« in der Armee, den alle Männer seiner Gruppe nur mit Mühe überwältigen konnten, wenn er betrunken war. Wally konzentrierte sich darauf, »was ich fühlen würde, wenn jemand mit dem Messer auf meine Kinder losginge – dem würde ich das Herz aus dem Leib reißen!«

In dieser langen Nacht entwickelte er sein eigenes psychoneuroimmunologisches Programm: »Ich beschloß, die Visualisierungen, in denen es darum geht, den Krebs unschädlich zu machen, mit einer Methode zu kombinieren, die die Adrenalinzufuhr stimuliert, ganz so als hätte ich vor, einen Karateschlag auszuführen.« Er stellte sich seinen Krebs als hilflose Quallen vor, »diese widerlichen, regenbogenfarbenen kleinen Dinger, wie sie in Long Beach angeschwemmt werden«. Dann steigerte er sich in eine Wut hinein. »Es war wie ein außerkörperliches Erlebnis«, sagte er und sah uns durch seine dunkel eingefaßten Brillengläser durchdringend an. »Ich ging vor Wut beinahe in die Luft, denn ich wollte unbedingt leben. Ich war 60 Jahre alt. Mein erster Enkel war noch nicht lange auf der Welt, und ich wollte nächstens seinen ersten Geburtstag feiern.« Er ballte die Fäuste, als er sich an seine eiserne Entschlossenheit erinnerte. »Ich wollte verdammt noch mal raus aus dem Krankenhaus. Ich wollte gesund werden. Ich wollte mein Leben zu Ende leben.«

Die Simontons empfehlen in ihrem Buch Bewegung, also schlüpfte Wally in seine Tennisschuhe und wanderte durch die Korridore des Krankenhauses. »Sie hätten mich sehen sollen«, lachte er vergnügt, »mit einer Infusion am Arm und einem Tubus im Hals, dick wie ein Bambusrohr, und dann schleppte ich noch den Katheter hinter mir her. Ich erregte viel Aufsehen, aber das war mir egal.« Er schätzte die Länge der Bodenfliesen auf 30 Zentimeter, zählte einen Kilometer ab und begann, jeden Tag genau fünf Kilometer zu gehen. »Für mich war das ein Kampf, den ich zu bestehen hatte«, erklärt er uns, »und ich beschloß, einfach mehr zu trainieren als jeder andere Kämpfer vor mir.« Wißbegierig wie immer las er Artikel über Endorphine und erfuhr, daß durch körperliche Betätigung Substanzen freigesetzt werden, »die gut gegen Depressionen sind und die Lebensfreude steigern«.

Sein Anblick wurde schnell zu einer willkommenen Abwechslung auf der Station. Alle, angefangen bei den Ärzten über die Krankenschwestern bis zum Putzpersonal, feuerten ihn an. »Sie riefen: ›Weiter so, Wally, weiter so.‹« Wally leistete unermüdliche Überzeugungsarbeit und überredete andere Patienten, ebenfalls ihre Sportschuhe zu schnüren und mit ihm die behelfsmäßige Strecke abzulaufen. Er kam wieder zu Kräften, so daß er rechtzeitig zum Geburtstag seines Enkels das Krankenhaus verlassen konnte.

Wally ist ein geselliger, freundlicher Mann, der die Gabe besitzt, Zuversicht zu verbreiten. Praktisch vom ersten Tag an kümmerte er sich im Krankenhaus um andere Krebspatienten. Einige, so sagte er, »hatten ausdruckslose Augen. Sie ließen sich hängen. Sie waren kraftlos. Und dann erzählte ich ihnen meine Geschichte, und ich konnte sehen, wie ihre Augen langsam wieder zu leuchten begannen. Ihre ganze Körperhaltung veränderte sich. Einmal habe ich mit diesem Typen geredet, der ein volles Jahr lang nicht mehr aus dem Haus gegangen war. Wir haben geredet und geredet, und am nächsten Tag ist er in einen Fitneßclub eingetreten.«

Einen Monat nach der Operation hatte Wally eine Chemotherapie begonnen, von der die Ärzte meinten, sie könne den Krankheitsverlauf allenfalls verlangsamen. Er selbst sagt dazu: »Ich wollte alles tun, womit ich das Rad vielleicht zurückdrehen konnte.« Er machte weiterhin fünfmal täglich seine intensiven Visualisierungsübungen, hielt sich streng an den Gesundheitsplan, den er selbst aufgestellt hatte, und spielte jeden Tag sechs Stunden Tennis – »nur am dritten Tag nach der Behandlung schaffte ich bloß drei«. Seine Frau und seine Kinder schenkten ihm einen kleinen Schnauzer, und er bestand darauf, mit dem Hund jeden Tag acht Kilometer spazierenzugehen, sommers wie winters, ob es regnete oder schneite.

Nach einem Jahr chemotherapeutischer Behandlung, mit der man Wallys Ende lediglich hinauszögern wollte, stellte der Arzt mit sichtlicher Überraschung fest, daß die Tumore verschwunden waren. Ein paar Monate später waren die Befunde immer noch negativ, und Wally brach die Behandlung einfach ab. »Meine Frau und ich waren der Meinung, ich sei geheilt«, sagte er und fügte mit Nachdruck hinzu, »und nicht ›in Remission‹, denn dieses schreckliche Wort bedeutet ja, daß die Krankheit zurückkommen wird.« Seit 1985 war Wally nicht mehr im Memorial Sloan-Kettering Hospital. Jedes Jahr wird ihm von dort ein Fragebogen zugeschickt. »Sie wollen wissen, ob ich noch lebe«, sagte er. »Aber keiner fragt, warum.«

Über das »Warum« mag jeder seine eigenen Vermutungen anstellen. Wir können nur versuchen, uns auszumalen, welchen biochemischen Aufruhr Wally in seinem Körper auslöste. Er führte ständig neue Bilder und starke Emotionen gegen den Krebs ins Feld. Haben seine »aufgeputschten« Gefühle bestimmte Neuropeptide dazu bewegt, sein Immunsystem zu stärken? Wally versetzte sich fünfmal am Tag in einen Zustand der Selbsthypnose. Hat das irgendwie die Blutzufuhr zu seinen Tumoren verändert? Oder die Temperatur in ihrer Umgebung? Und sind sie deshalb wie Quallen am Strand vertrocknet? Was Wally Shore, Cindy Zeligman oder Dutzende andere in diesem Buch vorgestellte Menschen, die überraschend von Krebs genesen sind, auch immer getan haben, sie haben sich dabei von ihren innersten Überzeugungen und ihren Lebenserfahrungen leiten lassen.

Aber wir waren bei der Frage, ob die seelisch-körperlichen Mechanismen, die für unerwartete Genesungen verantwortlich sind, gezielt stimuliert werden können. Das Buch *Wieder gesund werden,* das Wally Shore den Weg gewiesen hat, ist inzwischen zu einer Art Bibel für Krebskranke geworden. Die Mitautorin Stephanie Simonton erinnert sich allerdings noch lebhaft an die Kontroversen, die es nach seinem Erscheinen auslöste.

»Wir wagten den Sprung, medizinische Strategien aus der Verhaltensforschung auf Krebs anzuwenden, und stellten unsere Arbeit anschließend der Öffentlichkeit vor«, erzählte sie uns. »Damit lösten wir hitzige Kontroversen aus. Zum ersten Mal hielt es ein namhafter Onkologe – Carl war Bestrahlungsspezialist – für möglich, daß die Psyche die Entwicklung von Krebs in einem positiven Sinn beeinflußt und daß Visualisierungen und Biofeedback heilsame Wirkungen haben. Es gab zwar eine psychoanalytische Theorie, die auf die mögliche Rolle der Psyche bei Krebsanfälligkeit hinwies, doch wir gehörten zu den ersten, die die Hypothese aufstellten, daß es möglich sei, die Psyche für die Heilung von Krebs positiv nutzbar zu machen.«

Bei einer Vorabstudie erzielten die Simontons eindrucksvolle Erfolge, indem sie Krebspatienten Visualisierungstechniken beibrachten. Nach nur drei Wochen mit je zwei Unterrichtseinheiten verzeichneten sie bei den Patienten eine Steigerung der Immunfunktion um 47 Prozent. Dazu Stephanie Simonton: »Die von uns beobachtete 47prozentige Steigerung der Immunfunktion war sowohl statistisch als auch physiologisch von Bedeutung, denn üblicherweise dauert es ungefähr zwei Jahre, bis sich das Immunsystem von einer Strahlentherapie erholt. Unser bester Patient war 70 Jahre alt, also in einem Alter, in dem man erwarten würde, daß das Immunsystem viel träger ist – bei ihm betrug die Steigerungsrate 300 Prozent.«

Sie stellte fest, daß die Reaktion sogar der verabreichten »Dosis« entsprach. Je häufiger die Patienten sich die Kassette mit den Visualisierungsübungen anhörten, desto besser arbeitete ihr Immunsystem – »als ob sie eine Medizin erhielten«. Am meisten lernte sie jedoch aus dem Fall eines Mannes, bei dem die Methode nicht anschlug und dessen Immunsystem »trotz der Visualisierungstherapie nicht gestärkt wurde. Bei ihm war Krebs im fortgeschrittenen Stadium diagnostiziert worden, und die Ärzte gaben ihm nicht mehr lange zu leben. Nach der Diagnose veränderte er sein Leben von Grund auf. Er beendete eine unglückliche Beziehung, schraubte seine beruflichen Verpflichtungen zurück und verbrachte mehr Zeit mit seiner Familie und mit Beschäftigungen, die ihm Spaß machten. In den nächsten drei Jahren genoß er eine hohe Lebensqualität, und bis wenige Monate vor seinem Tod ging er immer noch regelmäßig joggen und wandern. Obwohl sein Immunsystem durch die Behandlung nicht besser wurde, lebte er bedeutend länger als erwartet, und seine Lebensqualität ging weit über das hinaus, was wir aus medizinischer Sicht erwartet hätten.«[20]

Stephanie Simonton zieht daraus den Schluß, daß »das ganze Problem der Heilung eine hochkomplexe Angelegenheit ist. Eine Vielzahl von Mechanismen sind daran beteiligt. Ich glaube nicht, daß nur eine Sache den Ausschlag gibt.« Die Visualisierungsübungen, so sagt sie, könnten neben einem direkten Einfluß auf die Physiologie vielerlei andere Wirkungen haben. »Vielleicht geben sie dem Patienten die Möglichkeit, neue Hoffnung zu schöpfen, was wiederum die Stimmung hebt und zu immunologischen und neuroendokrinen Veränderungen führt. Wenn sie visualisieren, entspannen sie die Muskeln, bauen Streß ab und ermöglichen dem Körper, vermehrt Lymphozyten zu produzieren. Wenn man in einem Trancezustand vor seinem geistigen Auge Bilder erzeugt, kann das Gehirn dadurch so stimuliert werden, daß es unmittelbare biologische Auswirkungen hat.«[21] Sie zählt eine Reihe von anderen Faktoren auf, die zu einer Heilung beitragen können: Ernährung, Beten, Unterstützung durch das soziale Umfeld, Spaß, Sport, ja sogar »ein Alltagsleben, das reich an beglückenden Erfahrungen ist«.

Doch es gibt Hinweise darauf, daß geistige Bilder besonders spezifisch wirken können. Im *International Journal of Neuroscience* erschien kürzlich ein Artikel, in dem ein faszinierendes Experiment aus dem Bereich der »Kyberphysiologie« beschrieben wird. (»Kyber« stammt aus dem Griechischen und bedeutet »das, was lenkt« oder einfach »der Steuermann«.) Der Artikel trug den Titel

»Spontane Regulierung der Haftfähigkeit von Neutrophilen mittels einer kyberphysiologischen Strategie«.[22] (Neutrophilen oder neutrophile Granulozyten sind Immunzellen, die Infektionen bekämpfen und Gewebsschäden infolge einer Infektion ausheilen.)
Das Experiment verlief folgendermaßen: Man brachte den Versuchspersonen zunächst Selbsthypnose und Visualisierungstechniken bei und gab ihnen dann eine Beschreibung der spezifischen Funktionen und Eigenschaften der Neutrophilen. Jeder Teilnehmer dachte sich ganz persönliche Bilder aus, mit denen er versuchen sollte, die Haftfähigkeit dieser Immunzellen zu steigern. So stellte sich eine Frau ihre Neutrophilen als Tischtennisbälle vor, aus deren Oberfläche Honig austrat, so daß sie an allem, was sie berührten, klebenblieben.
Die Übungen erstreckten sich über zwei Wochen. Anschließend nahm man von den Versuchspersonen Mundspeichel- und Blutproben und verglich sie mit Proben, die man vor dem Training genommen hatte. Dabei wurden Immunkomponenten wie Neutrophilen, Lymphozyten, Monozyten und Thrombozyten untersucht. Erstaunlicherweise bestand der einzige statistisch signifikante Unterschied in der Fähigkeit der Neutrophilen, sich an fremde Objekte zu heften. Selbst die Gesamtzahl der Neutrophilen war bei der zweiten Probe unverändert.
Wally Shore stellte sich vor, wie er zu den Klängen von Urwaldtrommeln »Krebsquallen« vernichtete. Cindy Zeligman sah heilende Diamanten, Rubine und Smaragde durch ihren Blutkreislauf schwimmen, denen eine Streitmacht von gefräßigen »Pac-Women« folgte. Beide gingen von derselben merkwürdigen Voraussetzung aus, die das Experiment mit den Neutrophilen zu bestätigen scheint, daß nämlich bildliche Vorstellungen die Physiologie zuweilen in ganz spezifischer Weise verändern können.
Tibetanischen Mönchen würde das in keiner Weise sonderbar erscheinen. Sie benutzen seit Jahrhunderten komplizierte religiöse Visualisierungen und rufen damit erstaunliche und auch meßbare körperliche Veränderungen hervor. Herbert Benson, ein Kardiologe aus Harvard und Autor mehrerer Bestseller über den medizinischen Nutzen von Meditation, stieß vor fast zehn Jahren auf faszinierende Berichte über Mönche, die angeblich die Fähigkeit

besaßen, Tücher, die sie in Eiswasser tränkten und sich dann um den nackten Körper wickelten, bei kalter Witterung allein mit Hilfe der »psychischen Wärme«, die sie erzeugten, zu trocknen.[23]
Mit dem Segen des Dalai Lama flog Benson nach Indien, stieg im Palast eines Radschas ab, der sich des höchstgelegenen Kricketfeldes der Welt rühmte, und zog von dort in die Täler des Himalaja, wo er Mönche an elektronische Meßinstrumente anschloß, während sie ihre spirituellen Übungen machten. Zu seinem großen Erstaunen stellte er fest, daß einige Mönche ihre Hauttemperatur bei Außentemperaturen nahe dem Gefrierpunkt um 9 Grad über den Normalwert anheben konnten, und das, obwohl der Körper das Blut unter solchen Bedingungen normalerweise von der Haut weg zu den inneren Organen leitet, um warm zu bleiben. »Würde das ein normaler Mensch versuchen«, sagt Dr. Benson, ein kleiner, stämmiger Mann mit grauen Haaren und Goldrandbrille, »würde er unkontrollierbar zu zittern anfangen und vielleicht sogar sterben. In unserem Fall aber fingen nach drei bis fünf Minuten die Tücher an zu dampfen, und nach einer Dreiviertelstunde waren sie vollständig trocken.«

Hier liegt vielleicht ein Schlüssel zu dem Rätsel, das uns der Hypnotherapeut T. X. Barber aufgegeben hat, als er fragte, wie einige Menschen durch Gefühle, Gedanken, Erinnerungen und Vorstellungen den Blutkreislauf, die Temperatur, die Immunreaktion und vielleicht sogar den Verlauf einer Krankheit beeinflussen können.

Von allen Heilungen, die durch geistige Einflußnahme zustande kommen, ist eine allgemein bekannt und auch medizinisch unbestritten, nämlich die einer simplen Warze. Generationen von Internisten und Dermatologen und deren weise Großmütter haben gewußt, wie man diese lästigen Schönheitsfehler zum Verschwinden bringen kann, wenn der Patient nur fest daran glaubt. In einer Studie berichtet Dr. Lewis Thomas von 14 Patienten, die mit solchen Hautwucherungen übersät waren. Man hypnotisierte sie und suggerierte ihnen, daß die Warzen auf der einen Hälfte ihres Körpers verschwinden würden. Innerhalb weniger Wochen verschwanden alle oder zumindest fast alle Warzen dieser Körperhälfte. Die auf der anderen Seite wucherten munter weiter.[24]

Na und? wird jetzt manch einer sagen. Eine Warze ist vielleicht kein schöner Anblick, aber eben nur ein harmloser Makel, keine gefährliche Krankheit. Nicht so Dr. Thomas, der ehemalige Präsident des New Yorker Memorial Sloan-Kettering Cancer Center. Er vertritt vielmehr die Ansicht, daß Warzen für die Wissenschaft von enormer Bedeutung sein könnten. Warzen, so sagt er, sind gewissermaßen die Zwingburg eines Virus, ein Gebilde, das oft jeder konventionellen medizinischen Behandlung trotzt. Und dennoch können sie, obwohl sie dicht und hart sind, oftmals härter als ein Tumor, durch einfache hypnotische Suggestion zum Verschwinden gebracht werden. Mit anderen Worten: Bei Warzen kommt es zu spontanen Remissionen, die allein durch geistige Kräfte ausgelöst werden.

Zunächst glaubte Dr. Thomas, daß möglicherweise eine Veränderung in der Blutzufuhr für dieses Phänomen verantwortlich sei. Die Kapillaren um die Warze könnten sich so verengen, daß die Blutzufuhr unterbunden werde. Doch dann wurde bekannt, daß Viren die Warzenbildung hervorrufen. Das legte den Gedanken nahe, »daß immunologische Mechanismen eine Rolle spielen«.[25]

Dr. Thomas stellt folgende Überlegung an: Wenn Warzen tatsächlich durch immunologische Mechanismen zum Verschwinden gebracht werden, dann muß es im geistigen Bereich irgendeine unbekannte Kraft geben, die in der Lage ist, den unglaublich komplexen Molekularverkehr von B- und T-Zellen, T-Suppressorzellen und Killerzellen zu steuern. Die komplizierten biologischen Vorgänge, die im Körper stattfinden, wenn er sich einer ganz gewöhnlichen Warze entledigt, übertreffen nämlich die kühnste Phantasie:

> Ein geistiges System, das eine Warze zum Verschwinden bringen kann, ist in jedem Fall etwas Besonderes. Wir haben es hier nicht mit einem ungeordneten, chaotischen Prozeß zu tun, wie man ihn von jenem Unbewußten erwartet, das in Büchern als Grenzbereich beschrieben wird, in dem Träume produziert und Worte verwechselt werden oder Hysterien ihre Wurzeln haben. Welche Kräfte hier auch walten mögen, sie arbeiten so sorgfältig und präzise wie ein Chir-

> urg … Stellen Sie sich doch nur vor, wieviel wir wüßten, wenn wir eine einigermaßen klare Vorstellung davon hätten, was passiert, wenn man eine Warze weghypnotisiert … Das wäre es schon wert, einen regelrechten Krieg oder Feldzug gegen die Warzen zu führen und ein nationales Warzeninstitut zu gründen …[26]

Das Institut, von dem Dr. Thomas hier träumt, wurde nie gegründet. Dafür entstand so etwas wie eine »Schule« von Warzenspezialisten, Forschern, die von diesen Hautwucherungen geradezu fasziniert sind. Wie alle Fragen zum Heilsystem sind auch die Mechanismen umstritten, die zum Verschwinden einer Warze führen. Aber zumindest zwei Forscher, nämlich Thomas Clauson und Richard Swade, zögern nicht, eine Verbindung zwischen einer simplen Warze und einer tödlichen Krankheit zu ziehen: »Wir sehen in Warzen ein Modell für metastasierende Tumore.« Sie verweisen darauf, daß sich Warzen über den ganzen Körper ausbreiten, wenn auch vermutlich durch Viren und nicht durch bösartige Zellen. Wie Tumore werden sie durch Kapillaren ernährt und können zerstört werden, wenn die Blutzufuhr gestoppt wird. Suggeriert man Patienten, sich darauf zu konzentrieren, die Blutzufuhr zur Warze zu drosseln, so die Beobachtung von Clauson und Swade, dann verschwinden die Warzen in einem Zeitraum von wenigen Tagen und bis zu zwei Monaten. »Sie werden einfach kleiner und verschwinden schließlich. Sie schrumpfen so lange, bis sie weg sind.«[27] Tumore veranlassen das benachbarte Gewebe, Blutgefäßleitungen zu ihnen zu legen, damit sie versorgt werden können. Derzeit untersucht das National Cancer Institute, inwieweit sich dieser Vorgang blockieren und als Waffe gegen den Krebs einsetzen läßt.

In dem bislang kaum umrissenen Gebiet einer Medizin, die Geist und Körper umfaßt, gibt es noch keine festgelegten Methoden. Selbst erfahrene tibetanische Yogis wie jene, die Dr. Benson beobachtet hat, lassen mit ihren blumigen Ausführungen über die möglichen Wirkungen des Geistes auf den Körper breiten Raum für Spekulationen. Nach Auskunft eines westlichen Forschers sagen diese Yogis, daß ihre stilisierten Visualisierungen »keine unveränderlichen Realitäten sind, auf die man zeigen kann wie auf einen Körperteil, auch wenn Leute oft versuchen, sie exakt zu bestimmen«. Die Bilder sind zwar genau und bis ins einzelne ausgearbeitet, doch »die unterschiedlichen Beschreibungen, die man von ihnen erhält, deuten darauf hin, daß jeder Lehrer oder Schüler sie neu für sich entdecken muß«.[28]

In diesem letzten Satz steckt vielleicht eines der größten Geheimnisse, auf das wir stoßen, wenn wir die Möglichkeiten des Heilsystems zu erschließen suchen: Jeder benötigt einen anderen Schlüssel.

Nach unseren Beobachtungen neigen Patienten oft dazu, ihr Überleben bestimmten Dingen zuzuschreiben, die sie für sich selbst taten und die sie ganz individuell gestalteten. Mediziner hingegen tun ihre Bemühungen oft als Unsinn ab, als den illusorischen Versuch, das blinde Wirken der Biologie unter Kontrolle zu bringen.

Aber wie paßt dazu der Fall des jungen Garrett Porter? Garrett war erst neun Jahre alt, als er merkte, daß seine rechte Seite sich taub anfühlte. Seine besorgten Eltern gingen mit ihm ins Krankenhaus, und die Ärzte diagnostizierten einen inoperablen bösartigen Gehirntumor. Garrett erhielt Bestrahlungen, und zusätzlich ging er zu einer Psychotherapeutin namens Pat Norris.

Mit ihren weichen, silbernen Haaren, die ihren Kopf wie ein Heiligenschein umgeben, und ihren gütigen, kornblumenblauen Augen erinnert Pat Norris an eine freundliche Tante. Sie ist die Tochter des berühmten Forscherehepaars Elmer und Alyce Green vom Menninger Institute in Topeka, die zusammen die Biofeedback-Methode entwickelt haben. Biofeedback beruht auf dem Gedanken, daß man Körperfunktionen, die vom vegetativen Nervensystem gesteuert werden, bis zu einem gewissen Grad willentlich beeinflussen kann, so etwa den Herzschlag oder die Atmung, von denen man lange annahm, sie funktionierten automatisch. Die Patienten werden an Instrumente angeschlossen und können so in »Echtzeit« sehen oder hören, wie sich ihre Körperfunktionen verändern. Sie lernen, einen hohen Blutdruck zu senken, Kopfschmerzen auszuschalten, Herzrhythmusstörungen zu kontrollieren, die Blutzufuhr zu verstärken oder zu drosseln und, wie in einigen Berichten nachzulesen ist, einzelne Nervenzellen zu stimulieren. Pat hatte ein Experiment ihres Vaters beobachtet, bei dem ein hinduistischer Yogi namens Swami Rama nur eine Hälfte seiner Hand erwärmte, wie die Meßwerte belegten, in aller Ruhe sein Herz zum Flattern brachte und weitere Kunststücke vorführte, die alles, was man damals über Körperkontrolle zu wissen glaubte, über den Haufen warfen.

Pats Interesse galt jedoch mehr der Anwendung als der Theorie des Biofeedback. Wem konnte man mit dem Biofeedback-Training helfen? Zunächst arbeitete sie mit Strafgefangenen und versuchte, ihr Selbstwertgefühl zu heben, indem sie ihnen beibrachte, allein durch Willenskraft ihre Hand zu erwärmen. Auf diese Weise wollte sie Mördern, Drogensüchtigen und Dieben demonstrieren, daß sie mit Hilfe ihrer Gedanken ihren Körper kontrollieren konnten und folglich »keine Marionetten irgendeines anderen waren. Vielleicht lernten sie so, sich als Mensch besser zu entfalten.«

Sie selbst war in dem Glauben erzogen worden, daß die Menschen ihr Schicksal bis ins kleinste selbst meistern konnten. Wenn sie als Kind mit Bauchschmerzen zu ihren Eltern lief, sagten sie zu ihr: »Du allein bist die Herrin über deinen Bauch.« Als sie den kranken Garrett kennenlernte, der für einen Neunjährigen ungewöhnlich willensstark und selbstbeherrscht war und obendrein ein Talent dafür hatte, sich Bilder auszudenken, wußte sie, was sie zu tun hatte. »Wenn Sie Ihren weißen Blutkörperchen sagen, sie sollen sich an einem Punkt versammeln«, erklärte sie uns, »dann tun sie es vielleicht. Ich hatte noch nie mit einem Krebspatienten gearbeitet, aber ich war überzeugt, daß Garrett irgendwie seine Abwehrkräfte mobilisieren und die Krankheit besiegen könnte.«

Die Bestrahlungen brachten den Tumor nicht zum Schrumpfen. Garrett gab die Behandlung auf, ging aber weiter in die Biofeedback-Stunden. Zunächst hatte er einfaches autogenes Training erlernt. »Ich stellte mir vor, wie ich meine Hände über einem Lagerfeuer wärmte«, erzählte er uns, »und das Biofeedback-Meßgerät zeigte an, daß das Blut in meine Hand strömte. Das war eine Übung für Anfänger, so als ob man im Geist eine Zitrone aufschneidet, den Saft herauslaufen sieht und hineinbeißt. Wenn man nur einen Funken Begabung hat, wird einem das Wasser im Mund zusammenlaufen. Das ist keine große Sache. Aber sie zeigt, daß der Körper nicht den Geist beherrscht, sondern daß der Geist den Körper kontrollieren kann. Als ich meine Hände erwärmte, sagte ich dem Blut, wohin es strömen sollte.«

Nach einer Weile fand Garrett die Übungen zu langweilig. »Der Gehirntumor war für mich wie ein Planet, der in meine Atmosphäre eingedrungen war. Das brachte mich auf die Idee, ihn von einem Raumschiff aus mit weißen Blutkörperchen zu beschießen.«

Garrett schwärmte für Filme wie »Krieg der Sterne« oder »Kampfstern Galactica«, und Pat schnitt die Übungen für ihn darauf zu. Sie dachte sich Geschichten aus, in denen seine T-Zellen Raumschiffe waren und der Tumor ein fremder Eindringling, ein Außerirdischer. Sie versetzte Garrett in einen Entspannngszustand und gab ihm Anweisungen, nach denen er von Kopf bis Fuß durch seinen Körper reiste. In dem Buch, das die beiden später zusammen herausgegeben haben, ist ein Foto von ihnen abgebildet: Garrett liegt auf einer Couch, und Pat hat ihm liebevoll die Hand auf die Schulter gelegt. Ihr Gesicht verrät stille Anteilnahme, sie strahlt eine stützende Kraft aus. Die Visualisierungen, die sie bei den Sitzungen durchspielten, waren aufregende Geschichten voller emotionaler Dramatik. Dazu ein Beispiel aus ihrem Buch:

> Pat: In Ordnung, betätigen Sie den Gashebel und heben Sie ab. Halten Sie unterwegs Funkkontakt. Der Radarbildschirm zeigt, daß Ihre Maschinen an Höhe gewinnen. Das Ziel rückt näher. Melden Sie mir, was Sie sehen. Ist etwas zu erkennen?
> Garrett: Ich sehe eine Art runden Ball, Sir. Die Rechner sagen, das ist das Ziel ... Es ist rund und sieht ziemlich unbeweglich aus.
> Pat: In Ordnung, alles für den Angriff vorbereiten. Laserkanone eins bereitmachen. Laserkanone zwei bereitmachen. (Geräusche)
> Garrett: Schußbereit, Sir.
> Pat: Feuer!

Garrett: Die ganze Staffel – Feuer! (Geräusche abgeschossener und einschlagender Geschosse)
Pat: Volltreffer! Volltreffer! Ausgezeichnet, ausgezeichnet! Sehen Sie, ob sich irgend etwas auflöst?
Garrett: Jawohl, Sir. Die eine Seite von dem Ding löst sich auf. Alles fertig zum Abschießen der Granaten mit den weißen Blutkörperchen.[29]

Garrett machte seine Visualisierungsübungen jeden Abend. Doch eines Abends suchten seine T-Zellen-Aufklärer im Feindgebiet vergebens nach dem Tumor, sie konnten ihn nicht entdecken. Er überflog das gesamte Gebiet, fand aber nur einen kleinen weißen Fleck. Er rannte schnell zu seinem Vater und erzählte ihm davon, doch der blieb skeptisch. Ein paar Monate später wurde bei einer Computertomographie entdeckt, daß der Tumor sich tatsächlich aufgelöst hatte und nur ein kleiner weißer Fleck zurückgeblieben war.
Dazu Pat: »Ärzte haben mich gefragt, ob es nicht falsch, grausam und ethisch verwerflich sei, Patienten zu suggerieren, sie könnten den Verlauf ihrer Krankheit durch Visualisierungen beeinflussen. Ich denke, es kann nicht schaden, es wenigstens zu versuchen. Jeder kann es versuchen. Allein das gibt ihm schon Stärke und Energie zurück und kann zu einer Heilung beitragen.«[30]
»Gesund werden ist doch eine ganz natürliche Sache«, fährt sie fort. »Spontane Remission, das klingt so mysteriös wie der Begriff ›Urzeugung‹ aus dem Mittelalter, als die Wissenschaft noch nicht in der Lage war, Krankheitskeime zu sehen. Ärzte glauben, psychophysische Faktoren hätten nur sehr geringen Anteil an der Heilung von Krebs. Genesene Patienten halten sie dagegen für sehr wichtig. Wenn unsere Kultur diesen Gedanken unterstützen würde, könnten, so glaube ich, viele Menschen den Krebs besiegen, zum Teil dadurch, daß sie ihr Immunsystem stärken.«
Aber wie? Garretts Visualisierungen waren auf ihre Weise nicht weniger detailliert als die der tüchertrocknenden tibetanischen Mönche, die sich Tausende von vermeintlichen psychischen »Nerven« vorstellen, fünffarbige Lichtstrahlen, die von zahlreichen kleinen, dreieckigen Blitzen ausgehen.[31] Die Mechanismen

freilich, durch die solche Bilder in spürbare körperliche Effekte verwandelt werden könnten, sind noch unbekannt.

Vielleicht gibt ein Neuropeptid namens Angiotensin darüber Aufschluß, wie Botschaften zwischen Geist und Körper hin- und herwandern (falls es überhaupt so einfach funktioniert).[32] Angiotensin ist eine Art »Durstmolekül«. Wenn man einer Ratte ein wenig davon ins Gehirn injiziert, wird sie wie wild Wasser zu sich nehmen, auch wenn sie vorher schon genügend getrunken hat. Rezeptoren für Angiotensin finden sich nicht nur im Gehirn, sondern überall im Körper. Träufelt man etwas davon in die Lunge einer Ratte, wird das Lungengewebe Wasser zurückhalten, statt es mit der Atemluft abzugeben. Plaziert man es in den Nieren, werden auch sie unerbittlich Wasser zurückhalten.

Angiotensin scheint also überall dasselbe einfache Signal auszusenden: Brauche Wasser. Dasselbe Molekül wird von verschiedenen Systemen des Körpers ganz analog verstanden. Ist es in ähnlicher Weise möglich, daß etwa ein menschliches Neuropeptid, das für das Gefühl großer Freude zuständig ist, die Kampfmoral stärkt, wenn es mitten in der Verteidigungsarmee des Körpers landet? Ruft eine Stärkung der Moral Moleküle auf den Plan, die den versammelten Armeen von T-Zellen Kampfgeist einflößen? Sind die starken Gefühle, von denen in einigen Berichten über unerwartete Genesungen die Rede ist, eine hormonelle Unterstützung der Abwehrkräfte?

Warum sollten die »Informationen«, die zur Heilung beitragen, allein von den Informationsmolekülen, den Botenstoffen, stammen? Die äußere Umgebung schickt ebenfalls Informationen in den Körper. Sobald eine Diagnose gestellt ist, wird sie zu einem Bild oder einem Gefühl, das sich im Immunsystem des Patienten irgendwie in Neuropeptide verwandeln kann. Es gibt unzählige umwandelbare Informationen: die Unterstützung durch einen Freund oder einen Angehörigen, die Feststellung eines Psychotherapeuten, daß der Mensch die Fähigkeit besitzt, sich selbst zu heilen, Glaubenssätze, die ein spiritueller Lehrer weitergibt, eine kulturelle Grundeinstellung, ein Ritual, eine liebevolle Berührung, eine Geschichte, ein Musikstück, ein Kunstwerk, die Liebe – all das kann in Gestalt von Peptiden im Heilsystem des Körpers unterwegs sein. Der berühmte Remissionsforscher Yujiro Ikemi schlug ein Modell vor: »Alle Organisationsebenen sind miteinander durch eine hierarchische Ordnung verknüpft, so daß eine Veränderung auf einer Ebene zwangsläufig zu Veränderungen auf anderen führt.«[33]

Garrett Porters Fall zeigt das breite Spektrum möglicher Stimuli auf das körpereigene Heilsystem: Entspannung und Selbsthypnose, intensive Visualisierungen, der emotionale Kick einer lebhaften Phantasie, die Liebe zwischen einer Therapeutin und einem schwerkranken Jungen, eine Behandlungsstrategie, die sich an persönlichen Vorlieben orientiert. Garrett, der damals als Todeskandidat galt, ist heute 23 Jahre alt und studiert in Hays, Kansas, Grundschulpädagogik. Er hat von seiner Krebserkrankung physische und emotionale Narben zurückbehalten – er ist an den Rollstuhl gefesselt, hat Lernschwierigkeiten und eine Stelle am Kopf, die wegen der Bestrahlungen immer kahl bleiben wird. Aber er hat sich verlobt und versucht, die Vergangenheit hinter sich zu lassen. Garrett begeistert sich nach wie vor für alles, was mit Flugzeugen zu tun hat. Er bastelt in seinem Zimmer immer noch Modellflugzeuge, gehört der Air Patrol, einer zivilen Organisation der US-Luftwaffe, an und fliegt als Beobachter in einer Cessna 172 Patrouille, um nach abgestürzten Flugzeugen zu suchen. Ein Ehepaar aus der Nachbarschaft, dessen fünfjähriger Sohn einen inoperablen Gehirntumor hatte, bat ihn um Hilfe. Monatelang verbrachte Garrett seine Freizeit damit, dem Jungen Mut zu machen. Und als er eines Abends telefonisch benachrichtigt wurde, daß der Junge im Sterben liege, zog er sich die Uniform der Air Patrol an und nahm Abschied von ihm.

Wir fragten ihn, wer oder was ihm beim Kampf gegen den Krebs am meisten geholfen habe, und er antwortete, seine Ärzte, die Hingabe, mit der Pat Norris sich um ihn gekümmert habe, und die Unterstützung durch seine Eltern, die beide Sozialarbeiter sind. »Sie waren einfach toll. Sie analysierten immer alles. Es war so, als hätte ich Freud als Vater und Mutter.« Garrett glaubt auch an die Wirkung des Biofeedback und der Visualisierungen. Letztendlich aber schreibt er seine Heilung »der Kraft des menschlichen Geistes« zu.

Medizinisch gesprochen haben wir kaum eine Ahnung, worin diese Kraft bestehen könnte, auch wenn in unseren Gesprächen mit Menschen, die unerwartet genesen sind, immer wieder von ihr die Rede war. Mit absoluter Gewißheit können wir beim momentanen Stand der Wissenschaft nur sagen, daß wir es einfach nicht wissen. In dem Versuch, jene Kraft zu beschreiben, die gewöhnliche Warzen zum Verschwinden bringt, schrieb Dr. Lewis Thomas etwas ratlos: »Man könnte fast meinen, daß es da jemanden gibt, der sich um alles kümmert und die Dinge mit einer bewundernswerten Umsicht steuert, die unser Fassungsvermögen übersteigt, einen begabten Ingenieur und Manager, einen Geschäftsführer, den Chef vom Ganzen.« Wer oder was das sei, entziehe sich bislang aber dem Verständnis.[34]

Dr. William Osler, einst ein hervorragener Wissenschaftler und Kliniker, hätte ihm sicherlich beigepflichtet. In einer wortreichen Darstellung des Placebo-Effekts schrieb er: »Der Glaube an die Götter oder die Heiligen kuriert den einen, der Glaube an eine kleine Pille den anderen, hypnotische Suggestionen einen dritten, der Glaube an einen ganz gewöhnlichen Arzt den vierten … Der Glaube, mit dem wir arbeiten … hat zwar seine Grenzen, aber er ist uns eine sehr große Hilfe, ohne die wir schlecht dastünden.«[35]

5

Auf der Suche nach dem Wunder

Je eingehender wir uns mit unerwarteten Genesungen auseinandersetzten, desto mehr gewannen wir den Eindruck, daß der Glaube – an eine Behandlung, eine Person, einen äußeren Rahmen oder ein System – bei diesem Phänomen eine ganz zentrale Rolle spielt. Wir begannen, Seele, Körper und Spiritualität als einen ganzheitlichen Zusammenhang zu begreifen. Spiritualität scheint freilich ein wenig faßbarer und abstrakter Bereich zu sein, der sich dem Zugriff der Wissenschaft entzieht.

Die spirituelle Sphäre offenbart sich dem einzelnen auf ganz unterschiedliche Weise und in individuellen Formen des Glaubens. Für den einen liegt eine spirituelle Erfahrung in einem Blick in die Tiefen des Grand Canyon, wenn das diskursive Denken angesichts der überwältigenden Natur verstummt. Einem anderen offenbart sich Spiritualität im kurzen täglichen Gebet. Ein dritter findet das Göttliche im Alltäglichen, »das Universum in einem Körnchen Sand«, ein vierter in der mystischen Erfahrung, die aus den Höhen auf ihn herabzukommen scheint. Und wieder ein anderer findet die wahre Transzendenz in einem zärtlichen Augenblick mit einem geliebten Menschen.

Spiritualität tritt dort in Erscheinung, wo sie uns wirklich anrührt. So wie das einzelne molekulare Neuropeptid dieselbe elementare Botschaft in unterschiedliche Körperteile tragen kann, so erscheint auch Spiritualität unter verschiedensten Aspekten. Ob wir von innerer Erfüllung oder Seelenfrieden, von einem Endorphinstoß oder der Mobilisierung weißer Blutkörperchen sprechen, bei alldem geht es weniger um das – letztlich unergündliche – Wesen von Spiritualität, als vielmehr darum, wie sie individuell erlebt wird.

Am Anfang unserer Untersuchung hielten wir es für das Beste, diejenigen unerwarteten Genesungen, die am stärksten mit Spiritualität in Verbindung gebracht werden, die sogenannten Wunderheilungen, nur am Rande zu betrachten. Diese Ereignisse, die sich anscheinend jeder wissenschaftlichen Gesetzmäßigkeit entziehen, rufen unterschiedlichste Reaktionen hervor, sie beschwören Skepsis herauf und bringen biomedizinische Maßstäbe ins Wanken, und doch hört man von ihnen immer wieder.

In einem Artikel im *British Medical Journal* von 1910 schreibt Dr. William Osler, er sehe keinen Grund, die Existenz von Wundern in Abrede zu stellen: »Die Literatur steckt voller Beispiele für ungewöhnliche Heilungen, die durch den Einfluß der Imagination, die nur eine aktive Phase des Glaubens ist, zustande gekommen sind ... Phänomenale, ja wundersame Heilungen sind durchaus nicht ungewöhnlich. Wie andere hatte auch ich mit Fällen zu tun, die unter geeigneten Umständen zur Errichtung eines Schreins oder zur Einweihung einer Wallfahrerstätte hätten führen können.«[1]

Keine Kultur auf der Welt kommt ganz ohne Schreine, Wallfahrtsorte und Andachtsstätten aus, an denen man göttlichen Beistand erbittet, wenn alles andere versagt hat. Der Geschichtsschreiber Diodoros von Sizilien erwähnt zahlreiche Heilungen durch die ägyptische Göttin Isis, der nachgesagt wurde, sie könne Blinde und Verkrüppelte von ihren Leiden befreien.[2] Muslimische Pilger verehren das Wasser des Brunnens Semsem in Mekka, für das zahlreiche Heilungen belegt sind. Auch im Heiligtum des griechischen Heilgottes Asklepios befand sich angeblich eine Quelle, aus der Kranke ihr Heilwasser schöpften. Und nach Erzählungen der

Mohawk, einem Indianerstamm aus der Gruppe der Irokesen, entdeckte ihr Häuptling Nekumonta Quellwasser, mit dem er auf wundersame Weise seine sieche Frau heilte.[3]

Die berühmteste Heilquelle der Geschichte, in der am meisten gebadet und deren Wasser am häufigsten getrunken wurde, ist gewiß Lourdes in den französischen Pyrenäen. Die dortigen Heilungen sind nicht nur von der katholischen Kirche, sondern auch von den Ärzten einer offiziellen medizinischen Kommission ausgiebig dokumentiert worden.

Die Geschichte von Lourdes begann im Februar 1858, als die 14jährige Bernadette Soubirous beim Sammeln von Feuerholz eine Erscheinung der Jungfrau Maria hatte. Die Muttergottes, die ein weißes Gewand mit blauer Schärpe trug und den örtlichen Dialekt sprach, erschien ihr achtzehnmal und zeigte ihr eine Stelle, an der eine unterirdische Quelle entsprang. Mit bloßen Händen legte Bernadette das Wasser frei. Obwohl die Marienerscheinung von Heilkräften des Wassers nichts erwähnt hatte, geschahen an der Quelle innerhalb von einem Monat »drei Wunderheilungen«. In Rom nahm man die Berichte aus Lourdes über Wunder zunächst zurückhaltend auf, bis eine Untersuchungskommission Bernadettes Erscheinung 1862 als authentisch anerkannte. Über der Höhle wurde eine große Basilika errichtet, worauf Lourdes rasch zu einem der bedeutendsten Wallfahrtsorte der Christenheit wurde. Bernadette selbst starb im Alter von 35 Jahren nach unterschiedlichen Berichten an Knochenkrebs oder Tuberkulose.

Obwohl die katholische Kirche in über 100 Jahren nur 65 der Heilungen von Lourdes als Wunder anerkannt hat, strömen in der Hochsaison jährlich Millionen von Pilgern, von denen jeder sechste offiziell als krank registriert ist,[4] zu der Quelle, die inzwischen ebensosehr Touristenfalle wie Wallfahrtsort ist. Nach Ruth Cranston, der Verfasserin von *The Miracle at Lourdes,* mögen Skeptiker Lourdes als »Riesenschwindel« abtun, als »ein raffiniert inszeniertes Propagandastück ..., ausgedacht von cleveren Geistlichen, um verirrte Schäfchen in den Schoß der Kirche zurückzuführen«.[5] Gleichwohl war Cranston von ihren Erfahrungen in Lourdes so beeindruckt, daß sie sich schließlich überzeugen ließ.

Sie beschreibt ihre erste Ankunft 1955 in einem mit Pilgern voll besetzten Zug: »... aus jedem Fenster blickten voller Hoffnung und Erwartung Gesichter, die ihr Gelobtes Land begrüßten.« Bei der Einfahrt in den Bahnhof begannen besonders kranke Fahrgäste spontan, ein »Ave Maria« zu rezitieren, worauf sofort ein Waggon nach dem anderen in das Lobgebet mit einstimmte, bis »der ganze Zug widerhallte«.[6]

Lourdes mag eine Art religiöser Themenpark sein, doch das beherrschende Thema ist Heilung. An diesem Ort ist alles bis ins kleinste darauf angelegt, das angeborene Heilsystem zu stimulieren: Zweifel werden zerstreut, die Sinne betört und die Stimme des Verstandes zum Verstummen gebracht, damit innigste Frömmigkeit walten kann. Jeder Pilger kann mit individueller Fürsorge und Aufmerksamkeit rechnen, sich von opferbereiten Freiwilligen betreuen lassen. Auf kleinen blauen Wagen werden die Kranken an Tausenden von flackernden Kerzen und Bergen weißer Blumen vorbei durch ein Meer von Fahnen und schließlich unter einer Uhr hindurchgezogen, die zu jeder vollen Stunde »Ave« schlägt. Prozessionen aus Laien, Schweizer Pastoren, englischen Geistlichen, italienischen Monsignori und afrikanischen Bischöfen tragen Statuen eines heiligen Michael, der den Satan zerschmettert, durch die Straßen. Ruth Cranston schrieb: »Die Menschen, die aus allen Teilen der Welt in diese Stadt gekommen sind, haben nur ein Ziel: beten und genesen.«[7]

Wie jedes Heiligtum mobilisiert auch Lourdes an jeder Ecke einen »erwartungsvollen Glauben«, um mit dem Psychologen Jerome Frank zu sprechen. Maßgebend für dessen Wirksamkeit, so Frank, sei die »Übereinstimmung im Glaubenssystem« zwischen Pilger und Stätte, Leidendem und Heilendem.[8]

Zu Beginn unseres Jahrhunderts haben medizinische Forscher lebhaftes Interesse an Lourdes bekundet, wenn auch nur als Versuchslabor zur Untersuchung der Wechselwirkungen zwischen Geist und Körper. Heilungen durch den Glauben wurden mit einer Mischung aus Faszination und Skepsis betrachtet. Das Inhaltsverzeichnis des *British Medical Journal* von 1910, in dem Sir William Ostler zu Glaubensdingen eine vielzitierte Stellungnahme abgab, dürfte die meisten Ärzte des späten 20. Jahrhunderts schockieren:

Das bedeutendste medizinische Fachblatt der Welt veröffentlichte Artikel mit Titeln wie »Betrachtungen zum Okkulten« und »Die Wechselwirkung zwischen Geist, Körper und Seele«.

»Selbst während wir dies schreiben«, meinte ein hervorragender Arzt und Medizinprofessor, »berühren sich Religion und Medizin.« Damals wie heute war dies vielen Ärzten ein Dorn im Auge. Die Patienten, die nach Lourdes strömten, wurden als Menschen charakterisiert, die für Suggestionen ungewöhnlich empfänglich waren, als »sentimentale Neurastheniker« im Zustand der »Hysterie« und »Selbsthypnose«.[9] Und ihre scheinbaren Heilungen beruhten in Wahrheit auf falschen Diagnosen. Der Krebsspezialist H. T. Butlin, Präsident des englischen Royal College of Surgeons, höhnte über »das Riesenheer aus ›Sofaheiligen‹, Neurotikern und Hypochondern jeder Schattierung und Art. Wie empfänglich ist manch einer aus dem Volk für eine Heilung durch den Glauben!« Er zitierte den aus eigener Anschauung bekannten Fall einer älteren Frau, die ihren Enkel vor einen heranfahrenden Zug hatte stürzen sehen und durch den seelischen Schock ertaubt war. Obwohl der Junge wenige Stunden später unverletzt entdeckt wurde, erlangte die Frau ihr Gehör erst sechs Wochen später wieder. »Ebenso plötzlich, wie sie es verloren hatte, erhielt sie es zurück. Wenn sie auf einer Wallfahrt nach Lourdes gewesen wäre, hätte sie wohl ein hervorragendes Beispiel für eine spirituelle Heilung geliefert!«[10]

Nach der Beschreibung eines weiteren Falles aus seiner Praxis, der »Spontanheilung« einer Krebserkrankung mit Rezidiven, wirft Butlin eine Frage auf, bei deren Beantwortung sich die mit ungewöhnlichen Genesungen befaßten Fachleute bis auf den heutigen Tag schwertun:

> Wenn wir die besonderen Einflüsse betrachten, die durch Angst, Hoffnung und Liebe auf den Körper, auf sein Blut und sein Gewebe, ausgeübt werden – wie das Individuum auf der einen Seite schwächer wird, dahinsiecht und sogar stirbt und wie andererseits der Appetit zurückkehrt, der Schlaf sich wieder einstellt, das Blut sauerstoffreicher und dunkler wird und eine Art Wiederauferstehung des Körpers stattfindet –,

ist die Annahme dann völlig absurd, daß sich ein solcher wieder auferstandener Körper von dem früheren mitunter durch feine chemische Veränderungen unterscheidet, welche die Wissenschaft bislang noch nicht einzuschätzen oder auch nur zu entdecken vermag? Und wenn dies durch andere Seelenzustände ausgelöst werden kann, warum dann nicht durch den Glauben?[11]

Das Comité Médical in Lourdes weist dagegen ausdrücklich darauf hin, daß es bei der Untersuchung von Wundern solche Fälle von spontanen Remissionen ausschließt, die offenbar eher durch natürliche biologische Prozesse als durch göttliches Eingreifen zustande gekommen sind. Die theologischen Kriterien für Wunderheilungen wurden 1734 im Kanon Kardinal Lambertinis (des späteren Papstes Benedikt XIV.) festgelegt, wonach die betreffende Krankheit besonders schwer, die Heilung medizinisch gut dokumentiert und jede Behandlung mit potentieller Wirksamkeit unterblieben sein mußte. Die Heilung mußte zudem vollständig, endgültig, eindeutig und übernatürlich rasch eingetreten sein. Der gegenwärtige Leiter des Lourder Comité Médical, Dr. Roger Pilon, erläuterte dazu: »Unbedingt notwendig ist eine äußerst rasche Heilung [in nicht mehr als sieben bis zehn Tagen], sonst handelt es sich um einen alltäglichen Fall, wie ihn jeder Arzt bezeugen kann.«
Aber Ärzte werden auch Zeuge von raschen ungewöhnlichen Heilungen ohne bestimmten religiösen Hintergrund. Man erinnere sich nur an den ganz profanen Fall des »Mr. Wright«, dessen Tumore sich in nichts auflösten, als er, mit einer gewaltigen Erwartungshaltung gegenüber seinem Arzt und dem Medikament Krebiozen, ein Placebo aus destilliertem Wasser verabreicht bekam. Obwohl Wrights Remission nicht dauerhaft war, vermerkt ein Forscher: »Die unglaubliche Geschwindigkeit seiner Heilung legt zudem nahe, daß sein autonomes Nervensystem und sein Endokrinium auf Suggestion angesprochen und seinen Blutkreislauf auf erstaunlich wirkungsvolle Weise mobilisiert haben, um die toxischen Flüssigkeiten und Abfallprodukte des rasch schrumpfenden Krebses zu entsorgen.«[12]

Und der Psychiatrieprofessor Jerome Frank schreibt in einem Kommentar zu den Lourder Wundern: »Die Prozesse, in denen sich die in Lourdes vorkommenden Heilungen vollziehen, unterscheiden sich der Art nach nicht von denen bei normalen Heilungen, obwohl sie erstaunlich verstärkt und beschleunigt sind.« Er fügt hinzu, bis ein Gewebe tatsächlich geheilt sei, »vergehen Stunden, Tage oder Wochen ... [Es braucht] die übliche Zeitspanne ..., die auch bei den üblichen Heilprozessen zu erwarten wäre. Außerdem werden Lücken in einem Gewebe wie der Haut nicht wieder geschlossen, sondern durch Narbenbildung ausgefüllt, wie bei einer normalen Heilung«.[13] Wir fragten uns, wie scharf die Grenzen zwischen Wundern und den psychosomatischen Effekten sind, die wir bei anderen Fällen unerwarteter Genesungen beobachtet hatten.

In seiner unabhängigen Studie bemerkte der Arzt Donald J. West, daß es sich bei den Heilungen von Lourdes in vielen Fällen um Krankheiten gehandelt habe, bei denen Remissionen bekanntgeworden sind, um sogenannte »potentiell heilbare Erkrankungen«.[14] Als ein Beispiel nennt er Tuberkulose. Bei 27 der 65 offiziell anerkannten Wundern von Lourdes, also bei 40 Prozent, handelt es sich um Fälle von Tuberkulose.[15] Von dieser Krankheit, die einst als völlig unheilbar und noch im 19. Jahrhundert als Geißel der Menschheit galt, weiß man inzwischen, daß sie durch das Immunsystem des Körpers in Schach gehalten und in seltenen Fällen sogar wirkungsvoll bekämpft werden kann.

Dennoch behauptet ein Franzose: »Eher wird man in Rom heiliggesprochen als in Lourdes als Wunder anerkannt.« Die verschiedenen Komitees haben von den Millionen und Abermillionen Lourdes-Pilgern nur ungefähr 2000 Fälle als unerklärliche Heilungen anerkannt. Und nur 65 davon gelten als echte Wunderheilungen. Zudem ist die Anzahl der Anwärter im Schwinden begriffen. In den 25 Jahren, in denen Dr. Boissarie die Präsidentschaft über die medizinischen Büros von Lourdes führte (1892–1917), wurden 1536 unerklärliche Heilungen untersucht. Dagegen waren es am Ende der 18jährigen Amtszeit des Präsidenten Dr. Mangiapan nur noch drei Fälle.[16]

Glaubt man einem Zeitungsartikel über Dr. Mangiapan, so ist

er darüber in keinster Weise besorgt: »Während meiner Zeit in Lourdes sagte ich voraus, daß wir einem vollständigen Mangel an unerklärlichen Heilungen entgegensehen«, teilte er dem Journalisten mit.[17] Mangiapan ist überzeugt, daß die 250 Jahre alte Forderung der Kirche, wonach einer Wunderheilung keine potentiell wirksame Behandlung vorangegangen sein darf, in einer Zeit, in der die meisten Menschen nach einer Diagnose irgendeine Form von Behandlung erhalten, ein allzu strenges Kriterium ist. Seiner Forderung nach einer Anpassung der Regeln an moderne Verhältnisse ist der Vatikan bislang nicht nachgekommen.
Im Jahre 1993 fand in Lourdes ein Kongreß katholischer Ärzte zum Thema »Heilungen und Wunder« statt, bei dem man versuchte, unerwartete Genesungen und Wunder gegeneinander abzugrenzen. In der erregten Atmosphäre wurde viel spekuliert. Eine französische Zeitung warf die Frage auf, ob der Kongreß der Vorbote »einer Entwertung des Begriffs Wunder« sei und ob die Fortschritte in der Genetik, Immunologie und Psychosomatik solcherlei Heilungen ausreichend erklären würden.[18] Selbst Dr. Charles Chassagnon, der das Comité Médical International de Lourdes leitet, räumte ein: »In der Tat läßt sich schwerlich behaupten, daß irgendeine Heilung medizinisch nicht zu erklären sei. Ein Arzt ist per definitionem Wissenschaftler. Die Wunder von Lourdes sind, strenggenommen, geradezu anachronistisch.«[19]
So dauerte es denn auch 13 Jahre, bis das vorläufig letzte Wunder von Lourdes durch eine Untersuchung bestätigt wurde: Der Fall der Delizia Cirolli. Im Frühling 1976 war die zwölfjährige Delizia aus einem sizilianischen Dorf an den Hängen des Ätna mit einem schmerzenden und angeschwollenen rechten Knie in die orthopädische Abteilung der Universitätsklinik von Catania eingeliefert worden. Eine Röntgenuntersuchung und eine Gewebsentnahme erbrachten, daß sie am rechten Schienbein eine Metastase hatte, die als Neuroblastom diagnostiziert wurde. Der Chirurg riet zu einer Amputation, doch die Familie lehnte entsetzt ab. Darauf wurde eine palliative Kobaltbestrahlung verordnet, die im übrigen ebenso geringe Aussichten hatte, das Leben der jungen Patientin nennenswert zu verlängern, wie eine Amputation. Als Delizia in die radiologische Abteilung verlegt wurde, ging es ihr

bereits so schlecht, daß ihre Eltern auf die Behandlung verzichteten und sie mit nach Hause nahmen: Ihre letzten Tage sollte sie im Kreis der Familie und Freunde verbringen.
In August desselben Jahres sammelte Delizias Dorf Geld für eine Pilgerreise nach Lourdes. Vier Tage lang hörte das todkranke Mädchen mit seiner Mutter ergreifende Prozessionshymnen und badete im heiligen Wasser, ohne daß eine Besserung eintrat. Tatsächlich zeigten Röntgenaufnahmen im September, daß die Wucherung weiter gewachsen war. Nach alter Sitte begann Delizias Mutter, ein Kleidchen für die Beerdigung zu nähen. Gleichzeitig gab sie ihr weiterhin täglich Wasser aus Lourdes zu trinken, und die Dorfbewohner beteten für ihre Heilung. Kurz vor Weihnachten äußerte Delizia plötzlich den Wunsch, aufzustehen und das Haus zu verlassen. Sie wog nur noch 49 Pfund, war aber trotz ihrer extremen Schwäche in der Lage, schmerzfrei, wenn auch hinkend, zu gehen. In wenigen Tagen verschwand die Schwellung an ihrem Knie, so daß sie sich wieder freier bewegen konnte. Innerhalb weniger Wochen verbesserte sich ihr Allgemeinzustand so sehr, daß man von einer Heilung ausgehen konnte.
»Dies ist ein einmaliger, erstaunlicher Fall, ein Fall, den man jedem skeptischen Arzt in der Gewißheit vorlegen kann, daß er ihn für unbegreiflich hält«, schwärmte der Orthopäde und Spezialist für Knochenkrebs Dr. André Trifaud auf dem Kongreß »Heilungen und Wunder« von 1993. Trifaud, einer der Ärzte, die Delizia für das Comité Médical International de Lourdes untersucht hatten, wartete allerdings mit einer zwiespältigen Botschaft auf: »Ich möchte Ihnen keinen Kummer bereiten«, sagte er seinen Zuhörern, »aber vielleicht erhalten wir eines Tages eine Erklärung für ihre Heilung, und die werden wir dann wohl hauptsächlich den neueren Arbeiten ... von Forschern auf dem Gebiet verdanken.«[20]
Delizias Mutter bestand dagegen darauf, daß ein Wunder geschehen sei. Der Bericht des Vatikans vermerkt, daß sie im Jahr nach der Heilung nach Lourdes zurückkehrte und sich bei den Ärzten des Büros »vehement« dafür einsetzte, ihre Tochter auf Anzeichen eines göttlichen Eingreifens hin zu untersuchen. Delizias rechtes Kniegelenk war sichtlich deformiert gewesen, aber wie die

Röntgenuntersuchung klar zeigte, war die Läsion verschwunden. Es hatte offenbar eine Knochenheilung stattgefunden. Das Mädchen wurde bei folgenden jährlichen Wallfahrten weiter untersucht, und 1982 erklärten die Mitglieder des Comité Médical International de Lourdes ihre Heilung (mit Zweidrittelmehrheit) für medizinisch »unerklärlich«. Die Kirche sprach ihr 1989 den Status des Wunders zu.

Die Entscheidung war allerdings nicht vorbehaltlos gefallen. Die Heilung, die im *Journal of the Royal Society of Medicine* dokumentiert wurde, war weder augenblicklich noch vollständig erfolgt.[21] Das Mädchen hatte infolge der Erkrankung ein X-Bein bekommen, und diese Deformation hatte bei späteren Operationen korrigiert werden müssen. Die jahrhundertealten Regeln Kardinal Lambertis waren bei diesem modernen Wunder von Lourdes etwas »nuanciert« worden, wie es ein Teilnehmer der Konferenz ausdrückte. Zudem befand das medizinische Komitee, daß die ursprünglich als Neuroblastom diagnostizierte Wucherung in Wahrheit ein Ewing-Knochensarkom gewesen war. Obwohl in den Berichten von keinen ungewöhnlich heftigen Fieberschüben die Rede war, steht ihre zweiwöchige Genesungsphase im Einklang mit der von Dr. William Coley beobachteten raschen Rückbildung von Sarkomen nach künstlich ausgelösten Fieberschüben und Infektionen (höchstens »ein bis zwei Wochen«).[22]

Obwohl keinerlei psychologisches Profil gezeichnet wurde, besteht die Möglichkeit, daß auch hier geistig-körperliche Mechanismen am Werk waren, die unseres Erachtens für unerwartete Genesungen verantwortlich sind. Dr. Trifaud erwähnte auf dem Kongreß von Lourdes die heilsamen Kräfte seelischer Erregungszustände *(bouleversements)* und psychischer Veränderungen *(réorganisatrice du psychisme)*.[23] Indirekte Schützenhilfe erhielt er von Dr. Pilon, dem derzeitigen medizinischen Direktor von Lourdes, der uns diplomatisch mitteilte: »Wir müssen einräumen, daß die Grenze zwischen dem Gebiet des rein Organischen und der Psychosomatik bei besonders heftigen Erregungszuständen heute unscharf geworden ist.«

Um den Geist-Körper-Kräften, die an Delizias Genesung beteiligt gewesen sein könnten, auf die Spur zu kommen, wäre es vielleicht nützlich, ihn mit einem ähnlichen Fall zu vergleichen, über den Dr. Johannes Schilder vom Helen-Dowling-Institut in Rotterdam berichtet hat. Schilder hat sich eingehend mit den psychosozialen Komponenten bei spontanen Remissionen befaßt. Sein »Patient S.« war zehn Jahre alt, als bei ihm wie bei Delizia ein bösartiger Riesenzelltumor am Schienbein diagnostiziert wurde. Auch in diesem Fall bekamen die Eltern vom Orthopäden schonungslos mitgeteilt, das Bein müsse amputiert werden. Sie lehnten die Operation unter Berufung auf ihre elterliche Verantwortung ebenfalls ab und suchten nach anderen Möglichkeiten für eine Heilung ihres Kindes.[24] Überraschenderweise stellte sich ihr Hausarzt hinter sie und entwendete aus der Krankenakte des Jungen sogar Röntgenaufnahmen, um sie einem Arzt in Deutschland zu schicken.

Wie in Delizias Fall schloß sich auch hier das gesamte Dorf zusammen. Doch statt einer Wallfahrt nach Lourdes wurde für den Jungen eine Autofahrt zu einem deutschen Alternativmediziner arrangiert, der eine proteinreiche Diät, Massagen und möglichst viel Zeit zum Spielen verschrieb. Er war der erste, der dem Jungen eine Genesung prognostizierte. Schilder stieß besonders seine abenteuerliche Begründung auf: »Der Junge schafft es wegen seiner blauen Augen und seiner blonden Haare.«[25]

Nach der Rückkehr wurde der Patient S. wie Delizia mit der größten Fürsorge behandelt. Dazu Dr. Schilder: »Der Junge bekommt das vorderste Zimmer im Haus und alle nur erdenklichen Spielsachen, und er genießt die ungeteilte Aufmerksamkeit der Familie, der Klassenkameraden und der Einwohner seines Dorfes. Der ganze Ort versammelt sich an neun aufeinanderfolgenden Tagen in der Kirche, um für den Jungen zu beten. Darauf verschwinden die Schmerzen in seinem Bein. Die Diät, Massagen und Aufmerksamkeiten werden über ein Jahr lang fortgesetzt. Da S. noch nicht gehen kann, bastelt er sich einen Karren und läßt sich vom Hund der Familie durch die Straßen ziehen.«[26] Und wie bei Delizia verschwindet der Tumor zwar, sorgt aber für eine Verkrümmung des Beines, die später eine chirurgische Korrektur notwendig macht. In beiden Fällen auffällig ist die gewaltige Stimulierung des seelisch-körperlichen Heilungsprozesses: eine unermüdliche Fürsorge durch die Eltern, spürbarer Rückhalt in einer ganzen Gemeinde, vorbehaltlose Liebe, lebhafte Anregungen für die Phantasie, Stärkung des Selbstwertgefühls, gemeinsames Beten und eine positive Prognose durch eine Respektsperson mit Charisma und Autorität.

Das Wirken dieser seelisch-körperlichen Faktoren ändert freilich nichts daran, daß die Fälle des Patienten S. und Delizias außergewöhnlich sind. Dennoch ist man versucht, viele Heilungen von Lourdes als Relikte vergangener Tage zu sehen, als die Diagnose noch weniger endgültig und die Analyse der Fälle weniger wissenschaftlich war und der Einfluß der Seele auf den Körper noch in theologischen Begriffen gedeutet wurde. Biblisch anmutende, unglaublich klingende Geschichten von Gelähmten, die sich plötzlich aus dem Rollstuhl erheben, werden heute gewöhnlich banalen psychischen Blockaden zugeschrieben. Denken wir nur an die Dichterin Elizabeth Barrett. Zwanzig Jahre lang war sie mit gelähmten Beinen ans Bett gefesselt, bis sie mit ihrem Dichterkollegen Robert Browning durchbrannte und so ihrem tyrannischen Vater entfloh. Ein Jahr später bestieg sie mit ihrem frischgebakkenen Ehemann in Italien Berge, und zwei weitere Jahre später brachte sie einen Sohn zur Welt. Ihre Wunderheilung rührte von einer Veränderung ihrer seelischen Befindlichkeit und ihrer äußeren Lebensumstände her. Heute geht man davon aus, daß ihre Lähmung »funktionaler«, nicht organischer Natur gewesen ist.

Dennoch stießen wir auf zwei mutmaßliche Wunderheilungen, bei denen eine so starke organische Störung mit im Spiel war, daß wir unwillkürlich an den Psychologen William James und seine berühmte Warnung dachten, »voreilig mit der Realität abzuschließen«. Bei der einen handelt es sich um die erstaunliche Geschichte des Leo Perras.

Wir entschlossen uns zu einem Besuch bei Leo Perras, der ein paar Meilen von Northampton in Massachusetts entfernt in einem ausgebauten Bauernhaus lebt. Das Haus liegt nur etwas abseits der großen Bundesstraße, und doch mehren sich bald untrügliche Anzeichen dafür, daß man aufs flache Land hinausfährt. Stände mit Obst, Gemüse und Kurzwaren folgen auf ein Kolonialwarengeschäft, vor dessen Fenster zerknitterte Jalousien mit Reklameaufdruck baumeln.

Als wir auf das Haus zufahren, sehen wir, daß Leo auf der Veranda steht und den Verkehr beobachtet, ein schmächtiger Mann in einem tadellos gebügelten Sportjackett. Seit 50 Jahren wohnt er hier.

»Sie haben mit einem langen Kerl gerechnet, stimmt's? Wegen der Stimme am Telefon«, sagt er stolz. »Davon läßt sich jeder täuschen.« In Wahrheit ist er klein, hat aber die dröhnende Stimme eines Hünen. Auf seiner kardinalroten Krawatte sitzt ein großes schwarz-goldenes Kruzifix mit dem Gekreuzigten. Leo trägt es wie ein Verwundetenabzeichen, das er in einem lebenslangen Kampf um die Gesundheit von Seele und Körper erworben hat. Begonnen hatte sein langer Leidensweg am Weihnachtsabend 1939.

Als agiler junger Bursche machte Leo in der Textilfabrik seiner Stadt gerade Überstunden, als ihm ein Handkarren mit 150 Kilogramm Stoff auf den Rücken kippte. Es folgte eine Operation wegen eines Bandscheibenvorfalls, dann eine Versteifung der Kreuzbein-Darmbein-Gelenke, die ihn zwang, zehn Jahre lang ein stählernes Stützkorsett zu tragen. Er nahm gewaltige Mengen Schmerzmittel und mußte sich weiteren Operationen unterziehen. Sein Gesundheitszustand verschlechterte sich mit den Jahren zusehends. Schließlich entschlossen sich die Ärzte in Boston zu einer »Chordotomie«, einer Durchtrennung der Schmerzbahnen im Rückenmark zur selektiven Schmerzausschaltung. Als Leo aus der Narkose erwachte, hatte er in den unteren zwei Dritteln seines Körper keinerlei Empfindung mehr. Eine Untersuchung erbrachte Ausfälle der Sehnenreflexe. Bei der Operation war ihm ein Großteil des Rückenmarks durchtrennt worden.

Leo fiel der Verzweiflung anheim. Er verschanzte sich in seinem Krankenzimmer hinter einer Mauer des Schweigens und verfiel zusehends, bis ihn seine Frau eines Tages im Rollstuhl in die Stadt schob und dort allein auf dem Bürgersteig zurückließ. Leo sah die Leute achtlos an sich vorübereilen, und da begriff er, daß es seine Entscheidung war, ob er weiterleben würde oder nicht. Er entschied sich für das Leben. In den folgenden Jahrzehnten übernahm er ehrenamtliche Aufgaben in Krankenhäusern und Behindertengruppen. Er betätigte sich wie früher als Zimmermann und entwarf eine komplizierte hydraulische Vorrichtung, die es ihm ermöglichte, nahezu ohne fremde Hilfe für seine Tochter und seinen Schwiegersohn ein Haus zu bauen.

Nach über zwanzig Jahren im Rollstuhl hatte Leo alle Hoffnung auf Heilung aufgegeben. Dann aber erfuhr seine Frau, daß Pater Ralph DeOrio, ein bekannter katholischer Priester, bei Worcester einen Heilungsgottesdienst abhielt. Da sie wußte, daß sich Leo einer Teilnahme widersetzen würde – beim letzten Vorschlag dieser Art hatte er nur gemeint: »Wenn Gott mich heilen will, kann er das auch hier.« –, bat sie einen seiner Freunde, ihn zum Hinfahren zu überreden. Schließlich verfrachtete sie ihn hinten in ein Wohnmobil und schaffte es noch rechtzeitig zum Gottesdienst.

Den ganzen Nachmittag, fünf Stunden lang, saß Leo Perras andächtig beim Gottesdienst, der allseits mit höchster Spannung verfolgt wurde. Er wollte gerade seine Frau bitten, ihn hinauszuschieben, als die Sechs-Uhr-Glocken läuteten. »Pater DeOrio hielt plötzlich inne«, erinnert sich Leo. »Er drehte sich um und schritt durch die Kirche direkt auf mich zu. Er besprengte mich mit Weihwasser, hob die Hände und sagte: ›Im Namen Jesu Christi, steh auf!‹«

Obwohl Leo die Geschichte wohl schon Dutzende Male erzählt hat, steigen ihm Tränen in die Augen. »Daß ich stand, bemerkte ich erst daran, daß ich ihm direkt ins Gesicht blickte«, erinnert er sich mit bebender Stimme. »Er hat mich nicht angerührt. Es war, als hätten mich zwei unsichtbare Hände aus dem Rollstuhl gezogen. Ich wußte nicht einmal, was passiert war, denn ich hatte in meinen Beinen noch immer kein Gefühl. Dann blickte ich hinunter und war wie vom Donner gerührt: Ich stand. Er sagte zu mir: ›Du und ich gehen jetzt durch das Mittelschiff der Kirche zur Vordertür.‹«

Leo schritt durch ein Blitzlichtgewitter und von jubelnden Glückwünschen begleitet zu seinem Wohnmobil. Nach einer stundenlangen Fahrt, bei der sich bald ein Autokorso bildete, und einigen Zwischenstopps bei Freunden fuhr er schließlich vor dem Haus seines Arztes vor. Es war fast Mitternacht, und Dr. Mitch Tenerowicz, Chefarzt im Cooley Dickenson Hospital von Northampton, trat barfuß und blinzelnd an die Tür. »Als er mich da stehen sah«, berichtet Leo, »stieß er einen überraschten Schrei aus. Ich konnte sehen, wie kalter Schweiß an ihm herabrann.«

Sein Arzt teilte ihm später mit, neurologisch habe sich an seinem Zustand nichts geändert. Er hatte noch immer keine Reflexe. »Seine Muskeln«, so Dr. Tenerowicz, der ihn zehn Jahre behandelt hat, seien »total verkümmert. Seine Waden sind so dick wie meine Handgelenke. Wie er damit gehen kann, ist mir ein Rätsel.« Leos Gliedmaßen seien so »abgemagert ..., daß sie anatomisch eigentlich nicht kräftig genug sein konnten, um sein Gewicht zu tragen«.[27] Schon ein Mann mit einem gebrochenen Bein müsse mindestens fünf Wochen lang einen Gipsverband tragen, brauche Krücken und Bewegungstherapie, bevor er wieder gehen könne. Und dieser Mann habe seine Beine zwanzig Jahre lang nicht mehr benutzt.

Perras, so Tenerowicz, hatte das Gefühl in seinen Beinen so vollständig verloren, daß er sich bei Zimmermannsarbeiten einen Nagel in den Fuß trat und es erst Monate später bemerkte, als sich die Wunde entzündete und er »diesen fürchterlichen Abszeß« bekam.[28] Und so versichert Leo denn auch, daß das Gefühl in seinen Beinen trotz der wiedererlangten Bewegungsfähigkeit erst drei Monate nach seiner wundersamen Heilung zurückgekehrt sei. »Ich hatte das Gefühl, als Torso ohne Untersatz durch die Luft zu schweben. Ich mußte immer nach unten gucken, um nachzusehen, wo meine Beine waren.« Kettenrauchend sitzt er lässig in seinem orangefarbenen Lehnstuhl, schlägt in einer eleganten Bewegung immer wieder die Beine übereinander und läßt seine blank polierten Lackschuhe blitzen. Er gibt ein wenig an. Er kann es immer noch nicht fassen.

Leo zieht ein dickes Fotoalbum aus dem Regal, setzt sich feierlich eine Zweistärkenbrille mit Goldgestell auf die Nase und blättert in vergilbten Zeitungsausschnitten und Schnappschüssen. Schließlich stößt er auf ein Foto, das ihn beim Treppensteigen zeigt. Einen ähnlichen Gesichtsausdruck muß Neil Armstrong gehabt haben, als er mit einem ersten tastenden Schritt die Mondoberfläche betrat. Leo sieht sehr verwirrt aus, einen Fuß auf der

Treppe, den anderen über dem Boden, die Arme etwas abgespreizt, als habe er Angst vor einem Sturz, bei dem sein zerbrechliches Glück in tausend Scherben zerspringen könne.
Wir bitten ihn, die Hosenbeine nach oben zu schieben, damit wir seine Wunderglieder begutachten können. Wir beugen uns hinab. Obwohl sich seine Waden hart und muskulös anfühlen, können wir sie fast mit einer Hand umfassen. Kaum vorzustellen, wie sie vor seiner verblüffenden Wiederauferstehung ausgesehen haben: Nach Dr. Tenerowicz ist seine Beinmuskulatur in den Monaten nach der Heilung um das Dreifache gewachsen.
Hinter seinem Haus hat Leo eine kleine Kapelle mit zwei Kirchenbänken eingerichtet. Neben der Tür steht sein klappriger Rollstuhl mit einem sich lösenden Aufkleber der amerikanischen Flagge. Beherrscht wird der Raum von einer lebensgroßen Gipsfigur des heiligen Joseph aus einer abgerissenen Kirche. Vertraulich legt er ihr den Arm um die Schultern. »Gott benutzt die einfachen Dinge dieser Welt«, sagt er strahlend, »um die Weisen zu verwirren.«
In der Tat verweisen verschiedene Beobachter darauf, daß Wunderheilungen am ehesten denjenigen widerfahren, die besonders unkritisch an höhere Mächte glauben. Solche Menschen sollen besonders stark auf das Charisma eines Heilers und die Atmosphäre bei Heilzeremonien ansprechen, die darauf angelegt ist, die zweifelnde innere Stimme zum Schweigen zu bringen.
Der Zauberkünstler und Kritiker James Randi geht mit solchen Zeremonien besonders hart ins Gericht. Er nennt Pater DeOrio einen »vom Vatikan anerkannten Hexer«[29] und wirft ihm übertriebene Jubelmeldungen vor: Er bleibe seriösen Forschern Beweise für seine Erfolge schuldig und stilisiere psychosomatisch bedingte Genesungen zu göttlichen Eingriffen hoch. Ein Vertreter des örtlichen Bischofs kontert: »Gewiß, einige [Heilungen] sind psychosomatisch, andere durch Hysterie bedingt, und wieder andere lassen sich mit anderen natürlichem Ursachen erklären. Damit habe ich keine Probleme, denn sie sind ja trotzdem real ... Gott wirkt während des gesamten Lebens eines Menschen. Es ist nicht so wichtig nachzuweisen, daß es sich um etwas ganz Besonderes oder um göttliches Eingreifen handelt.«[30]

Wie auf Delizia Cirolli und den Patienten S. wirkten auch auf Leo Perras starke psychosoziale Einflüsse ein: Sein Arzt besorgte ihm die Eintrittskarten für die Messe, sein bester Freund überredete ihn zur Teilnahme, und seine Frau rührte für die ganze Aktion begeistert die Werbetrommel. Gewaltige Erwartungen wurden geweckt. Der Psychologe Paul Roud, der sich ebenfalls mit Leos Fall befaßt hat, schreibt dazu: »Die Szene in der Kirche – Menschen, die sich darum schlugen, eingelassen zu werden – war für ihn eine völlig neue Erfahrung. Leo erklärt, er habe das alles gar nicht fassen können ... Vieles trug dazu bei, seine gewohnten Anschauungen vorübergehend außer Kraft zu setzen ... Nach zwanzig Jahren im Rollstuhl hatte er sich an eine Behandlung zweiter Klasse gewöhnt und mußte ständig um die Achtung anderer kämpfen. Jetzt wurde er in der Kirche plötzlich als Ehrengast behandelt. Man ließ eine Gasse für ihn frei und geleitete ihn ganz nach vorn.«[31]

Wir besuchten einen von Pater DeOrios wöchentlichen Gottesdiensten im Worcester Memorial Auditorium, einer höhlenartigen Halle mit Säulen im griechischen Stil direkt gegenüber dem Militärkasino der Stadt. Am Sonntag unseres Besuchs war sie bis hinauf zu den Emporen zum Bersten gefüllt. Von den Dachbalken verkündeten bestickte Spruchbänder: »Ich bin der heilende Gott«, »Gib acht auf deine Seele« und »Heile uns, verwundeter Heiler«. Ein verhaltenes Gemurmel erfüllte die Halle wie vor dem Anpfiff eines Basketballspiels. Im Licht blitzten die Speichen der Rollstühle, die sich zu Dutzenden vor der Bühne reihten, während ein Chor mitreißende Spirituals sang. Pater DeOrio, ein kleiner Mann mit schütterem Haar, durchschnittlichem Aussehen und dem Kragen des Geistlichen, verwandelte sich während des Gottesdienstes in einen feurigen Redner, der seine Zuhörer in fieberhafte Erregung versetzte. Wie ein Hypnotiseur forderte er sie auf, sich gehenzulassen, suggerierte ihnen, ihre Körper seien ganz leicht, und stimmte sie ein auf den Direktkontakt mit einer höheren Macht, in der unerschöpfliche Kräfte walten.

Während DeOrio von der Bühne in die Seitenschiffe schritt, um durch Handauflegen zu heilen, hielt er seine Zuhörer über ein Handmikrofon ständig in seinem suggestiven Bann: »Die Medizin ist nur ein Werkzeug, und auch ich bin nur ein Werkzeug. Ich bin nur der Lichtschalter Gottes. Es ist meine Bestimmung, euch in Kontakt mit eurem übernatürlichen spirituellen Ich zu bringen.«

Wir wir gesehen haben, kann das Heilsystem durch eine starke seelische Erregung aktiviert werden, eine Erregung, die durch die Anwesenheit Gleichgesinnter, die besondere Atmosphäre bei einer zeremoniellen Handlung und den Stimulus eines erwartungsvollen Glaubens noch verstärkt wird. Doch wir stellten auch fest, daß solche Stimuli, die zu spektakulären Heilungen führen können, auch von innen heraus kommen oder Quellen entstammen, die sich nur sehr schwer beschreiben lassen. Ein Beispiel ist der Fall von Rita Klaus, einer Lehrerin für Naturwissenschaften und ehemaligen Nonne.

Rita Klaus (geborene McLaughlin) hatte im Alter von neun Jahren, als sie auf die tiefe Seite eines Schwimmbeckens geriet und dabei fast ertrank, ein Sterbeerlebnis. Als sie zum dritten Mal unterging, so ihr Bericht, erschienen ihr »Jesus, Maria und der heilige Joseph in einem großen weißen Licht. Sie standen vor einer großen Menschenmenge. Ich stand abseits und rief: ›Hier bin ich! Hier!‹ Schließlich drehte sich Maria um, lächelte nur und schüttelte den Kopf.« An mehr erinnert sich Rita nicht. Sie weiß nur noch, daß sie aus dem Wasser gefischt worden war, neben dem Pool lag und die verzweifelten Wiederbelebungsversuche ihrer Retter über sich ergehen ließ.

Später erzählte sie ihrer jüngeren Schwester von ihrer Vision, doch die »lachte nur und schrie, etwas so Lächerliches habe sie in ihrem ganzen Leben noch nicht gehört«. Gekränkt und verärgert behielt Rita ihr Erlebnis von da an für sich. »Ich wünschte mir, an diesen wunderbaren Ort zu kommen, den ich gesehen hatte: in den Himmel. Da Nonnen die frömmsten Menschen waren, die ich kannte, beschloß ich, Ordensschwester zu werden.«

Sie teilte ihren Eltern ihre Pläne mit, die sie dann hartnäckig und kompromißlos verfolgte. Mit 14 Jahren bewarb sie sich um die Aufnahme in ein Kloster, wurde aber als zu jung abgelehnt. Im Jahr darauf machte die Kirche eine Ausnahme und ermöglichte ihr ein Noviziat. Mit 17 wurde sie Ordensschwester. Ein Foto von der 20jährigen zeigt eine reizende junge Frau, deren makelloser

Teint von einem weißen Schleier umrahmt wird: eine vollständig ordinierte Nonne im Orden der Servitinnen, dem Orden des heiligen Peregrinus, des Schutzheiligen der Krebskranken.

Im gleichen Jahr erfuhr Rita, daß sie an multipler Sklerose litt, einer chronischen Erkrankung des zentralen Nervensystems, die schleichend verläuft und dabei die Nervenscheiden im Rückenmark zerstört. Typisch sind Krankheitsschübe, die sich über mehrere Jahrzehnte erstrecken und fast überall im Körper für Ausfälle und Beeinträchtigungen sorgen. Da Rita den Härten des Klosterlebens nicht mehr gewachsen war, wurde sie von ihrem Gelübde entbunden. Sie studierte am College Biologie und nahm anschließend an einer High-School in einem Pittsburgher Vorort eine Tätigkeit als Junglehrerin auf.

Die anfänglichen Symptome gingen wieder zurück, was beim Krankheitsverlauf von multipler Sklerose oft der Fall ist, allerdings nur vorübergehend. Rita glaubte zunächst an eine Fehldiagnose. Da sie wegen einiger verbliebener Symptome noch orthopädische Schuhe trug, griff sie bei Nachfragen stets zu der harmlosen Ausrede, die ihr ein Arzt vorgeschlagen hatte: Sie habe als Kind Polio gehabt. Die bildhübsche ehemalige Ordensschwester heiratete wenig später und brachte in rascher Folge drei Kinder zur Welt.

Auch wenn sie es nicht wahrhaben wollte, bald gab es untrügliche Anzeichen für eine Rückkehr ihrer Krankheit. Eines Tages wurde ihr Arm plötzlich taub, und sie ließ ihr Baby fallen. Zum Glück wurde der Sturz durch eine Steppdecke gedämpft, so daß der kleine Junge unverletzt blieb. Wenige Tage später, als Rita vor dem Einkaufszentrum gerade aus ihrem Kombi steigen wollte, spürte sie, daß sie halsabwärts für kurze Zeit völlig gelähmt war. Alarmiert suchte sie den Arzt auf, und der bestätigte ihre Befürchtung: Die multiple Sklerose hatte sich mit einer heftigen Attacke wieder zurückgemeldet. Sie klärte ihren Mann über ihre Krankheit auf. Er schwieg eine Weile bestürzt und lief dann wütend aus dem Raum. Zerknirscht kehrte er eine Weile später wieder zurück und sagte: »Ich bin kein Heiliger, aber wir werden es versuchen.«

Oft drohte die Situation für die Beteiligten zum Martyrium zu werden. Die Krankheit schritt rasch voran. Rita tauschte ihren

Spazierstock gegen eine Gehstütze, dann gegen lange stählerne Beinschienen und Unterarmstützen und schließlich gegen den Rollstuhl ein. Ihre Füße waren von den Knöcheln abwärts vollständig gelähmt. Spasmen und Zuckungen in der Beinmuskulatur führten zu Deformationen am Kniegelenk und einem chronisch schmerzenden Ischiasnerv. Da die Ärzte davon ausgingen, daß Rita nie wieder würde gehen können, durchtrennten sie die Sehne, die die Kniescheibe fixierte, damit der Druck und die Schmerzen im Gelenk nachließen. Mit stählernen Beinschienen und Unterarmstützen konnte Rita sich noch kurze Entfernungen durch das Haus schleppen, aber die meiste Zeit des Tages saß sie im Rollstuhl.

Mehr und mehr fiel sie der Verbitterung anheim. Ihr Glaube wurde der härtesten Prüfung unterzogen. Sie haderte mit Gott, der sie ins Kloster und dann ins Eheleben geführt hatte und sie jetzt offenbar im Stich ließ. »Ich haßte meinen Körper, haßte mich und meine Familie«, berichtete sie uns. Völlig verzweifelt drängte ihr Mann sie, an einer Heilungsmesse teilzunehmen. Sie lehnte zunächst empört ab: »Ich unterrichte Naturwissenschaften. Das ist doch alles nur Blödsinn. Gott greift in die natürliche Ordnung der Dinge nicht ein. Wenn ich diese Prediger im Fernsehen nur sehe, wird mir speiübel.«

Schließlich gab sie den inständigen Bitten ihres Mannes nach und ließ sich mit ihren Beinschienen »in eine Kirchenbank schieben«. Der demütigendste Augenblick kam, als sie plötzlich »von hinten berührt und von diesem Priester umarmt wurde, der über mir predigte, während all diese Hallelujarufer die Hände in die Luft streckten«. Dann aber wich ihre Verärgerung »einer ganz merkwürdigen Empfindung. Ich sah die Menschen nicht mehr. Ich spürte den Priester nicht mehr. Da war nur noch das weiße Licht, das Gefühl, daß mich eine vollkommene Liebe durchströmte, wie ich sie noch nie verspürt hatte. Ich spürte Vergebung und Seelenfrieden. Ich war physisch nicht geheilt, hatte aber Frieden im Herzen, denn ich wußte, ich wurde geliebt und konnte mit allem fertig werden.«

Und sie brauchte auch alle seelischen Kräfte, um nicht zu verzweifeln, als die Krankheit weiter voranschritt. Die Ärzte teilten ihr mit, es gebe keine Hoffnung auf Besserung. Die Schädigungen an Nerven und Gewebe seien irreversibel. Doch so schwer die kommenden Jahre auch sein mochten, sie hatte ihren Glauben wiedergefunden: »Das Gebet bestimmte wieder mein Leben, aber Trost fand ich nicht in Büchern, Predigten oder Überlieferungen, sondern in meiner persönlichen Beziehung zu Jesus. Es war ein reiferer, aktiverer Glaube. Ich hörte auf, immer zuerst an mich zu denken. Ich begann, Menschen zu sehen, die auf tausend verschiedenen Arten mehr zu leiden hatten als ich, wenn nicht unter einer körperlichen Krankheit, so unter familiären Problemen, Alkoholismus, Drogen oder Depressionen. Zwar konnte ich ihnen physisch nicht helfen, doch leistete ich ihnen Beistand, hörte ihnen zu und betete für sie.«

Noch im gleichen Jahr, kurz nach Weihnachten, hatte Rita einen lebhaften Traum. »Ich erhielt von Jesus eine schriftliche Einladung. Ich konnte sogar die Beschaffenheit des Papiers fühlen. Es war ganz weiß, und die Schrift war sehr schön. Ich las: ›Liebe Rita, hiermit lade ich Dich in meine Kirche ein, in der meine Mutter erscheinen wird.‹ Dann stand ich in dieser großen weißen Kirche mit dem großen weißen Bogen. Ich hörte ein Rauschen wie Wind, und mit diesem Wind kam eine Wolke und mit ihr Maria. Da erwachte ich. Alles war so deutlich, daß ich es für real hielt.«

Kurze Zeit später erhielt Rita ein Buch mit Bildern aus dem bosnischen Medjugorje geschenkt. In dieser Stadt im ehemaligen Jugoslawien soll sechs Jugendlichen eine schöne weibliche Gestalt erschienen sein, die sich als »gesegnete Jungfrau Maria, Königin des Friedens« zu erkennen gab. Wegen der Erscheinungen war die Stadt zu einem Anziehungspunkt für Heilung suchende Pilger geworden, bis das Land vom Bürgerkrieg zerrissen wurde. Als Rita das Buch auf dem Schoß durchblätterte, fiel ihr Blick auf eine Abbildung der Kirche von Medjugorje: »Sie war völlig weiß, schmucklos, mit weißen Fenstern, weißen Bögen, ohne jede Bemalung an den Wänden«, erklärte sie uns. »Es war die Kirche aus meinem Traum.«

Sechs Monate später, im Juni 1986, aß Rita nach einem schwülen Tag im Bett zu Abend, betete ihren Rosenkranz zu Ende und wartete auf ihren Mann, der sich noch die Elf-Uhr-Nachrichten ansah. Plötzlich hörte sie eine »süße Stimme«, die zugleich in ihr, außerhalb von ihr und um sie herum zu sein schien. »Und doch war niemand da. Ich hörte die Stimme ganz deutlich sagen: ›Warum bittest du nicht?‹«

Rita war verblüfft. Worum sollte sie bitten? Seitdem sie die »wunderbare Liebe« erfahren und dabei ihren Glauben wiedergefunden hatte, hatte sie nicht um körperliche Heilung gebeten. »Ich hatte dem Herrn gelobt, daß er alles von mir bekommen würde, was er wollte. Ich konnte doch keinen Rückzieher machen und ihn bitten, mich von der Krankheit zu befreien. Ich hatte mich mit ihr abgefunden und versuchte, das Beste aus meiner Lage zu machen.«

Jetzt aber lag auf ihren Lippen, ohne daß sie es wollte, eine Fürbitte, eine Bitte an Maria um den Glauben, von dem Jesus gesagt hatte, daß er Berge versetzen könne. Sie spürte plötzlich, wie »ein Stromstoß« durch ihren Rücken und in ihre Arme und Beine fuhr. »... ein Kribbeln ... ein anregendes Gefühl wie prickelnder Sekt. Es durchlief meine rechte Körperhälfte, die am stärksten betroffen war.«

Das nächste, an das sie sich erinnert, ist der folgende Morgen. Sie hatte den Wecker verschlafen, hastete zu ihrem Bibelkreis am College und hatte die seltsame Begebenheit vom Vorabend völlig vergessen. Aber im Unterricht an diesem Morgen bemerkte sie plötzlich »eine Hitzewallung wie Feuer, die in meinen Füßen begann und in meinen Körper hinaufstieg. Es war unangenehm.« Als nächstes, so Rita, hätten ihre Beine unerträglich gejuckt. Sie beugte sich vor, um an den dicken Baumwollsocken zu kratzen, die sie zur Vermeidung wunder Stellen unter ihren Metallschienen trug. Dabei bemerkte sie, daß sie den unteren Bereich ihrer Beine wieder spürte. Und was sie noch mehr verblüffte: »Ich konnte meine Zehen bewegen. Dazu war ich seit über zehn Jahren nicht mehr in der Lage gewesen. Ich saß da und spürte meine Zehen, die sich in den dicken orthopädischen Schuhen auf und ab bewegten. Ich hielt es zunächst für sonderbare Muskelzuckungen.«

Sie hörte nicht mehr, was der Theologe im Unterricht sagte. Wie sie später erfuhr, hatte er ironischwerweise gerade in diesem Augenblick darüber geredet, warum es Wunder nicht geben könne. »Er sagte, es gebe immer eine natürliche Erklärung. Was in diesem Augenblick mit mir vorging, nahm mich so in Anspruch, daß ich kein Wort mitbekam.«

Später, als Rita wieder zu Hause war, wurde ihr sehr warm, und so beugte sie sich hinab, um ihre Beinschienen abzuschnallen. Da bemerkte sie, daß ihr Bein »seltsam aussah«. Ihre rechte Kniescheibe, die ein deformiertes Aussehen angenommen hatte, seit ihr die Sehnen durchtrennt worden waren, schien wieder am richtigen Platz. »Ich erinnere mich noch, daß ich rief: ›O mein Gott, mein Gott, mein Bein ist wieder gerade!‹« Sie schälte sich aus den Schienen, zog ihre langen Socken aus, stopfte ihr blaues Kleid in den Hosenbund und sagte sich: »Wenn ich geheilt bin, kann ich die Treppe hinaufgehen!« Dann stieg sie die dreizehn Stufen bis zum Treppenabsatz im Obergeschoß hinauf. Außer sich vor Freude, stürmte sie die Haustür hinaus, lief in den Wald, sprang über einen Bach und bedankte sich beim Himmel schreiend für ihre Heilung. Sie war froh, allein zu sein, weil man sie sonst wohl »in eine Zwangsjacke gesteckt hätte«.

Sie rief ihren Priester an und schrie ins Telefon: »Ich bin geheilt! Geheilt!«

»Wer ist denn dran?« erkundigte sich der Priester mehrmals, während sie immer wieder in die Muschel rief: »Ich kann laufen, laufen!« Schließlich sagte er: »Bist du es, Rita? Setz dich erst einmal, beruhige dich, nimm ein Aspirin und ruf deinen Arzt an.« Er glaubte offenbar, sie habe den Verstand verloren.

Stammelnd und weinend hängte Rita schließlich ein und rief eine Freundin an. Als die Freundin kam, stand Rita barfuß im Wohnzimmer, das Haar zerzaust, das schmutzige Kleid im Hosenbund, das Haar voller Blätter und Gras. Die beiden Frauen fielen einander in die Arme und tanzten wild durch den Raum, bis sie in der Küche schließlich an den Herd stießen, strauchelten und zu Boden fielen.

Ritas Ehemann Ron, Lehrer an einer staatlichen Schule, erinnert sich, daß sein Schrecken, als er nach Hause kam, zunächst größer war als seine Freude. Er wußte, daß Ritas Muskeln atrophiert und ihre Knochen deformiert waren. »Ich war entsetzt«, sagte er. »Sie hatte mehrmals kurze Besserungsphasen und spürte dann eine Woche oder einen Monat lang wieder etwas, aber die Ärzte hatten gesagt, damit sei es nun vorbei, man dürfe keine falschen Hoffnungen wecken.«

Er und Rita gingen an diesem Montag ins Rehabilitationszentrum. Die Ärzte, die sie dort untersuchten, waren völlig konsterniert. Als die Krankenschwestern davoneilten, um ihre Unterlagen zu holen, und die Patienten die Hälse reckten und zu ihr herüberstarrten, kippte unter den Ärzten die Stimmung: »Ein Arzt blickte mich an und fing an zu lachen. Er hielt mich für eine Zwillingsschwester, die ihn an der Nase herumführen wollte.« Ihr Neurologe »wurde wütend! Er sagte, bei MS gibt es keine Heilung, keine Wunder. Er rief Pfleger herbei und behauptete, ich sei eine Schwindlerin und Betrügerin.« Ihr Orthopäde versteckte sich hinter Röntgenaufnahmen und begriff nicht, was vor sich ging. Ihr Urologe, der bei der letzten Untersuchung festgestellt hatte, daß ihre Inkontinenz von einer auf mehrfache Normalgröße angeschwollenen Blase herrührte, entdeckte verblüfft, daß das Organ wieder eine normale Ausdehnung hatte. »Er sagte, er habe keinerlei Erklärung dafür, es sei das Tollste, was er in seiner langjährigen Praxis erlebt habe. Dann weinte er.«

Wir besorgten uns Ritas neurologischen Befund vom 23. Juni 1986. Darin heißt es: »Auf keinerlei Hilfe angewiesen ... Sie hat in beiden unteren Extremitäten wieder volle Kraft erlangt ... Ihre Sehnenreflexe sind völlig symmetrisch und normal ... Eine gewaltige Besserung. Ich weiß nicht, worauf ich sie in dieser kurzen Periode zurückführen soll. Die Patientin wurde nicht müde, mir zu demonstrieren, wie gut es ihr ging ... Ich bin sehr glücklich ... und mahne zur Nüchternheit.[32]

Bei einer Untersuchung fand Dr. Donald Meister an Rita keine Anzeichen von MS mehr. »Spontane Remissionen sind bei multipler Sklerose möglich«, bestätigte er in einem Lokalblatt. »Als einziges fällt aus dem Rahmen, daß bereits eingetretene dauerhafte Schädigungen gewöhnlich nicht verschwinden. In Ritas Fall deutet dem Augenschein nach alles darauf hin, daß sie wieder einen Zustand vollkommener Normalität erlangt hat.«[33]

Alles andere als normal verlief allerdings das Jahr nach ihrer Hei-

lung. Nach Rita war es einfach »schrecklich«: »Die Leute meinen, nach einer Wunderheilung schwebt man im siebten Himmel, aber für mich hatte sich das Leben radikal geändert.« Ron, der mehr Pfleger als Ehemann gewesen war, konnte sich nur schwer auf die neue Situation einstellen, so daß es oft zum Streit kam. »Er steht sehr ungern im Rampenlicht, und wir hatten jetzt alle Hände voll damit zu tun, die Sensationspresse abzuwimmeln.«
In den Jahren ihrer Krankheit waren Ritas Kinder »ungezogene kleine Ungeheuer« geworden, wie sie selbst sagt. Es gibt Fotos, auf denen sie »Teller mit verschimmelten Essensresten und vermoderte Handtücher unter ihren Betten« hervorzieht. Und auch sie litten unter den Folgen der Wunderheilung. »Die Lehrer nahmen die Kinder beiseite und hielten ihnen vor, ihre Mutter würde übertreiben. Andere Kinder verspotteten sie: ›Deine Mutter hat Kontakt zu Außerirdischen.‹ «
Rita unterrichtet jetzt Naturwissenschaften an einer kirchlichen Privatschule, wo sie über ihre Wunderheilung kein Wort verliert. »Die Schule arbeitet mit einem Katechismus des New Age. Er liest sich wie ein Buch über soziale Gerechtigkeit und Ökologie, steckt voller indianischer Mythen und erzählt von Mahatma Gandhi, Vincent van Gogh und dem Sierra Club. Maria oder die Engel kommen nicht darin vor. Alles dreht sich um globales und verantwortungsbewußtes Leben und Handeln. Das ist sehr wichtig, wird aber schon durch den naturwissenschaftlichen Unterricht abgedeckt.«
Doch die Naturwissenschaft kann Ritas Erfahrung nicht erklären. Dr. Meister meint dazu: »Ich glaube, es gibt für alles, was geschieht, eine wissenschaftliche Erklärung. Ob es göttlich inspiriert ist oder nicht, habe ich nicht zu entscheiden. Ich würde sehr gerne erfahren, wie diese Heilung zustande gekommen ist. Ich habe in Philadelphia eine Schwester, die mit multipler Sklerose im Rollstuhl sitzt. Sie ist 57 Jahre alt. Sie hat es seit 17 Jahren. Erklären Sie mir, wie diese Heilung zustande gekommen ist. Dann mache ich es noch einmal.«[34]
Seine eindringliche Frage berührt den Kern des Problems: Können wir die Mechanismen, die hinter den Wunderheilungen stehen, jemals von Grund auf verstehen, geschweige denn, dieses

Wissen zuverlässig einsetzen? Ritas Krankengeschichte liefert interessante Hinweise darauf, daß verschiedene Wege zu ungewöhnliche Heilungen führen. Augenfällig sind die besonderen seelischen Zustände wie psychische Dissoziation oder ein völliges Versunkensein, wie sie uns bereits bei mehreren anderen Fällen begegnet sind. (Die Autorin Ruth Cranston hat subjektive Berichte von Lourdes-Pilgern über offizielle und inoffizielle Heilungen gesammelt. Wie sie anmerkt, reden viele Betroffene von einem Gefühl der »Bewußtlosigkeit«, Entrückung und Gedankenverlorenheit, des Vergessens oder der Benommenheit, alles subjektive Empfindungen dissoziativer Bewußtseinszustände.)
Ebenso interessant sind Ritas Empfindungen von intensiver Wärme. Ärzte haben oft darauf hingewiesen, daß die Rückkehr nervlicher Empfindungen von einem schmerzhaften Brennen begleitet wird, Anzeichen für einen physiologischen Vorgang. Wie in den vorangegangenen Kapiteln erwähnt, können Hitzeempfindungen durch psychosomatisch ausgelöste Veränderungen in der Blutzirkulation hervorgerufen werden. Das Lourdes-Wunder Vittorio Michelli, der von einem Sarkom geheilt wurde, das seine Hüfte buchstäblich zersetzt hatte, berichtete, daß gleich nach dem Eintauchen in die heilige Quelle Hitze durch seinen Körper geflutet sei.[35] Und Ferdinand LeGrand, der nach einer Entzündung der Nerven im Rückenmark an Lähmungen und Gangränen litt und in Lourdes ebenfalls auf medizinisch unerklärliche Weise geheilt wurde, empfand »im ganzen Körper eine große Wärme«, nachdem er in das Bad gestiegen war.[36]
Ruth Cranston erwähnt zwei weitere inoffizielle Fälle: Ein von Magenkrebs geheilter Mann berichtet über ein schmerzhaftes »schreckliches Brennen«; eine andere Frau hatte in der kühlen Quelle von Lourdes das »Gefühl, in siedendes Öl getaucht zu werden«. Und der Abbé Fiamma beschrieb ein Gefühl, »als werde ihm ein glühendes Eisen unter die Haut geschoben«.[37]
Solche Erfahrungen beschränken sich nun allerdings nicht auf Lourdes. Pater DeOrio bereitet seine Gemeindemitglieder darauf vor, daß sie möglicherweise »Elektrizität« verspüren werden: »Sie fließt direkt aus meinem Körper in euren. Hitze. Ein Blitzschlag gewissermaßen.«[38] Dieses Phänomen scheint bei Heilungen in al-

len Kulturen vorzukommen. Die Kung-Buschmänner der Kalahari sprechen von einer heilsamen »siedenden Energie«. Beim Versuch, die von tibetanischen Yogis meßbar erzeugte Wärme zu erklären, spekulierte der Kardiologe Herbert Benson im Gespräch mit uns: »Wir haben die Kalorien berechnet, die für die Erzeugung dieser Wärme notwendig sind. Danach muß es im Körper noch eine andere Energiequelle geben als die, von denen wir Kenntnis haben.«

Das *Journal of Medicine and Philosophy* zitiert den Fall des Mr. Jacobson, eines Geschäftsmannes mittleren Alters, bei dem eine schwere Hiatushernie, eine Form des Zwerchfellbruchs, diagnostiziert worden war. Jacobson beschloß, an einem Heilungsgottesdienst in seiner Diözese teilzunehmen, obwohl er Glaubensheilungen für »einen Witz« hielt, wie er es ausdrückte. Als ihm einer der Geistlichen die Hand auf den Kopf legte und betete, spürte er zunächst nichts. Allerdings berichtet Jacobson:

> [Später] auf dem Weg zu meinem Wagen fragte ich mich, ob ich wohl geheilt sei und wie man sich nach einer Heilung von so einem Leiden fühlt. Dann aber sagte ich mir: »Ist doch völlig egal. Ob geheilt oder nicht, ich werde meinen Glauben an Gott nicht verlieren.« Plötzlich war mir, als stehe mein Kopf unter Hochspannung, und ich hatte das Gefühl, daß *kochendes, brodelndes* Wasser [Hervorhebung Hirshberg / Barasch] in meine Fingerspitzen strömte und wieder zurückfloß ... Da wußte ich, daß ich geheilt war.[39]

Er suchte seinen Arzt auf und bat um eine weitere Röntgenuntersuchung des oberen Verdauungstraktes. Der Arzt rief ihn am nächsten Tag an und meinte: »Es ist mir unerklärlich, aber die Röntgenaufnahmen sind völlig normal.«[40]

Berichte wie diese scheinen in gewisser Hinsicht auf ungewöhnliche Aktivitäten des Nervensystems hinzudeuten. So schreibt der britische Arzt Daniel J. Benor, der sich begeistert mit dem Phänomen von Heilungen beschäftigt hat: »Wärmemessungen während der Heilung zeigen keinen objektiven Anstieg der Temperatur. Dies deutet auf eine Synästhesie oder sich überschneidende

Sinneswahrnehmung hin. Vielleicht werden die Nervenenden, die Hitze wahrnehmen, von irgendeiner heilenden Energie erregt, die sich von Wärme zwar unterscheidet, aber doch soviel Gemeinsames mit ihr hat, um die Nerven zu reizen.«[41]

Schon frühere Forscher kamen auf den Gedanken, daß das Nervensystem bei solchen Phänomenen eine zentrale Rolle spielt. Alexis Carrel, Chirurg vom New Yorker Rockefeller Institute und Nobelpreisträger, der persönlich Zeuge einer spektakulären Heilung in Lourdes geworden war, kam zum Schluß, daß an diesem Ort »zweifellos Dinge von höchster medizinischer Bedeutung geschehen, Dinge ... die ein völlig neues Licht auf die geheimnisvolle Rolle des Nervensystems werfen«.[42] Ritas subjektive Empfindung von »Elektrizität« ist in der Tat ein interessanter Hinweis auf eine mögliche ungewöhnliche Nervenaktivität bei der Heilung von MS, die ja eine Erkrankung des Nervensystems ist. Ruth Cranston zitiert Leo Schwager, einen MS-kranken Laienbruder der Benediktiner, der an den Rollstuhl gefesselt war: Auch er empfand »so etwas wie einen Elektroschock«[43], unmittelbar bevor er sich in Lourdes aus seinem Rollstuhl erhob.

Subjektive Beschreibungen von ungewöhnlichen Kräften oder Energien tauchen bei vielen »wundersamen« und unerwarteten Genesungen auf. Schon vor etwa zweieinhalb Jahrtausenden entdeckte Hippokrates, daß auf die Empfindung von Hitze und das Kribbeln, die oft das Handauflegen begleiten, ein Nachlassen der Symptome folgt. Er vermutete hinter diesen Erscheinungen, die wir den bereits diskutierten seelisch-körperlichen Mechanismen zuschreiben könnten, das Wirken einer wichtigen Kraft, der sogenannten *vis medicatrix naturae* (Heilkraft der Natur). Die Aufgabe des Arztes bestand für ihn darin, herauszufinden, was den individuellen Zugriff auf diese Kraft behinderte, und ihren Fluß wieder in Gang zu bringen.

Ähnlich basiert die chinesische Medizin auf der Überzeugung, daß der Körper über eine Art inneres Leitungsnetz verfügt, das ihn mit der lebensspendenden Energie *Chi* versorgt. Es besteht aus »Meridianen«, die wie Transformatoren funktionieren sollen. Obwohl einige medizinische Wirkungen der Akupunktur auf diese Meridiane dokumentiert worden sind, entsprechen sie weder bekannten Nerven noch Blutbahnen oder anderen Gefäßsystemen in der abendländischen Wissenschaft. Patienten, denen man eine Nadel in einen Meridian einsticht, vergleichen das, was sie dabei empfinden, oft mit einer elektrischen Ladung, bei der es sich nach Meinung der chinesischen Ärzten um eine Freisetzung von Chi zur Heilung eines kranken Körperteils handelt.

Die Frage mag naiv anmuten, ob die Empfindungen von »Elektrizität«, von denen bei Heilungen zuweilen die Rede ist, wörtlich zu verstehen seien. Nach lebhaften Diskussionen am Anfang der modernen Medizin ist das Interesse an diesem Gegenstand inzwischen eingeschlafen. In einer Ausgabe des *British Medical Journal* von 1910 stellte ein Mediziner die Frage, ob der Mensch »die Tastatur einer elektrischen Apparatur [sei] ..., eine Äolsharfe, zum Klingen gebracht von Winden, die wir nicht sehen können«.[44]

Über solch merkwürdig anmutende Fragen sollte freilich nicht ganz hinweggegangen werden. Die bioelektrische Energie spielt im menschlichen Stoffwechsel durchaus eine Rolle. Der Körper, der vornehmlich aus salzhaltigen Lösungen besteht – ausgezeichnete elektrische Leiter –, kann als eine Batterie mit positiv und negativ geladenen Ionen betrachtet werden, als eine Vorrichtung, durch deren wasserhaltiges Gewebe schwache Ströme fließen. Ein kleiner meßbarer elektrischer Strom fließt bei der Reizleitung durch den Raum zwischen zwei Nervenzellen oder Neuronen.

Ein hervorragender zeitgenössischer Pionier auf diesem Gebiet der Medizin ist Dr. Björn E. W. Nordenstrom, der frühere Chef der diagnostischen Radiologie am Stockholmer Karolinska-Institut. Nordenstrom, Vorsitzender der Körperschaft, die Nobelpreisträger für Medizin auswählt, und Erfinder der perkutanen Nadelbiopsie zur Diagnose von Lungentumoren, entdeckte verblüfft, daß solche Tumore auf Röntgenaufnahmen häufig einen sogenannten »Korona-Komplex« aufwiesen, vergleichbar einem Strahlenkranz der Sonne. Er fragte sich, ob dies auf besondere elektrische Eigenschaften von Tumoren hindeutete. Wie er schließlich herausfand, zeigten Tumore gegenüber dem umliegenden Gewebe oft eine positive Ladung.

Nordenstrom kam auf den Gedanken, seine Biopsie-Nadeln zugleich als Elektroden zu benutzen. Er legte sie an Tumore an und verstärkte dabei ihre natürliche positive Ladung. Zu seiner Genugtuung entdeckte er dabei, daß diese elektrischen Signale den Körper offenbar dazu anregten, verschiedene krebsbekämpfende Immunfaktoren, unter anderem eine »massive Anhäufung« weißer Blutkörperchen, zur Quelle des elektrischen Signals zu schikken. Bei dem Vorgang, so mutmaßte er, handelte es sich um ein sogenanntes »Verletzungspotential«, wie Biologen es nennen, also um eine elektrische Potentialdifferenz zwischen verletztem Körpergewebe (oder einem Tumor) und dem umliegenden gesunden Gewebe.[45] Die Wissenschaftler erkennen dies schon lange als Tatsache an, aber nur sehr wenige sind dieser Erscheinung weiter nachgegangen.

Nordenstroms Arbeit förderte zutage, daß diese Energie Teil einer körpereigenen elektrischen Schaltung ist. Schaltkreise, so zeigte er, spielen überall im Körper eine Rolle, angefangen bei den Aktivitäten der Immunfaktoren bis zur Blutzirkulation in den Kapillaren (zwei Vorgänge, die oft unmittelbar im Zusammenhang mit ungewöhnlichen Heilungen gesehen werden). Relativ schwache elektromagnetische Felder, die nachweislich die Heilung von Knochenbrüchen beschleunigen, den Zellstoffwechsel beeinflussen und selbst zu »spontanen Nekrosen« von Tumorgewebe führen, können nach Nordenstrom als »extrabiologisches Leitprinzip« betrachtet werden.[46]

Die Bedeutung von Nordenstroms Gedanken ist Kollegen aus verschiedenen biologischen Forschungsrichtungen nicht verborgen geblieben. Eine wissenschaftliche Zeitschrift neueren Datums, in der auf die »besondere elektromagnetische Sensibilität« von Zellen und Organismen verwiesen wurde, erläutert, daß schon geringste Energiemengen die natürlichen Selbstheilungskräfte des Körpers stimulieren können:

> Ich gehe davon aus, daß der Heilungsprozeß immer dann einsetzt, wenn ausreichend Energie gesammelt worden ist, um das System an den Punkt zu bringen, wo es auf natürliche Weise in ein selbstorganisiertes kritisches Stadium tritt. Eine kleine Störung ermöglicht es den geeigneten Zellen, eine

Energiebarriere zu überwinden, ähnlich einem Ball, der mit einem kleinen Stoß über eine Erhebung geschoben werden muß, bevor er ins Tal hinabrollt.[47]

Dr. Robert O. Becker, ein in New York tätiger orthopädischer Chirurg, wurde als »Vater der Bioelektromagnetik« bezeichnet. Wie er hervorhebt, haben künstlich erzeugte elektromagnetische Felder (EMFs) selbst in kaum nachweisbaren Stärken entgegen früheren Annahmen nachweislich einen Einfluß auf die Zellteilung, die Funktion des Immunsystems und auf die Neurohormone.[48] Nach Becker sind EMFs eindeutig in der Lage, im Körper »eine Welle von Veränderungen« auszulösen.[49] »Man ging einfach davon aus«, meint er spöttisch, »daß es nach den Gesetzen der Physik keine Wechselwirkung zwischen unsichtbaren Kraftfeldern und lebendigen Dingen geben könne. Das war falsch.«[50] Manche Forscher machen solche schwachen elektromagnetischen Felder für die Häufung von Krebsfällen in Wohnbereichen verantwortlich, die besonders nahe an Transformatoren, Überlandleitungen und Umspannungswerken liegen.[51]

Aber Schädliches kann auch heilen. Als Chef der orthopädischen Chirurgie am Veterans Administration Hospital in Syracuse im Bundesstaat New York begeisterte sich Dr. Becker für die Fähigkeit von Salamandern, verlorene Gliedmaßen zu regenerieren. Er entdeckte, daß das »Steuerungssystem, das ihre Heilung auslöste, regulierte und stoppte ... elektrischer Natur war«.[52] Seine Entdekkung, so Becker, deute auf die Existenz eines »unterhalb des zentralen Nervensystems« arbeitenden Systems hin, das »über eine gemeinsame Bahn« durch »eine komplexe Übertragung von elektromagnetischen Informationen Heilung und Wachstum kontrolliert«.[53]

Über die Jahre gelangte Becker bei seiner Arbeit zu Ergebnissen, die er, auch wenn sie von anderen Forschern als metaphysisch abgetan werden mögen, für streng wissenschaftlich hält. »Vielleicht senden Menschen, die offenbar durch Handauflegen heilen, elektromagnetische Wellen in einer bestimmten Frequenz aus, die körpereigene Felder und über diese wiederum die Körperzellen beeinflussen.«[54]

Olga Worrall, die wohl am stärksten beachtete Heilerin der neueren Zeit, hat im Laborversuch auf lebendige und tote Systeme interessante physikalische Effekte ausgeübt. So entdeckte der Wissenschaftler Robert N. Miller, der für die Industrie forscht, daß von Olga Worrall »behandeltes« Wasser bei einer fotospektrometrischen Untersuchung mit Infrarot Veränderungen in den Wasserstoffbindungen aufwies: Fast der gleiche Effekt tritt bei Wasser auf, in dem mehrere Stunden Magnete gelegen haben.[55]

Olga Worrall, die Beten als eine Form der »inneren Sammlung« zur Erzeugung einer heilsamen »Trägerwelle« versteht, versichert, daß der Körper anders sei, als er »dem Auge« erscheine: »Er ist keine kompakte Masse. In Wirklichkeit ist er ein Gefüge aus kleinen Teilchen oder räumlich voneinander getrennten Energiepunkten, die durch ein ausbalanciertes elektrisches Feld an Ort und Stelle gehalten werden. Wenn die Teilchen nicht an ihrem Ort liegen, dann kommt es im Körper zu Krankheiten. Geistheilung ist ein Mittel, die Teilchen wieder in ein harmonisches Verhältnis zu bringen.«[56]

Dr. Elmer Green, der Leiter des Forschungslabors für psychophysische Phänomene der Meninger Clinic und ein Pionier auf dem Gebiet der Biofeedback-Forschung, versuchte bei einer Reihe von Experimenten herauszufinden, ob die von Heilern für sich beanspruchte Fähigkeit, »Energie« zu erspüren und zu übertragen, »absoluter Quatsch ist oder nachgewiesen werden kann«. Mit Hilfe einer hochempfindlichen Meßvorrichtung für elektrische Ströme entdeckte er, daß vom Körper einiger Heiler verblüffende Spannungsstöße von 80, 100 und gelegentlich sogar 200 Volt ausgingen, wenn sie Heilungsenergie zu emittieren begannen. »Eigentlich ist das unmöglich«, lächelt Green verschmitzt, »und doch ist es passiert. Keiner weiß, was das bedeutet. Aber wir haben die elektrischen Begleiterscheinungen gesehen.«[57]

Aber Begleiterscheinungen von was? Wie Becker glaubt auch Green, es könne sich um eine Art »Information« handeln, die im Körper eine Reihe biologischer Abläufe in Gang setzt. Die Zeitschrift *Advances,* die sich mit den Randbereichen der psychosomatischen Medizin befaßt, hat zur Erfassung des Phänomens eine Definition vorgeschlagen, die ebensoviel Verwirrung wie Einsicht zum Ausdruck bringt: »Das Geistheilen ist der direkte Einfluß einer oder mehrerer Personen auf ein anderes lebendes System ohne den Einsatz bekannter physikalischer Interventionsmittel.«[58]

Was Geistheilen auch sein mag: Zahlreiche der von uns befragten Patienten griffen darauf zurück, als alles andere versagt hatte. Auch Jeanne Stone hatte alle medizinischen Mittel zur Behandlung der Haarzellenleukämie, eines bösartigen Lymphoms, an ihrer rechten Wade ausgeschöpft. Nach mehreren chirurgischen Eingriffen, Strahlentherapie und strapaziösen Behandlungen mit Chemotherapeutika entdeckte sie eines Morgens, daß an der Stelle, an der man sie zunächst operiert hatte, eine ganze Reihe neuer Tumore gewachsen war. Einige waren so groß wie ein Fingernagel, andere kaum größer als Stecknadelköpfe. Entsetzt nahm sie einen Kugelschreiber vom Nachttisch, zog um jeden einen Kreis und zählte auf ihrer Haut nicht weniger als 24 Geschwülste.

Eine ärztliche Diagnose bestätigte ihre Befürchtungen: Ihr Lymphom war wieder aufgelebt. Da die vom Arzt vorgeschlagene Behandlung bei zu großen Risiken einen zu geringen Nutzen versprach, schlug Jeanne eine andere Richtung ein. Seit Jahren hatte sie sich in ihrer Freizeit begeistert mit Esoterik beschäftigt und sich aus der Bibliothek stapelweise autobiographische Schriften von Shirley MacLaine und Tonbänder ausgeliehen, die durch Suggestion beim Abnehmen helfen oder eine »Rückkehr ins frühere Leben« ermöglichen sollen. Hier schien ihr ein Schimmer Hoffnung verborgen. Eine Freundin, die von ihrer gefährlichen Erkrankung wußte, erzählte ihr von der Healing Light Center Church, einer aus dem Geist des New Age geborenen Einrichtung, die von der »Energieheilerin« Rosalyn Bruyere geleitet wurde, einer Wissenschaftlerin, die früher auf dem Gebiet der atmosphärischen Physik geforscht hatte. »Ich beschloß, es mit dem Glauben zu versuchen«, berichtete Jeanne. Die Freundin hatte ihr versichert: »Wenn du dort hingehst, wirst du geheilt.« Und wie viele, die nach Lourdes pilgern, weil sie kaum etwas zu verlieren haben, klammerte sie sich an diesen Strohhalm.

Jeanne war 15 Jahre lang Presbyterianerin gewesen, hatte in der

Sonntagsschule unterrichtet und im Chor gesungen. Aber schon vor Jahren hatte sie der Kirche den Rücken gekehrt. »Mein Bild von Gott war sehr viel umfassender als das, was die Theologie lehrte. Das war nicht der Gott, den ich kannte.« Der Besuch in der Healing Light Center Church war für sie verwirrend, fremdartig und aufregend. »Sie erklärten mir nicht, was sie mit mir anstellten, sondern legten mich einfach auf eine Art Massagetisch. Als erstes erläuterten sie mir, sie würden meine ›Aura abtasten‹, indem sie mit ihren Händen über meinen Körper strichen. Sie begannen mit weit ausholenden Bewegungen an meinem Unterleib. Das Bein mit den Tumoren rührten sie nicht einmal an.« Und doch löste die seltsame Prozedur der Heilerinnen merkwürdige Empfindungen aus. »Nach der zweiten Behandlung spürte ich eine Spannung in der Unterleibsgegend, genau in der Mitte meines Körpers. Ich spürte ein Vibrieren wie bei einem Adrenalinstoß.« Jeanne fühlte sich so »energiegeladen«, daß sie nicht einschlafen konnte. Sie ging ins Schwimmbad ihres Motels und stellte verwundert fest, daß sie Zug um Zug das gesamte Becken durchschwimmen konnte. Einige Tage zuvor, so Jeanne, »hätte ich mit Glück gerade mal die Hälfte geschafft«.

Die Geistheilerinnen forderten sie zudem auf, über ihr Leben zu sprechen, um sich eventuell vorhandene emotionale Traumata »von der Seele zu reden«. Unter ihren gleitenden Händen sprach sie über ihr schweres Schicksal. Nach ihrer Scheidung war ihr das Sorgerecht über die Kinder entzogen worden, ein harter Schlag. Ihr zweiter Ehemann nahm sich das Leben, und sie, damals schon über 50 Jahre alt, mußte sich mit drei Teilzeitstellen und Lebensmittelmarken von der Sozialhilfe über Wasser halten. Kaum war sie mit ihrem jüngsten Sohn in ihr Elternhaus nach Lincoln in Nebraska übergesiedelt, starben nacheinander ihre Mutter und dann ihr Vater. Sie stand vor dem Nichts. Mit Tränen in den Augen redete sich Jeanne ihre Sorgen von der Seele.

Ihr Aufenthalt im Heilzentrum, so erklärte sie uns, sei eine »tiefe spirituelle Erfahrung« gewesen und habe ihr »Leben verändert«. Sie wurde an fünf aufeinanderfolgenden Tagen jeweils eine Stunde behandelt. Außerdem erlernte sie Entspannungstechniken und Methoden, um mit »inneren Führern« in Kontakt zu kom-

men: »Die Geistheilerin unternahm mit mir eine geführte Visualisierung, um mich einem ›Helfer‹ vorzustellen. Ich erwartete eine Person wie auf den Jesusbildern, in einem langen wallenden Gewand und mit Heiligenschein. Statt dessen erschien vor meinem geistigen Auge ein Mann in Turnschuhen, Jeans und T-Shirt. Ich nannte ihn ›Jaime‹. Das erste, was ›Jaime‹ sagte, war: ›Ich liebe dich, ich habe dich immer geliebt und ich werde dich immer lieben.‹ Als ich wieder ganz bei mir war, weinte ich nur. Ich war so glücklich, daß sich jemand richtig um mich gekümmert hatte, auch wenn er nicht zu meiner alltäglichen Wirklichkeit gehörte.«
Jeannes »erweiterte Wahrnehmung«, wie sie es nennt, dauerte nach ihrer Rückkehr noch mehrere Monate fort. Noch überraschender war die Wirkung auf ihre Tumore. »Jeder Tumor saß an einer Stelle, wo ich ihn beobachten, berühren, betasten, anschauen und sein Wachstum genau verfolgen konnte. Schon nach der ersten Behandlung wurden sie flacher. Fünf waren bis zum Ende der fünften Sitzung völlig verschwunden. Die anderen schrumpften ebenfalls und verschwanden in den Monaten nach meiner Rückkehr.«

Sie zog einen Chirurgen zu Rate, der trotz seines Befremdens über das unkonventionelle Heilverfahren ihre Begeisterung über das Ergebnis teilte. »Er sah mein Bein, dann mich, und schließlich sagte er: ›Donnerwetter! Sie sind tatsächlich verschwunden.‹ Seither habe ich bei ihm immer ein gutes Gefühl.« Als sie wenig später auf ihrem Schenkel einen kleinen Knoten entdeckte, ließ sie sich von einem weiteren Heiler, einem »reizenden Menschen«, behandeln. Zu ihrer Überraschung stellte sie fest, daß »der Knoten ganz rot wurde und sich entzündete. Aber mit der Schwellung und der Rötung verschwand bald auch der Knoten.« Ein weiterer Knoten, der sich hartnäckig hielt, wurde chirurgisch entfernt.

Hier bietet sich uns ein kompliziertes Bild des geheimnisvollen Heilsystems: Jeanne war an einem Lymphom erkrankt, einer Krebsart, bei der nach den Beobachtungen der Forscher größere Aussichten auf eine Rückbildung bestehen als bei anderen Krebsarten. Sie unterzog sich einer konventionellen medizinischen Behandlung, zugleich aber auch einer Therapie, zu der eine seelische Entlastung, Visualisierungen, eine Pilgerfahrt an einen fremdartigen, Heilung verheißenden Ort und das Gefühl gehörten, vorbehaltlos geliebt zu werden. Vor ihrer Heilung hatten sich um die von Tumoren befallenen Stellen gerötete und entzündliche Schwellungen auf der Haut gebildet. Dies deutet auf die gleichen physiologischen Mechanismen hin, die wir schon bei anderen Fällen von ungewöhnlichen Heilungen beobachtet haben. Es wäre denkbar, daß meditative Ruhe, dissoziative Bewußtseinszustände und Suggestion hier stimulierend wirken.

Besonders interessant ist dabei, daß sich auch die Heiler selbst in solche Zustände versetzen. Ein verstorbener Geistheiler beschrieb dies so: »Mein bewußtes Denken setzte aus, als die Kraft durch mich hindurchfloß. In solchen Augenblicken verliere ich jedes Zeitgefühl. Ich hatte keine Ahnung, ob ich für einige Sekunden oder für viele Minuten ›weg‹ war. Später stellte ich fest, daß es sehr lange gewesen sein mußte.«[59] Eine amerikanische Ärztin schildert in ihrer 1951 unter dem Pseudonym Rebecca Beard erschienenen Autobiographie, wie sie auf ungewöhnliche Weise von einem unheilbaren und tödlich verlaufenden Herzleiden geheilt wurde, eine Erfahrung, die sie dazu bewog, »von der *materia medica* zur spirituellen Therapie überzulaufen«.[60] Sie beschreibt den Bewußtseinszustand, in dem sie sich bei der Übertragung von Heilungsenergie befand, und spricht dabei einen Aspekt an, den ein Forscher als »meditatives Beten« bezeichnet hat: »Dabei wird die Aufmerksamkeit von einem selbst abgelenkt, das diskursive und analytische Denken wird schwächer und mündet in ein ›inneres Schweigen‹.«[61] In einer Studie über »transzendente« Gemütszustände, wie sie Heiler und Mystiker beschreiben, spricht ein anderer Wissenschaftler von Zuständen, »in denen klare und scheinbar reale Bilder gesehen werden«, und von »Bewußtseinsveränderungen, die längst Vergessenes wieder detailgetreu in Erinnerung bringen«.[62] Zur spirituellen Sphäre gehören offenbar zahlreiche mentale und emotionale Phänomene, die uns bereits im Zusammenhang mit ungewöhnlichen Heilungen begegnet sind, auch wenn sie sich nicht auf diese beschränken.

Traditionelle Kulturen haben die zahlreichen Dimensionen des Heilsystems über Jahrtausende weg mit eigenen Methoden untersucht und dabei nicht nur Heilkräuter, sondern auch die Heilkräfte von Musik, Tanz, Gebet, Imagination, veränderten Bewußtseinszuständen und sozialem Rückhalt entdeckt. Rituale, die von der Wissenschaft einst als primitiver Aberglaube abgetan wurden, werden von medizinischen Anthropologen heute als »aktiver Beitrag« zur Heilung betrachtet, als ein Beitrag, der unter anderem Etikett oft auch bei ungewöhnlichen Heilungen beobachtet wird. Leider veröffentlichen traditionelle Heiler ihre Fälle in keinem »Fachblatt für Schamanenheilkunde«, so daß wir hier auf eigene Beobachtungen angewiesen sind.

Im Bemühen, den spirituellen Aspekten von unerwarteten Genesungen auf die Spur zu kommen, reisten wir nach Salvador in der brasilianischen Provinz Bahia, in eine Stadt, in der noch reine Formen der afrobrasilianischen Rituale des Candomblé (cahndomblay) praktiziert werden. 75 Prozent der dortigen Bevölkerung sind Schwarze oder Mulatten, Nachfahren von Sklaven, die zu den Stämmen der Yoruba und anderen gehört hatten. Ihre Glaubensformen lassen sich bis nach Ägypten und Indien zurückverfolgen. Selbst in der katholischen Barockkirche Bom Fim (Gute Hand), an deren Wänden Krücken und andere Beweise für Wunderheilungen prangen, finden sich zahlreiche Anklänge an die afrikanische Ikonographie, so etwa eine heilige Maria mit Flügeln und dem Schwanz einer Seejungfrau. Die Jungfrau, von Sklaven aus dem steinharten Holz eines tropischen Baumes geschnitzt, ist barbusig und wie eine Fruchtbarkeitsgöttin schwanger dargestellt.

Candomblé ist eine Religion, die auf dem festen Glauben an die Einheit von Seele, Körper und Geist beruht. Nach ihrer Lehre besteht die Wirklichkeit aus zwei Welten: *Aye,* der physikalischen Welt, und *Orum,* der spirituellen Sphäre. Beide Welten sind gewöhnlich voneinander getrennt, können durch eine bestimmte Zeremonie aber vereint werden, was nach Überzeugung der Gläubigen gewaltige Heilkräfte freisetzt.

Alljährlich strömen die Menschen in Scharen zum Fest des Oxumare, des Gottes der Verwandlung und Heilung, und füllen die Bankreihen und Tribünen. Auf einer Bühne nehmen drei Trommler ihre Plätze ein. Sie fangen wild zu trommeln an, als ein

Dutzend Frauen zwischen 14 und 60 Jahren aus der Menge treten und mit anmutigen fließenden Bewegungen der Arme rhythmisch im Kreis zu tanzen beginnen. Mit ihren geflochtenen Frisuren, weißen Blusen und leuchtend bunten afrikanischen Reifröcken gleiten sie, die alten Frauen ebenso grazil wie die jungen Mädchen, barfuß über die Backsteine. Der Trommler, der den Rhythmus vorgibt, ein stämmiger, tiefdunkler Schwarzer, entlockt seinem Instrument schluchzende und frohlockende Töne. Ein Singsang stimmt in die Musik mit ein, ein Auf und Ab wie Ruderschläge.

Die Frauen fallen in Trance. Sie nähern sich den Zuschauern, unter denen Heilung suchende Kranke sitzen, umarmen einige, während andere ihre Hände ergreifen, deren Flächen sie, wie um eine unsichtbare Energie anzusaugen, nach außen drehen. Der Tanz, das Trommeln und die Gebete der Gläubigen wecken in den Kranken ein tiefes Gefühl, geheilt zu werden. Eine Energie wird spürbar, die Körper und Seele durchdringt.

Ein Mann starrt auf die Tränen, die seinem Nachbarn über die Wangen rinnen. »Die Götter sind wunderbar, ja«, murmelt er abwesend mit voller, warmer Stimme. Der Raum scheint erfüllt mit dem, was die Japaner *aware* nennen, mit der bittersüßen Freude, die alles Schöne in seiner Vergänglichkeit umgibt, mit dem Wissen, daß auch dieser Augenblick wie alles Menschliche endlich ist und daß wir am Ende in die Enge des Alltages zurückkehren müssen. Aber noch beobachten wir die Frauen, die sich von den Göttern getrieben in türkisfarbenen, orangen und grünen Kleidern und mit glänzenden Messingkronen auf dem Kopf graziös um sich selber drehen und zwei getrennte Welten für Augenblicke wieder zusammenführen.

Spirituelle Erfahrungen wie bei solchen Zeremonien würde man Muriel Bourne-Mullen, einer munteren, in England lebenden 71jährigen Krankenschwester aus der Geriatrie, wohl kaum zutrauen. Und doch ist diese Frau, die in den zwanziger und dreißiger Jahren im geheimnisvollen Indien aufwuchs – ihr Vater hat als britischer Offizier Gandhi verhaftet –, mit den Volkssagen von Rama und Sita sowie mit den Legenden der indischen Mystik groß geworden. Nach ihrer Heirat mit einem Polizeibeamten, der im unabhängigen Indien Karriere gemacht und Indira Gandhi als Leibwächter gedient hat, wurde sie auf Reisen durch den Subkontinent oft Zeugin aufregender religiöser Rituale.

Obwohl Muriel zeit ihres Lebens gläubige Katholikin war, bemühte sie sich stets um ein Verständnis für alle Formen von Religiosität. Im Jahr 1987 erfuhr diese Frau, die stets Beistand im Gebet gesucht hatte, daß sie besonders viel Fürsprache brauchen würde, wenn sie die nächsten sechs Monate überleben wollte – das war nach Aussage der Ärzte die zu erwartende Überlebensdauer bei ihrem unheilbaren metastasierten Leberkrebs. Sie hatten sie wochenlang untersucht und ihr immer wieder Blut abgenommen. Dann, so Muriel, »kamen sie zu mir ans Bett, zogen den Vorhang zu und sagten, es täte ihnen leid, aber mein Krebs habe die Lungen befallen. Eine weitere Behandlung sei sinnlos.«

Muriel war Krebskrankenschwester gewesen und hatte Patienten mit verschiedensten Tumoren dahinsiechen sehen. Sie nahm die Hiobsbotschaft zunächst gefaßt auf, fiel dann aber in eine tiefe Depression. Sie starrte aus dem Fenster und nahm Abschied vom Leben: vom sanften Wiegen der Blätter in den Bäumen, von ihrem Ehemann, mit dem sie seit 40 Jahren verheiratet war, von ihren Kindern und, was sie am stärksten schmerzte, von ihren geliebten Enkeln. Dann aber, um die Weihnachtszeit, versammelte sich bei ihr zu Hause die ganze Familie, einige reisten sogar aus dem fernen Kalifornien an. Ihre Anwesenheit machte ihr Mut und gab ihr neue Kraft.

Sie tat, was sie ihr Leben lang getan hatte: Sie suchte Zuflucht im Gebet. Sie richtete Fürbitten an den heiligen Judas, den Schutzpatron für aussichtslose Fälle, und betete so inbrünstig wie einst als Schulmädchen zur Muttergottes: »Erinnere Dich, o barmherzige Jungfrau Maria, daß noch niemals jemand, der Deines Beistandes oder Deiner Hilfe bedurfte oder um Deine Fürsprache ersuchte, im Stich gelassen worden ist.« Sie betete um Vergebung, um Gesundheit und darum, daß der Krebs »sich auflöst und verschwindet«.

Ihre Bitte schien unerfüllbar, selbst bei einem göttlichen Adressaten, doch Muriel Bourne-Mullen waren Wunder nicht unbekannt. Sie sei »offen, aber nicht leichtgläubig«, erklärt sie uns, und betrachte die Dinge »genau«, bevor sie sich ein Urteil bilde. »Aber ich kann von so vielen Dingen berichten, die ich selbst erlebt habe.« Sie erzählt von einem Yogi, den ein Polizeikollege ihres Mannes engagierte, um aus der Ferne Schlangebisse zu heilen. »Wenn jemand von einer Kobra gebissen worden war, dann schickte die Polizei mit Billigung der Regierung und für teures Geld ein Telegramm an diesen frommen Mann, der täglich sechsmal betete, keiner Fliege etwas zuleide tat und sich nur vegetarisch ernährte. Wenn der Telegrammbote in Lederkleidung bei ihm auftauchte, war das für ihn wie ein Schlag ins Gesicht! Er sprach dann ein Mantra, einen religiösen Spruch, und versenkte sich für einen Augenblick in sich selbst. Und der Betroffene wurde jedesmal gesund. Der Yogi wußte sogar genau, was er sagen würde, wenn er später bei ihm vorbeikam, um sich zu bedanken. Es gibt Dinge, die kann man nicht erklären. Manchmal ist die Wahrheit merkwürdiger als Dichtung.«

In Muriels Fall mußten die Ärzte dem zustimmen. Nach Weihnachten nahm sie auf unerklärliche Weise wieder zu. Ihr Tumor schrumpfte und verschwand schließlich völlig, eine Tatsache, die bei einer Röntgenuntersuchung, einer Gewebsentnahme und einer computertomographischen Untersuchung bestätigt wurde. Die Metastasen in den Lungen lösten sich auf, und an die Stelle der Tumore, die beide Leberlappen befallen hatten, trat unmerklich Narbengewebe.

Wohl um auch der Medizin einen Anteil an dieser wundersamen Heilung zu sichern, bedrängte sie ihr Arzt, sich einer Lebertransplantation zu unterziehen. Muriel wies den Ratschlag empört zurück. »Ich war kerngesund und munter. Ich sagte ihm, dazu bestehe kein Grund mehr, es sei völlig unnötig.« Sie kicherte wie ein Schulmädchen: Die Jungfrau Maria habe auch sie nicht im Stich gelassen.

Ungewöhnliche Fälle wie dieser tauchen im übrigen nur selten in medizinischen Fachzeitschriften auf. Das vom Vatikan untersuchte »Wunder« der Ann O'Neill, der Vierjährigen, die durch die Fürsprache von Mutter Seton geheilt worden sein soll (siehe Kapitel zwei), hat niemals als Fallstudie Eingang in die Literatur gefunden. Der Hämatologe Dr. Milton Sacks teilte 1993 einem Reporter der *Washington Post* mit: »Der einzige Grund, warum der Fall nicht dokumentiert worden ist, liegt darin, daß er mir angst gemacht hat.«[63]

Muriels Fall wurde zwar dokumentiert, aber ihre wahre Krankengeschichte geht unter in einer Fülle belangloser medizinischer Einzelheiten. Er wurde 1990 in einem Artikel in der medizinischen Fachzeitschrift *Gut* (Inneres) mit der ganzen Nüchternheit ausgebreitet, die in ihrem Titel bereits anklingt. Fast alles Menschliche bleibt darin ausgeklammert. Wir haben es mit einer »63jährigen Weißen« zu tun, »die seit vier Monaten Beschwerden im Bauchraum und Blähungen nach dem Essen« hatte, und im folgenden verschwindet Muriel hinter einer detaillierteren Beschreibung von »pleomorphen« Tumorzellen mit »bizarren Riesenkernen«. Der Bericht bestätigt die ursprüngliche Diagnose auf einen metastasierten Leberkrebs. Da »eine Behandlung als nicht aussichtsreich erachtet wurde«, sei die Patientin »ohne Medikamente nach Hause entlassen worden«. Immerhin wird im Artikel darauf hingewiesen, daß es in der Medizingeschichte nur zwei veröffentlichte Berichte über die Rückbildung eines Primärtumors in der Leber gegeben habe. Und nur in einem Fall, der in China registiert worden sei, habe der Krebs bereits metastasiert. Als mögliche Ursachen werden gebetsmühlenhaft endokrine oder immunologische Reaktionen oder eine Unterbrechung der Blutzufuhr des Tumors genannt. Ansonsten herrscht Ratlosigkeit: »Die Patientin erfuhr keinerlei Behandlung gegen ihren Tumor. Die Rückbildung darf mit Fug und Recht als spontan bezeichnet werden.«[64] Unerwähnt bleiben Muriels spirituelle Erfahrungen, ihr Glaube und ihr Vertrauen in das Gebet, alles Dinge, die sich in kein therapeutisches Schema fügen.

Daß das, was landläufig als Beten bezeichnet wird, bei zahlreichen unerwarteten Genesungen eine Rolle spielt, läßt sich allerdings nur schwer ignorieren. Man nehme nur den medizinischen Bericht aus dem vorigen Kapitel über den Mann mit dem metastasierten Melanom. Der Kranke, der seinen Tumor mit Vaseline und Kompressen behandelt hatte, führte seine Heilung auf seine Gebete zurück.[65] Wenn man Vaseline als Allheilmittel ausschließt, könnte in diesem Fall dann nicht wenigstens das Gebet eine Rolle gespielt haben? Um welche Art Gebet hat es sich gehandelt? Der Bericht sagt nichts über die Religion des Mannes aus. Er könnte den allmächtigen Allah des Islam, den barmherzigen Awalokiteschwara des Buddhismus, den Wakantaka der amerikanischen Ureinwohner oder das unfaßbare Tao angerufen haben. Sein Gebet könnte eine der von den Theologen genau festgelegten Formen gehabt haben wie das Bitt-, Dank- und Lobgebet, wie das mystische Gebet oder eine der zahlreichen anderen Formen, in der sich die Menschen unseres Planeten an eine höhere Macht wenden.

Es ist interessant festzustellen, daß Beten oft mit jenen seelischen Zuständen einhergeht, die wir bei ungewöhnlichen Heilungen ausgemacht haben: die besondere Konzentration auf einen Gegenstand, seelische Entspannung und Entlastung, Ausschalten des rationalen Denkens, Visualisierungen, aktive Imagination und einheitliche Intentionen; ganz zu schweigen von noch unbekannten Energien oder dem Wirken höherer Mächte, wie manche es nennen würden. Mit anderen Worten: Beten scheint wie dafür geschaffen, das Heilsystem zu stimulieren.

Darüber hinaus fragten wir uns, ob bestimmte persönliche Faktoren unerwartete Genesungen oder »Wunderheilungen« begünstigen, ob besondere Empfänglichkeit dafür sorgt, daß Gebete ihre Wirkung tun können. Leo Perras war beispielsweise künstlerisch sehr begabt (sein Flachrelief mit dem Titel »Das letzte Abendmahl«, eine besonders feine Holzschnitzarbeit, ist ein Meisterwerk der Volkskunst), eine Eigenschaft, die oft mit der besonderen Suggestibilität leicht hypnotisierbarer Menschen in Verbindung gebracht wird. Perras zeichnete sich zudem durch besondere Willensstärke, das Bedürfnis, anderen zu helfen, und durch eine Unbeirrbarkeit in seinen Lebensentscheidungen aus. Und wie Rita Klaus legte er eine Haltung an den Tag, die man weniger mit Hoffnung als vielmehr mit »Gottvertrauen« bezeichnen könnte.

Auch in Muriel fanden wir einen Menschen mit unbeugsamer Lebenskraft. Sie wirkt beileibe nicht wie eine Großmutter mit zwölf Enkeln, und noch heute ahnt man die temperamentvolle

Tänzerin, die sie in ihrer Jugend war, als sie zu den Klängen einer Big Band semiprofessionell Tango tanzte. (Obwohl sie sich als »nicht verklemmt« bezeichnet, zeigt sie sich über die »stampfenden Rhythmen« von heute entsetzt.) Mit einem Anflug von Stolz erinnert sie sich: »Ich war streitlustig. Wenn etwas nicht in Ordnung war, sagte ich meine Meinung, ob es den anderen paßte oder nicht. Ich schrie auch und warf mit Dingen um mich. Ich hatte meinen eigenen Kopf.«

Und dabei war sie ungewöhnlich aufgeschlossen. Obwohl sie als behütetes Kind in der vornehmen britischen Gesellschaft aufwuchs – ein Milieu mit eigenen Ballsälen, Kinos, Herrenhäusern und Dienern, Grammophonen und Kosmetika aus der englischen Heimat –, fühlte sie sich im kolonialen Glanz des Elternhauses nie so recht wohl. »Es war wie in Südafrika. Wir durften die Sprache nicht lernen und uns nicht einmal mit den Dienern unterhalten.«

Nach der Unabhängigkeit Indiens floh ihre Familie nach England, sie aber blieb, begeistert von der Aufbruchstimmung in »einem Land, das seine Freiheit brauchte«. Ihr Vater hatte Mahatma Gandhi oft genug verhaftet, um ihn etwas näher kennenzulernen, und ihn als »großartigen Mann« geschildert, der »nichts weiter getan hat, als friedlich für sein Land zu kämpfen«. Jetzt endlich konnte sie die bunte Welt außerhalb des kolonialen Ghettos erkunden.

Sie führte ein »bewegtes Leben«, wie sie es nannte. Mit ihrem Ehemann durchstreifte sie den gesamten indischen Subkontinent »von Nord nach Süd und Ost nach West«. Sie trotzte den schrecklichen Ausschreitungen zwischen Hindus und Moslems, schloß sich im Krieg den weiblichen Hilfstruppen an, machte die Bekanntschaft Mutter Teresas (»eine sehr kleine und zarte alte Dame, die eine übernatürliche Kraft ausstrahlt«) und sammelte Spenden für Lepra-Siedlungen. In allem wurde Muriel durch ihren Glauben gestärkt. »Ich laufe nicht mit der Bibel herum«, sagt sie. »Aber jedesmal, wenn ich in Not geriet, half mir Gott irgendwie. Ich glaube, er antwortet auf Gebete. Wenn eine Tür zufiel, öffnete er mir eine andere. Deshalb ist mein Glaube ganz besonders fest und tief.«

Zu ihrem Glauben gehört ein Abscheu vor Intoleranz. »Ich meine, man darf sich nichts vormachen. Alle Religionen sind friedfertig, und trotzdem habe ich gesehen, wie sich Hindus und Moslems im Namen der Religion abschlachteten. So wie die Katholiken und die Protestanten in Nordirland. Keine Religion fordert ihre Anhänger auf, Menschen im Bett zu erschießen oder Bomben unter Autos zu legen. Das ist alles eine Frage der Deutung.« Muriels Deutungen sind die einer Gläubigen, deren Spiritualität über die organisierte Religion hinausgeht. »Wir haben die Jungfrau Maria, und die Hindus haben die Göttin Durga, die ihnen aus der Bedrängnis hilft. Sie haben besondere Schreine, an denen kranke Pilger für ihre Heilung beten, genauso wie in Lourdes.«

Wenn Muriel so leidenschaftlich wie ein Mantra ihr Gebet spricht, gerät sie fast in Verzückung. Mindestens eine Erscheinung hatte sie bereits. Es war ein »seltsamer Traum«, wenige Tage nach dem Tod ihres Mannes: »Ich sah ihn in der Türöffnung stehen. Er war wirklich da. Er trug seine langen Hosen, aber sein Oberkörper war nackt. Als er mir plötzlich beide Hände entgegenstreckte, entdeckte ich die Kreuzigungsmale. Und auf seinem Rücken sah ich die Wunden der Geißelung. Dann brach er zusammen. Ich spürte, daß er mir etwas sagen wollte, vielleicht, daß seine Leiden jetzt vorüber waren.«

Viele Kranke, die auf wundersame Weise geheilt wurden, sagten uns, sie hätten das Gefühl einer göttlichen Erscheinung gehabt, sei es in Form einer einsamen spirituellen Erfahrung oder im Rahmen einer Heilzeremonie, ob sie im herkömmlichen Sinn religiös waren oder nicht. Wir dürften kaum in der Lage sein, dafür eine wissenschaftliche Erklärung zu finden. Hier liegen die Grenzen des Wissens. Oft konnten wir nichts weiter tun, als den Schilderungen der Betroffenen aufmerksam zu lauschen und zu staunen, mit welcher Kraft ein spirituelles Erlebnis einen in äußerste Bedrängnis Geratenen innerlich verändern, ihm Mut machen und ihn möglicherweise sogar physisch heilen kann.

Die Großartigkeit und Besonderheit solcher Erfahrungen klingen in den Berichten eines Mannes an, den wir unter dem Namen Frank O'Sander Juliano jr. kennenlernten. Im Juni 1983 bediente

Frank, damals 23 Jahre alt, bei Erschließungsarbeiten im Norden des Bundesstaates New York einen drei Tonnen schweren Bagger. Da es in der Nacht zuvor geregnet hatte, gab der Boden unter ihm nach: Der Bagger kippte um, fiel auf den herausgeschleuderten Frank und zermalmte seinen Körper im Beckenbereich.
Eingeklemmt unter dem Monstrum, das ihn fast in zwei Stücke gerissen hatte, schrie er um Hilfe, scharrte im feuchten Untergrund und versuchte, sich selbst zu befreien. Die Maschine hatte ihm das Kreuzbein zertrümmert und beide Hauptschlagadern der Beine durchtrennt, eine Verletzung, die oft innerhalb von Minuten zum Tod führt. Obwohl er nicht sehr religiös war, so berichtet Frank, habe er sich an »Gott gewandt. Es war wie mein letzter Atemzug. Ich brachte gerade noch das Wort ›Vater‹ heraus, vollendete meinen Satz aber in Gedanken: ›Vater, hilf mir.‹ Dann wurde die ganze Erde um mich herum still und friedlich. Man konnte einen Regentropfen fallen hören. Es war, als schickte Gott den Heiligen Geist zu mir, ein gigantisches Liebesrauschen hüllte mich ein wie warme zerlassene Butter. Obwohl es gar nicht logisch war, wußte ich, daß alles wieder in Ordnung kommen würde.«
Frank wurde von einem geistesgegenwärtigen Kollegen gerettet. Kostbare Minuten verstrichen, bevor es gelang, ihn in wilder Fahrt ins Krankenhaus zu schaffen. Dort kämpften die Ärzte um sein Leben. Sie klemmten die Schlagadern ab, jagten ihm einen Katheter in die Vene, betäubten ihn und bereiteten alles für eine Notoperation vor.
Auf dem Operationstisch wich das Leben aus seinem Körper. Was folgte, war nach Franks Worten eine Begegnung mit der Herrlichkeit Gottes.
»Ich erinnere mich, daß ich mich aufsetzte und meinen eigenen Körper auf dem Operationstisch liegen sah. Ich erschrak, weil ich in mein Gesicht blickte und feststellte, daß meine Augen geschlossen waren. In Gedanken fragte ich mich, wie ich sehen konnte, wenn meine Augen geschlossen waren. Dann bewegte ich mich aus der Szene, so wie die Kamera am Ende eines Films, kurz vor dem Nachspann. Es war, als würde ich mich auf die Operationslichter zubewegen, dann aber bemerkte ich, daß es sehr lange dauerte, bis ich nur einen Meter vorankam.«

Auf seiner Reise zu der geheimnisvollen Lichtquelle begegnete er einem »Wächterengel«, wie er ihn nannte. Die Gestalt sei undeutlich gewesen, »wie im Fernsehen, wenn sie jemanden hinter eine Leinwand stellen, damit man ihn nicht erkennt«. Zusammen mit der undeutlichen Gestalt stieg er weiter nach oben. Als sie den obersten Punkt erreichten,

> verneigte sich der Engel vor einer Art Altar und machte dann eine abrupte Kehrtwendung. In dem Moment verließen mich mit einem Mal die Kräfte. Es war, als hätte man in mir einen Schalter abgedreht. Ich sackte wie ein Sack Kartoffeln in die Tiefe. Ich erinnere mich noch, wie mir auffiel, daß ich nicht mehr atmete. Hilflos lag ich im Leeren auf dem Rükken.
>
> Dann erinnere ich mich an das Erscheinen Gottes. Es war, als ob am Strand eine Flutwelle auf mich zurollen würde. Zunächst schwoll sie riesig an. Und dann, ganz plötzlich, war sie wie eine hohe Wasserwand, und ich lag vor ihr wie ein kleiner Kieselstein. In Gedanken hielt ich den Atem an und war froh, daß ich tot war, denn ich hatte furchtbare Angst. Die Wand war gewaltig. Ich kam mir vor wie jemand, der auf dem Bürgersteig liegt, während ein Wolkenkratzer auf einen kippt und im letzten Augenblick doch noch stehen bleibt.
>
> Und dann lag ich tatsächlich direkt vor den Füßen Gottes, vielleicht zwanzig Zentimeter trennten uns noch voneinander. Doch diese Trennung war wohl das Schmerzhafteste an allem, ich fühlte mich wie ein kleines Kind, das auf seine Mutter zuläuft und damit rechnet, daß man es im nächsten Moment auf den Arm nimmt, dann aber doch nicht tut. Es waren wohl nur zwei oder drei Sekunden, aber dieser Augenblick der Trennung war unglaublich qualvoll.
>
> Und dann erinnere ich mich, daß Gott sich vorbeugte, um mich hochzuheben, wie es liebevolle Eltern bei einem Neugeborenen tun. Ich lag in Gottes Armen und war trotz meiner 23 Jahre gerade so groß wie ein Säugling. Wenn Gott einen umarmt, ist das, als ob er durch einen hindurchgreift. Es war wie warmes Wasser, das in ein größeres Becken mit

warmem Wasser gegossen wird. Das war noch immer ich, aber ich war Teil des Ganzen. Ich vermischte mich mit Gott wie Schokolade mit Schokoladenmilch. Milch bleibt Milch und Schokolade Schokolade, und trotzdem ist alles eins.
Von meinem sicheren Platz aus verfolgte ich die Operation. Ich sah und hörte die Ärzte und Schwestern, ich konnte sogar hören, was in ihren Köpfen vorging. Ich sah die Tränen in den Augen einer Krankenschwester und wußte, daß sie im Innersten weinte, weil ich im Sterben lag. Gott und ich unterhielten uns. Wenn man mit Gott spricht, ist das wie das Umblättern einer Buchseite. Alles ist eine Schlußfolgerung, eine Offenbarung, ein Ausrufezeichen und ein Aufschrei der Begeisterung.
Die Schlußfolgerung, die Gott mir mitteilte, war eine Lehre über das Beurteiltwerden durch andere. Gott sagte mir: »Sieh nur, wie sehr sie dich liebt.« Und der Schluß lautete: »Und dabei kennt sie nicht einmal deinen Namen.« Und weiter sagte er: »Siehe, wie sehr *ich* dich liebe«, und das war eine Offenbarung, tausend- und abertausendmal so überwältigend wie die Erkenntnis, daß die Krankenschwester mich liebte.

Das nächste, woran Frank sich erinnert, war sein Erwachen auf der Intensivstation. Unerwartet schnell erholte er sich von seinen Verletzungen, und obwohl die Ärzte prognostizierten, daß er nie wieder alleine würde gehen können, sollte er seine Gehfähigkeit fast vollständig wiedererlangen. In den Jahren der Rehabilitation hat ihm sein Glaube besonders geholfen. Heute läuft er wieder Ski.
Im Mittelpunkt der Heilung, so erklärt uns Dr. Roger Pilon, der derzeitige medizinische Direktor in Lourdes, steht die Beziehung zu diesem »Gott, der die Liebe ist«. Das tiefste Geheimnis von Lourdes ist die Entdeckung, daß Gott einen nicht nur auf eine allgemeine, sondern auf eine ganz persönliche Weise liebt. So jedenfalls drückt es Pater Henri Joulia aus: »Gott liebt mich, auch wenn ich ein Tunichtgut bin, wenn ich ein armer Sünder bin, wenn ich behindert bin, Drogen nehme oder Aids habe, auch

wenn ich unter den erbärmlichsten Umständen leben muß und selbst dann, wenn ich kriminell bin: Gott liebt mich. Wenn ich das erkannt habe, habe ich den Sinn des Lebens erkannt.«[66]

Dr. Pilon, ein freundlicher, dunkelhäutiger Mann mit ergrautem Haar und asiatischen Zügen, unterstreicht seine wohlüberlegten Worte mit weit ausladenden Gesten. In seinem Vortrag spricht er mit Hochachtung von mehreren tibetanischen Lamas, die 1993 an einer Heiler-Konferenz in Montreal teilgenommen haben: Die »innere Vision dieser tibetanischen Mystiker« sei auch »für christliche Mystiker erkennbar«, und es gebe Berührungspunkte zwischen dem buddhistischen und dem christlichen Begriff der Barmherzigkeit.[67]

Obwohl er nicht müde wird zu betonen, daß der Signalcharakter eines Wunders »in der unglaublichen Beschleunigung der physiologischen Regeneration« liege, hebt er hervor, daß »man heute nicht mehr nach Lourdes pilgert, um körperlich geheilt zu werden, sondern wegen der Bekehrung des Herzens. Um in Verzückung zu geraten, braucht man diese außergewöhnlichen Ereignisse nicht.«[68] Er verweist auf den wohl geheimnisvollsten Faktor bei unerwarteten Genesungen: auf die alles durchdringende mystische Kraft der Liebe. Nichts anderes empfinden tibetanische Mönche nach eigenen Aussagen, wenn ihr Körper in einem bewußten Willensakt eine besondere Hitze entwickelt, in der die Dualität zwischen dem eigenen Ich und den anderen in der lodernden psychophysischen Wärme der Barmherzigkeit aufgelöst werden soll. Ähnlich sagte die Geistheilerin Agnes Sanford: »Nur Liebe kann das heilende Feuer entfachen.«[69]

Ein Wunder ist per definitionem ein nicht wiederholbares Experiment. Die Erscheinungsformen des Heilsystems sind unendlich vielfältig. Sie unterscheiden sich nicht nur von Religion zu Religion oder von Ort zu Ort, sondern auch von Person zu Person. Die verschiedenen, zwischen Seele, Körper und Geist vermittelnden Faktoren, die zu unerwarteten Genesungen beitragen, sind in jeder menschlichen Persönlichkeit einzigartig.

Sogenannte Wunderheilungen mögen gläubige Menschen als Werk Gottes bezeichnen. Dann aber müssen wir fragen, was Gott eigentlich ist. Ein Geist, der einen Raum erfüllt? Eine »extrabiologische Energie«? Die selbstlose Liebe eines anderen? Der Zugang zum Heilsystem verläuft über zahllose unterschiedliche Wege, und je nach Glauben verläuft ein Weg oder der Weg schlechthin über »Gott«. Ein Wunder wird immer ein Mysterium bleiben, nicht weil die Wissenschaft dem Phänomen nicht ein Stück weit auf die Spur kommen könnte, sondern weil die menschliche Seele niemals völlig ausgelotet und die Geheimnisse des menschlichen Herzens nie ganz gelüftet werden können.

6

Ist Genesung eine Frage der Veranlagung?

Als wir uns dazu entschlossen, Fälle von unerwarteten Genesungen zu untersuchen, stellten wir verunsichert und erregt fest, daß wir wissenschaftliches Neuland betreten hatten. Unerwartete Genesungen führten gewissermaßen ein Schattendasein, waren nie exakt definiert und nur selten zum Forschungsobjekt gemacht worden. Unsere Vorgänger Everson und Cole hatten nie nach den Eigenheiten der Patienten gefragt, deren »spontane Remissionen« sie so eifrig zusammengetragen hatten. Und wie wir gesehen haben, kommt in gewöhnlichen medizinischen Berichten kaum mehr als Alter, Diagnose und Behandlung der Patienten zur Sprache.

Wir sprachen mit zahlreichen Menschen, die völlig unerwartet wieder gesund geworden waren und deren Fälle in der medizinischen Literatur dokumentiert sind. Naheliegenderweise versuchten wir herauszufinden, ob sie nicht etwas miteinander gemein hatten. Auf der Suche nach einem roten Faden, der sich durch die unterschiedlichen Krankengeschichten zog, befaßten wir uns mit biologischen, psychophysischen und sogar spirituellen Aspekten ihrer Genesung. Und je mehr Gespräche wir führten, desto mehr fiel uns auf, daß die individuelle Persönlichkeit der Kranken, das heißt, ihre persönliche Art, mit der Krankheit fertig zu werden, bei der Heilung offenbar eine bedeutende Rolle gespielt hatte.

Angesichts der Komplexität des Menschlichen ist eine Definition des Begriffs »Persönlichkeit« nicht leicht. Der deutsche Wahrig gibt beispielshalber folgende drei Begriffsbestimmungen an: »Gesamtheit aller Wesenszüge, Verhaltensweisen, Äußerungen eines Menschen; Gesamtheit der besonderern Eigenarten eines Menschen; der Mensch als Person, als Einzelwesen in seiner Eigenart.« In der Psychologie gehören zur Persönlichkeit die Grundstimmung des Menschen (optimistisch oder pessimistisch), seine Strategie in der Auseinandersetzung mit seiner Umgebung (passiv oder aggressiv) oder seine Beziehung zur Umwelt (Jungs introvertierter und extrovertierter Typ), die geprägt ist durch frühkindliche Erfahrungen (orale, anale und genitale »Fixierungen«) oder das Temperament (das von einigen als vornehmlich genetisch bedingt, von anderen als sozial erworben betrachtet wird).

Wir neigen dazu, Typologien zu lieben oder zu verabscheuen. Gerne lassen wir uns vom Zeitungshoroskop mit seinen vagen Angaben einen Spiegel vorhalten. Und andererseits wollen wir uns nicht auf Eigenschaften festlegen, auf etwas reduzieren oder in ein Schema pressen lassen. Was wir die »Persönlichkeit« des Individuums nennen – einzigartig und doch universell, veränderlich, aber unverletzlich und ebenso abgeschlossen wie offen für die Introspektion –, ist stets ein facettenreiches Ganzes, das über alle künstlich geschaffenen Einteilungen hinausgeht.

Und doch reagieren wir auf existenzielle Bedrohungen wie eine gefährliche Krankheit auf ganz unterschiedliche Weise, die abhängig ist von unserem Temperament und unseren Fähigkeiten, unseren positiven und negativen Kindheitserfahrungen, unserer Grundhaltung anderen gegenüber, unserem Glauben an uns selbst und unseren Grundüberzeugungen. Und davon, wie wir gelernt haben, das Schiff unserer Persönlichkeit durch die Untiefen des Lebens zu steuern. Vielleicht, so überlegten wir, hängen mit dem Phänomen der unerwarteten Genesungen bestimmte Persönlichkeitsfaktoren zusammen.

Schon lange beschäftigen sich Psychologen mit der Frage, ob zwischen Krankheiten und Persönlichkeitsmerkmalen ein Zusammenhang besteht. Trotz der Skepsis zahlreicher Forscher sind im vergangenen Jahrzehnt zahlreiche Hinweise auf einen Persönlichkeitstyp A (mit Neigung zum Herzinfarkt) und in jüngerer Zeit auf einen Typ C (mit Neigung zu Krebs) aufgetaucht. In einer früheren Studie fand die Forscherin Lydia Temoshok, die den Begriff des »Bewältigungsstils C« prägte, heraus, daß Patienten mit Melanomen, die auf einer Bewertungsskala der seelischen Ausdrucksfähigkeit höher eingestuft wurden, weniger aggressive Tumore hatten und eine stärkere Immunreaktion mit T-Zellen zeigten. Zugleich warnt Dr. Temoshok vor starren Kategorien, bei denen ein bestimmtes Gefühl oder ein Persönlichkeitstyp über andere gestellt wird: »Der Krebspatient, der um einer ›positiven Haltung‹ willen Theater spielt, erweist sich selbst einen schlechten Dienst. Er unterdrückt Gefühle wie Entsetzen, Angst und Trauer, die für den Heilungsprozeß notwendig sind.«

Daß man bei unerwarteten Genesungen ganz unterschiedliche Emotionen, Haltungen und Persönlichkeitstypen beobachten kann, illustriert besonders eindrucksvoll ein Fall, den wir in einem Artikel aus dem Jahr 1952 über 40 Brustkrebspatientinnen gefunden haben. Die Forscher zitierten den Fall einer 78jährigen, die ohne chirurgischen Eingriff und angemessene Bestrahlung mit ihrer Krankheit unerwarteterweise noch zehn Jahre weitergelebt hatte. Die Patientin, die eine Behandlung aus religiösen Gründen ablehnte, entwickelte dem Bericht zufolge »kurz nach Ausbruch der Krankheit eine starke paranoide Reaktion. Nach eigenem Bekunden brauche sie keine Behandlung, weil Gott sie erretten würde. Sie beschimpfte wütend die Ärzte und wischte jeden Vorschlag vom Tisch. Welche Rolle mag dieser Charakterzug bei ihrem ›wundersamen‹ Überleben mit Krebs gespielt haben?«[1]

Diese Frage stellten auch wir uns oft im Gespräch mit Menschen, die von heftigen Gefühlsregungen während ihrer Krankheit berichteten. Nicht alle neigten zu Friedfertigkeit, liebevollem mitmenschlichen Umgang und Zuversicht, soviel war sicher. Einige waren geradezu boshaft. Nach und nach fiel uns dann eine Eigenschaft auf, die wir als »Kongruenz« bezeichneten, worunter wir eine Art inneren Einklang des Menschen mit sich selbst verstanden. Wir hatten den Eindruck, daß diese Personen in ihrer Lebenskrise ganz zu sich selbst gefunden hatten und aus einem existenziellen Antrieb heraus reagierten. Erstaunt stellten wir fest, daß unser Kollege Dr. Johannes Schilder aus Rotterdam nach einer früheren Studie über sieben Fälle von spontaner Remission für dieses Persönlichkeitsmerkmal denselben Begriff gewählt hatte.[2] Diese Patienten, so bemerkte er, waren aus ihrer Erfahrung »mit einer stärkeren Kongruenz zwischen Gefühlen, Wahrnehmungen und Verhalten« hervorgegangen.

Dr. Schilder teilte uns mit, er habe »drei Tonbänder mit Interviews von Kollegen beurteilen lassen. Fast alle stimmten darin überein, daß diese eine Eigenschaft, die Kongruenz, am auffälligsten war.« Ähnlich glaubt Lawrence LeShan, ein auf Krebsfälle spezialisierter Psychotherapeut, der ebenfalls mit Fällen unerwarteter Genesungen zu tun hatte, daß »ein Mensch, der eigene Wege geht und eine Lebensweise entdeckt, die seiner Persönlichkeitsstruktur entspricht, durchaus die Fähigkeit des Körpers zur Selbstheilung stimulieren kann«.

Die von LeShan hervorgehobene »Lebensweise, die der Persönlichkeitsstruktur entspricht«, ist hier von zentraler Bedeutung. Obwohl alle Menschen möglicherweise die gleichen Grundvoraussetzungen mitbringen, reagieren sie auf ihre Umwelt doch auf ganz unterschiedliche Weise. Manche nehmen eine schwierige Aufgabe offensiv in Angriff, andere gehen ihr aus dem Weg, und wieder andere schwanken zwischen beiden Extremen. Die einen fürchten die Welt instinktiv, die anderen bewältigen sie rational, die einen handeln impulsiv, die anderen besonders überlegt. Solche Unterschiede galten von alters her als medizinisch bedeutsam. Im fünften Jahrhundert richtete Hippokrates seine Behandlung beispielsweise nach dem Temperament des Patienten, das mit den verschiedenen Körpersäften oder »humores« in Verbindung gebracht wurde: Nach dieser Typologie gab es Sanguiniker (optimistisch und energisch), Melancholiker (trübsinnig und abwesend), Choleriker (reizbar und impulsiv) und Phlegmatiker (ruhig und langsam). Man ging davon aus, daß jeder dieser Persönlichkeitstypen charakteristische physiologische Besonderheiten hatte.

Als wir uns mit unseren ungefähr 50 Fällen zu befassen begannen, versuchten wir zunächst, gemeinsame Züge zutage zu fördern, die für die Physiologie unerwarteter Genesungen bedeutsam sein konnten. Besonderes Augenmerk legten wir anfangs auf den Placebo-Effekt, der, wie man annimmt, zumindest an einigen Wunderheilungen von Lourdes mitbeteiligt war. Wir vermuteten, daß viele der Menschen, mit deren Genesung wir uns befaßten, besonders gut auf Suggestion ansprechen, was bei Heilungen durch den Placebo-Effekt oft als Faktor genannt wird.

Man erinnere sich nur an den Fall des Patienten Wright (Kapitel vier), der ein Lymphom im fortgeschrittenen Stadium hatte und dennoch auf eine Behandlung mit dem als unwirksam geltenden Mittel Krebiozen und anschließend mit einem Placebo aus destilliertem Wasser so gut angesprochen hatte. Dr. Bruno Klopfer hat die Auffassung vertreten, daß Wrights Persönlichkeit, seine »grenzenlose Begeisterungsfähigkeit«, zur vorübergehenden dramatischen Besserung seines Zustandes beigetragen haben könnte. Zu Menschen wie Wright meint Dr. Klopfer: »Wenn sie unter starkem Streß stehen, scheint ihr Ego, symbolisch gesprochen, allen Halt zu verlieren und sich nur noch treiben zu lassen.« Wright habe mit anderen Worten keine feste »Ego-Organisation« gehabt, was durch »die Leichtigkeit« belegt werde, »mit der er der … Suggestion seines Arztes gefolgt ist, ohne Anzeichen einer Abwehrhaltung oder Kritik«.[3]

Wir vermuteten, daß wir unter unseren Fällen Menschen finden würden, die für Suggestion, Entrückung und dissoziative Bewußtseinszustände, alles Komponenten des Hypnosezustandes, besonders empfänglich sind. Entschlossen, der Sache weiter nachzugehen, wandten wir uns an Dr. Herbert Spiegel, einen ehemaligen Professor der Psychiatrie an der Columbia University und einer der weltweit führenden Autoritäten auf dem Gebiet der Hypnose. Wir baten ihn um eine formelle Beurteilung unserer unerwartet genesenen Patienten.

Dr. Spiegels Büro liegt im Schatten des New Yorker Guggenheim-Museums. Seine spiralige Architektur spiegelt die Schichten und

Windungen der modernen Psyche wider. Unser Mann, der, wie er selbst sagt, einen »Yul-Brynner-Haarschnitt« trägt, ist bei den Großen seines Gebietes in die Schule gegangen: von Stack Sullivan bis zu Erich Fromm. Bei den wenigsten seiner Patienten hält er die langsamen, tastenden Schritte einer Langzeittherapie für sinnvoll. Spiegel, einer der führenden beratenden Therapeuten für Fälle von Persönlichkeitsspaltung, stößt mit seiner Bewertungstechnik in nur zehn Minuten in die Tiefen des menschlichen Bewußtseins vor.

Zunächst vergewissert er sich mit einem kurzen verbalen Test, wie leicht eine Person in hypnotische Trance zu versetzen ist, eine Eigenschaft, die er als Schlüssel zur Persönlichkeit begreift. Die Fähigkeit zur Trance verrät etwas über das Grundverhältnis eines Menschen zur Welt. »Wenn Sie sich einen Film oder ein Theaterstück ansehen, konzentrieren Sie sich dann so sehr, daß Sie alles um sich herum vergessen?« fragt er seinen heutigen Patienten, einen blonden, sanftmütig blickenden jungen Mann in pastellfarbenem Pullover und zerknittertem weißen Hemd. »Konzentrieren Sie sich mehr auf die Vergangenheit, auf die Gegenwart, auf die Zukunft oder gleichmäßig auf alle drei?« fragt Spiegel mit Blick auf seine Checkliste weiter. »Wenn Sie etwas Neues lernen, beurteilen Sie es zunächst kritisch und akzeptieren es dann oder umgekehrt?« Mit einem Wort des Philosophen Blaise Pascal (»Das Herz hat einen Geist, den der Kopf nicht begreift«) fragt er den jungen Mann, ob er es mehr mit dem Kopf oder mit dem Herzen halte.

Dr. Spiegel geht zum nächsten Teil seiner Prozedur über, zum sogenannten »Eye-Roll-Test«: »Blicken Sie, ohne den Kopf zu heben, so weit Sie können nach oben«, weist er den Probanden an. Die Augäpfel des Mannes rollen langsam nach oben, bis die Pupille fast ganz verschwindet, Indiz für eine Neigung zur Trance, die Untersuchungen zufolge biologische Grundlagen hat. Nahtlos geht Spiegel zum letzten Abschnitt des Tests über, dem »Hypnotic Induction Profile« (HIP), ein Verfahren, mit dem sich rasch ermitteln läßt, wie stark ein Patient auf eine Therapie unter Hypnose vermutlich ansprechen wird. Mit sanfter Stimme versetzt er seinen Patienten in den Trancezustand. »Stellen Sie sich vor, Sie schweben wie ein Astronaut schwerelos über der Erde, Ihre linke Hand ist leicht und hat Auftrieb.« Locker und behutsam redet er auf den Patienten ein. »Wenn Sie die Augen öffnen, wird Ihr Arm von selbst nach oben schweben, und Sie werden das sehr komisch finden.«[4] Augenblicke später öffnet der junge Mann die Augen und lacht wie von Spiegel vorhergesagt: Sein Arm strebt wie ein heliumgefüllter Ballon nach oben.

Nach 4 Minuten und 26 Sekunden ist die Beurteilung abgeschlossen. »Sie waren kurz unter Hypnose«, teilt er dem Mann mit und spricht ihm eine »gute natürliche Begabung« zu. »Sie sind nicht eingeschlafen, und Sie haben sich nicht gegen die Hypnose gesperrt. Ich habe Ihnen lediglich eine Konzentrationstechnik gezeigt.« Der Mann, so verrät uns Dr. Spiegel, sei auf seiner Skala ganz oben angesiedelt. Bei einem Film vergißt er alles um sich herum, er begegnet anderen mit fast blindem Vertrauen, akzeptiert, bevor er urteilt, und läßt sich vom Gefühl leiten.

Nach 50 Jahren Erfahrung mit Tausenden von Patienten hat Dr. Spiegel Kriterien entwickelt, die ihm als »Leitfaden und Indikator« dafür dienen, »wie eine Person mit Erlebnissen umgeht«. Er hat drei Persönlichkeitstypen oder »Mind-styles« (ungefähr: Geisteshaltungen), wie er sie lieber nennt, ausgemacht und sie nach Gestalten aus der griechischen Mythologie benannt. Der schwer hypnotisierbare Apollonier oder apollinische Typ (nach dem griechischen Gott Apoll, der das rationale Prinzip verkörpert) läßt sich mehr durch den Verstand als durch Leidenschaften leiten, neigt weniger zu dissoziativen Bewußtseinszuständen und konzentriert seine Aufmerksamkeit auf ein scharf umrissenes Feld. Der Odysseaner (nach Homers Irrfahrer Odysseus) ist nach Spiegels Worten ein »Reisender zwischen den Stimmungen«,[5] der maßvoll dissoziiert, zwischen Herz und Verstand hin- und herpendelt und, empfänglich für Veränderungen in der Außenwelt, ein stabiles inneres Gleichgewicht sucht.

Der Dionysier oder dionysische Typ (nach dem griechischen Gott des Weines Dionysos) neigt »extrem zur Dissoziation und hat die ausgeprägte Fähigkeit, in einer Tätigkeit voll aufzugehen«.[6] Dionysier, so Spiegel, sind anfälliger für alle seelischen Erkrankungen, vom posttraumatischen Streß bis zur Persönlichkeitsspaltung. Sie stellen ihr Gefühl tendenziell über logische Überlegungen, reagieren schon auf kleinste Veränderungen in ihrer Umgebung und sind besonders leicht zu überreden.

Dr. Spiegel und seine Frau und Mitarbeiterin Marcia Greenleaf sehen für dieses Schema eine bedeutende Anwendungsmöglichkeit in der Praxis: Die verschiedenen »Mind-styles« könnten dazu genutzt werden, die individuelle Immunreaktion zu steigern. Marcia, eine ehemalige Balletttänzerin mit großen Augen und sanfter Stimme, brachte Jahre damit zu, für Sportler und Tänzer Techniken zum mentalen Training und zur Verbesserung des Körpergefühls zu entwickeln. Nach ihren Erfahrungen als aktive Tänzerin, so sagt sie, sei es eine »Binsenweisheit«, daß das Seelische den Körper beeinflußt. Lachend fügt sie allerdings hinzu, daß »man mit positivem Denken allein natürlich keine zweifache Pirouette zustande bringt«. Schon früh entdeckte Marcia ihre Begabung, Menschen in Trance zu versetzen, ein Zustand, der ihrer Meinung nach nicht nur die Selbsterfahrung fördert, sondern auch Direktkontakt mit den Hirnbereichen herstellt, die physiologische Abläufe steuern.

»Je früher wir wissen, wie bestimmte Menschen ihre Welt bewältigen«, glaubt sie, »desto gezielter können wir ihnen mit entsprechenden medizinischen Eingriffen helfen.« Demonstriert hat sie das mit einer bahnbrechenden Studie,[7] bei der sie entdeckte, daß Patienten mit unterschiedlichen »Mind-styles« sich nach einer Herzoperation unterschiedlich rasch wieder erholten. Der Blutdruck der leicht hypnotisierbaren Dionysier brauchte länger, bevor er sich wieder stabilisierte, ein kritischer Faktor, da frisch transplantierte Gefäße bei hohem Blutdruck platzen können. Die Ursache, so schloß sie, lag darin, daß Dionysier dazu neigen, »auf neue Signale, besonders unter Streß, heftig zu reagieren«. Auf einer Intensivstation mit piepsenden Monitoren und Patienten, die in Lebensgefahr schweben, seien sie besonders erregt. Ihr Persönlichkeitstyp wirke sich hier negativ auf die Physiologie der Heilung aus. (Nach einer Verlegung in ruhigere Einzelzimmer verringerte sich die Dauer ihrer Rekonvaleszenz.) Die in der Mitte angesiedelten Odysseaner machten dagegen raschere Fortschritte, weil ihr kritisches Urteilsvermögen sie befähigte, störende Signale auszublenden und sich auf positive zu konzentrieren.

Sie reagierten insgesamt »anpassungsfähiger und flexibler« auf die neue Situation. Die schlecht hypnotisierbaren Apollonier waren dagegen allgemein weniger empfänglich für äußere Reize, seien es Gefahren oder Hilfen. Sie bewältigten die neue Situation im Sinne einer unabhängigeren analytischen Selbsthilfe. »Jeder ›Mind-style‹ hat andere Optimalansprüche«, faßt Marica Greenleaf ihre Ergebnisse zusammen. »Das erinnert einen daran, daß es nicht nur um Leute geht, die von Anfang an eine krampfhaft positive Einstellung mitbringen.«

Ausgehend von unserer Frage, welche Rolle Persönlichkeitsmerkmale bei unerwarteten Genesungen spielen könnten, baten wir Dr. Spiegel, seine sogenannte AOD-Skala (für Apollonier, Odysseaner und Dionysier) mit den zehn Fragen an die von uns untersuchten 50 Fälle anzulegen. Keineswegs überrascht stellten wir fest, daß unerwartete Genesungen bei allen Persönlichkeitstypen vorkommen und daß es hier weniger um den »richtigen Stoff« als vielmehr um den »richtigen Weg« geht.

Vor gar nicht allzulanger Zeit zersprang im Königreich England das bekannte musikalische Universum mit ohrenbetäubendem Lärm in zwei Teile. Auf der einen Seite schwelgten John, Paul, George und Ringo in dionysischen Träumen von gelben Unterseeboten und marmeladenen Himmeln. Auf der anderen Seite rockten die Rolling Stones apollinisch und bodenständig provokativ. Es war der Gegensatz zwischen rosaroter Brille und skeptischem Seitenblick, zwischen dem Rausch der Sinne und ernüchternder Realität: zwischen »All You Need Is Love« und »Streetfighting Man«.

Lesley Bermingham, die bei einem Test anhand der AOD-Skala als Apollonierin eingestuft wurde, war von der ersten Stunde an eingeschworener Fan der Stones. »Sie waren die ersten, in denen ich so etwas wie Helden sah«, sagte sie. Sie gehört zum geburtenstarken Jahrgang 1947 und wurde nach Lesley Howard benannt, dem Schauspieler und Frauenliebling der Vierziger. »Daß ich als Mädchen zur Welt kam«, verrät sie lachend, »hat meinen Vater nicht gerade begeistert.«

Sie arbeitete als Friseuse und Platzanweiserin in einem Kino und heiratete früh. »Für einen Regierungsposten war ich nicht intelligent genug.« Wenn die aufrichtige Lesley, die zu ihren grauen Strähnen im rotblonden Haar steht, einmal nicht ganz ehrlich ist, dann übt sie falsche Bescheidenheit: Nach Heirat und Kindern kandidierte sie mit Erfolg für den Bezirksrat, wurde eine tüchtige Lokalpolitikerin und brachte es schließlich zur stellvertretenden Bürgermeisterin. Ihr Verwaltungsstil war klar apollinisch: Keine hochfliegenden Pläne, sondern eine methodische und pragmatische Herangehensweise an Probleme, die dann Stück um Stück abgetragen werden. »Statt mich beim Ausschuß zu beklagen, daß bei den Singers immer wieder eingebrochen wird, ging ich gleich zur Behörde und suchte mit dem Zuständigen nach Lösungen. Wenn ein Schlagloch in der Straße war, knatterte ich auf meinem Moped sofort zur Straßenwacht. Mit den Bezirksräten verhandeln war meine Sache nicht. Die reden stundenlang um den heißen Brei herum und beschließen dann gar nichts.« Lesley beschreibt sich selbst als »sehr praktisch veranlagt, selbständig denkend und voller Eigeninitiative«.

Entsprechend sieht sie zwischenmenschliche Beziehungen ganz unromantisch und legt das Schwergewicht auf Leistung und Gegenleistung: »Gegenseitigkeit ist das Wichtigste: Und wenn man einmal nichts zurückbekommt, hat man eben Pech!«

Nach der AOD-Skala ist der Apollonier »sehr gut organisiert, hat Führungsqualitäten, urteilt über andere, geht Probleme analytisch an, ist konsequent, umsichtig und selbstsicher«. Als schlecht hypnotisierbarer Persönlichkeitstyp »nimmt er neue Anregungen nicht leicht auf und läßt sich eher von vorhandenen Überzeugungen, Meinungen und Anschauungen leiten«. Apollonier, so Dr. Spiegel weiter, neigen als Patienten dazu, ihre Symptome sehr präzise und nüchtern zu beschreiben. Als Lesley einen Schmerz in ihrer Seite verspürte, ignorierte sie ihn zunächst. »Dann tat es ständig weh. Ich ging zum Arzt und sagte ihm, ich hätte da ein Stechen hinter den Rippen. Er solle doch einmal nachsehen.« Überrascht erfuhr sie von ihrem Arzt, daß der linke Lungenflügel zu drei Vierteln mit Flüssigkeit gefüllt war. Die »leichte Kurzatmigkeit« beim Treppensteigen hatte sie auf ihr Alter geschoben. »Und dabei war ich damals erst um die Dreißig!«

Auf ärztlichen Rat sagte sie eine Sitzung des Bezirksrates ab und vereinbarte mit einer Klinik einen Termin für eine Absaugung der Flüssigkeit aus der Lunge, eine schmerzhafte Prozedur. »Ich war bei Gott nicht höflich. Beim betreuenden Arzt wurde ich richtig ausfällig. Ich schnauzte alle an!« Statt die Prozedur geduldig über sich ergehen zu lassen, verlangte sie vorbehaltlose Aufklärung über jeden Schritt. »Mein Mann wirft mir vor, ich würde aus der Rolle fallen, aber entweder zieht man etwas durch, oder man läßt es bleiben. Und ich lasse es eben nicht bleiben.«

In der Tat gelten Apollonier im Krankenhaus oft als schwierige Patienten, weil sie besonders viel fragen. Allerdings, so merkt Marica Greenleaf an, »werden sie sehr nett, wenn man sich eine halbe Stunde Zeit nimmt und sie in die Erstellung des Therapieplanes mit einbezieht. Und das ist nicht nur gut für das Personal, sondern auch für sie selbst.« Nach ihrer Verlegung in ein anderes Krankenhaus, so Lesley, sei sie »auf einen netten Arzt gestoßen. Wir setzten uns zusammen und besprachen alles. Es war richtig gemütlich. Ich wollte alles wissen. Und er versprach, mich über alles auf dem laufenden zu halten«.

Von da an nahm sie an ihrer Behandlung aktiv teil. Beim Absaugen der Flüssigkeit aus ihrer Lunge war ein Tumor entdeckt worden, der sich bei einer eingehenden Untersuchung als Metastase eines Nierentumors herausstellte. »Der Arzt teilte mir mit, er habe da etwas Schlimmes gefunden, und wies die Krankenschwester an, mir eine Tasse Tee zu bringen. Und ich dachte nur, Gin und Limonade wären mir jetzt lieber.«

»Eine weinerliche Phase hatte ich schon«, berichtet Lesley, »aber dann kam ich klar damit.« Nach einer chirurgischen Entfernung der Niere schickte man sie nach Hause. Sie machte von sich aus Meditationsübungen, auch wenn sie es so nicht nennen wollte. Anders als die ausgeklügelten Visualisierungsübungen, von denen manche Patienten berichten, führte sie »eine eigene Methode ein. Man legt sich hin, entspannt sich, sagt sich, man hat Krebs und muß da irgendwie wieder herauskommen. Unbedingt.« Auch sie betete, aber auf ihre Weise. »Ich bin nicht der Mensch, der gerne um etwas bittet. Wenn ich etwas will, druckse ich nicht herum. Es war mehr eine Forderung.« Auch Nonnen aus der Umgebung beteten inzwischen für sie. Und sie erhielt »säckeweise« Post. (»Der Stadtrat war einfach super«, sagt sie augenzwinkernd.)

Bei der nächsten Röntgenuntersuchung waren die Lungenmetastasen verschwunden. Ihr Arzt, so berichtet sie, sei »völlig platt« gewesen.

Damit war die schwere Prüfung für Lesley aber noch nicht zu Ende. In ihrem Gehirn tauchte später ein weiterer Tumor auf. Sie blieb optimistisch und betrachtete ihn mit der nüchternen Logik des Ingenieurs: »Die Übeltäter hatten den Weg in die obere Schaltzentrale gefunden. Ich sagte mir, das sei gar nicht so schlecht. Solange sie dort sind, richteten sie woanders keinen Schaden an.« Sie unterzog sich einer Strahlentherapie, nachdem sie »frech« einen Aufschub von vier Tagen durchgesetzt hatte, um ihren Bezirkswahlkampf durchzuziehen. Sie sprach auf die »schwache Dosis«, wie ihr Arzt sie nennt, gut an und ist jetzt über zehn Jahre krebsfrei.

Es gab auch Momente, in denen Lesley mit der Religion liebäugelte. Dazu Marcia Greenleaf an: »Ein Apollonier kann in besonderen Situationen durchaus motiviert sein, die Charakteristika anderer Typen anzunehmen.« Lesley ist in dieser Beziehung offenbar ein Musterbeispiel. »Nach einem Schuß vor den Bug«, meint sie, »ist man seinem Schöpfer ganz nahe. Man verspricht dies und jenes. Aber nach einer bestimmten Zeit fällt man wieder in den alten Trott.« Auf die Frage, worauf sie ihre Rettung zurückführe, wirft sie den Kopf zurück und antwortet: »Schiere Entschlossenheit.«

Wir haben allen Patienten unserer Fallstudie einen Fragebogen vorgelegt (siehe Anhang drei). Ein Blick auf Lesleys Ergebnisse ist aufschlußreich. Bei der Frage, welche Faktoren »wesentlich zur Genesung beitrugen«, kreuzte sie nur 5 von 37 möglichen Punkten an, typisch für die eigenverantwortliche Haltung eines Apolloniers. (Bei den persönlichen Zügen, die für besonders wichtig gehalten werden, kreuzte sie lediglich »freiheitsliebend« an, dies aber gleich zweimal.) Bei den psychospirituellen Faktoren, die ihrer Meinung nach bei der Genesung eine Rolle gespielt haben könnten, nannte sie vorwiegend solche Punkte, die für eine aktive

Teilnahme am Gesundungsprozeß sprechen: Betrachtung der Krankheit als Herausforderung, Glaube an einen positiven Ausgang, Selbstbeherrschung, Übernahme von Verantwortung als Patient, kämpferischer Geist, wiedererstarktes Lebensbedürfnis und/oder wiedererstarkter Lebenswille, positive Gefühle und Verbundenheit mit dem Leben.

Bei unserer »Tortengrafik« forderten wir die Befragten auf, einen Kreis in Segmente mit unterschiedlicher Größe einzuteilen und hineinzuschreiben, was sie bei der Genesung für das Wichtigste hielten. Lesley teilte die »Torte« mit einem Lineal akkurat in Stükke von zwei Dritteln und zwei Sechsteln ein (siehe Seite 397). In ein Drittel trug sie ein: »Angehörige sind besonders wichtig. Leider haben sie keine Ahnung, was sie sagen sollen. Man muß ihnen einfach zeigen, daß man kein Opfer mehr ist.« In ein Sechstel trug sie ein: »Von mir wird es nicht heißen, die schafft es nicht.« In das andere Drittel schrieb sie das Rezept für einen rationalen und unsentimentalen Umgang im Krankenhausbetrieb: »In der Klinik braucht man sich bloß umzusehen. Man findet immer jemanden, der noch übler dran ist. Die Technik als Waffe gebrauchen und sie mit Gedanken an die eigene Genesung noch schärfer machen. Mit den Ärzten gleichberechtigt zusammenarbeiten. Sie können einen nicht heilen, wenn man sich selbst aufgibt.«

Behandelt wurde Lesley unter anderem von dem Onkologen Tom Oliver im Royal London Hospital. Zu ihrem Fall meint Oliver, die »chirurgische Entfernung einer verkrebsten Niere [kann] eine Rückbildung von Metastasen in anderen Körperregionen zur Folge haben, weil der Körper dabei von der Hauptlast des Tumors befreit wird«. Allerdings räumt er ein, daß die Mechanismen, durch die der Körper mit den verbleibenden Tumorzellen fertig wird, noch nicht geklärt seien. Nach groben Schätzungen kommt es bei Nierenkrebs in 5 bis 24 Prozent aller Fälle zu langzeitlichen Rückbildungen (auch wenn der Tod durch einen Rückfall erst zehn oder mehr Jahre später eintreten kann).[8] Trotz seiner Skepsis angesichts der »in den Medien verbreiteten Falschmeldungen über Wunderheilungen« ist Dr. Oliver fasziniert von der Möglichkeit, daß psychosoziale Faktoren den Verlauf von Krebserkrankungen gelegentlich beeinflussen. Sein breites, nachdenklich wirkendes Gesicht drückt Besorgnis aus. Er trommelt mit den Finger auf den verschränkten Armen und meint: »Es ist ganz wichtig, daß Ärzte den Patienten in einem realistischen Maß wenigstens etwas Hoffnung machen. Ich vermittle Zuversicht über die potentielle Möglichkeit einer Heilung selbst in einer verzweifelten Situation. Die Rückbildungen zeigen uns, daß es außerhalb unseres Blickfeldes etwas gibt, das wir noch nicht kennen.« Oliver lächelt: »Natürlich ist das eine etwas ketzerische Ansicht.«

Dr. Larry Norton dürfte sie kaum ketzerisch finden. Wäre er Lesleys Arzt gewesen, so hätte er ihre Persönlichkeit wohl aktiv in die Behandlung mit einbezogen. Während seiner medizinischen Ausbildung an der Columbia University besuchte er Dr. Spiegels Seminar für medizinische Hypnose. Heute ist er Chef der gynäkologischen Abteilung des Memorial Sloan-Kettering Cancer Center und benutzt Spiegels Technik zur Bestimmung der »Mind-styles« seiner Patienten. Wie er betont, sieht er darin eine Methode »den richtigen Weg zu ermitteln, wie man einem bestimmten Patienten etwas erklärt, wie man Alternativen entwickelt und ihm hilft, mit den Schwierigkeiten, die bei der Behandlung auftauchen, fertig zu werden«.
Dr. Norton ist aufgefallen, daß besonders schwer hypnotisierbare Menschen (Lesley ist ein gutes Beispiel) »klare Worte vorziehen. Sie mögen keine Zweideutigkeiten, sondern möglichst viele konkrete Informationen. Sie wollen über sich selbst bestimmen und überlassen Entscheidungen nur sehr ungern anderen, am wenigsten Ärzten. Sie schildern ihre Symptome sehr präzise, von der Minute an, als sie einen Schmerz verspürten, und sagen uns genau, was sie gegessen haben, als ihnen übel wurde.«
Am anderen Ende der Skala sind für Dr. Norton Patienten angesiedelt, »die zu einer bildhafteren Beschreibung ihrer Symptome neigen. Sie können Mehrdeutigkeiten besser ertragen. Und sie neigen zu größerer Suggestibilität. Jeder Arzt hat einem Patienten schon einmal ein Symptom suggeriert, wenn er ihm zum Beispiel den Bauch getätschelt und ihn gefragt hat, ob er dort nicht auch Beschwerden habe. Manche bekommen dann tatsächlich Schmerzen. Ich hatte schon Patienten, die nur deshalb in der Chirurgie

gelandet sind, weil ihnen wiederholt Symptome suggeriert worden sind.«
Hier nähern wir uns einem Bereich der Persönlichkeit, mit dem wir uns schon weiter oben befaßt haben: Der Wissenschaftler Thomas X. Barber hatte eine Kategorie von Menschen entdeckt, die durch Gefühle, Erinnerungen, Gedanken und Vorstellungen ihren Blutdruck, ihre Körpertemperatur und Immunreaktionen merklich beeinflussen konnten (Kapitel vier). Wie Barber bemerkt hat, zeigen vielleicht vier Prozent der besonders gut hypnotisierbaren Menschen eine besonders starke »psychosomatische Plastizität«, also eine ausgeprägte Fähigkeit, Gedanken und Gefühle in physiologische Fakten umzusetzen.
Ebenso sieht der Forscher Ian Wickramasekera von der University of Virginia »immer mehr Hinweise darauf, daß die psychosozialen und die physiologischen Funktionen solcher Menschen – ihre Software und Hardware, wenn man so will – enger miteinander verzahnt sind«. Diese Verzahnung, so Wickramasekera, der in unserem psychologischen Test ebenfalls zu Wort kommt (siehe Anhang vier), könnte sich im Hinblick auf die Anfälligkeit für psychosomatische Erkrankungen als trügerisch erweisen und ist möglicherweise aussagekräftiger im Hinblick auf eine Heilung: Der Arzt oder Therapeut könne »die Wirkungsrichtung der Mechanismen (die besondere Hypnotisierbarkeit), die die psychophysiologische Störung hervorgerufen haben, umkehren und gezielt zur Heilung des Patienten einsetzen.[9] Wir fragten uns, ob hypnotische Reaktionen dieser Art bei der Heilung der jungen Geertje Brakel möglicherweise eine Rolle gespielt hatten.

Geertje Brakel lebt in einem kleinen weißen Reihenhaus im niederländischen Rotterdam, dessen Stadtbild von Windmühlen, Fahrrädern und gelben Straßenbahnen beherrscht wird. Das Innere des Hauses gleicht einem Meer von Pflanzen, die sich Topf an Topf aneinanderreihen, von gewaltigen Philodendren bis zu üppig wuchernden Chrysanthemen. Die kleine Terrasse vor ihrem Haus ist ein mondäner Park, der das Haus mit seinen grünen Tentakeln zu verschlingen droht.
Geertje, eine attraktive Frau um die Vierzig mit rosa getönter

Brille, blättert auf ihrer Couch in einem Fotoalbum. Eine Reihe von Schwarzweißbildern zeigt sie als hübsche 27jährige mit Kurzhaarfrisur und dunklen Ringen unter den Augen, halb Sirene, halb verwundete Sylphide. Auf einem Bild ist sie in einen langen schwarzen Mantel gehüllt, das Gesicht unter dem vom Wind zerzausten Haar eine ausdruckslose Maske, eine Doppelgängerin der jungen Dichterin und Selbstmörderin Sylvia Plath.

Die Dichterin war Geertjes Idol. »Sie empfand die Welt wie ich als häßliches Jammertal«, sagt sie. Geertjes Freunde waren es gewohnt, daß sie wie ein Gespenst in einer Ecke saß, kein Wort sagte und nur zitternd und gierig an ihrer Zigarette sog. Jahrelang dachte sie fast täglich an Selbstmord und lebte »in einer Phantasiewelt«, wie sie sagt. Eines Tages brach in ihren beklemmenden Alltag noch Schlimmeres ein. Eine Routineuntersuchung erbrachte vergrößerte Eierstöcke. Bei einem chirurgischen Eingriff kam ein rasch wachsender inoperabler Tumor zum Vorschein. Als sie aus der Narkose erwachte, saß der Arzt mit bitterer Miene an ihrem Bett und erläuterte, eine Chemotherapie könne ihr Leben möglicherweise verlängern, nicht aber retten. »Ich sah es ihm an den Augen an, daß ich sterben mußte«, erklärt sie uns. »Ich beschloß augenblicklich, mich selbst zu heilen, wenn die Ärzte es nicht konnten. Das Merkwürdige war, daß ich mich wohl fühlte. Von dieser Minute an spürte ich in mir das reine Leben.«

Sie lehnte eine Chemotherapie ab und bat ihren Freund, sich nach Büchern über alternative Krebstherapie umzusehen. Sie entschloß sich sofort zu einer streng vegetarischen Diät, von der sie gelesen hatte. Was die Ärzte »eine sinnlose Selbstbestrafung« nannten, war für sie ebenso ein Ritual wie eine gesunde Ernährungsweise. »Bei jedem Bissen sagte ich mir: ›Das ist für dein Leben. Du mußt nicht sterben. Einige deiner Zellen verhalten sich seltsam und tun etwas, was sie nicht sollten. Aber du hast einen robusten starken Körper, der wird das wieder in Ordnung bringen.‹«

Vor allem aber stellten sie und ihre Freunde verblüfft fest, daß sich ihr ganzes Leben grundlegend veränderte. »Ich sagte mir, gut, wenn du nur noch Monate zu leben hast, dann wäre es völlig blödsinnig, nur das zu tun, was die Gesellschaft oder deine Eltern von dir erwarten. Du brauchst nichts mehr zu tun, was dir zuwider ist. Du mußt tun, was dir Spaß macht.« Die Verwandlung erfolgte quasi über Nacht. Hatte sie sich einst erbärmlich gefühlt, so war sie »jetzt im Innersten glücklich, lachte viel«. Die einst so menschenscheue Geertje fühlte sich zum ersten Mal in ihrem Leben »Leuten verbunden, wie wenn ein Traum Wirklichkeit wird«. War sie früher schweigsam gewesen, so redete sie nun sehr viel: »Ich sagte meinen Freundinnen und Freunden, ich sei überzeugt, ich würde nicht sterben. Und sie sagten mir in jeder Hinsicht volle Unterstützung zu. Sie glaubten an mich. Wir faßten tiefes Vertrauen zueinander. Alles, was ich ihnen gab, gaben sie mir zurück, und das machte mich stärker.«

Bei einem Test anhand der AOD-Skala wurde Geertje als Dionysierin eingestuft. Solche Menschen sind durch ihre Umgebung tendenziell sehr stark beeinflußbar. Vielleicht war das der Grund, warum sie den Kontakt zur ihren Eltern, die sie offenbar aufgegeben hatten, völlig abbrach. Die Krankheit setzte bei ihr die Reizschwelle weiter herunter: »Ich wurde besonders geruchsempfindlich. Ich ertrug Parfüm nicht mehr, ebensowenig das Gefühl von Schmuck auf der Haut. Den Lärm von Autos hielt ich nicht mehr aus. Wenn ich spazierenging, schrie ich ihnen manchmal hinterher, weil sie solchen Krach machten und soviel Gestank verbreiteten. Ich entdeckte, daß ich nur den Geruch der Natur, den Gesang der Vögel und das Rauschen von Meer, Wind und Regen mochte.« Sie umgab sich mit einer angenehmen Atmosphäre, hörte ihre Lieblingsmusik, tanzte dazu und las die Bücher, die ihr am meisten bedeuteten.

Zugleich hatte sie oft unerwartet heftige Gefühlsausbrüche. »Zwei- oder dreimal am Tag brüllte ich vor Wut«, erinnert sie sich. Ihr Freund hielt das für einen Ausdruck ihrer Angst, doch ein Heiler, den sie inzwischen aufsuchte, ermutigte sie dazu, »allen Gefühlen, ganz gleich welchen, Luft zu machen. Von da an hatte ich keine Hemmungen mehr. Ich schrie und brüllte, wie es mir paßte.«

Bei den monatlichen Untersuchungen mit Ultraschall stellten die Ärzte verblüfft fest, daß der Vormarsch ihres Krebses sich aus unerfindlichen Gründen verlangsamte und schließlich zum Stillstand kam. Nach den medizinischen Tests, die Geertje fast wie eine Art Biofeedback benutzte, »um herauszufinden, ob es schiefläuft oder klappt«, war ihr Tumor in neun Monaten um ein Drittel geschrumpft. Schließlich verschwand er völlig.

Sie feierte ihre Rückkehr ins Leben, frohlockte vielleicht etwas voreilig. Sie kaufte sich »verrückte Klamotten, wie aus einem Fellini-Film«, tanzte die Nacht durch, kam gegen Mittag wieder nach Hause und legte sich zum Schlafen in die Sonne. Und wenn sie aufwachte, zog sie wieder los. Nach zweieinhalb symptomfreien Jahren entdeckte Geertje, daß der Krebs zurückgekehrt war und neue Metastasen gebildet hatte. Die Chirurgen entfernten beide Eierstöcke und teilten ihr mit, daß ihre Chancen, die nächsten fünf Jahre zu überleben, selbst mit einer Chemotherapie nur bei 20 bis 30 Prozent lägen. Wieder lehnte Geertje »die Chemie« ab. Sie fühlte sich völlig niedergeschlagen, plötzlich ganz ohne Lebenswillen, unsicher, ob sie »es auch diesmal wieder schaffen würde«.

Im Krankenhaus nahm sie kaum noch Nahrung zu sich, und schreckliche Visionen quälten sie, die sie »mit offenen Augen, wie in einem Farbfernsehgerät sah«: Ihr geliebtes blaues Meer fror zu, und gewaltige Eisberge türmten sich auf. In der Eiswüste tauchte eine seltsame Gestalt auf: »Sie kam auf mich zu, ein Teufel, und er wollte mich umbringen.« Eine schreckliche Halluzination folgte: »Er packte mich, aber ich hatte ein Messer, und es gelang mir, ihn zu töten. Weitere Teufel tauchten auf, und ich kämpfte mit ihnen auf dem Eis, in dunklen Löchern, und dann sah ich entsetzt, wie sie durch die Fenster des Krankenhauses hereinstiegen.« Sie kämpfte verzweifelt. Wenn sie einen getötet hatte, verwandelte er sich »in ein harmloses Tier, mal in eine Katze, mal in eine Spinne«.

Ihre Freundinnen waren über ihre Verzweiflung und Verwirrung bestürzt. Nach Absprache mit einem Arzt versuchten sie es mit einer Schocktherapie. Um sie nach der Entlassung willkommen zu heißen, hatten sie ursprünglich ihr Haus streichen wollen. »Doch dann sagten sie mir, sie hätten meinen Entschluß, sterben zu wollen, akzeptiert und sähen jetzt keine Notwendigkeit mehr, das Haus zu streichen. Sie würden lieber meine Beerdigung vorbereiten. Der Schock rüttelte mich wach. Aus dem tiefen, dunklen

Loch stieg plötzlich eine Erinnerung hoch. Ich wollte leben, einfach nur leben, egal ob gut, schlecht oder mittelmäßig. Ich bat meine Freundinnen, mir etwas zu essen und zu trinken zu bringen. Und da entdeckten sie wohl den Glanz in meinen Augen, den sie vor Jahren gesehen hatten. Sie begannen, das Haus zu streichen.«

Geertje beschloß, ihre Diät nicht wiederaufzunehmen. Während eine schlecht hypnotisierbare Apollonierin in einer Diät vermutlich eine konkrete Medizin gesehen hätte, war sie für Geertje »eher ein geistiger Prozeß, ein Symbol oder ein Mittel, das Äußere mit dem Inneren zu verbinden«. Als ihr eine Freundin einen Psychologen empfahl, der auch als Hypnotherapeut arbeitete, nahm sie die Gelegenheit wahr. Schon bei der ersten Begegnung faßte sie zu ihm »100prozentiges Vertrauen. Zum ersten Mal akzeptierte mich jemand so, wie ich war. Er schrieb mir nie vor, was ich zu tun oder zu lassen hatte.« Zwei Jahre lang nahm sie alle zwei Wochen eine fünfstündige Fahrt in Kauf, um sich von ihm therapieren zu lassen. »Er wußte genau, was ich dachte. Wir lagen voll auf einer Linie.« (Geertje nennt wiederholt die Unterstützung durch andere als wichtigen Faktor bei ihrer Genesung. Patienten, die am dionysischen Ende der AOD-Skala angesiedelt sind und denen es schwer fällt, aus ihrer Umwelt positive Reize herauszufiltern, können die dringend benötigten positiven Anstöße möglicherweise von anderen empfangen.)

Wieder zeigte Geertje Launen und hatte plötzliche Wutausbrüche. Und wieder war sie wie ausgewechselt. Sie trug jetzt regelmäßig ihre Brille, die sonst immer im Etui in ihrer Handtasche gelegen hatte. »Ich konnte ohne Brille zwar schlecht sehen, aber andererseits hatte ich die Welt so häßlich gefunden, daß ich gar nichts sehen wollte. Und mit Brille entdeckte ich dann, wieviel Schönes es doch gibt!« Sie schwang sich auf ein Fahrrad: »Ein merkwürdiges Gefühl, bis dahin konnte ich Radfahren nämlich nicht ausstehen.«

Bei der Entlassung aus dem Krankenhaus hatte sie drei Tumore von jeweils mehreren Zentimetern Durchmesser gehabt. »Nach zehn Monaten waren alle verschwunden. Da dachte ich, jetzt geht es mir besser.«

Ihre Ärzte sind einer Meinung. Dr. Hans A. Wynen vom Hospital St. Clara rückt die Zweistärkenbrille in seinem rechteckigen Holländergesicht zurecht und sagt: »In meinen Augen waren ihre Chancen, die nächsten zehn Jahren zu überleben, gleich Null.« Und der Pathologe Marco DeVries, der als erster ihre Gewebsproben untersucht hatte, fügt hinzu: »Meines Wissens gibt es auf der ganzen Welt keinen Fall einer spontanen Remission, der medizinisch besser dokumentiert ist.«[10]

Dr. DeVries fordert Geertje auf, durch ein Mikroskop mit binokularem Tubus zu schauen und ihren alten Gewebsschnitt zu betrachten. Er macht sie auf die aufgeblähten purpurnen Kerne der Krebszellen aufmerksam. Man ahnt ihre Gefährlichkeit: Einige sehen aus wie Giftpilze, andere wie nachtblütige Orchideen und wieder andere wie die gesprenkelten Eier eines Raubsauriers. »Das war vor 14 Jahren, und jetzt sitzen Sie hier vor mir.« DeVries ist sichtlich beeindruckt. Die Augen hinter den großen Brillengläsern nehmen einen fast zärtlichen Ausdruck an: »Der Pathologe in mir kann kaum glauben, was er da sieht.«[11] Geertje strahlt ihn komplizenhaft an.

Alle sechs Monate suchte sie das Krankenhaus auf, ein Ritual, an dem sie bis heute festgehalten hat. »Vor zwei Jahren hat man in meinem Blut Tumormarker gefunden, die auf eine erhöhte Aktivität von Krebszellen hindeuteten. Ich sagte dem Arzt, ich würde in sechs Wochen wiederkommen, dann sei es sicher besser. Sechs Wochen später waren die Tumormarker verschwunden.« Der Arzt war verblüfft. »Er wollte von mir wissen, wie ich das anstelle.« Geertje hält inne. »Ich sagte, es sei einfach ein Gefühl, etwas, das ich instinktiv weiß. Die Gefühle kommen, und in meinem Körper passiert etwas, für das ich keine Worte habe. Es ist einfach ein tiefes, unerschütterliches Vertrauen.«

Wenn Geertje nicht weiß, was in ihrem »Körper passiert«, wie sollen dann wir ihre Heilung erklären? Ihre Persönlichkeit weist deutlich dionysische Züge auf. Ihr Hypnotherapeut, so sagt sie stolz, habe ihr erklärt, sie sei die beste Patientin, die er je gehabt habe. »Ich versetzte mich mehrmals am Tag in leichte Trance. Das fällt mir sehr leicht.«

Sie beschreibt die geschärfte (wenn oft auch schmerzhafte) Sinneswahrnehmung, die offenbar ein Kennzeichen für veränderte Bewußtseinszustände ist. Sie erinnert sich plötzlich wieder lebhaft an Szenen aus der Kindheit, als sie ein Jahr alt war. Sie hatte imaginäre Spielkameraden: »Ich träumte immer, lebte in der Phantasie.« Ebenso lebendig waren ihre innersten Ängste. Mit sieben Jahren sah sie deutlich »die Hand eines Ungeheuers« unter dem Bett hervor nach ihr greifen. Von da an schlief sie nur noch bei Licht. (Dies und anderes entspricht ganz der »phantasieorientierten Persönlichkeit« des Psychologen T. X. Barber. Menschen mit dieser Persönlichkeit haben scheinbar »reale« Tagträume; in der Kindheit hatten sie Erlebnisse mit imaginären Spielkameraden, »schwarzen Männern« und »Ungeheuern«.[12] Nach Barber zeigen sie eine ausgeprägte psychosomatische Plastizität.)

Tatsächlich berichtet Geertje davon, daß einige ihrer Phantasien von heftigen körperlichen Empfindungen begleitet gewesen seien, ein Hinweis auf das »engere Beieinanderliegen von Software und Hardware«, wie es der Psychologe Wickramasekera nannte. Eine von Geertjes phantastischen Begegnungen war geradezu archetypisch: »Wie zwei reale Personen im Raum sah ich den Tod neben dem Leben stehen. Je stärker der Tod wurde, desto stärker fühlte ich die Lebensenergie durch meinen Körper pulsieren. Die Hitze wurde so groß, daß mich Menschen, die neben mir saßen, fragten, ob ich ein Ofen oder Heizkörper sei.« Auch ihre Erregung sorgte während ihrer unerwarteten Genesung für spürbare körperliche Empfindungen: »Ich war sehr reizbar, und mein Kopf war die ganze Zeit rot und heiß.«

Auf unserem Fragebogen kreuzte Geertje besonders viele Charakterzüge als auf ihre Persönlichkeit zutreffend an. Von den 60 Charakterzügen ließ sie lediglich acht aus: Die meisten fügen sich in ein einheitliches Schema: gut organisiert, ordentlich, arbeitsam, pragmatisch, streng. Und bei der Tortengrafik schrieb sie als einzige ganz außerhalb des Kreises (Seite 395): »Die Ursache [der Heilung] war der Umschwung vom Tod zum Leben, ein Sprung aus dem Dunkel ins Licht, aber letztlich habe ich für diese Entwicklung keine Worte.«

Jeder zweite von uns ist im odysseanischen oder mittleren Segment der »Mind-style«-Skala angesiedelt. Odysseus, der Held und Irrfahrer der griechischen Sage ist gleichsam ein Wanderer zwischen dem apollinischen und dem dionysischen Pol. Odysseaner sind anpassungsfähig und in der Lage, nach den Erfordernissen der Situation pragmatisches Denken oder abstrakte Phantasie einzusetzen.

Inge Sundstrom, die als Odysseanerin eingestuft wurde, ist eine robuste, stämmige Frau, die mit ihrem kurzgeschnittenen zerzausten rötlichen Haarschopf an einen schelmischen Buben erinnert. »Hundert Prozent Schwedin«, scherzt sie, »aber null Prozent groß, blond und schön.« Ihr Mann Eric wirft ihr einen nachsichtigen Blick zu. Er selbst ist groß, hat einen Silberbart und wirkt wegen seiner runden Brille ein wenig wie ein Pastor. Beide lachen gerne, lieben sich und erzählen freimütig Geschichten über sich.

»Wir sind beide Besserwisser«, sagt Inge. »Also haben wir abgemacht, daß wir uns im Rechthaben abwechseln. An geraden Tagen sagt er, die Bilder hängen zu tief, und es stimmt. An ungeraden Tagen sage ich, sie hängen zu hoch. So gleicht es sich aus.«

»Nur nicht beim Armdrücken«, sagt Eric. Inge lacht, und eine leichte Röte überzieht ihre Wangen: Sie weiß, was kommt. Eric erzählt, daß seine Frau früher Landesmeisterin im Armdrücken gewesen ist. Sie war eine gefürchtete Gegnerin, »bis sie einer jungen Dame versehentlich den Arm brach«.

»Dann war Schluß«, wirft Inge ein. »Danach habe ich aufgehört.«

Gerade ein Jahr nach ihrer Heirat mit Eric stellte ein Frauenarzt bei Inge einen Tumor an der Gebärmutter fest und diagnostizierte ihn als gutartig. Eine operative Entfernung der Gebärmutter kam für sie nicht in Frage. Dann eröffnete ihr der forsche junge Chirurg, ihre Eierstöcke müßten entfernt werden. »Das macht nichts«, meinte er, »Sie brauchen sie ja nicht.« Inge gab bissig zurück: »Merken Sie keinen Unterschied, wenn man Ihnen die Hoden wegschneidet und männliche Hormone verpaßt?«

Schließlich willigte sie doch ein und erholte sich von der Operation rasch. Ein Jahr später, 1991, bemerkte sie bei der Gartenarbeit eine schmerzende Schwellung am Ohransatz. Sie dachte zunächst an einen Insektenstich, als sie dann aber hohes Fieber bekam, schickte ihr Hausarzt sie zur intravenösen Verabreichung von Antibiotika ins Krankenhaus. Bei einer routinemäßigen Röntgenuntersuchung wurden Schatten auf ihrer Lunge entdeckt, und eine anschließende Computertomographie offenbarte das ganze Ausmaß der Verwüstung: »Auf den Bildern waren Dutzende weißer Flecken. Meine Lungen sahen aus wie eine Sternenkarte«, berichtet Inge. »Als hätte jemand mit einer Schrotflinte Tumore auf sie abgefeuert«, fügt Eric hinzu.

Wie Baumchirurgen eine Ulme stutzen, so sägten die Ärzte für eine Gewebeuntersuchung ein Stück Rippe mit einer der Wucherungen heraus, die so groß waren wie kleine Vollgummibälle. Wie der pathologische Befund erbrachte, handelte es sich um ein Leiomyosarkom, eine seltene, langsam wachsende Krebsart, für die es keine wirksame Behandlung gab. Ihr Onkologe, ein »kleiner, trauriger Mann«, überbrachte ihr die Hiobsbotschaft.

»Habe ich noch ein paar Jahre zu leben?« fragte sie.

»Nein«, antwortete der traurige Mann kopfschüttelnd. »So lange nicht.«

»Ein Jahr?«

»Sechs Monate.«

Inge war wütend. »Es war, als hätte mich ein böser Blick getroffen.« Noch schlimmer als der Tod war der Gedanke, »daß die Krankheit mir die Luft nehmen würde«. Sie erinnerte sich, wie sie als Fünfjährige Keuchhusten gehabt hatte und fast erstickt wäre. Oder wie ihr einmal eine zusammengerollte Scheibe Salami in der Luftröhre steckenblieb und ihr Vater sie an den Füßen packte, in die Höhe hob und so lange schüttelte, bis das unselige Stück Wurst wieder herausrutschte. Seit damals hatte sie panische Angst vor solchen Situationen. »Wenn eines meiner Kinder beim Essen hustet, springe ich sofort vom Stuhl, bereit, den Heimlich-Handgriff (Erste-Hilfe-Griff) anzuwenden.«

Jetzt lag sie im Krankenhaus und war am Rand der Verzweiflung. Wie war das passiert? Sie hatte immer auf ihre Gesundheit geachtet, nicht geraucht, viel frisches Obst und Gemüse gegessen und Sport getrieben. Ohne daß da irgendein Zusammenhang bestand, mußte sie plötzlich daran denken, wie gerne sie in Secondhand-Läden auf Schnäppchenjagd ging. »3 Dollar für eine Seidenbluse, die normalerweise 40 Dollar kostete, und der Tag war gerettet. Aber wenn man Krebs hat, sind alle Seidenblusen der Welt Müll.« Sie nahm sich vor, Selbstmord zu begehen, wenn die Schmerzen unerträglich wurden.

Dann aber faßte sie sich wieder. Sie schrieb in ihr Tagebuch: »Ich habe keine Lust, im Warteraum des Todes zu sitzen, keine Lust, meine eigene Einäscherung vorzubereiten. Ich gehöre nicht zu den Leuten, von denen in der Statistik die Rede ist. Selbst wenn 999 999 sterben, ich bin die eine, die entgegen allen Erwartungen überlebt, die eine aus einer Million.«

Eric erinnert sich an den Tag nach ihrer Lungen-Biopsie: »Sie war schon wieder auf den Beinen und schob das fahrbare Gestell mit dem Tropf vor sich her. Sie sagte mir: ›Ich bleibe nicht einfach da liegen. Ich muß aufstehen und meine Lungen benutzen.‹«

Einige Tage nachdem sie wieder zur Arbeit gegangen war, tauchte eine Kundin bei ihr auf, die bis Weihnachten ihren Wollmantel ändern lassen wollte. Inge brach weinend zusammen: »Das ist mein letztes Weihnachten«, schluchzte sie. Die Kundin war entsetzt. Tags darauf kam sie mit einem Glaskrug wieder, der bis zum Rand mit einer bräunlichen Flüssigkeit gefüllt war. Das sei ein »Schwarzaschentrunk«, sagte sie, ihre 75jährige Mutter trinke davon täglich ein Schnapsglas voll. Er bestehe aus gekochten Rindestückchen, Zweigen und Blättern, die ihr ein 80jähriger Norweger beschaffe. Ein Allheilmittel.

Inge erinnerte sich an ihre eigenen Eltern, robuste, selbstbewußte Leute, die sich im kanadischen Saskatchewan niedergelassen und dort ein Haus gebaut hatten. Während der großen Wirtschaftskrise, als das Essen knapp wurde, fing ihr Vater Bisamratten. »Zum nächsten Arzt war es eine Tagesreise mit Pferd und Wagen. Sie glaubten, daß man sich auch selbst kurieren könne.« Sie erinnerte sich an die Hausmittel ihrer Mutter: ein Frühjahrstonikum aus Brennesselsuppe, wohlschmeckender als Spinat, Tropfen aus Knoblauchöl gegen Infektionen im Ohr und, für ihren Vater, ein mit Hafergrütze ausgestopfter Kissenbezug gegen seine Schmerzen in der Schulter.

Im Stil der typischen Odysseanerin machte Inge eine Vielzahl

unterschiedlicher Ressourcen in der Außen- und Innenwelt für sich nutzbar. Bei der Auswahl der Hilfsmittel ging sie nach praktischen Gesichtspunkten vor. Sie wachte regelmäßig nachts auf, aber »statt wach zu liegen und sich zu grämen«, machte sie es zu einem Ritual, in den frühen Morgenstunden ihren Kräutertrank einzunehmen. Sie bemühte sich, nur an angenehme Dinge zu denken. »Ich schickte ein Lächeln durch meinen ganzen Körper.« Oder sie machte eine Art Bestandsaufnahme, bedankte sich zunächst bei Herz und Lunge dafür, daß sie so gut funktionierten, und machte dann einen gedanklichen Ausflug in ihr Gehirn, um »Knöpfe für das Wohlbefinden zu drücken«. Nachts träumte sie manchmal vom Fliegen wie einst in ihrer Kindheit, als sie in einem aufgeblähten Flanellnachthemd und mit ausgestreckten Armen im schimmernden Mondlicht über Laubbäume gesegelt war. Wenn sie nicht einschlafen konnte, machte sie Atemübungen, atmete fünf oder sechs Herzschläge lang ein, sog bewußt die Luft in ihre Lungen und stellte sich vor, wie sie an einem unachtsamen »Tumorposten« vorbeiströmte und wie ihr Immunsystem den Krebs langsam zerstörte. Sie betätigte sich künstlerisch und malte ihre weißen Blutkörperchen als kraftstrotzende robuste Geschöpfe mit kräftigen Armen, die durch ihr Blut schwammen, Krebszellen jagten, »Stücke aus ihnen herausrissen, sie zerquetschten, zerfetzten, vernichteten«.
Inges Tagebuch ist ein Dokument ihres Überlebenskampfs:

> »Hallo! Hallo! Wo seid ihr?« Ich schloß meine Augen und suchte verzweifelt die Zentrale meines Immunsystems. »Warum habt ihr eine Geheimnummer? Wir müssen miteinander sprechen. Wir machen einen großen Fehler. Die Ärzte nennen ihn Leiomyosarkom, und sie haben keine Behandlung und keine Medizin, mit der sie uns helfen könnten. Wenn wir die Sache nicht beheben und ausmerzen, ist das unser Ende.«

Kraft schöpfte Inge auch aus der Erinnerungen an ihre Großmutter, die in der Öffentlichkeit »hemmungslos lachte«, schamlos Zigarren rauchte und den Qualm durch das ganze Haus pustete,

»damit es gut roch«. Inge tanzte mit ihren Enkeln von sieben und acht Jahren um das Haus, zog mit ihnen Grimassen, »machte Blödsinn zu flotter Musik« und fühlte sich für Augenblicke wieder als das Mädchen, das sie einmal gewesen war: ein aufgewecktes Gör »mit Sommersprossen, feuerrotem Haar und schrundigen Knien«, das in einer Sackgasse am Fluß wohnte, wo die Nachbarskinder nachmittags auf der Straße tobten.

Auch Yoga-Übungen standen auf ihrem täglichen Programm. Wenn draußen Schnee lag, rodelte sie mit einem Kinderschlitten den Hügel hinter dem Haus hinab und genoß es, in rasantem Tempo über die weiße Kruste zu sausen. Auf Anraten eines »alten Blumenkindes aus den Sechzigern« ging sie auf »Vitamin-Trip«, trank das Wasser aus dem Aufbereiter, den ihr Mann gekauft hatte, und verzichtete auf »jede Art Haartönung, Deodorant und Parfüm« sowie auf jede Zahnpasta, die sie »nicht auch essen würde«.

Von »Leuten mit einer negativen Ausstrahlung« hielt sie sich möglichst fern. Sie verzichtete auf Nachrichtensendungen (»die Welt erschien mir so grausam«) und verzieh Ronald Reagan seine politischen Sünden. (»Man darf sich von unangenehmen Gefühlen nicht auffressen lassen.«) Trotzdem strebte sie nach einer ausgewogenen Sicht von der Welt: »Man darf beim Negativen nicht stehenbleiben, aber auch nicht alles durch die rosarote Brille sehen.«

Eines Tages, als sie im Sprechzimmer ihres Arztes den Briefumschlag mit dem neuesten Befund öffnete – gewöhnlich eine Hiobsbotschaft –, gab es eine freudige Überraschung: Entgegen den ärztlichen Prognosen waren die Flecken auf ihren Lungen erkennbar kleiner geworden, einige waren sogar verschwunden.

Inge jubelte. Sie eilte mit den Aufnahmen und dem medizinischen Befund ins Universitätskrankenhaus von Madison und zeigte dem Chirurgen begeistert und fast triumphierend ihre Computertomogramme: »Sehen Sie, sie schrumpfen«, rief sie, auf die hellen Punkte deutend.

Der Arzt antwortete schroff: »Wir glauben doch nicht an den Weihnachtsmann.«

»Und was ist mit den vielen Flecken, die nicht mehr da sind?«

fragte sie kleinlaut. Der Arzt erläuterte ihr, daß die Aufnahmen in Schichten mit fünf Millimeter Abstand voneinander gemacht würden, so daß »sie leicht in Bereiche fallen können, wo die Tumore nicht sichtbar sind«. Mehr Mut machte ihr der Onkologe: »Sie tun mehr für sich, als wir tun können. Gehen Sie nach Hause und machen Sie weiter so.«

In einer für Odysseaner typischen Weise reagierte Inge auf die Urteile aus ihrer Umgebung selektiv. Sie blendete die pessimistische Einschätzung des einen Arztes aus und hielt sich an die Ermutigungen des anderen. Ihr Tortenschema (Seite 394) zeigt denn auch die charakteristische Flexibilität des odysseanischen Persönlichkeitstyps, seine Fähigkeit, auf eine kritische Situation mit einer Vielfalt von Überzeugungen und Verhaltensweisen zu reagieren. »Liebe und Rückhalt durch Familie und Freunde« nimmt das größte Segment ein. Fast ebenso wichtig sind »Yoga, Meditation, Entspannung, Streßabbau, Visualisierungen, der Vorsatz, 90 Jahre alt zu werden, gutes Essen, Spaziergänge, täglich an die frische Luft gehen, bei unangenehmen Gedanken nicht verweilen, malen, kreative Betätigungen, tanzen, lachen, singen«.

Irgendwie, so glaubt Inge, habe sie gelernt, »Krebsgeschwülste zum Schrumpfen zu bringen«, auch wenn sie nicht sagen kann, wie. »Wenn mein Mann zärtlich seine Arme um mich legt, besteht dann eine direkte Verbindung zwischen diesem Glücksgefühl und meinem Immunsystem?« fragt sie sich. Oder war es das »Leiomyosarkom, verschwinde«? Diese Beschwörungsformel hatte sie immer vor ihren geliebten Morgenspaziergängen gerufen, in Erinnerung an ihre Mutter, die gesagt hatte: »Wenn du fest an etwas glaubst, dann geht es auch in Erfüllung.«

Heute, so sagt ihr Hausarzt Dr. Mayer, »scheint sie keinen aktiven Tumor mehr zu haben. Es gibt noch einige kleine Bereiche auf ihren Computertomogrammen, aber meiner Vermutung nach handelt es sich bei den Flecken durchweg um Narbengewebe.«

Er schüttelt ungläubig den Kopf: »Wir haben die Krankheit dieser Frau diagnostiziert, ihren Fall im Team diskutiert und sind dabei zu dem Schluß gekommen, daß eine Behandlung nicht mehr sinnvoll ist. Bei diesem Leiomyosarkom, das in der Brust metastasiert hatte, schien weder eine Chemo- noch eine Strahlentherapie

etwas zu bringen. Ich habe keinen, zumindest keinen wissenschaftlichen Anhaltspunkt dafür, warum sie überlebt hat.«
Inge setzt ihre russische Pelzmütze auf, zieht ihre türkisblaue Daunenjacke an, zwängt ihren schwarzen Jagdhund Shiloh in ein rotes Westchen und tritt hinaus in die morgendliche Eiseskälte. Sie will »um den Block gehen«. In diesem Teil von Wisconsin bedeutet das einen Fußmarsch von mehreren Kilometern über kaum befahrene Straßen, durch Bauernhöfe und Felder und unter klapprigen Holzbrücken hindurch. Ihr Atem schwebt in der eisigen Luft wie ein dichtes Dampfwölkchen vor ihrem Gesicht.
Zehn Minuten später rieseln dicke Schneeflocken vom Himmel. »Wenn man unter der Überlandleitung hindurchgeht«, so glaubt sie, »hört man sie zischen und verdampfen.« Wenn sie die Häuser, die Passanten und die wenigen Autos, die Menschen zur Arbeit bringen, weit hinter sich gelassen hat, beginnt sie laut zu singen, zunächst harmlose Lieder aus der Kindheit, dann ein wüstes schwedisches Trinklied, das sie aus voller Kehle schmettert. »Man muß seine Lungen benutzen«, lacht sie.

Man muß seine Lungen benutzen. Inges geflügeltes Wort für den Überlebenswillen ist ein passendes Bild für einen Zug, dem wir bei unseren Recherchen oft begegneten. Für die Griechen waren die Lungen der Sitz des Lebenshauchs, des *pneumas* oder der Lebenskraft, und auch die Region des *thymos,* der Blutseele, dem Wesen der Identität. Die Lungen stehen in einem aktiven Austausch mit der Umwelt, sie nehmen auf, geben ab und *arbeiten* aktiv an der Aufgabe des Überlebens. Und in ähnlicher Weise ist es denn auch weniger unser Sein als vielmehr unser Tun, unser Verhalten, das uns durchs Leben bringt.
Die vorläufigen Ergebnisse unserer Studie zeigen, daß es für ein Verhalten, das zu einer unerwarteten Genesung führt, kein festes Schema gibt. Dennoch stellte Inge Sundstroms Haltung, die sich in der Beschwörungsformel »Leiomyosarkom, verschwinde!« ausdrückte, ihr unerschütterlicher Lebenswille bei unseren Fällen einen wichtigen gemeinsamen Nenner dar. Über 70 Prozent der Befragten unserer Studie kreuzten Faktoren an, die auf eine aktive Auseinandersetzung mit der Krankheit hindeuteten: Selbst-

charakterisierungen wie kämpferischer Geist, Betrachtung der Krankheit als Herausforderung, Übernahme von Verantwortung und am häufigsten (75 Prozent) »Glaube an einen positiven Ausgang«.

Den Begriff »kämpferischer Geist« haben wir bei Dr. Steven Greer entlehnt, der ihn 1977 in einer Studie über langzeitüberlebende Frauen mit Brustkrebs benutzte. Greer und seine Kollegen beschrieben fünf verschiedene Kategorien von psychischen Reaktionen auf die Diagnose: Leugnen, kämpferische Reaktion, stoisches Akzeptieren, ängstliches/niedergeschlagenes Akzeptieren und hilfloses/hoffnungsloses Akzeptieren. Fünf Jahre nach ihrer Gewebsentnahme waren von den Patientinnen, die mit Leugnen oder kämpferisch auf ihre Diagnose reagiert hatten, noch 75 Prozent am Leben. Bei den Frauen, die stoisch, hilflos oder hoffnungslos reagiert hatten, waren es ganze 35 Prozent. Für die zehnjährige Nachsorge stellten Greer und seine Kollegen folgendes fest: Obwohl die Anzahl der befragten Patientinnen durch Todesfälle stark geschrumpft war, betrug das Verhältnis bei den Überlebenden nach wie vor ungefähr 2:1.[13]

Auch wir stellten bei unseren Befragten eine Eigenschaft fest, die man als konstruktives Leugnen einstufen könnte. Geertje Brakel kreuzte auf unserer Liste zwar »Akzeptieren der Krankheit« an, kritzelte zugleich aber hinein: »Kein Akzeptieren der Gleichung Krebs = Tod.« Aus der gleichen Haltung heraus sagte sich Lesley Bermingham, daß sie mit der Situation fertig werden müsse, daß sie Krebs habe und »da irgendwie wieder herauskommen« müsse. Inge Sundstrom war überzeugt, daß sie die eine »aus einer Million« sei, die entgegen allen Erwartungen nicht an der Krankheit sterben würde. »Das Leugnen«, schreibt Dr. Marco DeVries, »verschafft die notwendige Zeit und den Raum, um die inneren und äußeren Ressourcen zu mobilisieren, die für die Reorganisation des Lebens und für eine persönliche Veränderung notwendig sind. Wenn Ärzte und Pfleger begreifen, daß das Leugnen ein kreatives Stadium ist, dann sehen sie vielleicht auch die positiven Aspekte ...«[14]

Zwischen 60 und 70 Prozent der von uns Befragten führten ihr Überleben auf »rezeptive« Faktoren, wie man es umschreiben könnte, zurück: Faktoren wie Glaube, Meditation und Gebet. Auch das deckte sich mit den Ergebnissen früherer Untersuchungen: Spirituelle Überzeugungen sind ein gemeinsamer Punkt bei den fünf Fällen von spontanen Remissionen, die Dr. Yujiro Ikemi 1975 untersuchte. Obwohl Ikemi vermerkte, daß alle Personen den Krebs anscheinend »dadurch überwunden hatten, daß sie selbst die Verantwortung für die Lösung der Krise übernommen hatten«,[15] waren fast alle leidenschaftlich religiös.

Bei unserer Untersuchung interessierten wir uns besonders für die Frage, ob sich einige der ungewöhnlichen, ja »übernatürlichen« Erfahrungen, von denen einige der Befragten berichtet hatten, verallgemeinern lassen: »Haben Sie je eine Erfahrung (physischer, psychischer oder spiritueller Art) gemacht, für die Sie keine logische oder rationale Erklärung gehabt haben?« Es überraschte uns kaum, daß fast 60 Prozent der Befragten mit Ja antworteten, wobei die überwiegende Mehrheit von ihnen entweder im odysseanischen (in der Mitte angesiedelten) oder dionysischen (oberen) Bereich der AOD-Skala angesiedelt waren. (Die meisten, wenn auch beileibe nicht alle der apollinischen Kandidaten beantworteten die Frage mit einem schlichten Nein.) Inge Sundstrom schrieb: »Ich habe lebhafte Träume, in denen ich mit längst verstorbenen Angehörigen zusammen bin, und spüre beim Erwachen ihre Liebe.« Geertje Brakel berichtete, als Kind habe sie in der Ballettstunde das seltsame Gefühl gehabt, »zur Decke zu schweben« und sich »selbst tanzen zu sehen«. Das Gefühl, den eigenen Körper zu verlassen, sei »paradiesisch« gewesen, ein Gefühl, das sie noch heute beim Tanzen hat. Wally Shore (Kapitel vier) berichtete uns: »Gleich nach dem Tag der Landung der Alliierten in der Normandie hatte ich einen lebhaften Traum von meinem Großvater mütterlicherseits ... Nach dem Krieg fand ich heraus, daß er genau zu dieser Zeit gefallen war.«

Andere beschrieben das Gefühl, »spirituell gelenkt« zu werden, oder hatten »eine Art übersinnliche Wahrnehmung« gehabt. Diese Erfahrungen veränderten zum Teil ihr Leben. So schrieb ein Befragter: »Eines Nachts im Krankenhaus spürte ich einen Feuerball in meiner Brust und dachte, ich würde sterben. Dann aber stellte ich fest, daß mir eine höhere Macht die Botschaft zukommen ließ, daß ich überleben würde. Von dem Augenblick an spürte ich, wie ich wieder gesund wurde. Ich fragte mich, was ich mit dem wiedergewonnenen Leben anfangen würde. Ich mußte mich ändern, und das tat ich auch.«

Aussagen dieser Art lassen sich nur schwer deuten, und man gerät hier unversehens auf noch völlig unerkundetes Gebiet. Wir können nur über vorläufige Ergebnisse berichten und allenfalls vage Vermutungen über deren Bedeutung für den Heilungsprozeß anstellen. Da uns solche Aussagen bei den Recherchen zu diesem Buch immer wieder begegneten, fragten wir uns, ob rational nicht erklärbare Erfahrungen möglicherweise auf physiologische Veränderungen hindeuten, die für den Heilungsprozeß bedeutsam sind. Ein besonders hoher Prozentsatz der Befragten hatte zumindest zeitweilig dissoziative Bewußtseinszustände oder ein vollkommenes In-sich-versunken-Sein erfahren. Möglicherweise ist diese Personengruppe für Placebo-Effekte besonders empfänglich.

Wie an früherer Stelle vermutet, kann die über einen bestimmten Persönlichkeitstyp hinausgehende Fähigkeit, in veränderte Bewußtseinszustände einzutreten, eine psychosomatische Genesung fördern. Bei einem vielzitierten Experiment in der Psychoimmunologie wurde fünf Probanden, von denen zwei zu Zuständen tiefer Trance (was sich ungefähr mit unserern Dionysiern deckt) und zwei zu leichten Trancen (also Odysseaner) fähig waren, ein gereinigtes Proteinderivat von Tuberkulin injiziert. Vier zeigten die erwartete Hautreaktion mit Rötung und Schwellung, ein Anzeichen dafür, daß das Immunsystem im betreffenden Bereich aktiv wurde und den bakteriologischen Wirkstoff bekämpfte. Als den gleichen Probanden in Trance suggeriert wurde, daß sie keine Immunreaktion zeigen würden, blieb diese tatsächlich aus. Ihr Immunsystem war durch Suggestion gewissermaßen ausgeschaltet worden.

Die Studie gibt den Wortlaut der Suggestion wieder: »Sie sind jetzt anders, sie werden jetzt nicht mehr auf die Injektion reagieren ... Ihre Haut ist jetzt anders, Ihr linker Arm ist jetzt anders, Sie sind jetzt anders.«[16]

Die Betonung der »Andersartigkeit« konfrontierte uns mit einem interessanten Paradox: Einerseits hatten wir uns für die Heilkraft der »Kongruenz«, wie wir es nannten, interessiert, also des Einklangs von Sein und Tun mit dem tiefsten Innersten einer Person. Gleichwohl weisen mehrere Forscher darauf hin, daß unerwarteten Genesungen oft tiefgreifende persönliche Veränderungen vorangehen, bei denen manchmal ganz überraschend eine völlig neue Persönlichkeit zum Vorschein kommt.

Besteht eine Beziehung zwischen den verschiedenen Persönlichkeitstypen und den unterschiedlichen Reaktionsmustern? Wir gingen dieser Frage nach und begannen, unter Patienten mit einer sogenannten gespaltenen Persönlichkeit, die in der amerikanischen klinischen Psychologie als »Dissociative Identity Disorder« (DID) bezeichnet wird, nach Hinweisen auf unerwartete Genesungen zu suchen. Wir stießen auf den psychiatrischen Bericht über eine junge Patientin, die gegen Gras allergisch war: Sie reagierte auf entsprechende Allergene asthmatisch, und auch der übliche »Scratchtest« (Intrakutantest) führte zu einer allergischen Hautreaktion. Wurde das Mädchen von den Eltern allerdings zum Rasenmähen abkommandiert, schwenkte es in ein knabenhaftes »alter Ego«[17] um und zeigte keinerlei allergische Reaktionen mehr. Wie beim Test mit Tuberkulinen ist der Scratchtest ein Maß für die Reaktion des Immunsystems. Dies scheint besonders interessant im Hinblick auf die Frage, was das Immunsystem dazu anregt, Krebszellen zu vernichten. Könnte es auch durch eine Veränderung der Persönlichkeit mobilisiert werden?

Eine eindrucksvolle Menge an Fakten belegt, daß ein Zusammenhang zwischen physiologischen Veränderungen und Veränderungen in der Persönlichkeit besteht. Ein kürzlich erschienener Artikel befaßt sich mit zahlreichen psychophysiologischen Studien zur DID (wobei allerdings eingeräumt wird, daß bei den meisten Untersuchungen »spontane Selbsthypnose und Hypersuggestibilität« nicht ausgeschlossen werden). Klinisch bedeutsame Reaktionen auf Veränderungen in der Persönlichkeit wurden in den Variablen des Gesichtssinns, wie Sehschärfe, Refraktion des Auges, Farbsehen, Muskelgleichgewicht, Größe der Pupillen, Hornhautkrümmung und Augeninnendruck, festgestellt.[18] In dem Artikel wird eine weitere Studie zitiert, bei der festgestellt wurde, daß mit Veränderungen in der Persönlichkeit beständige Schwankungen beim Spiegel des Schilddrüsenhormons (T4) einhergehen.[19] Eine andere Studie von 1984 förderte zutage, daß jede »Persönlichkeit« an ganz unterschiedliche Funktionen des zentralen Nervensystems geknüpft war. Und in einem weiteren Artikel wurde auf Unterschiede beim Blutdruck hingewiesen. Betroffen waren also die meisten Mechanismen, die wie das Immunsystem, die Funktion des Nervensystems, die Hormone, der Blutkreislauf und Entzündungen bei unerwarteten Genesungen nachgewiesenermaßen eine Rolle spielen.

Von einer DID oder gespaltenen Persönlichkeit, wie sie landläufig auch genannt wird, ist vielleicht ein halbes Prozent der Bevölkerung betroffen. Zu diesen Menschen gehört auch Sarah Clauson (der Name wurde geändert), eine intelligente, einfallsreiche und redegewandte medizinisch-technische Assistentin mittleren Alters. Sarah, die in einem Krankenhaus im amerikanischen Mittelwesten arbeitet, ist Patientin von Dr. Bennett Braun, dem Begründer und medizinischen Leiter der ersten in den USA eingerichteten stationären Abteilung für DID-Kranke im Chicagoer Rush Presbyterian Hospital.

Braun hatte uns gewarnt, daß Sarah Fremde oft wie ein »Wachposten« empfange und über eine starke, im Überlebenskampf erprobte »Überpersönlichkeit« verfüge, die als Türhüter fungiere, um seelische Blockaden zu überspielen. Als wir Sarah dabei beobachteten, wie sie einem älteren Alzheimer-Patienten mit einem Gel vorsichtig Elektroden am Kopf befestigte, entdeckten wir allerdings keinerlei Anzeichen für diese zuweilen aggressive Seite ihres Ichs oder eines ihrer anderen »Egos«: »Mona«, »die letzte Kurtisane«, wie sie sie nennt – sie rezitiert französische Gedichte und singt Lieder von Edith Piaf –, ist nur eine ihrer 14 Persönlichkeiten, die unter Dr. Brauns Anleitung zu einer kohärenteren Identität zusammengefunden haben.

Vor elf Jahren wurde bei Sarah ein Diabetes festgestellt. Ihr Blutzuckerspiegel ist sehr viel höher, wenn sie nicht als »Wachposten« auftritt, und dann muß sie sich eine entsprechende Dosis Insulin injizieren. Hier stoßen wir auf einen Punkt, der von großer Bedeutung sein könnte. Die Wissenschaft der Endokrinologie ist praktisch um das Hormon Insulin herum entstanden, von dem man bis vor kurzem dachte, daß es nur in der Bauchspeicheldrüse produziert wird. (Dann entdeckte man, daß in bestimmten Hirnregionen mehr Insulin vorkommt als in der Bauchspeicheldrüse.)[20] Diabetes gilt normalerweise als dauerhafte Erkrankung. Aber die grundlegende Bedeutung von Sarahs Fall ist kaum zu übersehen: Anscheinend ist Diabetes, in seltenen Fällen zumindest, nicht nur eine Krankheit, sondern auch ein Seinszustand, eine besondere Facette der Persönlichkeit, die unter dem Einfluß eines vormals unbekannten neuroendokrinen Ablaufs zum Vorschein kommt.

Die sogenannte Dissociative Identity Disorder ist ein quälender pathologischer Zustand. Doch eine weit schwächere Form, der Übergang von einer eindimensionalen Persönlichkeit zu einer sich breiter entfaltenden Individualität, könnte vielleicht eine unerwartete Genesung herbeiführen. So haben mehrere Forscher festgestellt, daß unerwarteten Heilungen oft eine schlagartige psychische Veränderung – Ikemi nennt sie einen »existenziellen Wandel« – vorangeht. Bei einer Studie über Fälle von spontaner Remission entdeckten Dr. Marco DeVries und seine Mitarbeiter beispielsweise, daß alle Betroffenen plötzlich ein selbstbestimmteres Verhalten zeigten und gegenüber Krankheit, Behandlung, Beziehungen und spirituellen Überzeugungen eine deutlich veränderte Haltung einnahmen.

Dies gilt sicher auch für viele unserer Fälle. Inge Sundstrom änderte nicht nur ihr Verhalten, indem sie »auf Vitamin-Trip« ging und ihren »Schwarzaschentrunk« zu sich nahm, sie ließ zudem wieder mehr Aspekte ihrer Persönlichkeit an die Oberfläche kommen. Sie wurde wieder zu einem verspielten Kind, tanzte, fuhr Schlitten und machte »Blödsinn« mit ihren Enkeln. Lesley Bermingham, die dem apollinischen, also dem »unteren« Ende der Skala der Hypnotisierbarkeit zugeteilt wurde, weist in ihrem akkurat aufgeteilten Tortenschema auf ein gewandeltes Selbstverständnis hin: »Wenn es hilft, dann tu so, als seist du jemand anders. Stell die Fragen, die jemand stellen würde, der alle Untersuchungen schon hinter sich hat. Jemand anders kann alles in sich aufnehmen und dir Stärke verleihen.«

Geertje Brakel, die eine Zeitlang von Dr. Marco DeVries behandelt wurde, erzählte uns, daß sie sich häufig wie ein ganz anderer Mensch vorgekommen sei, der seine Lebenseinstellung um 180 Grad geändert habe. Dr. Johannes Schilder, der Geertjes Fall zusammen mit Dr. DeVries interessiert verfolgt hat, vermutet, daß eine Lebenskrise wie eine Krankheit früher unterdrückte Teile des Ich plötzlich wieder zum Vorschein bringen kann, so daß fast der Eindruck unterschiedlicher Persönlichkeiten entsteht. Diese unterdrückten Teile, so glaubt er, tauchen mit all ihren Impulsen, Ressourcen und Fähigkeiten wieder auf und schlagen sich in ungewöhnlichen Verhaltensweisen und Aktivitäten nieder. »Logischerweise«, so fügt er hinzu, »manifestieren sich dabei auch der Schmerz und die Verzweiflung dieses verletzten Teils der Persönlichkeit, der so lange keinen Ausdruck gefunden hat.«[21]

Dr. Schilder mußte einen gewaltigen Umweg zurücklegen, bevor er sich eingehend mit unerwarteten Genesungen beschäftigen konnte. Fragt man den mittlerweile 37jährigen, der noch so jung aussieht, daß man ihm seine Hochschulabschlüsse in Medizin und Philosophie kaum zutraut, was sein Interesse an diesem Gegenstand geweckt habe, so antwortet er schelmisch: »Fragen Sie meine Mama.« Schon als Kind (und auch später noch, als er seinen »Glauben ablegte«, wie er es nennt) war er von den Berichten über Wunderheilungen im Neuen Testament fasziniert. Auf der Suche nach ähnlich spektakulären Fällen reiste er nach Afrika und besuchte Missionare in der Hoffnung, unbekannten psychobiologischen Prinzipien auf die Spur zu kommen, mit denen sich spontane Remissionen erklären ließen. Die Unternehmung Schilders, der mit seiner hohen Gestalt und seinem strohblonden Haar im afrikanischen Busch für einiges Aufsehen gesorgt haben dürfte, erwies sich letztlich als Fehlschlag. »Als ich mit leeren Händen nach Rotterdam zurückkehrte«, berichtet er, »erklärte mir mein Mentor Dr. DeVries: ›Sie suchen doch nach Wundern. Ich habe vor unserer Haustür welche gefunden.‹«

Schilder fertigte eine erste Studie über sieben Krebspatienten mit spontanen Remissionen an.[22] Wie er entdeckte, gab es im Leben aller Patienten einen tiefen »Riß«, der im Verlauf der gefährlichen Krise wieder zusammengeschweißt worden war. Durch ein »mobilisierendes Ereignis«, so Schilder, wurden sie mit den eigenen Grenzen konfrontiert und gezwungen, »ureigene Ressourcen« zu mobilisieren und »selbstbestimmter« zu leben. Was anderen als eine radikale, zuweilen von gewaltigen Gefühlsausbrüchen begleitete Wandlung erschien, war der innere Kampf um eine verlorene Identität und mehr Selbstbestimmung. Wie eine Patientin begeistert bemerkte: »Ich habe zu mir selbst zurückgefunden.«

Schilder schildert den Fall einer Frau mit einem Ovarialkarzinom, das an der Gebärmutter metastasiert hatte. Sie machte »im Augenblick der Diagnose, als man ihr sagte, daß sie nur noch vier Monate zu leben habe, eine Wandlung durch. Sie tat das ärztliche Urteil als ›vollkommenen Blödsinn‹ ab, stahl Essen aus der Küche, schmuggelte Wein ins Krankenhaus, scherzte mit den Ärzten und war ein völlig anderer Mensch als im Jahr zuvor.«[23]

Weiter berichtet Schilder vom Fall eines Zimmermannes, der kurz vor einer spektakulären (aber leider nur vorübergehenden) Remission ganz gegen seine Gewohnheiten »sehr rebellisch, stur und unausstehlich« geworden sei, um seine Frau zu zitieren. Er hatte Zornesausbrüche, bei denen er weinte und mit den Fäusten auf den Tisch trommelte. Sein ganzes Verhalten, so seine Frau, habe diese eine Botschaft zum Ausdruck gebracht: »Ich habe nur noch wenig Zeit, und ich will, daß es nach meinem Kopf geht.«[24]

Dr. Schilder bezieht sich oft auf das Werk des italienischen Psychiaters Roberto Assagioli, nach dessen Überzeugung die Vorstellung von einer unveränderlichen und unteilbaren Identität nur eine Illusion ist. Der Mensch, so Assagioli, bestehe vielmehr aus einer Vielfalt sich überlagernder Haltungen und Selbstbilder, die alle in typischen »Körperhaltungen, Gesten, Gefühlen, Verhaltensweisen, Worten, Gewohnheiten und Überzeugungen« zum Ausdruck kommen.[25] Diese »ständig widerstreitenden« Teile des Ich bezeichnete er als »Subpersönlichkeiten«.

Dr. Schilder fiel auf, daß die Kranken »vor der Remission nur eine bestimmte Gruppe von Persönlichkeiten« zum Ausdruck kommen ließen, während es nach der Genesung im Alltagsleben viel mehr waren. In der Tat spiegelt Geertje Brakels Leben diesen Kampf um den Ausdruck einer umfassenderen und facettenreicheren Persönlichkeit wider, ein Kampf, der von ihrer unerwarteten Genesung verstärkt wurde oder mit ihr zusammenfiel. Bei einer Meditation unter Anleitung, so erklärte sie uns, seien ihr zwei Persönlickeiten begegnet: eine »innere Schwester«, »sehr ordentlich, sehr konventionell«, und ein »inneres Kind«, das wie »ein Akrobat im Zirkus« Purzelbäume und Räder schlug und sich sämtliche Freiheiten herausnahm. Eines fiel Geertje besonders auf: »Diese beiden Gestalten, diese beiden Gegenstücke sind gemeinsam stark. Sie haben dazu beigetragen, daß es mir besserging.« Ihre Heilung schreibt sie im wesentlichen einer Haltung zu, die sie »aufrichtig werden« nennt. Sie spielt auf jene Form der Identität an, die nach Assagioli die gesündeste ist: eine, die »Ausdrücke der lebendigsten Elemente unseres Seins« umfaßt, »so negativ sie zunächst auch erscheinen mögen«.

Dr. Schilder, der ein hellgelbes Baumwollhemd und etwas zu weite Hosen trägt, beugt sich beim Reden gewöhnlich etwas vor. Im Gespräch mit ihm spürt man seine aufopfernde Fürsorglichkeit und fühlt sich wie beschirmt von einer gewaltigen Ulme. Eine tiefe Falte gräbt sich in die Mitte seiner Stirn, während er konzentriert und heftig gestikulierend über die Tragweite seiner Untersuchung spekuliert. Er lehnt sich entspannt zurück, redet über künftige Forschungsvorhaben und beugt sich mit durchdringendem Blick wieder nach vorn: »Wissen Sie, ich glaube nicht, daß es so sehr darauf ankommt, was die Patienten tun, sondern vielmehr darauf, wer sie sind. Bei ihnen kommt vorher eine andere Persönlichkeit zum Ausdruck als nachher.«

Fälle wie diese legen eine Auffassung von Identität nahe, die jede starre Typologie der Persönlichkeit sprengt. Die meisten von uns erschreckt der Gedanke, daß man mit einer psychologischen Testreihe definitiv herausfinden könnte, wer wir sind. Wie schon im 19. Jahrhundert der Dichter William Blake schrieb:

> Warum willst Du jede Faser meiner Seele untersuchen, sie wie trocknende Stengel Flachs in der Sonne ausbreiten?[26]

Vereinfachende Typologien zur menschlichen Persönlichkeit können sogar negative Folgen für die Gesundheit Betroffener haben. Ein eklatantes Beispiel deckte eine Studie über Chinesen auf, die in bestimmten Jahren geboren wurden, die nach traditioneller chinesischer Auffassung ein Omen für die Schwäche eines bestimmten Organs sind. Obwohl kalendarische Faktoren den Körper ganz sicher nicht direkt beeinträchtigen, wirkte der Glaube als starker psychosomatischer Auslöser. Menschen, die in den sogenannten »Feuerjahren« geboren sind, was nach chinesischem Volksglauben das erhöhte Risiko einer Herzerkrankung mit sich bringt, erkrankten tatsächlich öfter am Herzen als die übrige Bevölkerung. Beeinflußt wurde ihr Gesundheitszustand offenbar auf noch ungeklärte Weise durch Überzeugungen, die ihr gesamtes Leben hindurch verstärkt wurden.[27]

Bei genauerer Betrachtung zeigen sich die fernöstlichen Typologien freilich weniger starr und eng und betonen vielmehr das wandlungsfähige Potential in der Seinsart jedes Menschen. Jedes Yin hat sein Yang, jede Eigenschaft birgt ihr Gegenteil in sich. Es gibt keine »guten« und »schlechten« Typologien. Alle haben ihre Schwächen, die sie durch Stärken, die kultiviert werden können, ausgleichen. In den chinesischen, tibetischen und indischen Ayurveda-Traditionen sind Typologien anders als für den Griechen Hippokrates kein Mittel zur Beschreibung einer Persönlichkeit, sondern zur Ermittlung des Heilungspotentials Kranker. Jenseits der vereinfachenden Vorstellungen, wonach uns konventionell »negative« Züge krank machen und »positive« Züge heilen können, gibt es für jeden »Typ« von Person einen ganz individuellen Weg zur Heilung.

Am besten hat wohl der Theologe Paul Tillich die Paradoxe von Kongruenz und Wandel ausgedrückt: »Um geheilt zu werden, muß der Geist von etwas ergriffen werden, das ihn transzendiert, das ihm nicht fremd ist, sondern in dem er die Erfüllung seiner potentiellen Möglichkeiten findet ...«[28] Solche Augenblicke des Ergriffenwerdens – Dr. Schilder benutzt den griechischen Ausdruck *kairos* (ungefähr: »in einen neuen Zustand des Seins eintreten«) – tauchen offenbar am häufigsten in Krisensituationen auf, zum Beispiel, wenn das Leben nur noch an einem seidenen Faden hängt; wenn alles, was wir sind, gewesen sind und zu werden hoffen, in den Dienst des Lebens gestellt werden muß. Bei unerwarteten Genesungen wird die Sehnsucht des Organismus nach Ganzheit noch augenfälliger. Ebenso wie die gleichermaßen augenfällige Tatsache, daß es keine zwei Menschen gibt, deren Gesamtgefüge sich gleicht.

7

Das Wunder zu Überleben

Die Frau im Krebskurzentrum hob die Hand und verkündete, den Stift über ihrem kleinen Notizbuch gezückt: »In Ordnung, ich bin bereit – sagen Sie mir, was ich alles tun muß, um zu überleben!« Der Hoffnungsschimmer in ihren Augen strafte den resignierten Zug um ihren Mund Lügen. Eine von uns, Caryle, hatte soeben einen Vortrag zum Thema spontane Remissionen beendet. Etwas verunsichert warf sie einen hilfesuchenden Blick auf den medizinischen Leiter, der rechts neben ihr auf dem Podium saß, aber der lächelte nur, als wollte er sagen: »Jetzt lassen Sie mal sehen, wie *Sie* damit klarkommen.«

Caryle war aufgefallen, daß die Frau während des Vortrags hektisch mitgeschrieben hatte. Nur ab und zu hatte sie aufgeblickt, um sich zu vergewissern, daß ihr kein wichtiges Detail entging. Caryle schaute über die kleine Gruppe hinweg und überlegte. Warum überlebte der eine und warum starb der andere? Überlebten nur die glücklichen, begeisterungsfähigen Typen, von denen in Berichten über unerwartete Heilungen sooft die Rede war? Oder waren die Überlebenden einfach nur Nutznießer eines blinden Zufalls? Wie konnten Krebskranke vor ihrer Diagnose

wissen, ob sie verzweifelt oder kämpferisch reagieren, ob sie die Krankheit verdrängen oder gegen sie ankämpfen würden?
Caryle wandte sich wieder der Frau zu und sagte einfach, was ihr in den Sinn kam. »Was Sie tun, müssen Sie aus innerer Überzeugung tun. Ich könnte ihnen alle möglichen Studien und Listen zum Thema Überleben geben, aber …«, und hier zögerte sie und suchte nach der richtigen Mischung aus Freundlichkeit und Vorsicht, »… das wären wieder nur die Rezepte anderer Leute.«
Sie hielt inne und beobachtete, welche Wirkung ihre Worte hatten. Obwohl sie über ihre vage Empfehlung nicht glücklich war, fuhr sie fort, denn sie wußte, daß sie die Wahrheit sagte: »Ich werde Ihnen die Listen geben, und vielleicht werden Sie die richtige Antwort finden. Aber vielleicht werden Sie auch das Gefühl haben, daß Sie die ausgelatschten Schuhe eines anderen tragen – daß sie Ihnen nur ungefähr passen.«
Die Frau nickte, aber über ihr Gesicht huschte ein Ausdruck der Enttäuschung. Eine Standardempfehlung ist stets von zweifelhaftem Wert, auch wenn sie noch so vorsichtig und freundlich vorgetragen wird. Angesichts der Menschen in diesem Raum, von denen es einigen gut-, anderen weniger gut- und einigen schlechtgehen würde, fragten wir uns erneut, ob sich nicht ein Verhaltensmuster erkennen ließ: Was befähigte manche Menschen, ein schweres Trauma wie eine Krebserkrankung oder sonst ein lebensbedrohliches Ereignis zu überleben? Krisen treten in vielerlei Gestalt auf, sei es als Krankheit, Verletzung, Krieg, Gefangenschaft oder sexueller Mißbrauch. Ihre Ursachen können in unserem Körper liegen, in unserer Umwelt oder, zwangsläufig vielleicht, in beidem.
Heute geht es uns gut, doch schon morgen verlieren wir vielleicht die Kontrolle über unser Leben. Todesangst, Wut oder die seltsame Ruhe eines schweren Schocks überkommen uns. Doch kaum hat der Schock nachgelassen, stehen wir vor einer schweren Entscheidung, die uns angst macht und an der Instinkt, Erfahrung und Wissen gleichermaßen beteiligt sind. Die Diagnose einer unheilbaren Krankheit kann für den einen Menschen den Weltuntergang bedeuten, ein anderer nimmt sie zum Anlaß, sein Schicksal in Gottes Hand zu legen, für einen dritten ist sie

der Aufruf zum Kampf. Wie eine Alarmglocke den Schläfer, so weckt eine Krise alle Kräfte des Heilsystems. Wie diese Kräfte eingesetzt werden, hängt jeweils von unseren angeborenen oder angelernten Verhaltensmustern ab. Doch in jedem Fall verfolgen wir das Ziel, die Situation in den Griff zu bekommen, da uns sonst der Verlust des Lebens oder der geistiger Gesundheit droht. Hinter der Reaktion des Organismus auf eine solche Bedrohung steckt unser Überlebensinstinkt. Wir wollen leben, koste es, was es wolle.

Nach Beobachtungen der Wissenschaftlerin Susan Kobassa zeichnen sich »streßresistente« Individuen durch eine bestimmte Form der Krisenbewältigung aus, die sie mit »den drei Cs« umschreibt: Sie begreifen die Krise als *Herausforderung* (challenge), *widmen sich ihr mit Hingabe* (commitment) und versuchen, sie unter *Kontrolle* (control) zu bringen. In einer Studie über leitende Angestellte stellte sie fest: Wer seine Arbeit als Herausforderung begreift, sie also als anregend empfindet, widmet sich ihr auch mit Hingabe. Ebenso sind diejenigen im allgemeinen gesünder, die glauben, daß sie Beruf und Familienleben unter Kontrolle haben, eine Formel, die auch auf Krebspatienten übertragen worden ist.[1] Der Psychologe Al Siebert richtete sein Augenmerk auf Menschen, die nicht unter dem normalen Alltagsstreß leiden, sondern weitaus schwerere Situationen zu bestehen hatten – Menschen, die Kampfeinsätze im Krieg, Gefangenschaft oder den Holocaust überlebt hatten. »Ich war bei den Fallschirmjägern«, erklärte er uns, »und alle unsere Ausbilder haben die Kampfeinsätze überlebt. Ich wollte die Menschen verstehen, die Schlimmeres durchgemacht haben als andere, die meinetwegen als Kind geschlagen worden sind oder einen alkoholkranken Vater gehabt haben. Ich suchte die ›Überlebenspersönlichkeit‹ – für mich eine brauchbare Definition für einen geistig gesunden Menschen.«

Seine Untersuchung brachte ein paradoxes Muster ans Licht. Die Überlebenden waren flexibel, anpassungsfähig und zugleich widerstandsfähig. Unter großem Druck geben sie, wie Bambus, fast bis zum Bruchpunkt nach, und wenn sich der Sturm gelegt hat, richten sie sich wieder auf. Ihre Persönlichkeit war »biphasisch«, wie Siebert es nennt: gleichzeitig liebevoll und rabiat, ichbezogen und selbstlos, selbstsicher und selbstkritisch.[2] Sein Modell zielt weniger darauf ab, herauszufinden, wie eine Person im allgemeinen ist, sondern wie sie auf unvorhersehbare Umstände reagiert.

Um mehr darüber zu erfahren, wie Menschen mit traumatischen Erfahrungen umgehen, sprachen wir mit Gerald Coffee, einem berühmten Kriegsgefangenen aus dem Vietnamkrieg. Coffee war Marinepilot auf dem Flugzeugträger USS *Kittyhawk,* der 1966 vor der nordvietnamesischen Küste lag. Schon beim zweiten Einsatz wurde seine Maschine von der gegnerischen Flugabwehr getroffen. Sein Kopilot und er mußten bei einer Geschwindigkeit von 1000 km/h in 900 Meter Höhe mit dem Schleudersitz aussteigen. Gerry kam im Wasser wieder zu sich, 800 Meter von der Küste entfernt. Sein rechter Arm war gebrochen. »In diesen wenigen Minuten kam alles das zum Tragen, was ich in der Ausbildung gelernt hatte«, erzählte er uns. »Sobald ich im Wasser war, stellte ich mich geistig und physisch darauf ein, um mein Leben zu kämpfen.«

Zwischen den Nordvietnamesen, die nach den abgeschossenen Piloten suchten, und den Amerikanern, die die Gefangennahme ihrer Kameraden zu verhindern versuchten, entbrannte ein kurzes Feuergefecht. Dabei kam der Kopilot ums Leben. Gerry hingegen wurde bereits wenige Minuten nach seiner Landung im Wasser von einem Patrouillenboot der Nordvietnamesen aufgefischt. Amerikanische Flugzeuge nahmen das Boot versehentlich unter Beschuß, und Gerry wäre um ein Haar getötet worden. Eine Kugel prallte von seinem Helm ab. Kaum hatte das Boot am Strand angelegt, erhielt es einen Volltreffer und wurde in tausend Stücke zerfetzt.

Gerry hatte Kunst studiert, zusammen mit seinem Abschlußdiplom jedoch den Einberufungsbefehl erhalten. Da er sein Schicksal lieber selbst in die Hand nehmen wollte, statt sich einfach nur in das Unvermeidliche zu fügen, meldete er sich zur Marine, auch wenn seine Begründung nicht sonderlich überzeugend klingt: »Die Werbeplakate wirkten so aufregend. Nur Strände und Pepsi Cola.«

Die Nordvietnamesen zwangen Gerry zu einem Gewaltmarsch in Richtung Norden. Er selbst fühlte sich seltsam unbeteiligt, so als sehe er sich in einem surrealen Schwarzweißfilm. »Ich konnte mich nicht erinnern, wie ich da hineingeraten war. In meinem Kopf lief immer wieder die gleiche Szene ab. Ich sah, wie sie mich auf den Strand jagten und wie Leichen auf den Wellen trieben. In der Zwischenzeit wurde ich durch mehrere Dörfer geführt. Das war war ein regelrechter Spießrutenlauf. Die Bewohner drohten mir mit Schaufeln, Rechen und Hacken und schlugen mich. Aber das alles nahm ich wie aus der Ferne wahr, als ob es gar nicht mir passieren würde, als ob ich gar nicht da wäre.« Er blieb tagelang in diesem diffusen Schockzustand.

Nach einem mißlungenen Fluchtversuch band man ihn mit dem Rücken an einen Baum und ließ ein Erschießungskommando antreten. »Ich sagte mir, sie bluffen nur, und gleichzeitig dachte ich: ›Was für eine beschissene Art zu sterben.‹« Die Soldaten gingen die gesamte Prozedur durch bis zum Kommando »Feuer!«, dann fuhren fünf der sechs Gewehrbolzen in leere Kammern. »Sie wollten mich nicht umbringen, sie versuchten nur, meine Moral zu brechen – aber einer der Jungs hatte vergessen, daß sein Gewehr geladen war. Sein Geschoß fuhr knapp über meinem Kopf in den Baum.«

Man brachte Gerry in die alte französische Festung Hoa Lo, ein berüchtigtes Gefängnis in Hanoi, das in den Medien als »Hanoi Hilton« bekannt war. Die Lebensbedingungen dort waren »mehr als spartanisch«. Die Gefangenen wurden häufig schwer gefoltert und erhielten keinerlei medizinische Versorgung. Gerrys gebrochener Arm war dick angeschwollen; inzwischen war ein Monat vergangen, ohne daß der Knochen eingerichtet worden war. Der 23jährige Pilot, nach eigenem Bekunden zwar ein »Kirchgänger, aber nicht unbedingt fromm, eher ein Durchschnittschrist«, begann zu beten. Seine Stoßgebete reichten von »Warum gerade ich, lieber Gott?« bis zu »Lieber Gott, zeige mir, was ich aus dieser Erfahrung lernen kann.« Wie viele Menschen, die eine schwere Krankheit überleben, versuchte er, der Gefangene, einen Sinn in seinem Leid zu sehen. Auf diese Weise dämmte er das Chaos ein, das ihn zu verschlingen drohte.

Er saß lange Zeit in Einzelhaft, in einer winzigen Zelle. »Sie legten uns erst zusammen, als der Platz knapp wurde. Sie dachten, daß wir allein verwundbarer seien, und damit sie hatten recht. Sobald wir zusammen waren, paßten wir besser auf uns auf und auf die anderen.« Wie bei so vielen Fällen von unerwarteten Genesungen setzten soziale Beziehungen auch hier enorme Kräfte frei. »Unser Motto lautete: Erst die Gemeinschaft, dann der einzelne.«

Wenn ein Gefangener nicht mehr aß, was das erste Anzeichen für einen schwindenden Überlebenswillen war, machten ihm die Zellennachbarn durch verschlüsselte Klopfzeichen Mut: »Das ging so: ›He, Kumpel. Halte durch. Uns ist es genauso gegangen. Wir haben es alle geschafft. Wir wissen, wie du dich fühlst. Du darfst dich nicht gehenlassen.‹«

Die Männer kämpften gegen die Langeweile an, indem sie im Klopfzeichen-Code regelrechte Diskussionen führten. Ein beliebtes Thema war: Wer war für das Überleben im Hanoi Hilton besser gerüstet, ein Ingenieur oder ein Geisteswissenschaftler? Wer Gerry heute reden hört, kann sich gut vorstellen, wie er, der ehemalige Kunststudent, wütend seine Argumente gegen die Wand hämmerte. »Ich glaube, wir halten leichter durch, wenn wir lernen, mit Zweideutigkeiten und Ungewißheiten zu leben, wenn wir uns kreativ mit der Gegenwart auseinandersetzen und uns darüber klarwerden, daß die Zukunft nicht in unserer Hand liegt.«

Die Zeit der Gefangenschaft, insgesamt sieben Jahre und neun Tage, war für Gerry auf seltsame Weise erfüllend. Er tauschte mit den Männern in den Nachbarzellen Gedanken aus, schrieb Gedichte, entwarf und baute in seiner Phantasie ein Haus, versuchte, sich an bestimmte Restaurants oder an die Namen von Hauptstädten zu erinnern, und lernte sogar Französisch. Seine Tage waren so ausgefüllt, daß er häufig gar nicht alles bewältigen konnte, was er sich vorgenommen hatte. »Jeder, der etwas wußte oder konnte, gab es weiter, und jeder in unserem Block lernte dabei. Ich selber sog alles auf wie ein Schwamm. Irgendwie wollte ich möglichst viel Positives aus dieser Erfahrung für mich herausholen.« Eine Übung, mit der sich Gerry in der Einzelhaft beschäftigte, war der »langwierige Prozeß, in Gedanken noch einmal mein ganzes Leben durchzugehen und mich dabei an Details zu erinnern, die ich schon längst vergessen hatte«.

Auch Colonel Robert Sawhill, der 1967 abgeschossen wurde und Einzelhaft, Schläge und Folter über sich ergehen lassen mußte, erzählte uns von solchen Visualisierungen. »Ich stellte mir oft vor, wie ich Golf spielte«, sagte er. »Ich war nie mehr als ein oder zwei Schläge über Par.« Wenn er und andere Gefangene in einem Raum zusammenkommen durften, verbrachten sie die gemeinsame Zeit damit, Phantasiemenüs zusammenzustellen, inklusive Vorspeise, Suppe, Wein, Dessert und Brandy. Und jedes Detail der Zubereitung wurde dabei in aller Ausführlichkeit erörtert.

Doch zurück zu Gerry Coffee. Wenn er heute irgendwo einen Vortrag hält, kommt es zuweilen vor, daß ein Zuhörer ihn anspricht und ihm beschämt gesteht, daß er ihn um die Erfahrung beneide, die ihm seine verborgene Stärke gezeigt habe. Gerry findet daran nichts Merkwürdiges: »Wir reden hier von einer Art Initiationsritus, von einer Erfahrung, die uns zwingt, uns selbst, unser Verhältnis zu anderen und zum Spirituellen zu ergründen. Alles, was uns dabei hilft, dient auch dem Überleben.«

Dieselben Überlebensstrategien sind uns auch bei vielen Fällen von unerwarteten Genesungen begegnet. Francis Martin Killeens Bericht über seinen Kampf gegen den Krebs beginnt mit einer Beschreibung des ärmlichen Viertels, in dem er aufgewachsen ist. »Dort mußte man hart sein«, sagt er mit einer Miene, in der sich Sarkasmus und Wehmut vermischen. »Und man konnte es sich nicht leisten, Angst zu haben. So läuft das in New York. Egal, wo man mich hinsteckt, ich werde überleben.«

Killeen hat ein breites, ansteckendes Lächeln und eine Nase, die so aussieht, als habe er sie sich mehr als nur einmal gebrochen. Er nennt sich selbst einen »Vollblutiren« und wirkt wie ein freundlicher Kobold mit fortschreitender Glatze und leichtem Bauchansatz. Er wurde zwei Tage nach dem Überfall auf Pearl Harbour in der Bronx geboren. Das erste, woran er sich aus seiner Kindheit noch erinnern kann, ist, wie er im Sonntagsanzug auf den Schultern seines Vaters saß und die Heimkehr die Kriegsflotte verfolgte. »Es müssen Tausende von Schiffen gewesen sein«, sagt er, und noch immer schwingt das atemlose Staunen des kleinen Jungen in seiner rauhen Stimme mit. Sein Cousin Billy war auf einem der einlaufenden Schiffe. Jahrelang hatte die Familie jedem Lebenszeichen von ihm entgegengefiebert, und Marty, der alles in seiner Umgebung wachsam registrierte, war fasziniert von den Geschichten über blutige Schlachten und heroische Taten. Seine Helden waren Soldaten oder Polizisten wie sein Onkel Mike. Onkel Mike spendierte ihm sein erstes Glas Bier. Und einmal fuhr er mit ihm über die Westchester Avenue und zeigte ihm eine Tankstelle, wo er drei bewaffnete Räuber erschossen hatte, die den Besitzer überfallen hatten.

Martys wertvollster Schatz war ein Stahlhelm »mit einem fünf Zentimeter langen Einschußloch«. Ein Geschenk seines Cousins Billy. Marty träumte davon, ebenfalls zur Marine zu gehen, doch dann wurde er Journalist und Fernsehproduzent und kämpfte an der Nachrichtenfront. Er war knapp über vierzig, als er nach Atlanta zog und dort Dokumentarfilme fürs Fernsehen drehte. Die Arbeit war interessant und abwechslungsreich, aber er mußte sich mit einem schwierigen Chef auseinandersetzen und hatte lange Arbeitszeiten. Außerdem war er oft unterwegs und von seiner Familie getrennt. Nach und nach geriet er unter Dauerstreß.

Es war ein heißer Sommer, und Marty führte gerade eine Reparatur an seinem Haus aus, als er zum ersten Mal merkte, daß etwas nicht stimmte. Ausgerechnet er, der so stolz auf seine Ausdauer war, machte schon nach ein paar Stunden schlapp. Doch er achtete nicht weiter darauf. Wenig später bekam er eine Bronchitis. Er verlor seine Stimme und spürte in der Schulter einen stechenden Schmerz, der ihm die Tränen in die Augen trieb. Er führte die Beschwerden aufs Rauchen zurück und hörte sofort damit auf.

Aber die Schmerzen kamen immer wieder. Erst Monate später, als sie unerträglich wurden, ging er zum Arzt. Nach der Röntgenuntersuchung sagte der Doktor mit ausdrucksloser Stimme: »Ziehen Sie ihr Hemd wieder an, und kommen Sie mit in mein Sprechzimmer.« Marty hoffte, daß der Arzt ihn lediglich ermahnen würde, in Zukunft mehr auf seine Gesundheit zu achten, aber eine innere Stimme sagte ihm, daß die Sache schlimmer war.

Der Arzt sprach langsam und wog jedes Wort sorgfältig ab: »Ich kann mich täuschen, also geraten Sie nicht in Panik. Ich hatte einmal einen Patienten, der sich deswegen umgebracht hat.« Marty fiel es nicht schwer, die Prozedur abzukürzen und das entscheidende Wort auszusprechen: »Krebs?« Der Arzt nickte und zeigte auf einen dunklen Punkt auf der Röntgenaufnahme von seinem Brustraum.

Später, als Marty wieder auf Straße stand, hallte das Wort noch in seinen Ohren, und wider jede Vernunft dachte er: »Wozu jetzt noch das Rauchen aufgeben?« Er kaufte sich eine Packung Lucky Strike, sprang in seinen Wagen und fuhr zu einem »kleinen Park mit einem Bach, ein friedliches kleines Schlachtfeld aus dem Bürgerkrieg«. Dort setzte er sich ins Gras und betrachtete die Zigarette, die er sich gerade angezündet hatte. Er überlegte, ob sie das wert sei. »Verdammt noch mal, ja! Ich habe mein Leben lang gern geraucht, schon als Junge. Es klingt vielleicht verrückt, wenn das jemand sagt, bei dem man gerade einen Lungentumor festgestellt hat, aber das war der erste Schritt zu meiner Genesung, denn ich übernahm die Verantwortung.«

Nach der Biopsie teilte ihm der Chirurg mit, daß es sich um ein kleinzelliges Bronchialkarzinom handele. »›In 95 Prozent aller Fälle tödlich‹, sagte er. Er sagte nicht: ›Fünf Prozent Überlebenschance.‹ Ich war wie vor den Kopf geschlagen.« Den restlichen Tag und die darauffolgende Nacht weinte Marty. »Ich brauchte kein Taschentuch, sondern ein Handtuch. Die Schwester auf meiner Station war ein Engel. Sie sah ab und zu nach mir und hielt meine Hand.«

Am nächsten Morgen, als er erwachte, war die Welt in glitzerndes Weiß getaucht. In der Nacht hatte es überraschend geschneit. »Der liebe Gott hatte sich mit Atlanta einen Aprilscherz erlaubt«, sagt Marty. Weiß war ein Symbol der Reinheit, und Marty nahm den Schnee als gutes Omen. Dann dachte er an seine beiden Töchter. Was sollte aus ihnen werden, wenn er starb? Martys Sorge verwandelte sich in Ärger, und er begann, nach klaren Antworten zu verlangen. ›Wie kommen die Ärzte zu einer solchen Zahl? Was heißt das, in 95 Prozent aller Fälle tödlich?‹ dachte er rebellisch. Am Abend vor seiner Operation warf er einen Blick in die Zimmer von Krebspatienten, die so krank waren, daß sie nicht mehr aufstehen konnten. Marty, der selbst noch bestens zu Fuß war, fragte seinen Arzt: »Gehören diese Leute auch zu Ihrer Statistik?« Der Arzt bejahte, und Marty platzte heraus: »Ja, Scheiße, dann sind meine Chancen gerade gestiegen.«

Bereits in diesem Stadium entwickelte Marty eine Strategie, die Dr. Joel E. Dimsdale in einer Studie zu Überlebenden der NS-Konzentrationslager als »typische Konzentration auf das Positive« bezeichnet hat. Überlebende, denen es gelang, »neue Hoffnung zu schöpfen«, so Dimsdales Beobachtung, stützten sich oft auf den »bereits vorher vorhandenen Glauben ... daß am Ende alles gut wird und daß Leid ertragen werden kann«.[3] Marty griff bei der Suche nach einer Überlebensstrategie auf seine wilden Jugendjahre zurück. »Mir fiel der Ratschlag eines alten Motorradfahrers wieder ein. Er sagte einmal: ›Wenn du in einen Stau hineinfährst, darfst du nie bremsen, sonst kracht's, und du bist tot. Du mußt dir eine Lücke suchen, das Gas wegnehmen und versuchen, da durchzukommen.‹« Eine mögliche Lücke für Marty tat sich an einem Ort auf, mit dem niemand gerechnet hätte. Seine fünfjährige Tochter besuchte einen Montessori-Kindergarten, in dem die Kinder jeden Nachmittag einen »Liebeskreis« bildeten und »liebevolle Gedanken« an andere Menschen schickten. »Nach meiner Biopsie«, erzählt Marty, »beschlossen diese Drei-, Vier- und Fünfjährigen, mir alle zusammen ihre Liebe zu schicken. Und ich schwöre bei Gott, ich spürte genau, wie sie zum Fenster hereinkam.«

Am nächsten Tag korrigierte der Arzt die Diagnose. Bei Martys Geschwulst handelte es sich nicht um ein kleinzelliges, sondern um ein großzelliges Karzinom, was seine Überlebenschancen nur geringfügig um fünf bis zehn Prozent verbesserte. Dennoch jubelte Marty. Mit der für ihn »typischen Konzentration auf das Positive« dachte er: »Meine Chancen haben sich verdoppelt!«

So gestärkt, wollte er nun unbedingt mit der Behandlung beginnen. Ein positives Erlebnis folgte dem anderen. Ein Radiologe, der ihm sehr sympathisch war, erzählte ihm von einem Patienten, der dieselbe Krebsart hatte und nach über fünf Jahren immer noch lebte. Marty brachte eine Serie strapaziöser Bestrahlungen hinter sich. »Die Strahlen haben mir die Schultern schwarz gebrannt. Ich hatte das Gefühl, ich müßte 28 Stunden am Tag liegen. Ich war völlig fertig und brauchte zwei Stunden, um einen kleinen Teller Spaghetti hinunterzuwürgen. Aber ich blieb am Ball.« Die Ärzte eröffneten ihm, daß er nie wieder würde sprechen können – der Tumor drückte auf den Nerv zum Stimmband. Doch irgendwann in der ersten Bestrahlungswoche, als er gerade in dem mit Blei ausgekleideten Raum lag, hörte er eine innere Stimme sagen: »Du wirst nicht sterben. Du bist noch nicht am Ende. Du hast noch viel zu tun.«

Marty zeigte noch einen Zug, den man bei Überlebenden oft beobachtet hat: ein Gefühl der Verbundenheit. Wie der Kriegsgefangene Gerry Coffee fand auch er emotionalen Rückhalt bei anderen. Marty ist gesellig, hat immer einen Witz auf Lager und lacht auch gern über die Scherze anderer. »Ich freundete mich mit den Schwestern und den Röntgentechnikern an. Ich hatte im Krankenhaus wirklich eine Menge Spaß.« Er lernte auch einige Patienten besser kennen, doch es bedrückte ihn, daß viele von ihnen jede Hoffnung aufgegeben hatten. Marty hält kurz inne, als wolle er sich ihre Gesichter in Erinnerung rufen, und sagt dann: »Man konnte in die Runde blicken und regelrecht sehen, wer sterben würde. Sie ließen die Köpfe hängen und ergaben sich in ihr Schicksal.«

Marty belohnte sich nach jeder Behandlung. Er kaufte sich ein Päckchen Zigaretten, nahm eine heraus und warf den Rest weg. Dann ging er in ein kleines italienisches Café, bestellte einen Espresso und ein süßes Stückchen, rauchte genüßlich seine Zigarette und las dazu die *New York Times.* Und während die Bestrahlung die meisten Patienten schwächt, wurde Marty zum Erstaunen seines Arztes immer kräftiger. Er zwang sich, Golf zu spielen. »Am Anfang schaffte ich nur drei Löcher.« Aber langsam arbeitete er sich auf neun Löcher hoch, eine Leistung, die ihn überglücklich machte.

Er las zahlreiche Bücher über Menschen, die an unheilbarem Krebs erkrankt waren und überlebt hatten, und sog die Hoffnung auf wie ein Schwamm. An einem seiner »28-Stunden-Tage«, die er im Bett verbrachte, legte er sich seine jüngste Tochter auf die

Brust und begann zu meditieren. Während er das niedliche, ruhig atmende Baby im Arm hielt, überkam ihn ein beinahe mystisches Gefühl der Verbundenheit mit »jedem anderen Menschen, mit jeder Blume, mit jeder Pflanze«.

Seine Familie litt mehr unter seiner Krankheit, als er ertragen konnte. Seine größere Tochter sagte mit Tränen in den Augen zu ihm: »Papa, ich habe immer gedacht, daß du ewig bei mir bleiben wirst.« Das brach ihm fast das Herz. Er antwortete: »Ich werde immer bei dir sein, ganz egal, ob ich tot bin oder lebe.« Er wischte ihr die Tränen weg und fügte hastig hinzu: »Aber ich werde am Leben bleiben.« Er war tief bewegt über die Gefühle seiner Lieben, aber er durfte sich nichts vormachen: Diese Atmosphäre aus Kummer und Angst drohte ihn zu ersticken. Manchmal, wenn er seiner Frau oder seinen Kindern in die Augen sah, kam er sich schon vor wie der liebe Entschlafene.

Teils um ihnen Kummer zu ersparen, teils aus einem eigenem Überlebensinstinkt heraus, erklärte er ihnen, daß er mehr Zeit für sich brauche. Er überredete seine Frau, mit den Kindern in Urlaub zu fahren. Kaum waren sie weg, ließ er laute Rockmusik durch das leere Haus dröhnen und übte dabei den Gebrauch seiner Stimme. »Ich weiß noch, wie dieses langgezogene Ahhhhhhh aus meinem Mund kam, der erste klare Laut, den ich seit Monaten zustande gebracht hatte. Ich lief überglücklich herum und produzierte dabei diese Laute.«

Er setzte die ungewöhnlich aggressive Bestrahlungsbehandlung fort und stellte sich die unsichtbaren Strahlen als »goldenes, heilendes Licht« vor, das durch seinen Körper strömte. Er experimentierte mit verschiedenen Farben und fühlte sich schließlich mit dem blassen Purpurton am wohlsten, den er heute noch beim Meditieren visualisiert. Ob es an der medizinischen Behandlung lag, an den Gebeten seiner Putzfrau (die sogar ein Wochenende lang für ihn gefastet hatte), an seinen Kindern, seiner Einstellung oder den Bildern, die er sich ausgedacht hatte, jedenfalls war der Tumor nach zwanzig Bestrahlungssitzungen praktisch verschwunden.

In Martys Krankenakte ist die Geschichte nachzulesen. Im April 1987, als der Krebs bei ihm entdeckt wurde, hegte sein Arzt keine großen Erwartungen. Er schrieb an einen beratenden Kollegen:

»Es tut mir sehr leid, daß der Mann diese Krankheit in so jungen Jahren bekommen mußte, noch dazu mit zwei kleinen Kindern. Ich hoffe, daß die Strahlentherapie eine spürbare Linderung bringt.« Sein Radiologe notierte, daß er die Höchstdosis anwenden werde, versprach sich davon aber lediglich »eine bessere lokale Eingrenzung und eventuell einen Rückgang der Metastasenbildung«. Zum großen Erstaunen der Ärzte schlug die Therapie bei Marty »sehr gut« an und führte zum »fast vollständigen Verschwinden der Geschwulst im rechten oberen Lungenlappen. Seine Heiserkeit ist fast verschwunden. Der Patient kommt wieder zu Kräften und sieht gut aus.«

Marty war überglücklich und fand, daß er sich eine dicke Belohnung verdient hatte. Also lief er gleich los und kaufte sich sein Traumauto, »einen obercoolen Turbolader mit Klappverdeck, der 250 Spitze fuhr«. Im Falle seines Todes wollte er in dem Auto begraben werden, auch wenn ihn seine Frau deswegen für verrückt erklärte. »Klappt einfach das Verdeck zurück, bevor ihr den Dreck reinschaufelt.«

Er spürte, daß er für eine Weile wegmußte. Er belud den neuen Wagen mit Angelruten, Golfschlägern, »Kleidern zum Wechseln und ein Paar Cowboystiefeln«, winkte seiner Familie zum Abschied und rief ihnen noch zu: »Ich komme wieder. Ich weiß nur noch nicht, wann.« Zunächst stattete er seinem Vater in New York einen kurzen Besuch ab. Dann steuerte er sein schwarzglänzendes Traumgefährt in Richtung George-Washington-Brücke und hielt einfach nicht mehr an. Er fuhr quer durch das Land und mit 160 Sachen in die Rocky Mountains hinein. »Dabei dröhnte die Musik mit voller Lautstärke aus den Boxen, und ich brüllte mit, was meine Lungen hergaben.« Drei Wochen später wendete er sein Auto und fuhr wieder in Richtung Osten, nach Hause.

In New Mexico geriet er in ein »fürchterliches Unwetter, wie man es vielleicht nur alle fünf Jahre erlebt. Links von mir war ein Bergrücken, der als Blitzableiter fungierte. Ununterbrochen blitzte und donnerte es.« Mitten in diesem Unwetter lieferte sich Marty mit einem »großen Cadillac mit texanischem Kennzeichen« ein Rennen quer durch New Mexico und Texas. Die Städtchen am Straßenrand huschten nur so vorüber.

Zu Hause holte ihn die Wirklichkeit wieder ein. Er hatte zwar keinen Krebs mehr, aber dafür bekam er auch kein Krankengeld mehr. Er mußte wieder arbeiten. »Ebensogut hätte ich mich gleich umbringen können. Zehn oder elf Monate später merkte ich bei der Fahrt zur Arbeit, daß etwas nicht stimmte. Das Auto schien nach rechts zu ziehen, und meine Frau fand, daß meine rechte Gesichtshälfte merkwürdig aussah.«

»Mr. Killeen hat unglücklicherweise eine Tochtergeschwulst im Gehirn«, schrieb Martys Arzt an einen Kollegen, nachdem er ihn untersucht hatte. Im Aufnahmebericht des Krankenhauses heißt es: »Sehr schlechte Prognose aufgrund von Metastasen im zentralen Nervensystem.«

Der Arzt schenkte Marty reinen Wein ein: »Ich weiß, Sie sind ein Sonderfall. Den letzten Krebs haben Sie besiegt, was auch immer dafür verantwortlich war, die Medizin oder sonst etwas. Aber diesmal haben Sie keine Chance. Versuchen Sie es erst gar nicht mit einer besonders intensiven Behandlung oder irgendwelchen Alternativtherapien. Niemand überlebt das. Bringen Sie Ihre Angelegenheiten in Ordnung. Sie haben nur noch ein paar Monate zu leben.«

Entschlossen, diese Prognose nicht zu akzeptieren, überredete Marty seinen Radiologen, ihm eine Höchstdosis zu geben. Zudem faßte er den Entschluß, nie mehr in seinen alten Beruf zurückzukehren. Ein paar Monate später steht in seinem Krankenbericht: »Ich kann kaum glauben, wie gut Mr. Killeen das weggesteckt hat. Es geht ihm wirklich glänzend.« Eines Tages, als Marty sich wieder einmal seiner aus einem Espresso und einer Zigarette bestehenden Nachbehandlung unterzog, stieß er zufällig auf einen Artikel über Menschen, die schwere Krebserkrankungen überlebt hatten. Darin hieß es: »Ärger war im ersten Jahr gut für dich, dann aber solltest du Glück und Zufriedenheit finden.« Das leuchtete ihm ein. Er verkaufte sein Haus und zog mit seiner Familie auf eine Farm in Pennsylvania. Anschließend fuhr er mit seiner Frau in Urlaub. Beide hatten Erholung dringend nötig.

Doch wieder verlor Marty langsam seine Stimme. Er fuhr nach Atlanta, und die Ärzte entdeckten ein Geschwür an seinen Stimmbändern. Ein Bestrahlung kam nicht mehr in Frage – Marty hatte

die Höchstdosis, die ein Mensch in seinem Leben verkraftet, bereits erhalten. Daher schlugen die Ärzte vor, Radiumkügelchen in den Tumor einzupflanzen. Marty, ungebrochen und kämpferisch wie eh und je, stimmte begeistert zu.
Nach der Operation erwachte Marty mit einem dicken Verband um den Hals. Er fragte den Chirurgen, wie die Operation verlaufen sei. Hatte er die Kügelchen in den Tumor eingepflanzt? Der Chirurg schüttelte verneinend den Kopf. »Ich flippte völlig aus!« erzählte Marty. »Was zum Teufel ist denn los?« Da grinste sein Chirurg von einem Ohr zum anderen und rief: »Wir konnten kein Krebsgeschwür entdecken!« Heute ärgert sich Marty Killeen darüber, daß er »radioaktive Kügelchen im Wert von 1400 Dollar« besitzt, »sie aber niemandem verkaufen kann«.

Vieles kann für uns zu einer unausweichlichen Bedrohung werden, beispielsweise eine tödliche Krankheit, die, wie das Monster in einem Horrorfilm, immer dann wieder auftaucht, wenn wir schon glauben, wir hätten sie besiegt, ebenso aber auch die unberechenbaren brutalen Launen, Leidenschaften und der Haß unserer Mitmenschen. In beiden Fällen können wir nur überleben, wenn wir uns ganz auf das zurückzuziehen, was uns im tiefsten Innern ausmacht: auf unseren Glauben, unser Zugehörigkeitsgefühl, besondere Talente, Erfahrungen, Hoffnungen und Träume. Der Psychiater Dr. Viktor E. Frankl, der selbst vier Konzentrationslager überlebt hat, schreibt dazu: »Selbst ein hilfloses Opfer kann in einer hoffnungslosen Situation, in der es sich einem Schicksal ausgeliefert sieht, an dem es nichts zu ändern vermag, über sich hinauswachsen und so zumindest sich selber ändern.«[4]
Bei unserer Suche nach erfolgreichen Überlebensstrategien beschäftigten wir uns auch mit Überlebenden der NS-Vernichtungslager. Dabei stellten wir fasziniert fest, daß diejenigen, die das Grauen wie durch ein Wunder ohne größere körperliche und psychische Schäden überstanden, ähnliche Verhaltensweisen an den Tag gelegt hatten wie ehemalige Krebspatienten.
Wie Marty Killeen konzentrierte sich auch Viktor Frankl von Anfang an »auf das Positive«. Als der Zug in Auschwitz ankam und

ein Gruppe von Häftlingen hereinstürmte – sie gehörten zur privilegierten Lagerelite, die einige der grausamsten und scheußlichsten Arbeiten verrichteten und dafür von den Nazis belohnt wurden –, faßte Frank wieder Mut. Sie machten zumindest einen wohlgenährten Eindruck, und manche lachten sogar. *Wer sagt mir, daß ich nicht auch ...* hatte er sich gedacht, bevor er noch die zum Skelett abgemagerten Bewohner des Leichenhauses mit Namen Auschwitz gesehen hatte.[5]
Frankl äußert grimmig seine Bewunderung für die Widerstandskraft des menschlichen Organismus in Anbetracht dieser Tortur:

> Die Mediziner unter ihnen lernten vor allem eines: »Die Lehrbücher lügen!« Irgendwo heißt es einmal, der Mensch könne es ohne Schlaf nicht länger als soundso viel Stunden aushalten. Ganz falsch! ... Da mußte uns so recht zu Bewußtsein kommen, wie richtig der Satz von Dostojewski ist, in dem er den Menschen einmal geradezu definiert als das Wesen, das sich an alles gewöhnt. Uns könnte man danach fragen, wir könnten sagen, ob und wieweit dies stimmt, daß der Mensch sich an alles gewöhnen kann; ja, werden wir sagen – aber man frage uns nicht, wie ...[6]

Das Grauen von Auschwitz, das hieß, auf gefrorenem Boden kilometerweit barfuß zur Arbeitsstelle zu gehen, von einem Stück Brot und einem halben Liter Wassersuppe am Tag zu leben, weswegen der Körper die unter der Haut eingelagerten Fettreserven aufbrauchte, bis nur noch eine dünne Hautschicht die Knochen umgab, das hieß, Schläge oder Folterungen auszuhalten, während über dem Krematorium unablässig die Rauchsäule des Todes schwebte.
Frankl sah und erlebte das alles und hielt durch. In den Lagern praktizierte er eine vereinfachte Form von Psychotherapie, um Selbstmorde zu verhindern. (Eine Gefahr, der sich auch Marty Killeens Arzt bewußt war, wie er andeutete.) Zwei Gefangene dachten, sie hätten »vom Leben nichts mehr zu erwarten«, doch Frankl zeigte ihnen, daß »das Leben etwas von ihnen erwarte«.[7] Das brachte sie wieder zu sich: Der eine dachte an sein geliebtes

Kind, das im sicheren Ausland auf ihn wartete, der andere, ein Wissenschaftler, an die letzten Werke einer von ihm herausgegebenen Buchreihe, die nur er allein vollenden konnte. Ausschlaggebend für den Wunsch, sich wenigstens einen Rest Gesundheit zu bewahren, so erkannte Frankl, war die »Einmaligkeit und Einzigartigkeit, die jedes Individuum auszeichnet«.[8]

Er beobachtete auch die physiologischen Auswirkungen von Hoffnung und Verzweiflung. So stellte er fest, daß diejenigen, die bis zur Apathie in Depression versanken, zumeist zugrunde gingen. (Ähnliches stellte interessanterweise auch Margaret Kemeny in einer Studie fest, bei der sie langjährige Aids-Kranke mit Leidensgenossen verglich, die in kürzerer Zeit an der Krankheit starben.)

Frankl berichtet von einem Freund, der geträumt hatte, sie würden am 30. März 1945 befreit werden. Als der betreffende Tag kam und klar wurde, daß ihre Befreiung noch nicht unmittelbar bevorstand, erkrankte der Freund plötzlich, bekam hohes Fieber und starb. Frankl schreibt den Tod des Mannes seiner maßlosen Enttäuschung zu, die »die Abwehrkraft seines Organismus gegen die bereits schlummernde Fleckfieberinfektion plötzlich absinken ließ«.[9] (Wir können nur vermuten, welche negativen Auswirkungen es auf das Immunsystem eines Patienten hat, wenn ihm die medizinische Prognose gestellt wird: »Sie haben nur noch drei Monate zu leben.«)

Es ist in der Tat wichtig, auf die enge Beziehung zwischen dem angeborenen Heilsystem des Menschen und seinem Überleben in den Lagern hinzuweisen: Die Überlebenschance eines Gefangenen hing oft von seinen Abwehrkräften ab. Ständig wüteten Seuchen. Ein kranker Häftling, der seine Arbeit nicht mehr ausführen konnte, wurde ausgesondert und kam ins Gas, wenn er nicht schon vorher auf der überfüllten, kalten Gemeinschaftspritsche, auf einem Gewaltmarsch oder bei der strapaziösen Arbeit gestorben war. Der Widerstandskraft gegen Krankheiten – von der wir wissen, daß sie durch seelisch-körperliche Faktoren psychoneuroimmunologisch beeinflußt wird – kam deshalb übergeordnete Bedeutung zu.

Vielleicht liefert die folgende Beobachtung Frankls einen wichtigen Hinweis auf die Mechanismen, die innerhalb unseres Heilsystems wirken:

> Empfindsame Menschen, die von Haus aus gewohnt sind, in einem geistig regen Dasein zu stehen, werden daher unter Umständen trotz ihrer vergleichsweise weichen Gefühlsveranlagung die so schwierige äußere Situation des Lagerlebens zwar schmerzlich, aber doch irgendwie weniger destruktiv in bezug auf ihr geistiges Sein erleben. Denn gerade ihnen steht der Rückzug aus der schrecklichen Umwelt, die Einkehr in ein Reich geistiger Freiheit und inneren Reichtums offen. So und nur so ist die Paradoxie zu verstehen, daß manchmal die zarter Konstituierten das Lagerleben besser überstehen konnten als die robusteren Naturen.[10]

Frankl zählt noch weitere Faktoren auf, die bekanntermaßen das Heilsystem stimulieren: Liebe und sozialer Beistand, Humor, Glaube, persönliche Eigenarten, Anpassungsfähigkeit, der Wille (und ein Grund) weiterzuleben. Dies alles findet sich auch in der ungewöhnlichen Überlebensgeschichte der Psychologin Edith Eva Eger wieder.

Edith brauchte dreißig Jahre, bis sie über ihre Jugend sprechen konnte. Bei einer Tagung, auf der sie einen Vortrag halten sollte, stellte sie der Einführungsredner als Überlebende von Auschwitz vor und fragte die Zuhörer, wer schon einmal etwas von Auschwitz gehört habe. Nur vier hoben die Hand. Da beschloß Edith, ihr Schweigen zu brechen. Sie hatte das Gefühl, das sei sie ihren in den Lagern umgekommenen Angehörigen schuldig. Heute spricht sie das Thema in jedem Vortrag an.

Es ist schwer zu glauben, daß Dr. Eger, eine intelligente und elegante Frau mit kurzen weißen Haaren und breitem Lächeln, in jungen Jahren den Alptraum des Holocaust erlebt haben soll. Sie wuchs in einem Ort an der ungarisch-tschechoslowakischen Grenze auf. Kunst und Musik wurde in ihrer Familie großgeschrieben. Ihre nächstältere Schwester war ein Wunderkind. Schon mit sechs Jahren spielte sie Mendelssohns Violinkonzert und wurde dabei von der ältesten Schwester begleitet. Edith wurde neben ihnen kaum wahrgenommen. (»Deshalb achte ich heute darauf, wenn Frauen mir ihre Männer mit den Worten vorstellen: ›Darf ich Sie mit meiner besseren Hälfte bekannt machen?‹. Meistens antworte ich dann: ›Und was sind Sie – ein Viertel?‹«) Die Mutter bemerkte, daß Ediths Selbstwertgefühl litt, und schickte sie auf eine Tanzschule.

Mit zehn Jahren nahm sie regelmäßig Ballett- und Gymnastikstunden in der Hoffnung, eines Tages an den Olympischen Spielen teilzunehmen. Doch der Zweite Weltkrieg und die Besetzung Ungarns durch die Nazis machten ihre Pläne zunichte.

Edith war 16 Jahre alt, als man sie zusammen mit ihrer gesamten Familie – bis auf ihre Schwester Klara, die in Budapest Musik studierte – auf einen überfüllten und stinkenden Viehwaggon verlud, der sie nach Auschwitz bringen sollte. Während sie sich verängstigt an ihre Mutter klammerte, bemerkte sie, daß sich ihr Freund im nächsten Waggon befand. Ein unglaublicher Zufall. »Durch die Ritzen flüsterte er mir zu: ›Was auch immer geschieht, nie werde ich deine Augen und deine Hände vergessen.‹ Ich weiß noch, wie ich in Auschwitz herumlief und die Leute fragte: ›Was ist denn so Besonderes an meinen Augen und Händen?‹ Das hat mich ständig beschäftigt.« Solange sie noch Erinnerungen an die Zeit vor Auschwitz hatte, konnte sie geistig so gesund bleiben, daß ein Überleben möglich war.

In Auschwitz angekommen, ging sie in einer langen Reihe schweigender Frauen auf einen »Angst einflößenden, sehr ausdrucksvoll wirkenden« Mann mit »stechenden Augen« zu. Er entschied mit einer Bewegung seines Zeigefingers, wer nach links, in den Ofen, geschickt wurde und wer nach rechts ging und wenigstens vorläufig am Leben blieb. Dieser Mann war Dr. Josef Mengele, SS-Oberarzt von Auschwitz und treibende Kraft des wahnsinnigen eugenischen Programms zur Züchtung einer arischen Herrenrasse. »Dr. Mengele schickte meine Mutter nach links und meine Schwester Magda und mich nach rechts. Ich lief meiner Mutter hinterher, doch er kam mir nach und sagte mir, daß ich meine Mutter bald wiedersehen würde. Sie sehen also«, erklärte sie uns, »derselbe Mann, der meine Familie ausgelöscht hat, hat mir das Leben gerettet.«

Tag und Nacht stießen die Schornsteine gegenüber ihrer Baracke Rauch und Flammen aus, und ständig rieselte schwarzer Ruß auf sie nieder, der Niederschlag des Todes. »In Auschwitz habe ich nie geweint. Ich glaube, ich hatte Angst vor Gefühlen. Ich wurde empfindungslos.« Wie Frankl oder Gerry Coffee und viele andere überraschend genesene Krebspatienten zog sie sich in eine verborgene innere Welt zurück, in die der reale Schrecken nicht einbrechen konnte.

Zudem klammerte sie sich an ihre wichtigste Bezugsperson, ihre geliebte ältere Schwester. Sie und Magda wußten, daß sie ihr verwandtschaftliches Verhältnis verheimlichen mußten. Wenn die Nazis herausgefunden hätten, daß sie Schwestern waren, hätten sie sie sofort getrennt. Edith Eger erinnert sich an einen Zwischenfall, bei dem sie beinahe getrennt worden wären. Während sie davon erzählt, senkt sie ihre Stimme fast zu einem Flüstern. Sie fand sich plötzlich in einer anderen Schlange wieder. Da erinnerte sie sich an ihr turnerisches Können. »Ich schlug Räder und machte Spagate und schaffte es, zu ihr zu kommen. Wenn man überleben wollte, mußte man schnelle Entscheidungen treffen. Aber man brauchte jemanden, an dem man sich aufrichten konnte. Wir hatten einander.«

Die Unterstützung durch andere gab Kraft und stärkte den Überlebenswillen. Das wußten auch die Nazis. Nicht von ungefähr war das Konzentrationslager darauf angelegt, alle lebenspendenden Elemente wie Hoffnung, Glauben, Träume, Wut und Freude, die wir auch mit unerwarteten Genesungen in Verbindung bringen, zu ersticken. Aber solche Dinge sind unzerstörbar, wie Ediths Geschichte beweist.

Sie erhielt ihre erste Lektion in Sachen Überleben am selben Tag, als sie die Trennung von ihrer Schwester verhinderte. Ein Soldat trat in ihre Baracke und suchte nach Häftlingen mit besonderen Begabungen, die Dr. Mengele unterhalten konnten. Ein paar Schulfreundinnen von Edith waren auch da, und da sie wußten, daß Edith tanzen konnte, »meldeten sie mich als ›Freiwillige‹. So kam es, daß ich für Dr. Mengele tanzte.« Sie zog sich an einen Ort tief in ihrem Innern zurück, wo sie niemand erreichen konnte, weit weg von den Gaskammern, in denen auch ihre Mutter ermordet worden war, und tanzte. »Beim Tanzen schloß ich die Augen und stellte mir vor, die Musik sei von Tschaikowsky und ich selbst würde in der Budapester Oper ›Romeo und Julia‹ tanzen.« Nach der Vorführung warf ihr Mengele ein trockenes Stück Brot zu.

Später hat sich Edith Eger oft gefragt, wie es ihr gelang, den Alptraum weitgehend unbeschadet zu überstehen und ihr Ich im hintersten Winkel ihrer Seele zu verstecken. »Ich hätte eine gute Schizophrene abgegeben«, befand sie mit einem Lachen. »Vielleicht müssen Menschen so sein, wenn sie überleben wollen.« Edith war entschlossen, nicht aufzugeben und nicht zu sterben, bevor die Nazis sie nicht töteten – und vor allem hatte sie sich fest vorgenommen, sich nicht von ihnen um den Verstand bringen zu lassen. »Ich begann, für die Wachleute zu beten. Ich fand, sie waren noch mehr gefangen als ich. Ich verwandelte meinen Haß in Mitleid, denn ich war unschuldig, aber sie würden am Ende mit ihrem Gewissen leben müssen.«

In den 15 Monaten bis zu ihrer Befreiung wurden sie und Magda mehrmals in andere Lager verlegt, doch glücklicherweise blieben sie zusammen. Sie mußten stundenlang zermürbende Zählappelle über sich ergehen lassen und die Baracken reinigen. Diese Monotonie war begleitet von ständiger Todesangst, nicht zuletzt auch beim Duschen, »denn man wußte nie, ob Wasser oder Gas herauskommen würde«. Und so unglaublich es auch erscheinen mag: In kleinen Nischen war immer noch Raum für lebensfördernden Humor. Grinsend erzählte sie uns: »Ich erinnere mich sogar an einen Wettstreit unter uns Frauen, wer den größten Busen hatte. Ich gewann und bekam ein zusätzliches Stück Brot.« Ebenso wichtig wie Brot waren für Edith ihre vielen lebhaften Träume. Sie träumte davon, wie sie vor einem begeisterten Publikum tanzte und wie sie eines Tages den Mann traf, den sie lieben konnte.

Im Frühjahr 1945 begriffen die Nazis, daß ihre Niederlage rasch näher rückte. Die Amerikaner rückten von Westen nach Deutschland vor, die Russen von Osten. »Trotzdem sagten sie uns, sie würden uns nie laufenlassen.« Zweimal stand Edith Eger schon in der Schlange zum Krematorium und wurde doch noch gerettet. Die Deutschen mußten fliehen und versuchten, die Spuren ihrer Untaten zu verwischen. Edith wurde gezwungen, an dem Todesmarsch vom österreichischen Mauthausen ins deutsche Gunskirchen teilzunehmen. Hunger und Krankheiten hatten an ihren Kräften gezehrt, und so wurde sie, obwohl eine Überlebenskünstlerin, schließlich so schwach, daß sie nicht mehr weitergehen konnte. Wer aber nicht weitergehen konnte, wurde sofort erschossen, also »machten die Mädchen mit ihren Armen einen Sitz und trugen mich. Stellen Sie sich das vor! Das meine ich, wenn ich sage, daß unter den schrecklichsten Bedingungen unsere besten Seiten zum Vorschein kommen können.«

Auf diesem Marsch, auf dem Menschen verhungerten und es sogar zu einigen grauenhaften Fällen von Kannibalismus kam, weigerte sich Edith aufzugeben. Sie hatte eigentlich keine Wahl mehr, und doch wählte sie, als sie Gras aß, wie ein Gourmet aus dem unendlichen Angebot an Grashalmen aus.

Der Todesmarsch endete für Edith Eger in einem Wald bei Gunskirchen. Die Nazis hatten in jeder Baracke eine Sprengladung angebracht und die Drähte mit einem zentralen Zündmechanismus verbunden. Doch noch bevor jemand die Sprengung auslösen konnte, flohen die Soldaten vor den anrückenden Amerikanern. Ein junger GI, der durch diese Stätte unbeschreiblicher menschlicher Erniedrigung schritt, schrak zusammen, als sich in einem Leichenberg, an dem er vorüberging, eine Hand regte. Es war Edith. Er zog sie unter den Toten hervor. Sie litt an Bauchtyphus, Rippenfellentzündung, Lungenentzündung und Unterernährung. Seit zwei Wochen hatte sie nichts mehr gegessen.

Heute bezeichnet sich die Psychologin Edith Eva Eger scherzhaft als »eine Kreuzung aus der TV-Sexberaterin Dr. Ruth und der Entertainerin Joan Rivers«. Sie arbeitet hauptsächlich mit Vergewaltigungsopfern, Menschen mit posttraumatischen Störungen, Überlebenden des Holocaust und deren Kindern sowie mit Krebspatienten. »Viele Leute sagen mir, daß sie dem Krebs ihr Leben verdanken. Wenn Sie einen ehrlichen Menschen treffen, der jeden Tag in den Spiegel sieht und sagt: ›Ich bin schön‹, dann ist das jemand, der Krebs überlebt hat. Diese Menschen sind aufrichtig. Sie tun nichts, was sie nicht wollen.«

Vor ein paar Jahren kehrte Edith nach Auschwitz zurück. Obwohl sie Angst davor hatte, sagt sie heute: »Es war die positivste Erfahrung in meinem Leben. Ich wollte meiner Mutter sagen, daß sie recht gehabt hat. Im Viehwaggon hatte sie nämlich zu mir gesagt: ›Man kann dir alles nehmen, nur nicht das, was du dir in den Kopf gesetzt hast.‹«

In Ediths Geschichte fallen uns einige Punkte auf, die wir von unerwarteten Heilungen kennen: Kreativität, dissoziative Bewußtseinszustände und Glaube; die Kraft, die uns schon ein einzelner Menschen geben kann; die Fähigkeit, in einer Welt, die für andere nur Zufall und Chaos beinhaltet, Struktur und Sinn zu entdecken und sogar Galgenhumor zu entwickeln; der Wille, sich auch unter Umständen, die jede menschliche Freiheit zerstören, einen Rest von Selbständigkeit zu bewahren – und wenn es nur um einen Grashalm geht (in ähnlicher Weise ergeben sich manche Patienten dem totalitären System in ihrem Körper, während andere nach den kleinsten Freiräumen suchen); und schließlich die Bereitschaft, in Situationen, in denen der Instinkt eigentlich gebietet, alles für sich zu behalten, anderen noch etwas zu geben. (Einer der auffallendsten Züge bei unerwarteten Heilungen ist in der Tat die Fähigkeit der Betroffenen, sich theoretisch und praktisch in einem größeren Zusammenhang zu sehen. Uns sind Patienten begegnet, die sich, während sie selbst noch um ihr Leben kämpften, bereits für andere einsetzten.)

Vor kurzem starb Ediths Mann, mit dem sie 47 Jahre lang verheiratet war. Eine Tuberkulose aus der Lagerzeit war wieder aufgeflammt (Hitlers Rache, sagt Edith). Heute umfaßt die Familie Eger drei Generationen. Ediths Enkelin ist Ballerina. Edith Eva Eger wollte sich erinnern, um vergeben zu können, denn nur wer verzeiht, so glaubt sie, ist wirklich frei. »Was soll denn so Besonderes daran sein, wenn jemand Jude ist?« fragt sie herausfordernd. »Ich bin dafür, daß die Menschen miteinander reden, und ich bin gegen jedes Stammesdenken. Wenn man in den Kategorien ›wir‹ und ›sie‹ denkt, schafft man ein neues Auschwitz. Gerade jetzt ist es aber doch so wichtig, eine Welt des Friedens und der Liebe zu schaffen.«

Auf der zehnten Internationalen Aids-Konferenz in Yokohama schüttelte Rebecca Dension, die Gründerin von WORLD, einer Selbsthilfeorganisation von Frauen mit lebensgefährlichen Krankheiten, dem japanischen Ministerpräsidenten die Hand. Die Öffentlichkeit war schockiert. Rebecca ist HIV-positiv. Nie zuvor hatte man eine so hochstehende Persönlichkeit einen Menschen berühren sehen, der mit dem Stigma dieser Krankheit behaftet ist. Rebeccas Foto prangte auf den Titelseiten aller japanischen Zeitungen.

Am Heiligabend des vergangenen Jahres träumte Rebecca vom Holocaust. Der Alptraum erschütterte sie so, daß sie den Zwang verspürte, das, was sie im Traum gesehen hatte, zu malen. Sie war über eine entsetzliche Szenerie hinweggeflogen: Die Opfer standen zusammengepfercht in Viehwaggons, doch da waren keine Lokführer oder Soldaten, die sie gezwungen hätten, im Zug zu bleiben. In diesem Bild kam genau das zum Ausdruck, was sie gegenüber der Aids-Seuche empfand: »Man verliert Freunde und Bekannte und fühlt sich machtlos dagegen.«

Diesen Vergleich haben viele Aids-Patienten gezogen, die zusehen mußten, wie geliebte Menschen zum Skelett abmagerten und immer mehr den KZ-Opfern glichen, die man von den ersten Bildern amerikanischer Militärfotografen nach der Befreiung kannte. Anscheinend ist Aids für sie eine Art Todeszone wie Auschwitz, die man, wenn sie erst einmal betreten hat, nur als Leiche wieder verläßt. Die Widerstandskraft wird zerstört: Opportunistische Infektionen befallen den Körper, und der sogenannte Aids-Demenz-Komplex befällt den Geist.

»Beim Holocaust haben Menschen andere Menschen vorsätzlich aus gemeinem Haß getötet«, sagt Rebecca. »Doch die meisten Aids-Kranken haben sich angesteckt, als sie einen anderen Menschen liebten oder etwas mit ihm teilten. Auch Aids macht uns zornig, aber da ist kein Hitler. Man kann nicht einfach sagen: ›Wenn nur jemand diesen bösen kleinen Mann aus dem Weg räumen und die Nazis besiegen würde, dann könnten wir wieder leben.‹ Deshalb gibt es auf meinem Bild keinen Lokführer und keine Soldaten, und trotzdem kann keiner aus den Viehwaggons entkommen, kann keiner den Zug anhalten. Das ist eine andere Form von Hilflosigkeit.«

Zu der Zeit, als Rebecca ihren positiven Befund erhielt, waren HIV-infizierte Frauen nicht nur hilflos, sondern traten überhaupt nicht in Erscheinung. Bei vielen Treffen von Aids-Inititativen war sie die einzige Frau. »Wenn man mich bat, über die besonderen Probleme HIV-infizierter Frauen zu sprechen, fühlte ich mich nicht recht wohl dabei, denn ich wollte nicht als Sprecherin einer Gemeinschaft auftreten, die es gar nicht gab.« Rebecca machte erst 1990 einen Test. Sie vermutet aber, daß sie sich schon vor über zehn Jahren angesteckt hat. Damals war sie 21 und studierte noch. Zwei Monate nach einem ungeschützten Verkehr mit ihrem damaligen Freund traten bei ihr die typischen Symptome auf: Fieber, Nachtschweiß, Erschöpfung, Vaginalinfektion, Kopfschmerzen und Halsentzündung. Die Symptome klangen innerhalb von wenigen Tagen ab, nur eine gewisse Erschöpfung blieb zurück. Von Aids hatte sie, wie viele Leute damals, noch nie etwas gehört.

Sie begleitete eine Freundin in die Klinik, die Angst hatte, sich angesteckt zu haben, und deshalb einen Test machen lassen wollte. Kurz entschlossen ließ sich Rebecca ebenfalls Blut abnehmen, nur deshalb wurde sie überhaupt getestet. »Zwei Wochen später gingen wir wieder hin, um die Befunde abzuholen. Ihrer war negativ, meiner positiv. Das war ein Schock! Ich stellte der Beraterin eine Menge Fragen, die sie nicht beantworten konnte. ›Wie groß ist die Wahrscheinlichkeit, daß ich meinen Mann angesteckt habe? Wie groß ist die Chance, ein gesundes Baby zur Welt zu bringen?‹«

Eine Woche später geriet sie auf der Straße vor ihrem Büro zufällig in eine Aids-Demonstration. Die Demonstranten waren Mitglieder der Selbsthilfegruppe ACT UP und skandierten »Frauen sterben schneller«. Sie las das Flugblatt, das sie verteilten, und blieb schockiert mitten im Gedränge stehen. Viele an Aids erkrankte Frauen, so stand da, starben innerhalb von sechs Monaten. »Damals war mir nicht klar, daß es ein Unterschied ist, ob man HIV-positiv ist oder Aids hat. Ich fing also an zu rechnen: ›Heute ist der 16. Juni, wenn ich jetzt viel Naturreis und Brokkoli esse, Kräuter und Vitaminpillen schlucke, dann mache ich es vielleicht noch bis Weihnachten.‹«

Rebecca Denison ist bis heute frei von Symptomen geblieben. Sie ist keine Aktivistin, die gerne im Rampenlicht steht, sondern eine ruhig und bestimmt auftretende Frau, die einfach nicht alleine bleiben wollte. WORLD war zunächst lediglich ein Rundbrief. Als jedoch ein Lokalblatt einen Artikel über die Initiative brachte, riefen am nächsten Tag »dreißig HIV-infizierte Frauen an, die ihre Geschichte erzählen wollten«. Heute, drei Jahre später, ist WORLD in jedem amerikanischen Bundesstaat und in ungefähr sechzig Ländern vertreten. Jeden Monat werden fünftausend Exemplare des Rundschreibens verschickt. WORLD ist so etwas wie ein weltweiter Zusammenschluß HIV-infizierter Frauen. »Wir organisieren zum Beispiel Freizeiten, bei denen sich 100 HIV-infizierte Frauen in einer wunderschönen Gegend treffen, den Kontakt mit der Natur suchen, miteinander reden und hysterisch lachen oder weinen. Die meisten Frauen, die bei uns aktiv sind, leben unglaublich lange.«

Falls dieser Eindruck Rebeccas stimmt – es gibt dazu noch keine wissenschaftliche Studie –, könnte man dann nicht auch im Zusammenhang mit dieser Krankheit, die praktisch immer zum Tode führt, von unerwarteten Genesungen sprechen? Aids ist anscheinend nicht heilbar. Deshalb waren alle, die verzweifelt nach einer Behandlungsmöglichkeit suchen, Patienten wie Ärzte, gezwungen, auch psychologische und soziale Faktoren in ihre Überlegungen mit einzubeziehen. Margaret Kemeny, Immunologin in der Abteilung Psychiatrie der Universität von Kalifornien in Los Angeles, vertritt beispielsweise die Ansicht, daß Aids-Patienten mit einer ausgeprägt fatalistischen Grundeinstellung mit größerer Wahrscheinlichkeit schnell sterben (wobei allerdings noch unklar ist, was der Grund dafür ist: ein gesundheitsschädigendes Verhalten, das mit dieser Haltung einhergeht, eine Beschleunigung des Krankheitsverlaufs durch andersgeartete, Depressionen verursachende neurochemische Prozesse oder biologische Auswirkungen von Gefühlszuständen).[11]

In einer anderen Studie entdeckte sie jedoch deutliche Unterschiede im Immunsystem, die mit Gefühlen zusammenhingen. Trauer, so fand sie heraus, kann bei HIV-Infizierten ein positiver Faktor sein, während Depression das Immunsystem noch weiter schädigt. Dieser feine Unterschied ist sehr wichtig: Für einen Menschen kann es emotional sehr befreiend sein, wenn er Trauer zuläßt, sie empfindet und schließlich überwindet. Eine Depression hingegen kann die Abwehrkräfte des Körpers nachhaltig untergraben.

Auch Dr. George Solomon, ein Psychiater, Philosoph und Kliniker, der ebenfalls an der Universität von Kalifornien tätig ist, hat sich mit Aids-Patienten beschäftigt, die relativ lange mit ihrer Krankheit überlebten. Seine Überlegung: Waren sie einfach nur seltene Ausnahmefälle, die den glatten Verlauf der statistischen Kurve störten, oder hatte man es hier mit etwas anderem zu tun? In den sechziger Jahren, als Solomon noch an der Stanford University forschte, hatte er zu den ersten gehört, die auf einen Zusammenhang zwischen Streß, Gefühlen und Immunfunktion hingewiesen hatten.

Solomon untersucht langzeitüberlebende Aids-Kranke unter verschiedensten Gesichtspunkten und forscht unermüdlich nach Gemeinsamkeiten, während die Epidemie weiter unerbittlich ihre Opfer fordert. Solomon, ein Mann mit sarkastischem Humor, graumeliertem Haar und hypermoderner Brille, beschreibt die auffallenden Unterschiede, die er bei zwei HIV-positiven Medizinern beobachtet hat, mit denen er befreundet ist. »Der eine ließ sich wegen seiner Krankheit beurlauben«, sagt Solomon. »Die Anzahl seiner T-Helfer-Zellen liegt inzwischen bei ungefähr 300/µl und sinkt weiter. Er liest jeden Artikel über Aids und fragt seinen Arzt ständig nach den neuesten Informationen. Er hat nur seine Gesundheit im Kopf. Das nimmt bei ihm geradezu narzißtische Züge an.« Der andere Freund Dr. Solomons hat heute eine höhere T-Zellen-Anzahl als vor acht Jahren, sie liegt mittlerweile bei 500/µl. »Er arbeitet noch, nimmt sich nur öfter als früher mal frei. Er weiß, was mit ihm los ist, aber er denkt nicht ständig an seine Gesundheit. Er steht mitten im Leben, arbeitet, gönnt sich was, unternimmt viel mit Freunden.«

Ein gemeinsames Charakteristikum, das Dr. Solomon bei einer Pilotstudie zu langzeitüberlebenden Aids-Kranken entdeckte, bestand darin, daß sie sich mit ihrer HIV-Infektion abfanden, ohne sie als »endgültiges Todesurteil aufzufassen«. Viele nahmen Arbeiten wieder auf, die sie nicht beendet hatten, verfolgten Ziele, die sie aus den Augen verloren hatten, oder entdeckten Dinge, auf die sie sich in der Zukunft noch freuen konnten. Fast die Hälfte von ihnen hatte zuvor schon schwere Krankheiten oder Unfälle überstanden, was ihnen jetzt vielleicht die Möglichkeit eröffnete, auf die damals gemachten Erfahrungen zurückzugreifen. Die meisten hatten gute Freunde, mit denen sie sich offen auseinandersetzen und auch über negative Empfindungen sprechen konnten. Sie kümmerten sich uneigennützig um andere Aids-Kranke und hatten einen ausgeprägten Sinn für Humor, meist von der beißenden Sorte. (Einer der Langzeitüberlebenden nennt sich selbst einen »Steinzeit-Schwulen«.) Sie räumten ihren eigenen Bedürfnissen Vorrang ein, hatten eine positive Grundeinstellung und fühlten sich weder machtlos noch hilflos. Im Umgang mit Ärzten nahmen sie keine unterwürfige oder passive Rolle ein, sondern betrachteten sie eher als Partner.[12] Die Langzeitüberlebenden glaubten, den Verlauf ihrer Krankheit beeinflussen zu können, wenn auch jeder auf seine Weise. »Was für den einen richtig ist, muß nicht unbedingt auch für den anderen richtig sein«, erklärt Dr. Solomon. Als Beispiel führt er einen religiösen Aids-Patienten an, der sich bei Visualisierungsübungen vorstellte, wie er von dem gekreuzigten Jesus eine Transfusion gesunden Blutes erhielt.

Dr. Solomon hält kurze inne und versucht, seine Gedanken in Worte zu fassen: »Es ist das alte Ei-oder-Henne-Problem«, meint er schließlich. »Die Frage ist: Geht es diesen Menschen körperlich gut, weil sie mit der Situation gut fertig werden und nicht verzweifeln? Oder sind sie deshalb weniger niedergeschlagen und kommen sie deshalb besser klar, weil es sie begeistert, daß sie die Ausnahme von der Regel sind?«

In einer seiner Studien beschäftigte sich Solomon mit neun schwulen oder bisexuellen HIV-positiven Männern, die keine Aids-Symptome zeigten, deren absolute Anzahl von $T4^+$-Helfer-Zellen jedoch bei Werten unter 50/µl lag.[13] Solomon erzählt von einem typischen Anruf, den er Jahre später von einem dieser Männer erhielt. »Ich fragte ihn: ›Wie geht es Ihnen?‹ Er sagte: ›Unverändert. Ein wenig müde, aber nicht krank.‹ Darauf fragte ich ihn: ›Wie sind Ihre Werte?‹ Und er antwortete, bei den letzten Tests habe man nur noch eine T-Helfer-Zelle pro Milliliter festgestellt. Und dann fügte er hinzu: ›Ich kann Ihnen aber sagen, das ist die tollste T-Helfer-Zelle, die es je gab. Sie ist mir sehr ans Herz gewachsen. Ich glaube, ich habe die stärkste einzelne T-Helfer-Zelle auf der ganzen Welt.‹«

Vor Aids war in der Schwulenszene die Virushepatitis B weit verbreitet. In den siebziger Jahren nahm sie fast epidemische Ausmaße an. Damals untersuchte die Stadtklinik von San Francisco das Blut von über 6000 homo- und bisexuellen Männer auf Hepatitis. Anschließend wurde das restliche Blut eingefroren und aufbewahrt. Die Blutproben gerieten weitgehend in Vergessenheit, bis Paul O'Malley, der wissenschaftliche Leiter der Studie, einen Einfall hatte.

Als die amerikanische Seuchenbehörde CDC von einer neuen Epidemie unter Homosexuellen warnte, überlegte O'Malley, ob nicht das eingefrorene Blut aus der Hepatitis-B-Studie weiterhelfen konnte. Und so begann die Stadtklinik von San Francisco mit Finanzmitteln der Seuchenbehörde 1983, nach den Männern zu suchen, die sich damals freiwillig hatten Blut abnehmen lassen. Es folgten ausführliche psychologische Tests und medizinische Untersuchungen, und abermals wurde Blut abgenommen. Im Jahr 1985, als erstmals ein HIV-Antikörper-Test zur Verfügung stand, beschlossen die Forscher, das Projekt auszuweiten. Sie intensivierten die Suche nach den Spendern der Blutproben, die in den Kühlräumen der Klinik lagerten, nahmen zu möglichst vielen Kontakt auf und baten sie um die Genehmigung, ihr Blut auf HIV zu untersuchen. 588 der gelagerten Blutproben waren positiv, und die meisten Spender litten inzwischen unter Aids-Symptomen.

Doch zum Erstaunen der Forscher verfügten 42 Männer, die sich teilweise vor mehr als 15 Jahren infiziert hatten, über ein relativ gesundes Immunsystem. Die absolute Anzahl ihrer T-Helfer-Zellen lag bei 500/µl oder höher. Zudem hatten die meisten niemals das Medikament AZT genommen, das häufig bei Aids verschrieben wird. Dr. Susan Buchbinder, medizinische Leiterin der Aids-Stelle im Gesundheitsamt von San Francisco, vermutet, daß diese Männer möglicherweise eine Untergruppe von HIV-Infizierten darstellen, die aus bislang unbekannten Gründen keine Krankheitssymptome entwickeln. Sie nennt diese Gruppe die »gesunden Langzeitpositiven«.

Dr. Buchbinder, die in einem eleganten Bürohaus aus Marmor und Granit in der Nähe des Rathauses arbeitet, erklärte uns: »Wir begriffen langsam, daß wir über die üblichen Studien zu Aids-Patienten hinausgehen mußten, wenn wir dahinterkommen wollten, was diese Leute gesund erhält.« Dabei ringt sie mit einem Problem, das wir von der Beschäftigung mit unerwarteten Genesungen kennen: Sind die Menschen, die außerhalb der statistischen Normalkurve liegen, einfach nur seltene Ausnahmen von der Regel, oder hat ihre ungewöhnliche Langlebigkeit einen bestimmten Grund? Buchbinder hat erstaunlicherweise keine direkte Verbindung zu Streßfaktoren, Drogen-, Alkohol- und Tabakkonsum oder anderen Infektionen entdeckt. Ihres Erachtens wird man eines Tages nachweisen können, »daß der Mensch durch eine Vielzahl von Dingen geschützt wird. Und das ist auch gut so, denn das bedeutet, daß es verschiedene Möglichkeiten gibt, gegen HIV vorzugehen.«

Rob Anderson malt, seit er einen Stift halten kann. Sein Lieblingssujet ist der menschliche Körper, und seine Bilder tragen so mystisch klingende Titel wie »Erwachender Mann« und »Der Verkünder«. Auf einer großen Leinwand sieht man einen Mann in Jeans und türkisfarbenem Pullover mit gesenktem Kopf auf einem Grabstein aus Granit sitzen, hinter ihm ein goldenes Tor, in dem Flammen emporlodern, ein Inferno, durch das er entweder gerade gekommen ist oder durch das er noch gehen wird. Mit jedem Werk, so Rob, drückt er die »psychische Realität« seines eigenen Kampfes aus.

Rob ist einer der »gesunden Langzeitpositiven« aus der alten, in San Francisco durchgeführten Hepatitisstudie. Er hat dunkles Haar, einen Bart und sanfte braune Augen. Er erinnert sich noch lebhaft an die Szene, als man ihm mitteilte, daß er HIV-infiziert sei. Einer der Berater »führte mich in ein kleines fensterloses Büro, blätterte in seinem Notizbuch, bis er auf meinen Namen stieß, und sagte dann: ›Nach unseren Unterlagen sind Sie bereits

seit 1979 HIV-positiv.‹« Rob war wie gelähmt. »Ich hatte meine Sexualpartner eigentlich nie oft gewechselt«, erzählt er uns. »Ich ging nach Hause und fragte meinen Lebensgefährten: ›Glaubst du, daß ich sterben werde?‹ Und er antwortete: ›Nein.‹ Ich sagte, er habe recht. Und an dieser Haltung hat sich bei mir bis heute nichts geändert, sieht man einmal von gewissen Einbrüchen und Augenblicken des Zweifels ab.«
Robs Hang zum Metaphysischen war für sein Überleben von entscheidender Bedeutung. Seit 15 Jahren meditiert er regelmäßig. Das hilft ihm, wie er es ausdrückt, »mit den Hindernissen in meiner Vergangenheit fertig zu werden und zu einer positiveren Einstellung zu finden«. Außerdem kommen ihm beim Meditieren die besten Ideen für seine Malerei. Er war elf Jahre mit demselben Mann zusammen, und das sei ganz wichtig für ihn gewesen, »um nicht aus der Bahn zu geraten«. Die beiden haben sich inzwischen getrennt, sind aber gute Freunde geblieben. Als Rob erfuhr, daß er HIV-positiv war, erzählte er nur wenigen Menschen davon. »Ich wollte die negative Energie vermeiden, die entsteht, wenn Freunde sich Sorgen machen oder wenn sie sagen: ›Er ist HIV-positiv. Wie lange er wohl noch zu leben hat?‹« Erst letztes Jahr, als eine Zeitung in San Diego einen Artikel über ihn bringen wollte, sagte er seinen Eltern, daß er infiziert ist, obwohl sie seit annähernd 20 Jahren wissen, daß ihr Sohn homosexuell ist. »Ich stehe voll hinter dir«, sagte seine Mutter. Sein Vater, ein pensionierter Pilot der US-Marine, blieb still und schweigsam. »Er ist schon in Ordnung, nur sehr zurückhaltend. Als ich anrief, tat ich so, als hätte ich alles im Griff, gab mich ganz aufgekratzt und sagte: ›He, Pa! Weißt du schon das Neueste?‹ Er aber meinte nur: ›Das ist wirklich ein Schock.‹ Und dann holte er meine Mutter an den Apparat.«
Wir haben Rob in seinem viktorianischen Haus im Potrero-Distrikt von San Francisco besucht. An den Wänden seines Ateliers hängen die Fotos vieler Freunde, die an Aids gestorben sind. Er redet liebevoll von ihnen: »Ich habe begriffen, daß der Tod nicht das Ende bedeutet. Ich verliere zwar Freunde, aber ich verliere sie nicht für immer. Wir sind nur durch physische Grenzen voneinander getrennt. Es ist wirklich traurig, wenn man mit Leuten

zusammen ist, die Aids im Endstadium haben. Man lernt dabei aber auch, daß der Körper zwar vergänglich ist, nicht aber die Seele.« Und nach kurzem Schweigen fügt er hinzu: »Ich glaube wirklich daran, daß alles einen Sinn hat. Ich glaube nicht an Opfer.« Nach eigener Einschätzung ist er »halb Träumer, halb Realist, aber immer voller Hoffnung«. Er hat nie eine opportunistische Infektion gehabt, und die Anzahl seiner T-Helfer-Zellen ist erstaunlicherweise normal.

Wie Rob gehört auch James Russell (Name geändert) zu den zehn »gesunden Positiven«, die in San Francisco am längsten überlebt haben. Im Rahmen der Hepatitis-B-Studie wurden James im Mai 1979 die ersten Blutproben abgenommen. Er lebte seit Anfang der siebziger Jahre in San Francisco und gehörten zu den ersten Aktivisten im berühmten Castro-Viertel, dessen Entwicklung er später freilich mit wachsender Skepsis verfolgte. Das tolerante und von einem bunten Völkchen bewohnte Viertel geriet in den Blickpunkt der Öffentlichkeit, als es zu einem Mekka für Homosexuelle wurde. Reiseveranstalter organisierten Busfahrten in das »schwule Chinatown«, und Mittelstandsbürger bestaunten das pulsierende Leben in den Diskos, die Fitneßstudios, in denen Gewichte gestemmt wurden, und den wachsenden sozialen und politischen Einfluß der Szene.

Doch James ahnte, daß das nicht so bleiben konnte. Im Jahr 1978, noch bevor das ganze Ausmaß der Aids-Epidemie deutlich wurde, schrieb er einen ahnungsvollen Artikel mit dem Titel »Das Castro-Viertel ist tot«. Er bemerkte damals, »daß eine ungewohnte Ruhe über dem Viertel liegt ... Schattenhafte Gestalten in den Eingängen geschlossener Geschäfte geben der Szene etwas Hoffnungsloses, Unheimliches ... Das Castro-Viertel erlebte deshalb seinen Niedergang, weil wir nicht in der Lage waren, auf uns achtzugeben.«

Im Jahr 1985 erfuhr James, daß er HIV-positiv war. »Der Test war gerade erst entwickelt worden. Ich hatte mir eingeredet, daß ich negativ sei. Und als ich dann erfuhr, daß ich positiv war, traf mich das völlig unvorbereitet. Ich kam mit der Situation nicht klar. Ich war am Boden zerstört. Vergessen wir nicht, daß ein positiver Befund 1985 noch einem Todesurteil gleichkam.«

Rund ein Jahr später erinnerte er sich an die Hepatitis-B-Studie in den späten siebziger Jahren. Er ließ seine Blutprobe von damals untersuchen und erfuhr, daß er bereits im Mai 1979 HIV-positiv gewesen war. »Offen gesagt, hat mich das irgendwie beruhigt. Sieh an, hab' ich mir gesagt, jetzt habe ich das schon so lange, und trotzdem fühle ich mich noch kerngesund.« Die Anzahl seiner T-Helfer-Zellen ist in den letzten 15 Jahren konstant gut geblieben. In gewisser Weise schämt er sich für sein intaktes Immunsystem. Er erzählt, daß die Männer aus seiner Selbsthilfegruppe »mit ihren neuesten T-Zellen-Werten ankommen und sich darüber freuen, wenn es 25 mehr sind als beim letzten Mal. Oder sie sind deprimiert, wenn es 17 weniger sind. Ein paar haben praktisch überhaupt keine mehr oder nur noch 15 oder 30/µl. Ich dagegen hatte neulich 900/µl. Über meine neuesten Werte rede ich gar nicht mehr.« James hat nie unter »dem kleinsten Symptom« gelitten und auch nie eines der Medikamente genommen, die HIV-Infizierten üblicherweise verschrieben werden. Sein Arzt, der vor kurzem in den Ruhestand gegangen ist, »wunderte sich ständig über mich. Er vertrat immer den Standpunkt: ›Wenn Ihnen nichts fehlt, gibt es für mich auch nichts zu tun.‹«

Wenn James darüber nachdenkt, warum er solange überlebt hat, durchziehen Falten sein feingeschnittenes Gesicht. Als Kind habe er unter chronischen Allergien gelitten, sagte er, vielleicht bedeute das, daß er von Natur aus ein »überaktives Immunsystem« habe. Das Haus, in dem er aufwuchs, war immer von hektischem Treiben erfüllt. Seine Mutter war eine wunderbare Frau und eine begabte Musikerin, nur leider sehr labil. Am Abend bevor sie in eine Nervenheilanstalt eingewiesen werden sollte, beging sie Selbstmord. In seiner Erinnerung ist sie eine »geheimnisvolle und faszinierende Person«.

James flüchtete sich in kreative Aktivitäten. Er führte auf einer selbstgezimmerten Holzbühne Marionettenspiele auf, schrieb Stücke mit Titeln wie »Der Affe auf dem Mond« und fungierte als Produzent, Regisseur und Impresario. Die Kinder aus der Nachbarschaft mußten 25 Cents Eintritt bezahlen. Er selbst beschreibt sich als Einzelgänger »mit einem Hang zur Melancholie«. In unseren Augen ist er gleichzeitig Pragmatiker und Romantiker. Er macht lieber ein Nickerchen, als zu meditieren, zieht Lesen dem Joggen vor, hält sich lieber mit Gartenarbeit als mit Gymnastik fit und nimmt »unzählige« Polaroidfotos von seinem Blumenbeet auf, die er dann als Ansichtskarten verschickt.

»Eine meiner Überlebenstechniken besteht wohl darin, daß ich weiterhin ein normales Leben führe«, erklärt er. »Mein Alltag wird nicht von der Krankheit bestimmt.« Unter den Männer in seiner Selbsthilfegruppe hat er eine Gemeinsamkeit festgestellt: »Wir haben alle einen ziemlich starken Willen. Wir sind keine Mimosen. Wir sind geradeheraus und dickköpfig, streitlustig, schwierig, halsstarrig. Ergraute Überlebende eben.«

Er macht eine kurze Pause und wägt sorgsam seine Worte ab. Dann sagt er: »Wenn überhaupt, dann hat mir die ganze Aids- und HIV-Geschichte ein Gefühl für den Wert des Lebens gegeben. Ich sage mir immer, daß ich unglaubliches Glück habe. Ich habe es geschafft, all die Jahre unbehelligt von Aids meinen Weg zu gehen, während eine ganze Menge anderer Leute gestorben sind.« Er schöpft nach wie vor Hoffnung aus der Bemerkung eines Arztes, die sich ihm tief ins Gedächtnis gegraben hat: »Bei jeder Epidemie in der Weltgeschichte hat es Leute gegeben, die erstaunlicherweise überlebt haben.«

Aber warum sind Menschen wie James Russell noch am Leben? Dr. Jay Levy, Aids-Forscher an der Universität von Kalifornien, verwahrt sich gegen die Auffassung, es handele sich dabei um seltene statistische Ausnahmen. Er sieht darin einen Versuch, »diese Fälle mit Hilfe einer mathematischen Formel herunterzuspielen. Es ist bemerkenswert, wie manche Menschen es fertigbringen, das Überleben zu trivialisieren, indem sie es als reinen Zufall bezeichnen. Nichts ist Zufall. Es muß eine Erklärung geben, und die Antwort wird uns den Weg weisen, wie wir jedem helfen können.« Doch auch er hat bislang keine klaren gemeinsamen Verhaltensmuster bei den Langzeitüberlebenden entdeckt. Diese »gesunden Nichtprogressiven«, wie er sie nennt, nehmen zwar alle antiviral wirkende Medikamente, aber das ist auch die einzige Gemeinsamkeit, die er zu erkennen vermag: »Einige schlucken regelmäßig Vitamine, andere nicht. Einige nehmen Kräuter ein, andere nicht. Einige rauchen, andere nicht.«

Gefragt, warum diese Patienten so lange überleben, fügt Levy schnell hinzu: »Ich vermute, daß das genetisch bedingt ist.« Und als Begründung führt er an, daß diese Menschen eine hohe Aktivitätsrate der Immunzellen mit T8+-Rezeptoren aufwiesen, von denen er glaube, sie könnten das HIV-Virus in der latenten Phase in den infizierten Zellen einschließen. Eines jedenfalls sei gewiß: Sollte es tatsächlich gelingen, einen gemeinsamen genetischen Faktor zu finden, dann bestehe gute Aussicht, eine Behandlungsmöglichkeit für die über elf Millionen HIV-Infizierten in aller Welt zu entwickeln.

Die meisten Forscher glauben, daß bei HIV-Infektionen biologische Faktoren eine weit größere Rolle spielen als psychosoziale Faktoren. Immerhin sterben viele Betroffene sehr schnell. Und doch fragen sich die Überlebenden, ob der in der Gesellschaft weitverbreitete Glaube, daß der baldige Tod der Infizierten unausweichlich sei, das Sterben nicht noch beschleunige. Viele haben miterlebt, wie infizierte Freunde verzweifelten und, ähnlich wie manche Auschwitz-Häftlinge, die täglich den Tod vor Augen hatten, beschlossen, aufzugeben und zu sterben. Ein Langzeitüberlebender, der seit 1979 HIV-positiv ist, schrieb uns: »Wenn ich überhaupt von etwas wider Erwarten genesen bin, dann von der bedrückenden Negativität, die den Begriff HIV umgibt. Ich glaube, daß die Gleichung HIV = Aids = Tod viele meiner Freunde das Leben gekostet hat.«

Allen Überlebenden ist gemeinsam, daß sie ihre düsteren Prognosen Lügen strafen und sich in keine theoretische Formel pressen lassen. Zu Beginn des Kapitels haben wir ihre Art der Krisenbewältigung mit den drei Begriffen »Herausforderung«, »Hingabe« und »Kontrolle« umschrieben. Nun aber, im Lichte ihrer oft ergreifenden Lebensgeschichten, erscheint uns diese Charakterisierung als unzulänglich. Auf der Grundlage unserer Beobachtungen könnten wir diese drei Schlüsselbegriffe ohne weiteres durch »Krise«, »Katharsis« und »innere Ausgeglichenheit« ersetzen oder auch durch »Liebe«, »Streitlust« und »Kreativität«. Was das Heilsystem betrifft, so fanden wir bei den Menschen, deren Leben aus unterschiedlichen Gründen bedroht war, mehrere Gemeinsamkeiten: eine Entschlossenheit weiterzuleben, die sich auf das

Selbstwertgefühl gründete, eine »typische Konzentration auf das Positive« und ein reiches Innenleben, das den einzelnen selbst angesichts des Todes noch mit den Freuden des Lebens beglükken kann. Je mehr wir nachforschten, desto dichter erschien uns der Teppich des Heilsystems, und desto mehr gewannen wir den Eindruck, daß das Innen und das Außen, das Ich und die anderen, eng miteinander verwoben sind. Die Fäden laufen in alle Richtungen – doch die stärksten und wichtigsten sind möglicherweise diejenigen, die uns mit anderen Menschen verbinden.

8

Die soziale Bindung

Eine chassidische Parabel lautet folgendermaßen: Einem Mann wird Einblick in das Leben nach dem Tode gewährt. Zuerst führt man ihn in eine große Halle. Darin steht eine lange Festtafel, die mit ambrosischen Speisen gedeckt ist. Jeder der Tischgäste ist mit einem Löffel von einem Meter Länge ausgestattet. Doch wie sie auch die Arme verrenken oder dabei den Nachbarn die Ellenbogen ins Gesicht stoßen, die Löffel sind einfach zu lang, als daß sie auch nur einen einzigen Bissen in ihre offenstehenden Münder befördern könnten. So sitzen sie Seite an Seite an der Tafel und teilen dasselbe Elend.

»Das«, sagt der Führer, der dem Mann das Jenseits zeigt, »ist die Hölle«.

Nun wird der Besucher in eine andere Halle geführt. Er findet dort die gleiche Tafel vor, die mit den gleichen Köstlichkeiten und dem gleichen schwierigen Besteck gedeckt ist. Nur sind die Gäste hier gut genährt, kerngesund und sichtlich wohlgemut.

»Das«, erklärt der Führer, »ist der Himmel«.

Der Mann ist verblüfft. »Aber wo ist der Unterschied?«

»Im Himmel«, erläutert der Führer und zeigt dabei entzückt auf einen Menschen, der seinen langstieligen Löffel quer über den Tisch seinem Gegenüber an die Lippen führt, »füttern sie sich gegenseitig.«

Wir leben in einer Zeit der einsamen Helden, genauer gesagt, der Scheinhelden. Unsere kollektive Vorstellungswelt ist voll mit Individuen, die große Ziele nur kraft ihres unbeugsamen Willens erreichen. Nicht selten werden auch Menschen, die überraschend von einer schweren Krankheit genesen sind, dieser Spezies zugeordnet. Bei näherer Betrachtung verliert der Mythos des einsamen Helden im Zusammenhang mit solchen Genesungen jedoch an Berechtigung. Wir haben bei unseren Recherchen immer wieder erlebt, wieviel Kraft eine stabile Ehe, eine tiefe Freundschaft, unerschütterliche Liebe und selbstloses Handeln vermitteln können. Häufig bedurfte es nur einer wohlüberlegten Bemerkung, einer mit Nachdruck vermittelten Überzeugung oder der Geste eines Freundes oder eines geliebten Menschen, um jemanden vor dem Abgrund zu retten.

Solche Beziehungen bilden den Hintergrund zu beinahe jeder Geschichte in diesem Buch: Garrett Porter erhielt in seinem Kampf Unterstützung von den Eltern und einem Therapeutenehepaar. Geertje Brakel erfreute sich einer Fülle unerwarteter Freundschaften und wurde von einem Therapeuten betreut, der sie so gut verstand, daß sie kaum etwas zu sagen brauchte. Wally Shore wurde von seiner Frau, mit der er seit über vierzig Jahren verheiratet war, und von einem ganzen Krankenhaus angefeuert. Christine Anderson wurde die Freundschaft und Unterstützung ihres Onkologen und ihrer gesamten Kirche zuteil.

Wir haben erfolgreiche Strategien der Krisenbewältigung weiter oben mit den drei Begriffen »Herausfoderung«, »Hingabe« und »Kontrolle« umschrieben. Da uns diese Begriffe im Zusammenhang mit unerwarteten Heilungen als ungenügend erschienen, haben wir sie später durch »Krise«, »Katharsis« und »innere Ausgeglichenheit« ersetzt. Doch welchen man auch den Vorzug geben mag, es gibt in jedem Fall einen vierten Faktor, und er scheint der Angelpunkt zu sein, um den sich der gesamte Heilungsprozeß dreht: die zwischenmenschlichen Beziehungen. In den medizinischen Berichten wird dieser Aspekt oft außer acht gelassen, weil die Verfasser dazu neigen, den einzelnen losgelöst von seinem sozialen Umfeld zu betrachten.

Dieser vierte Aspekt könnte der universellste und entscheidendste Faktor bei unerwarteten Genesungen sein. Was wir aus unserer Alltagserfahrung wissen, wird auch von der Wissenschaft bestätigt, nämlich wie wichtig Beziehungen für unsere Gesundheit sind. So schließt eine neuere Studie mit dem Satz: »Daß zwischen persönlichen Beziehungen und der Immunfunktion ein Zusammenhang besteht …, gehört zu den solidesten Erkenntnissen der Psychoneuroimmunologie.«[1] Selbst die Aktivierung der Lymphozyten auf mikroskopischer Ebene hängt teilweise von der Qualität der zwischenmenschlichen Beziehungen ab.[2] Allgemein gilt, was das *Journal of the American Medical Association,* das Verbandsblatt der amerikanischen Ärztevereinigung, schreibt: »Verheiratete leben länger. Im Vergleich zu Singles, zu getrenntlebenden, geschiedenen oder verwitweten Personen ist ihre Mortalitätsrate bei fast allen wichtigen Todesursachen niedriger.«[3] (Eine Studie zu über 27000 Krebsfällen erbrachte, daß Unverheiratete schlechtere Überlebensraten hatten.) Je isolierter eine Person im sozialen Gefüge ist, desto weniger gesund dürfte sie laut Statistik sein, darauf hat in den vergangenen Jahren eine wachsende Zahl vergleichbarer Studien verwiesen.

Das hat weitreichende Implikationen: Wenn Menschen ohne starke soziale Unterstützung eher krank werden, dann könnte das umgekehrt bedeuten, daß stärkende, liebevolle und stützende Beziehungen zu anderen das Heilsystem stimulieren. Wenn Trennung und Verlust zu Beeinträchtigungen der Gesundheit führen können, dann helfen Zuneigung und Zugehörigkeitsgefühl möglicherweise bei der Überwindung von Krankheit. Es hat eine gewisse Logik, sich die psychosoziale Straße in Richtung Krankheit »zweispurig« vorzustellen; die andere Spur führt in Richtung Gesundheit.

Wir stellten bei unseren Nachforschungen fest, daß andere Menschen bei unerwarteten Genesungen oft eine wichtige Rolle spielten. Die meisten Überlebenden waren seit über 20 Jahren verheiratet, 41 Prozent sogar schon seit über 30 Jahren, Zahlen, die wir angesichts der heutigen Scheidungsraten nicht erwartet hatten.

Oft werden sie sich ihrer Beziehungen erst im Augenblick der Krise richtig bewußt – oder aber neue Freunde und Verbündete treten in ihr Leben und begleiten sie auf ihrem Weg. Selbst diejenigen, die ihre Genesung intensiven seelischen Erfahrungen zuschrieben, hatten anscheinend eine tiefe persönliche Beziehung zu den Gestalten, die sie sich in der Phantasie vorstellten oder die ihnen unvermittelt erschienen.

Aber natürlich sahen sich Patienten mitunter auch genötigt, alte Beziehungsmuster aufzubrechen. So beschloß eine Lungenkrebs-Patientin, eine Behandlung abzulehnen, von der sich die Ärzte ohnehin keine große Wirkung versprachen. Mit dieser Entscheidung rief sie in ihrer Familie große Besorgnis hervor, ja sie zog sich sogar den Zorn einiger Angehöriger zu. »Ich mußte nicht nur gegen den Krebs, sondern auch gegen meine Familie kämpfen«, sagte sie wehmütig. »Ich mußte sie daran erinnern, daß es schießlich um *mein* Leben ging.« Manche Beziehungen erfuhren einschneidende Veränderungen, denen häufig Erneuerung und Vertiefung folgten. In den meisten Fällen entdeckten die Menschen, daß sie in einem neuem und unerwarteten Maß fähig waren zu lieben, sich um andere zu kümmern und ihnen etwas zu geben.

Viele Patienten knüpften eine ungewöhnlich enge Beziehung zu einem Arzt, einem Therapeuten, einem Freund oder einer Selbsthilfegruppe. Immer wieder waren wir darüber erstaunt, wieviel ein einzelner bewirken kann. Die Ermutigung durch eine Einzelperson kann im Kampf gegen unüberwindlich scheinende Widerstände die Wende herbeiführen. In ähnlicher Weise kann eine unerwartete Heilung anderen Menschen Mut machen – und so manchmal Auswirkungen auf die gesamte Gesellschaft haben.

Selbst stark religiös geprägte Wunderheilungen fanden bei näherer Betrachtung vor dem Hintergrund eines engen sozialen Zusammenhalts statt. Conrad Hazen, ein überaus rechtschaffener Mann, hatte alles im voraus bezahlt. Bereitwillig hatte er den Scheck für seine Beerdigung ausgestellt, die er in allen Einzelheiten geplant hatte. Er hatte einen Sarg ausgesucht, die Sargträger bestimmt, die Inschrift für seinen Grabstein verfaßt, den Priester ausgewählt und seinem ältesten Sohn gesagt, wieviel es kosten dürfe, sein Grab in der Erde Floridas auszuheben. Außerdem hatte er einen letzten Brief an seine Frau Marilyn und seine beiden Söhne geschrieben, ihn versiegelt und dem Nachlaß beigefügt. Und vernüftigerweise hatte Conrad sogar seine gutgehende Zahnarztpraxis verkauft. Der fromme Christ wollte vom Tod nicht überrascht werden. Er wollte ihn in Ruhe zu Hause erwarten, im Kreis seiner Familie.

Lange konnte es ohnehin nicht mehr dauern. Das bösartige Geschwür in seiner oberen rechten Lungenspitze – ein großzelliges undifferenziertes Adenokarzinom – war inoperabel. Zudem hatten die Chirurgen den Tumor in der Niere entdeckt, von dem es herrührte. Sie hatten Conrad aufgeschnitten, soviel herausgenommen, wie sie konnten, und ihn wieder zugenäht. Jetzt fehlten ihm eine Niere und ein Stück Darm, und seine Prognose entsprach etwa der Dauer einer Baseballsaison. Die Chirurgen hatten eine faustgroße Geschwulst zurücklassen müssen. Conrad erinnert sich: »Mein Arzt sagte mir, ich sollte mich auf meinen Abgang vorbereiten.«

Vor dem Krebs sei es ihm blendend gegangen, erzählt er mit einem leichten, melodiösen Südstaatenakzent. Er hatte einen guten Beruf, ein nettes Heim, ein mehr als ausreichendes Einkommen. Aus einer Familie mit elf Kindern stammend, hatte er einen ausgeprägten Familiensinn. Mit seinem Sohn betrieb er Kraftsport, mit seiner Frau spielte er Tennis. Mit 46 Jahren stand er in der Blüte seines Lebens. Er hatte zehn Jahre zuvor das Rauchen aufgegeben, trank keinen Alkohol, betätigte sich in seiner Kirche als Laienprediger und unterrichtete in der Sonntagsschule. Kurzum: »Ich hatte das Gefühl, dort zu stehen, wo der Herr mich haben wollte.«

Doch der Krebs stürzte ihn »vom Berg ins tiefe Tal«. 25 Strahlenbehandlungen bewirkten nur eine minimale Verkleinerung der Geschwulst. Der große Tumor, der in das Nervengeflecht seines Armes verflochten war, bereitete ihm große Schmerzen. »Ich war wie betäubt. Ich konnte nicht einmal mehr beten. Ein Krankenhaus kann in den frühen Morgenstunden sehr einsam sein. Oft lag ich wach und fragte mich, wo Gott war.« Eines Tages fiel Conrad wegen einer Leberinsuffizienz, hervorgerufen durch ein

Übermaß an Schmerzmitteln, in ein Koma. Sein Körper, so sagt er, wurde hart »wie Stein«. Man rief die Angehörigen an sein Bett. Sie sollten Abschied von ihm nehmen.

Aber Conrad war nicht bewußtlos, er war nur … anderswo. »Ich träumte, und alles war absolut realistisch«, erinnert er sich. »Ich lag in meinem Bett, und jeder, den ich in meinem Leben gekannt hatte, besuchte mich. Jeder einzelne kam und nahm mich in den Arm. Die Tür ging ständig auf und zu. Und schließlich kam der liebe Gott selbst herein. Er drückte mir einen glänzenden goldenen Schlüssel in die Hand und sagte zu mir: ›Das ist der Schlüssel zum Geheimnis des Lebens, du mußt nur genau hinsehen.‹ Und ich schaute hin und rief: ›O mein Gott, es ist doch so einfach, warum sehen wir es nicht?‹

Etwa zur gleichen Zeit stürmte in der realen Welt ein Arzt mit wehendem Kittel in das Krankenzimmer, in dem Conrads Frau und Kinder weinten. Er gab dem reglosen Körper eine Injektion, ein letzter Versuch, ihn aufzuwecken. Da richtete Conrad sich plötzlich auf und drückte, geistig noch ganz in der anderen Welt, seiner Frau einen wertvollen Gegenstand in die Hand, den freilich nur er sehen konnte. »Dort, wo ich hingehe, brauche ich das nicht«, sagte er zu seiner Frau. »Wo ist das?« fragte sie. »Ich sterbe«, entgegnete er. Immer noch nicht wieder bei Sinnen, schlang er seine Arme um sie und murmelte unablässig: »Ich liebe dich.« Zwei Stunden lang.

Es hätte auch anders ausgehen können, aber schließlich kam er wieder zu Bewußtsein. Der Tod saß jedoch immer noch in der Ecke und wartete. Die Ärzte schickten Conrad nach Hause. Laut Prognose hatte er nur noch wenige Wochen zu leben. Die Krankheit hatte den 1,80 Meter großen Mann auf 80 Pfund abmagern lassen. Er war nur noch Haut und Knochen. Die Aussicht, als »Parasit zu enden, der seine Brötchen nicht mehr selbst verdienen kann«, erschreckte ihn. Er wollte die Familie nicht um alle Ersparnisse bringen und dachte an Selbstmord. Er weigerte sich, Freunde zu empfangen, weil er nicht wollte, daß sie den ausgemergelten, entstellten Kerl sahen, der ihm aus dem Spiegel entgegenblickte. Er konnte nicht einmal mehr im Stehen duschen. »Marylin mußte mich in der Badewanne auf einen Hocker setzen und dann den Brausekopf über mich halten, als würde sie einen Hund baden«, erinnert er sich grimmig.

Doch der Brief eines Freundes führte ihn behutsam ins Leben zurück. »Ich weiß nicht«, schrieb der Freund, »ob es Dir etwas ausmacht, wenn man Dich in Deinem Zustand sieht. Aber ich hoffe doch, Du vergißt nicht, daß es so etwas wie einen häßlichen Christen nicht gibt.«

»Daß es so etwas wie einen häßlichen Christen nicht gibt«, wiederholt Conrad heute mit belegter Stimme. »Ich werde mich bis an das Ende meiner Tage an diese Worte erinnern. Sie brachten mich wieder zu mir.« Dieser ehrliche Satz wurde für ihn zu einer zerbrechlichen, schwankenden Brücke, über die er in die Normalität zurückkehrte. Er erklärte seiner Familie, daß er um ihretwillen und um seiner selbst willen beschlossen habe, gegen die Krankheit anzukämpfen, »damit ihr alle wißt, daß ich nicht gekniffen habe«.

An dieser Stelle mischt sich Marilyn in das Gespräch ein und sagte lächelnd: »Eines Tages stand er plötzlich auf und sagte: ›Ich weiß, es wird mich umbringen, aber ich will es trotzdem versuchen.‹ Er machte kleine Schritte wie ein Kind bei seinen ersten Gehversuchen und schaffte es nicht einmal von der Veranda bis zum Bürgersteig.« Aber eines Tages bewältigte er die Strecke, wenn auch auf wackeligen Beinen. Und etwas später quälte er sich sogar einmal um den Straßenblock. Überglücklich rief er einen Freund an, und der überredete ihn, gleich noch eine Runde zu drehen.

Einige Wochen später konnte Conrad wieder ganz normal gehen. Seine Frau hatte einen Arzttermin für eine Mammographie, und ihr Mann begleitete sie. Der Radiologe traute seinen Augen nicht. Conrad erinnert sich, daß der Mann ausrief: »Mein Gott, was machen Sie denn hier?« – »Ich sah ihn einfach nur an und grinste. Es ist ein wunderbares Gefühl, noch dazusein, wenn alle schon denken, du bist tot.«

Marilyn erzählt weiter: »Sie machten auf der Stelle eine Röntgenaufnahme von seinem Brustkorb. Als der Techniker sie hereinbrachte, meinte der Arzt: ›Sie haben mir das falsche Röntgenbild gebracht.‹ Doch der Mann antwortete: ›Nein, es ist das von Dr. Hazen. Ich habe es gerade aus der Maschine geholt.‹ Auf dem

Röntgenbild war kein Tumor zu sehen. Dort, wo er sich befunden hatte, war nur noch eine dunkle Linie zu sehen, das Narbengewebe.«

»Wenn man erfährt, daß man am Leben bleiben wird«, erklärt Conrad sarkastisch, »ist der Schock genauso groß, wie wenn man dem Tod ins Auge blickt.« Er kam langsam wieder zu Kräften und gründete zusammen mit seinen beiden Söhnen eine Landschaftsgärtnerei – »kreative Arbeit mit Sträuchern«, wie es Marilyn nannte. »Wenn ich ein Jahr lang Mulch aufschütten kann«, sagte Conrad damals zu ihr, »kann ich auch wieder praktizieren.« Das war vor 14 Jahren, und inzwischen ist seine Praxis wieder voller Leute, die über Zahnschmerzen jammern.

Conrad legt in der Kirche manchmal Zeugnis von seinem Glauben ab, meint aber: »Ich werde nicht den Gang rauf- und runterrennen und dabei Halleluja brüllen. Ich glaube nicht, daß Gott mich gerettet hat, damit ich neben dem Kirchenportal stehe und dieses oder jenes rufe.« Wenn ihn aber andere Krebspatienten um Rat fragen, strömt es nur so aus ihm heraus: »Weint, wenn ihr wollt«, sagt er ihnen, »Lacht, wenn ihr wollt. Aber das Wichtigste ist, haltet einander fest, haltet die Menschen fest, die euch im Leben am meisten bedeuten, und sagt ihnen, wie sehr ihr sie liebt.«

Conrad hatte schon als Junge eine lebhafte Phantasie und glänzte besonders bei schöpferischen Tätigkeiten wie Zeichnen und Schnitzen. Es fällt ihm nicht schwer, sich in einen Zustand zu versetzen, in dem er »mit Gott reden« kann. »Ich entspanne mich einfach und verbanne die kleinen Sorgen des Alltags aus meinem Kopf. Oft kann ich mich nicht einmal daran erinnern, wie ich das Haus verließ und in die Praxis ging, weil ich die ganze Zeit mit Gott sprach.« Seine spirituelle Grundhaltung, sein Glaube an einen aktiven, teilnehmenden und liebenden Gott erlauben es ihm, seinen inneren Eingebungen zu folgen und Zusammenhänge zu erkennen, wo andere nur einen bloßen Zufall am Werk sehen. Und so wird Conrad seine Heilung wahrscheinlich nicht auf die zufällige biologische Tatsache zurückführen, daß bei Nierenkrebs gelegentlich Remissionen auftreten. Und vielleicht hat er damit gar nicht so unrecht.

Doch falls hier ein Wunder geschehen ist, dann auch mit Hilfe anderer Menschen – sicherlich der »goldene Schlüssel« aus Conrads Vision im Koma. Von dem Moment an, als der Krebs bei ihm festgestellt wurde, umgab ihn ein dichtes Netz sozialer Unterstützung. Marilyn schlief und betete auf dem Boden neben seinem Bett im Krankenhaus. Sein Onkologe, Alvin Smith, war gleichzeitig einer seiner besten Freunde – er war mit ihm zusammen zur High-School gegangen, hatte sich mit denselben Mädchen getroffen und bei der Ausrichtung seiner Hochzeit geholfen. Das jährliche Klassentreffen wurde extra seinetwegen vorverlegt, »denn sie wußten alle, daß ich sterben würde. Und sie wollten mir alle noch sagen, daß sie mich mochten und daß sie mich vermissen würden, wenn ich nicht mehr da wäre.«

Conrad erhielt von allen Seiten Zeichen der Anteilnahme. Dazu Marilyn: »Conrads Patienten kommen aus allen Schichten und aus der ganzen Stadt. Wir erhielten Briefe aus den gesamten Vereinigten Staaten, von Menschen, die wir nicht einmal dem Namen nach kannten und die schrieben, daß sie für ihn beteten. Es war verblüffend, wie unser Schicksal das Leben so vieler anderer Menschen berührte, die uns nur vom Hörensagen kannten. Mir kam das wie eine Gebetskette vor, die bis nach Timbuktu reichte.« Doch im Augenblick der größten Gefahr hatte Conrad seinen goldenen Schlüssel allein Marilyn anvertraut. »Sie hat mich auf jedem Schritt meines Weges begleitet«, erzählt er bei seinen gelegentlichen Predigten in der Kirche. »Durch die Pforten der Hölle und wieder zurück. Sie hat es verdient, daß sie jetzt wieder bessere Tage erleben darf.«

Conrad Hazens Fall erinnert an Heilpraktiken mancher Völker, wo sich die gesamte Gemeinschaft versammelt, um einen Kranken den Klauen des Todes zu entreißen. Der Anthropologe Richard Katz beschreibt die Heilrituale der afrikanischen Kung, bei denen die Stammesmitglieder stundenlang klatschen, tanzen, Beschwörungsformeln singen und die Götter und Ahnen anflehen, den Kranken nicht zu sich zu holen. Katz beschreibt eindrücklich, wie die Tänzer das Zeremoniell immer wieder unterbrechen, um den Geistern im Himmel zuzurufen: »Was wollt ihr heute nacht hier? Dieser Mann ist nicht bereit zu gehen. Er will bei denen bleiben, die ihn lieben.«[4] Gewiß haben Conrads Klassenkameraden, die Mitglieder seiner Gemeinde, seine Freunde und Angehörigen ähnliche Bitten zum Himmel geschickt.

Auch bei den Kung ist der eheliche Zusammenhalt so etwas wie ein goldener Schlüssel zur Heilung. »Als ich 1989 noch einmal in die Kalahari fuhr«, berichtete Katz, »machte ich eine sehr interessante Beobachtung. Die Männer, die an der Heilzeremonie teilnehmen, vergessen alles um sich herum und fallen in Trance, bis sie schließlich niedersinken. Und wohin? Direkt in die Arme ihrer Frauen. In diesem sehr persönlichen seelischen Zustand können sie von den Frauen am meisten Verständnis und Unterstützung erwarten.«

Zuwendung und Fürsorge haben eine meßbare Heilwirkung. Im Rahmen einer amerikanischen Studie sollten Leukämiepatienten, die sich auf eine Knochenmarktransplantation vorbereiteten, Angaben über ihren sozialen Rückhalt machen. Von denjenigen, die sich durch Ehepartner, Verwandte oder Freunde emotional stark gestützt fühlten, lebten zwei Jahre später noch 54 Prozent. Von den anderen, die nach eigenen Angaben nur geringe Unterstützung erhielten, überlebten nur 20 Prozent.[5] Patienten ohne Ehepartner oder andere enge Bezugspersonen sterben mit dreimal größerer Wahrscheinlichkeit innerhalb von fünf Jahren nach Diagnose als Patienten, die verheiratet sind oder eine enge Bezugsperson haben – das fanden Wissenschaftler vom Duke University Medical Center in einer Studie zu über 1000 Herzkranken heraus. An der medizinischen Fakultät der Universität von Nebraska stellte man bei der Untersuchung von 256 gesunden alten Menschen fest, daß bei denjenigen, die über eine vertraute Bezugsperson verfügten, die Immunfunktion besser war. Dr. Blair Justice, Psychologe der Abteilung für öffentliche Gesundheit an der Universität von Texas in Houston, machte zudem die Beobachtung, daß das Maß an Vertrauen, Intimität und Aufrichtigkeit den Ausschlag gibt, ob sozialer Beistand sich auch positiv auf die Gesundheit auswirkt. »Es kann wichtiger sein«, sagte er, »wenigstens einen Menschen zu haben, dem man seine innersten Gedanken und Gefühle offen und ehrlich anvertrauen kann, als über ein ganzes Netz aus eher oberflächlichen Beziehungen zu verfügen.«[6]

Dieser eine Mensch muß nicht unbedingt ein Angehöriger sein. In unserer Kultur ist selbst die Kernfamilie brüchig geworden. Viele Patienten, mit denen wir sprachen, stützten sich bei ihrer unerwarteten Genesung auf einen erweiterten »Familienkreis«. Daniel (der Name wurde geändert) war laut einem Artikel im *Journal of the American Academy of Psychoanalysis* der »erste beschriebene Fall einer ›spontanen‹ Genesung von Krebs, dessen psychodynamischer Hintergrund in allen Stadien der Krankheit bekannt war, einschließlich der Zeit davor und danach«.[7] Daniel geriet 1954 in eine tiefe seelische Krise. Er war damals 21 Jahre alt und studierte am Priesterseminar der Episkopalkirche. Sein Entschluß, Priester zu werden, hatte seit langem festgestanden, doch im letzten Ausbildungsjahr war er unsicher geworden. Er suchte Hilfe bei dem Therapeuten Gotthard Booth, und der kam zu dem Schluß, daß der junge Mann »durch einen starken Konflikt zwischen seinem Ideal des Zölibats und seiner unentwegten Beschäftigung mit Sex« in eine psychische Sackgasse geraten sei. Daniels Mutter, eine hochgradig gestörte Frau, hatte ihren Sohn nach der Geburt weggegeben und ihm damit eine tiefe seelische Wunde beigebracht, die immer wieder aufbrach, wenn sie in unregelmäßigen Abständen bei ihm auftauchte. Gleichwohl bescheinigt der Fallbericht Daniel »Flexibilität von Denken und Vorstellungsvermögen, emotionale Empfänglichkeit und die Fähigkeit zu differenzierter Introspektion«.

Daniel blieb bis zum Ende seiner Ausbildung in therapeutischer Behandlung – ein Jahr, in dem er wie in einem »Wirklichkeit gewordenen Alptraum« lebte, wie es in dem Bericht heißt. Schließlich lehnte er die Priesterweihe ab, nahm eine Stelle als Bibliothekar bei der Stadt New York an und führte ein ereignisloses, zurückgezogenes Leben. Mit der Zeit fiel es ihm immer schwerer, sich seinem Therapeuten zu öffnen, und so beschloß er, die Behandlung bei Margaretta K. Bowers fortzusetzen. Die Therapeutin, in gewisser Weise selbst eine ungewöhnliche Persönlichkeit, führte Einzelgespräche mit ihm, schickte ihn aber auch in eine »Therapiegruppe, in der Zusammenhalt groß geschrieben wurde«. Anfangs beteiligte sich Daniel kaum, »er sprach selten und schien auch nicht zuzuhören«. Aber bald veränderte sich seine Haltung spürbar. Er stellte sich den Verlustängsten, die aus seiner Kindheit herrührten, und baute langsam ein Vertrauensverhältnis zu den anderen auf.

Ein knappes Jahr später stellte man bei Daniel Hodenkrebs fest. Die anschließende Operation löste eine gewaltige Veränderung bei ihm aus. Endlich akzeptierte er sein Bedürfnis, Liebe zu geben und zu empfangen. Nach dem Erwachen aus der Narkose wußte er mit einem Mal, daß er seine Freundin Constance wirklich liebte und heiraten wollte. In dem Bericht über ihn steht: »Der nach einer Krebsdiagnose gefaßte Entschluß, sein Leben in Ordnung zu bringen und mit seinem Schicksal fertig zu werden, greift häufig gut.«

Ein ungünstiger Wind wehte jedoch erneut die geistesgestörte Mutter in sein Leben. Diesmal behauptete sie, Daniels Krebs sei »die Strafe Gottes für *ihre* fleischlichen Sünden«. Daniel war psychisch nicht in der Lage, dagegen anzugehen. Er fiel in einen psychoseähnlichen Zustand und glaubte, seine Krankheit sei tatsächlich eine Strafe Gottes und seine medizinische Behandlung eine Art Martyrium. Er versank in eine tiefe Depression. Arbeitsunfähig und mittlerweile auch finanziell am Ende, fühlte er sich einsam und mit seinem Elend allein gelassen. Zu seiner Therapeutin sagte er, daß er sich nur von einer einzigen Sache Hilfe verspreche, und vertraute ihr seinen beinahe verzweifelten Wunsch nach einem bestimmten Tier an – einen Kapuzineraffen, den er in einer Zoohandlung für exotische Tiere gesehen hatte. Er wollte etwas haben, »für das er sorgen und mit dem er schmusen konnte«, wie es in dem Bericht heißt. Margaretta Bowers besorgte einen Spender, der den Affen für Daniel kaufte. Das Tier wurde für ihn zu einem »wichtigen Freund«.

Doch auch in der Folgezeit blieb Daniel labil und hatte immer wieder heftige Wutausbrüche. Einmal schlug er gegen eine Wand, um seinen Zorn nicht an Constance auszulassen, und verletzte sich dabei die Hand. Als man ihn wegen dieser Verletzung behandelte, entdeckte man bei ihm Krebsmetastasen am Hals, in der Brustwand und in der Lunge. Seine Aussichten, auch nur das nächste Jahr zu überleben, waren gleich Null. Die Ärzte verordneten Kobaltbestrahlungen und eine Behandlung mit Stickstofflost, andere Behandlungsmöglichkeiten standen 1959 nicht zur Verfügung. In Anbetracht seines hoffnungslosen Zustands war damit allenfalls eine gewisse Linderung zu erzielen. In dieser Zeit starb Daniels Großvater. Daniel war bei seinen Großeltern aufgewachsen, nachdem ihn seine Mutter verlassen hatte, und nun machte er sich große Sorgen, ob seine Großmutter über diesen Verlust hinwegkommen würde. In dieser für ihn schwierigen Situation schwollen die Tumore an seinem Hals enorm an. Daniel mußte ihretwegen den Kopf so schief halten, daß er beinahe die Schulter berührte.

Margaretta Bowers sagte ihm offen, daß die Ärzte ihm nur noch Wochen, bestenfalls ein paar Monate gaben. Dann fragte sie ihn: »Was wollen Sie tun, bevor Sie sterben?« Daniel antwortete ohne Zögern: »Ich möchte heiraten und zum Priester geweiht werden.« Ganz plötzlich hatte er das Gefühl, daß er nur dann eine Überlebenschance hatte, »wenn er ein intensives Leben führte«. Den Tod vor Augen, machte er in seinem gestörten Verhältnis zu Mitmenschen eine Kehrtwendung um 180 Grad.

Constance, die mittlerweile ebenfalls Bowers Therapiegruppe besuchte, willigte in die Heirat ein, und in aller Eile wurden Vorbereitungen für die Hochzeit getroffen. Die gesamte Gruppe half mit und demonstrierte ein ungewöhnliches Maß an sozialem Zusammenhalt. Constance und der kranke Daniel, der inzwischen wie ein »wandelnder Geist« aussah, wurden vom Ethikprofessor des Priesterseminars getraut, der einer der ersten Therapeuten von Daniel gewesen war. Das Hochzeitsfest fand in Margaretta Bowers' Haus gegenüber der Kirche statt, im Beisein von Daniels Arzt. Trotz seines gespenstischen Aussehens hatte Daniel schon vor der Trauung gewußt, daß etwas Außergewöhnliches und gänzlich Unerwartetes geschehen war: Tests hatten ergeben, daß die großen Tumore an seinem Hals sich fast vollständig aufgelöst hatten.

Wir haben Daniel nach langem Suchen in einer kleinen Stadt im Südwesten der Vereinigten Staaten ausfindig gemacht. Er erinnert sich nur noch vage an die Zeit seiner Krankheit. »Ich weiß noch, wie ich das Krankenhaus verließ und immer noch als Todeskandidat galt. Ich konnte kaum aufstehen und schaffte es nur mit Mühe, in ein Taxi zu steigen, um meine Heiratsurkunde abzuholen.« Danach wandte er sich an den Bischof von Long Island und überredete ihn, ihn zum Priester zu weihen.

Mittlerweile hatte Daniel jeden Tag einen Termin bei Margaretta Bowers. Die Therapeutin half ihm, sich gegen seine unberechenbare Mutter zur Wehr zu setzen. Unter Hypnose versetzte sich Daniel in die Kindheit zurück und spürte wieder die Liebe seiner Großmutter, an der er sehr hing. »Nach dieser lebhaften und sinnstiftenden Erfahrung«, so schreibt sie, »konnte Daniel ganz bewußt eine echte, innige Beziehung zu seiner Großmutter haben, die ihn sehr liebte.«

Heute erzählt Daniel: »Margaretta ist sehr dominant und in gewisser Weise auch exzentrisch. Aber sie ist auch ein sehr einfühlsamer Mensch. Sie versetzte mich in Trance und suggerierte mir alle möglichen Dinge, die mit Gesundheit und Liebe zu tun hatten, und ich ließ mich treiben.« Auf die Frage nach dem schönsten Erlebnis auf seinem Weg sagt er: »Der tollste Moment war, als sie mir kurz vor der Priesterweihe sagten, daß auf den Röntgenaufnahmen von meinem Brustkorb nichts mehr zu sehen sei.« Die Tests, die man tags zuvor gemacht hatte, hatten ergeben, daß die Metastasen in seiner Lunge vollständig verschwunden waren. Daniel hatte für seine Rückkehr vom Tod ins Leben nur sechs Monate gebraucht.

Seine spektakuläre Genesung löste eine kleine Kontroverse aus. »Jeder wollte den Erfolg für sich verbuchen«, sagt Daniel. »Der Radiologe, der zugegeben hatte, daß ich trotz Bestrahlung keine Chance mehr hätte, bestand jetzt darauf, daß mich das Kobalt geheilt habe. Margaretta sagte, ihre Therapie habe den Umschwung bewirkt. Und der Bischof führte alles auf die ›Gnade des Sakraments‹ zurück.« Für Daniel selbst war der wichtigste Faktor, daß er von Margaretta, seiner Frau und den Mitgliedern der Therapiegruppe »mit Liebe überschüttet« worden sei.

Diese Mischung aus Liebe und Therapie scheint ihn bei späteren seelischen Krisen, so etwa nach dem Selbstmord seiner Mutter und dem Tod seiner geliebten Großmutter, wie eine Impfung gegen ein Wiederaufflammen der Krebserkrankung geschützt zu haben. In der Tat haben neuere Studien bewiesen, daß selbst eine minimale »Dosis« an Therapiestunden enorme und lang anhaltende Wirkungen haben kann. (Dr. Fawzy berichtete 1990 von einer Studie zu 40 Patienten, bei denen kurz zuvor ein bösartiges Melanom festgestellt worden war. Sie erhielten eine sechswöchige Therapie, bei der sie lernten, mit Hilfe bestimmter Techniken Streß abzubauen und ihre Situation besser zu bewältigen. Nicht ganz unerwartet wurde bei diesen Patienten eine gesteigerte Vitalität, eine aktivere Auseinandersetzung mit der Krankheit, ein höheres Maß an Selbstverantwortung und eine gesteigerte Aktivität der Killerzellen festgestellt. Die eigentliche Überraschung kam erst viel später: Nach *sechs* Jahren verzeichnete man bei den Patienten, die diese Therapie erhalten hatten, nur ein Drittel der sonst üblichen Rück- oder Todesfälle.)[8]

Daniel machte seinen Doktor in klinischer Psychologie mit Auszeichnung. Eine Zeitlang war er zornig auf Margaretta Bowers, weil er infolge der Bestrahlungen steril geworden war. Später bat er sie jedoch, Patin seines ersten adoptierten Kindes zu werden. Nach 18jähriger Ehe trennten sich Daniel und Constance, und Daniel, der sich selbst als »grauhaarigen, alternden, aber immer noch recht attraktiven Mann« bezeichnet, zog von New York fort, wo er Heroinabhängige betreut hatte. Inzwischen arbeitet er »mit Verrückten« in einer Nervenklinik. Seine Begeisterung für Affen hat sich gelegt – »sie werden sehr aggressiv, wenn sie in die Pubertät kommen«. Er besitzt nun ein paar »gutartige, wohlerzogene« und ausgesprochen gesellige irische Setter.

In den Jahren dazwischen führte ihn seine spirituelle Suche von einer humanistisch orientierten Therapie am Esalen Institute über Meditationen bei einem Swami – »ich war ein typischer Kalifornier, ständig auf der Suche« – zurück in den Schoß der Kirche, auch wenn seine Beziehung zu ihr nach wie vor zwiespältig ist. »Ich kann mich einfach nicht mit dem Gedanken anfreunden, daß Jesus für unsere Sünden gestorben sein soll«, erklärt er. Nach einem Meditationskurs bei »Benediktinern, die fast wie Buddhisten waren«, versucht er inzwischen, mit seinen religiösen Zweifeln zu leben, und grübelt über das Rätsel seiner Genesung nach. Für ihn ist Heilung »ein wilder Ausbruch unkontrollierter Energie. Es geht nicht darum, bestimmten Regeln zu folgen, sondern, wie Joseph Campbell es einmal formuliert hat, seinem Glücksempfinden nachzugehen.« Und doch kommt Daniel immer wieder auf den emotionalen Kern der Sache zurück: Die Ursachen für unerwartete Genesungen liegen seines Erachtens in der »Fähigkeit zu lieben, zu entdecken, daß Liebe unsere Mitte ist und daß Liebe alles bedeutet«.

Die meisten von uns erfahren Liebe als Kinder, wenn sie blind nach der Brust tasten und saugen. Frühgeborene, denen man mehr Tast- und Bewegungserlebnisse vermittelt, nehmen nachweislich mehr Nährstoffe auf und schneller zu.[9] Die positiven Auswirkungen der Mutterbeziehung auf die Gesundheit sind unermeßlich.

Die Beziehung zwischen Rocky Edwards und seiner Mutter wurde unauflöslich, als man bei ihm im Alter von drei Jahren Leukämie feststellte. Dank einer zermürbenden Chemotherapie und Bestrahlungen wurde die Krankheit medizinisch besiegt. Rocky hatte die magische Grenze fünfjährigen Überlebens noch nicht lange überschritten, als er im Alter von zehn Jahren Probleme in der Schule bekam. Der heute 18jährige erinnert sich: »Irgend etwas stimmte nicht mit mir. Das Lernen fiel mir immer schwerer. Mein Gedächtnis ließ nach.« Von Kopfschmerzen geplagt, blieb er dem Unterricht fern, verkroch sich in sein Zimmer und zog die Vorhänge zu, weil er das helle Tageslicht nicht mehr ertrug.

Die Ärzte entdeckten einen melanomartigen Tumor in seinem Gehirn. Obwohl sie sofort eine Behandlung einleiteten, wuchs der Tumor innerhalb von wenigen Monaten um das Doppelte. Rocky wurde operiert, aber der Tumor hatte bald wieder die alte Größe erreicht. Bei einer zweiten Operation wurde abermals ein beträchtliches Stück des Tumors entfernt, doch danach war Rocky teilweise gelähmt, auf einem Ohr taub und auf einem Auge blind.

Terry, Rockys Mutter, die als Kundenbetreuerin bei einer Bank arbeitete, suchte verzweifelt nach einem Ausweg. Sie zog mit ihrem Sohn von Klinik zu Klinik, von Arzt zu Arzt und beobachtete voller Hoffnung und Sorge jede neue Behandlung. Heute sagt Rocky lakonisch: »Meine Mutter war immer für mich da, rund um die Uhr.« Doch der Tumor wuchs weiter. Terry war wie besessen von der Idee, »soviel wie möglich über diese spezielle Krankheit zu erfahren. Ich las jedes Buch, jede Zeitschrift, die ich auftreiben konnte. Ich wollte eine gewisse Kontrolle über diese Krankheit bekommen.«

Es war alles vergeblich. Die Folgen der vierten und letzten Gehirnoperation, die an Rocky vorgenommen wurde, schildert Terry ohne erkennbare Regung: »Er konnte nicht einmal mehr Mama sagen. Sie gaben ihm noch sechs Monate zu leben.«

Sie nahm ihren Sohn mit nach Hause. Aus dem »normalen, hübschen Durchschnittsjungen« war ein aufgedunsenes Kind mit herabhängendem Augenlid, starrem Gesichtsausdruck und »Büffelnacken« geworden, die Folge des Medikaments Prednison. Später, als die Schwellung in seinem Gehirn abklang und Gedächtnis und Sprachfähigkeit wiederkehrten, wuchs Rockys Verbitterung über seine Behinderung. Er erinnert sich, daß ihn seine Freunde nicht mehr besuchten. »Das ist wahrscheinlich ganz normal«, überlegt er. »Wenn die anderen Kinder erfahren, daß man krank ist, haben sie Angst, sich anzustecken, wie bei Aids.« Doch seiner Stimme ist anzuhören, daß ihn das verletzt hat.

Manchmal ließ sich Terry von Rockys Mutlosigkeit anstecken, aber sie kämpfte dagegen an und hörte nie auf, ihrem Sohn Mut zu machen, ihn anzutreiben oder sogar ein wenig zu tyrannisieren. Sie tat alles, um ihn am Aufgeben zu hindern. »Er verabscheute den Rollstuhl, also brachte ich ihn zum Swimmingpool, damit er schwimmen konnte. Dann überredete ich ihn, an einem Stock zu gehen, aber auch das konnte er nicht leiden. Manchmal mußte ich richtig grob werden. Dann sagte ich: ›Wenn du weiter nur so herumliegst, wirst du sterben! Willst du das?‹ Natürlich wollte er das nicht. Also sagte ich: ›Dann beweg deinen fetten Hintern und tu was!‹«

Es war eine mühselige Zeit, eine Zeit der kleinen Fortschritte und der Rückschläge, aber schließlich konnte Rocky, wenn auch schwankend, wieder selbständig gehen. Allerdings mußte Terry feststellen, daß Krebs für eine Familie zu einer schweren Belastung werden kann: »Meine Tochter ging ihre eigenen Wege, mein zweiter Sohn ebenfalls. Rocky hatte aufgegeben und saß nur noch vor der Glotze. Mein Mann kam mit der Situation nur schwer zurecht. Er war immer seltener zu Hause.« Dann geschah etwas, das zeigt, wie eine unerwartete Genesung anderen Hoffnung machen kann. Terry sah in der populären Fernsehsendung »Oprah Winfrey Show« einen Jungen, der einen Gehirntumor gehabt hatte. Er hatte sich vorgestellt, wie ein paar phantastische Raumschiffe aus »Krieg der Sterne« durch seinen Kopf sausten, und war wie durch ein Wunder wieder gesund geworden. Der Junge war Garrett Porter (Kapitel vier).

Er war wieder gesund geworden! Terry war wie elektrisiert. Ohne jede Anleitung dachte sie sich sofort eigene Techniken und Übungen aus. »Es klingt vielleicht dumm – ich hatte ja keine Ahnung, was ich da tat –, aber ich legte Rocky einfach die Hände auf den Kopf, und zwar dort, wo der Tumor saß. Dann erklärte ich ihm, daß wir beide uns jetzt ganz fest darauf konzentrieren müßten, den Tumor zu vertreiben.« Sie rief eine Freundin vom Verein für leukämiekranke Kinder, den sogenannten »Sternenlichtern«, an und fragte sie, ob sie eine Einrichtung kenne, in die Rocky gehen könnte.

»Meinst du eine Sterbeklinik?« fragte die Frau.

»Nein, mein Sohn liegt noch nicht im Sterben!« entgegnete Terry brüskiert. Mit einem Mal erschien ihr alles sinnlos, und sie begann sich zu fragen, ob ihre Bemühungen um ihren Sohn nicht »selbstsüchtig waren. Vielleicht hielt ich nur den vorherbestimmten Gang der Dinge auf, weil ich einfach nicht aufgeben wollte.«

Eines Nachmittags, nach einem heftigen Wortwechsel mit Rocky, warf sie sich schluchzend aufs Bett. Ihr Gleichmut war dahin. »Ich putzte mir gerade die Nase und und wischte mir die Tränen ab, als das Telefon klingelte. Meine Freundin von den ›Sternenlichtern‹ war am Apparat. Sie erzählte mir, daß noch am selben Abend jemand von der Initiative ›Gesund werden‹ einen Vortrag hielt.« Terry wußte kaum etwas über die Initiative, aber sie beschloß sofort, hinzugehen. »Ich fragte meinen Mann, aber er wollte nicht mitkommen. Meine Tochter und mein Sohn ebensowenig. Gut, sagte ich, dann gehe ich eben allein.« Terry hörte sich den Vortrag an und fühlte sich »wie von einer schweren Last befreit. Eine Frau stand auf und rief, das alles sei doch nur Geschäftemacherei, aber ich sagte zu ihr, sie solle sich hinsetzen und den Mund halten!«

Begeistert überredete Terry ihren zögernden Sohn, mit ihr in das Therapiezentrum zu fahren, in dem ein vielfältiges Programm aus verschiedenen psychosozialen Heilverfahren angeboten wurde. »Ich ging probeweise für einen Tag hin und fand es echt spitze«, berichtet Rocky. Er fand sofort Kontakt zu den anderen Mitgliedern der Gruppe. Seine Mutter erinnert sich lachend: »Die Gruppe bestand aus der 65jährigen Thelma, Kathy, die knapp über 40 war, und Rocky, meinem kleinen Jungen.« Die drei seien unzertrennlich geworden. »Jeder von ihnen fühlte sich mal deprimiert und wollte morgens nicht aufstehen, aber jetzt wechselten sie sich dabei ab.« Terry nahm an jedem ganztätigen Programm teil. Sie machte jede Meditation oder Entspannungsübung ihres Sohnes mit und spornte ihn an, wenn er sich Bilder der Geisterjäger ausdachte, die mit »Strahlenkanonen« seinen Tumor beschossen. Auch ihr Ehemann und ihre Tochter erhielten Beratungsstunden, mit dem Erfolg, daß die Kommunikation innerhalb der Familie wieder in Gang kam.

Kurze Zeit später erbrachte eine Kernspintomographie, daß Rokkys Tumor nicht mehr weitergewachsen war. »Der Radiologe sagte zu mir: ›Es sieht so aus, als würden die Bestrahlungen wirken.‹ Ich antwortete: ›Er bekommt gar keine Bestrahlungen.‹ Das haute ihn fast um.« Rocky fühlte sich ermutigt und verdoppelte seine Anstrengungen. »Er gab sich so große Mühe,« erzählt Terry, »daß ich wirklich an eine Genesung glaubte. Er machte seine Visualisierungsübungen sieben- bis zehnmal am Tag. Und manchmal machten wir eine Übung zusammen, so wie beim ersten Mal, als ich noch gar keine Ahnung davon hatte.«

Ein Jahr später zeigte eine erneute Kernspintomographie, daß der Tumor »in sich zusammengefallen war wie ein Ballon, aus dem man die Luft herausgelassen hat«. Noch heute, Jahre später, stellt sich Rocky regelmäßig vor, wie »ein kleiner weißer Wolf Tumore angreift und meinen Körper sauber hält«. Gleichwohl schreibt er seine Genesung vor allem der unermüdlichen Hingabe seiner Mutter zu. Er drückt das mit den einfachen Worten des Kindes aus, das er damals gewesen ist: »Wenn ich sagte: ›Ich werde nie wieder gesund‹, dann tat sie alles, um mir Mut zu machen. ›Wir werden schon etwas finden, das dir hilft‹, sagte sie immer. Und sie hörte nie auf zu suchen.« Als wir seine Mutter fragten, was ihrer Ansicht nach der Grund für seine Genesung gewesen sei, antwortete sie ohne Zögern: »Daß wir fest daran geglaubt haben, wir beide. Wir sind echte Dickköpfe.«

Als dickköpfig ließe sich auch Grace Gawler beschreiben. Sie hatte Ian, ihren späteren Mann, im Beruf kennengelernt, als sie in seiner Tierarztpraxis eine Stellung als Assistentin annahm. Kurze Zeit nachdem die beiden begonnen hatten, sich auch privat zu treffen, wurde bei Ian Knochenkrebs festgestellt. Sein Bein mußte oberhalb des Knies amputiert werden. Am Tag ihrer Hochzeit hatte Ian nach Meinung der Ärzte nur noch zwei Wochen zu leben. »Ein Glück für ihn, daß er sich eine Frau geangelt hatte, die an seine Genesung glaubte«, meint sie heute lachend. »Ich zweifelte keine Sekunde daran und wollte kein Wort von Resignation hören.«

Betrachtet man ihren Werdegang, so brachte sie eigentlich nicht das erforderliche Rüstzeug mit, um anderen Halt zu geben. »Ich war mir nicht so recht darüber im klaren, wie wichtig enge Beziehungen, Bindungen und Kommunikation innerhalb der Familie sind«, erklärt sie. »In meiner Familie führte ich im Grunde ein Eigenleben.« Schon mit zehn Jahren ging sie ganz in den Schularbeiten auf, studierte nächtelang Biologiebücher und interessiert sich brennend für die Funktionsweise lebender Organismen. Schon damals beflügelte sie »der Heiler-Instinkt«, wie sie es nennt.

Und den benötigte sie später auch, um Ians wissenschaftlich begründete Einwände zu entkräften, Einwände, die besagten, daß sein Fall hoffnungslos sei. »In meiner veterinärmedizinischen Ausbildung hatte ich gelernt, daß ein Osteosarkom unweigerlich zum Tod führt«, sagte er uns. »Nur Graces Glaube, daß alles möglich ist, weckte in mir die Hoffnung, daß mir vielleicht andere Dinge oder andere Leute helfen konnten.«

Zu diesen »anderen Leuten« gehörte auch Dr. Ainslie Meares, den Ian ein Jahr nach seiner Amputation kennenlernte. Der inzwischen verstorbene Dr. Meares war eine schillernde Persönlichkeit, Freidenker und Sproß einer wohlhabenden Familie aus Melbourne, ein traditionsbewußter Mann, der Meditation lehrte und gleichzeitig Mitglied im exklusivsten Club der Stadt war. Meares hatte eine spezielle Form der Meditation entwickelt, die er »mentale Ataraxie« nannte – eine tiefe, passive »innere Stille«, die in mehreren dokumentierten Fällen zur Rückbildung von Krebs beigetragen haben soll.

Ian Gawler, »der junge Mann mit dem unbändigen Lebenswillen«, hatte laut einem Bericht, den Meares im *Medical Journal of Australia* veröffentlichte, nicht mehr lange zu leben, als er ihn kennenlernte.

> Auf den Rippen, dem Brustbein und dem Darmbeinkamm hatte er sichtbare Knochentumore von etwa 2 cm Durchmesser. Er spuckte kleine Mengen Blutes, in denen er, wie er sagte, kleine Knochennadeln spüren konnte. Die Röntgenaufnahmen von seiner Lunge zeigten dichte Schatten. Ein Spezialist hatte ihm gesagt, daß er nur noch zwei bis drei Wochen zu leben habe, aber aufgrund seiner Ausbildung war er sich über den pathologischen Befund und seine Prognose ohnehin im klaren.[10]

Ian und Grace erlernten die von Meares entwickelte Meditationstechnik und setzten ihre Pilgerfahrt in Sachen Heilung fort. Sie verbrachten ihre Flitterwochen auf den Philippinen und reisten auf der Suche nach Alternativen, die Heilung versprachen, kreuz und quer durch das Land. Grace erlernte eine besondere Massagetechnik und knetete jeden Tag stundenlang den Körper ihres todkranken Mannes durch, wobei sie ihm ermutigende Worte zuflüsterte, denen sie freilich mehr Glauben schenkte als er.

Die Reise führte sie weiter nach Indien, wo sie einen berühmten Guru trafen, und schließlich zu einer spirituellen Gruppe nach Schottland. Grace erinnert sich: »Ich hatte Ian schon sehr oft massiert. Er hatte auf dem Brustbein einen Knochentumor, der etwa die Größe einer Untertasse hatte und bestimmt anderthalb Zentimeter herausstand. Eines Tages, als ich ihn wieder einmal massierte, spürte ich, wie ein großes Stück von dem Tumor nach innen fiel. Ich konnte es unter der Haut richtig anheben. Dabei hatte ich das deutliche Gefühl, daß sich das ganze Ding auflöste wie eine Koralle.«

»Von da an«, erzählt sie weiter, »wurde der Tumor immer kleiner. Ian hustete manchmal kleine Knochenstückchen aus, die aussahen wie von toten Korallen. Wir haben sie zur Erinnerung aufbewahrt. Der Tumor schrumpfte weiter, bis schließlich nichts mehr von ihm übrig war.«

In seinem Bericht schrieb Dr. Meares die erstaunliche Heilung Ians seelischer Befindlichkeit zu:

> Er hat einen Grad der Ruhe erreicht, den ich nur sehr selten beobachtet habe, nicht einmal bei fernöstlichen Mystikern, mit denen ich recht viel Erfahrung habe. Wenn man ihn fragt, worauf er die Rückbildung von Metastasen zurückführt, antwortete er: ›Ich denke, es liegt daran, wie wir das Leben erfahren.‹ Anders ausgedrückt: Es scheint so, als habe der Patient das intensive und ausführliche Meditieren auf seine Gesamtsicht des Lebens einwirken lassen. Sein ungewöhnlich niedriges Angstpotential fällt selbst dem oberflächlichsten Betrachter auf. Wir gehen davon aus, daß durch eine Senkung seines Kortisonspiegels die Aktivität seines Immunsystems verstärkt worden ist.[11]

Ian selbst führt seine Genesung hauptsächlich auf einen Faktor zurück, den Meares in seinem Bericht fast ganz außer acht läßt: »Die Erfahrung von Liebe, nicht allein in Form eines Gefühls, sondern auch in Form der Pflege und Aufmerksamkeit, die mir von Grace zuteil wurden.« Ian entdeckte eine »heilende Partnerschaft«, die nicht nur zu seiner vollständigen Genesung führte, sondern auch eine Bewegung ins Leben rief.

Nach der Veröffentlichung von Meares' Bericht im Jahr 1978 erhielten die Gawlers eine Flut von Briefen aus aller Welt. Jeden Abend sichteten sie die Schreiben in ihrer Tierarztpraxis. Zutiefst ergriffen von den Gefühlen der Absender, die verzweifelt nach Hilfe suchten, erkannten sie, daß dringend ein Heilzentrum benötigt wurde. Dazu Grace: »Die Leute zogen los und meditierten oder machten Diäten oder verschiedene Therapien, aber niemand versuchte, das alles zusammenzubringen. Wir waren der Meinung, daß man jedem einzelnen dabei helfen müßte, im Rahmen eines Programms das richtige für sich zu finden. Deshalb beschlossen wir, ein Zentrum zu gründen, wo die Menschen ausprobieren konnten, was richtig für sie war.«

Ian und Grace kauften ein 16 Hektar großes Stück Land bei Melbourne und nannten es Rainbow Park. Sie zogen in eine kleine Hütte, die auf dem Gelände stand, planten aber den Bau eines Hauses innerhalb des nächsten sechs Monate. Aus den sechs Monaten wurden vier Jahre, und in der Zwischenzeit bekamen sie drei Kinder, die alle in dem windschiefen Schuppen geboren wurden. 1981 gründeten sie die ersten Unterstützungsgruppen für Krebspatienten, die sich einmal wöchentlich trafen. Heute beschäftigen sie dreißig Mitarbeiter und leiten eine stationäre Nachsorgeeinrichtung in den Gebirgsausläufern der ostaustralischen Great Dividing Range. Zudem hat Ian auf dem Gelände eine Art Wildreservat eingerichtet. Er hütet, immer noch ganz Veterinär, eine Herde von 50 Känguruhs und wettert gegen die Folgen der Umweltverschmutzung für seine kleine Population von Koalabären.

10000 Menschen haben bisher an den Veranstaltungen des Zentrums teilgenommen, 6000 davon an den einmal wöchentlich stattfindenden Treffen der Unterstützungsgruppen. Die Reaktionen der Mediziner waren gemischt. Ian Gawler berichtet: »Natürlich geben sie zu, daß die Gruppensitzungen und die dort erlernten Techniken zur Verbesserung der Lebensqualität der Patienten beitragen. Doch sind sie äußerst skeptisch, was die Verlängerung der Überlebenszeit angeht.« Unter Berufung auf Dr. David Spiegels berühmte Studie, nach der Brustkrebs-Patientinnen, die wöchentlich die Unterstützungsgruppe besuchten, doppelt so lange überlebten wie erwartet, fragt Ian: »Würde ein Medikament gegen Krebs die Lebensdauer von Frauen mit Brustkrebs im fortgeschrittenen Stadium verdoppeln, wäre es doch grob fahrlässig, es nicht zu empfehlen, oder?« (So schließt auch ein Artikel der *New York Times* mit den Worten: »Was den Krebsspezialisten an Spiegels Ergebnissen auffiel, war die Tatsache, daß sich die Lebensspanne der Frauen dank der Unterstützungsgruppe um ungefähr 18 Monate verlängerte. Das ist erheblich länger, als angesichts ihres fortgeschrittenen Krankheitsstadiums von den Chemotherapien, denen sie sich ebenfalls unterzogen, erwartet werden durfte.«)[12]

Ainslie Meares ließ in seinem Bericht noch einen weiteren wichtigen zwischenmenschlichen Aspekt außer acht, der bei erstaunlichen Genesungen häufig eine Rolle spielt: die Beziehung des Kranken zum Heilenden. Meares selbst war eine eindrucksvolle Gestalt. Er war 1,88 Meter groß und trug sein langes graues Haar offen. Grace Gawler erinnert sich: »Wenn man zu den Gruppensitzungen kam, nahm er zuerst Körperkontakt auf. Er legte jedem die Hand auf die Schulter und führte ihn an seinen Platz. Dann ging er zurück und holte den nächsten auf dieselbe Weise in den Raum. Schließlich schritt er zwischen den Leuten auf und ab und gab leise, knurrende Urlaute von sich. Das hatte eine tiefe, fast hypnotische Wirkung. Man wurde in einer Zustand völliger Entspannung versetzt. Er hatte eine unglaubliche Ausstrahlung, er füllte den Raum mit seiner Person praktisch aus.«

Das erinnert an einen kürzlich erschienenen Bericht des Ethnologen und Botanikers Mark Plotkin über eine Heilzeremonie tief im mittelamerikanischen Dschungel. Der Patient war ein schwerkranker Junge namens Petrus. »Der Heiler beschrieb mit seinen Händen merkwürdige Muster über und hinter dem Kopf des Jungen und murmelte dabei pausenlos leise Beschwörungsformeln. Nach einigen Minuten fing er an, dem Jungen den Nacken zu massieren ... Mit einem großen Stein schlug er einen Nagel in einen Baum und sprach dabei immer wieder denselben Satz: ›Mach diesen Jungen wieder gesund.‹« Plotkin beschreibt die überwältigende Ausstrahlung des Mannes: »Es war, als blicke man aus nächster Nähe in ein loderndes Feuer.« Der Schamane gab dem Jungen einen aus Heilpflanzen zubereiteten Trank und stimmte einen Gesang an. »Während er leise sang, schwenkte er seine Machete wild über dem Kopf des Jungen.« Der Schamane setzte den rituellen Gesang auch im fahlen Mondlicht fort. Am nächsten Tag »ging Petrus zum Flußufer hinunter und lachte, als er seinen Vater sah. Eine außergewöhnliche Wandlung war mit ihm vor sich gegangen. Der gelbliche Schleier war aus seinen Augen verschwunden ... Ich war verblüfft über die Genesung des Jungen.«[13]

Auch Ian Gawler ist eine beeindruckende Erscheinung. Er trägt »der Bequemlichkeit und der Ästhetik wegen« einen weiten orientalischen Kaftan. Groß und schlank, das gutgeschnittene, wettergegerbte Gesicht voller Falten, paßt er gut in dieses rauhe, zerklüftete Land. Wenn sich die Seminarteilnehmer in der Jumbunna Lodge versammeln und einen Blick auf diesen Mann mit den Metallkrücken neben sich werfen, können sie neuen Lebensmut fassen.

Ian Gawler hat etwas von dem klassischen Typ des »versehrten Heilers«, der im Verlauf der eigenen Genesung sein persönliches Leiden in ein lebenspendendes Elixier für andere verwandelt hat. In der Mythologie verläuft der Weg des versehrten Heilers sozusagen stets am Rande der menschlichen Siedlungen. Er lebt abwechselnd in der Gemeinschaft und in der Abgeschiedenheit und kehrt jeweils mit dem Geschenk einer neuen Medizin zurück. In ähnlicher Weise haben Menschen, die unerwartet von einer schweren Krankheit genesen sind, nicht selten eine erstaunliche Wirkung auf andere, ja sogar auf die gesamte Gesellschaft.

Die Geschichte der Chinesin Guo Ling erinnert in vielerlei Hinsicht an die Genesung Ian Gawlers. Es ist die Geschichte einer Kranken, die auf ihrer höchst individuellen Suche nach Heilung unbeabsichtigt eine breite Bewegung auslöste. Guo Ling war Mitte dreißig, als ihr Vater starb. Sein Tod erschütterte sie schwer, und wenig später stellte ihr Gynäkologe ein bösartiges Geschwür im Endstadium bei ihr fest. Auf Anraten von Experten im In- und Ausland unterzog sie sich mehreren Operationen, die jedoch alle erfolglos blieben. Unterdessen hatte Guo Ling von Chi Gong gehört, einer Art »inneren« Kampfsportart, deren Geschichte Tausende von Jahren bis zu den Mönchen der chinesischen Shaolin-Klöster zurückreicht. Angeblich stärkte sie die »Lebensenergie« von Körper und Geist, war allerdings noch nie zur Krebsbehandlung eingesetzt worden, und so beschloß Guo Ling, eine neue Form des Chi Gong zu entwickeln. Kennzeichnend für den von ihr geprägten Stil ist schnelles Gehen, bei dem man die Arme rhythmisch in Bögen um den Körper schwingt. Nach längerem Training erfuhr sie eine erstaunliche Genesung.[14]

Daraufhin siedelte sie nach Schanghai über, in eine Stadt, die ihr völlig fremd war. Bald fand sie erste Anhänger, und Anfang der achtziger Jahre sprach sich langsam herum, daß ihre Technik gegen Krebs wirkte. Guo Ling beschloß, einen Klub zu gründen – eine Organisationsform, die der Staat gestattete –, und begann, Guo Ling Chi Gong, wie sie ihre Technik mittlerweile nannte, zu unterrichten.

Das zweite Mitglied ihres Klubs war ein Mann namens Wang, der an Magenkrebs erkrankt war. Nach einer Chemotherapie und Bestrahlungen hatte man ihn mit der Prognose nach Hause geschickt, er habe noch drei Monate zu leben. Seine Frau drängte ihn, bei Guo Ling, von deren wundersamer Genesung sie gehört hatte, Unterricht zu nehmen. Zunächst sträubte er sich, doch seine Frau setzte ihm so lange zu, bis er schließlich nachgab und bei Guo Ling vorsprach. Nach drei bis vier Monaten fühlte er sich besser. Sein Krebs verschwand, und aus dem Ingenieur wurde ein begeisterter Chi-Gong-Lehrer.[15]

Chi Gong ist eine Mischung aus Visualisierungen und speziellen Bewegungen, die anscheinend psychophysische Energie freisetzt und möglicherweise die körpereigenen Heilkräfte stimuliert. Guo Lings Klub bot Krebskranken jedoch neben solchen heilsamen Übungen auch ein soziales Umfeld, was insofern wichtig war, als Krebspatienten in China häufig noch gemieden werden, da viele die Krankheit für ansteckend halten. In den späten achtziger Jahren wurde der Klub größer und breitete sich über ganz Schanghai aus. Heute wird er von sechs ehrenamtlichen Mitarbeitern geleitet, die noch nicht einmal ein Büro haben. Der Klub für Krebskranke hat mittlerweile 40 000 Mitglieder, und jeden Tag sieht man Hunderte von Patienten in den öffentlichen Grünanlagen Chi Gong üben, wobei sie ihre Arme wie Windmühlenflügel langsam kreisen lassen.

Selbst mit über 80 Jahren leitete Madame Guo gelegentlich noch Unterrichtsgruppen von mehreren hundert Menschen. Sie war eine kleine, untersetzte Frau mit rauher Stimme, kurzem schwar-

zen Haar und einer Vorliebe für weite, lose fallende Kleider mit bunten Mustern. Vergeblich hatte sie darauf gehofft, daß man ihre offenkundigen Erfolge im Rahmen einer klinischen Studie genauer untersuchen würde.
Die von ihr entwickelte Technik ist allerdings mehr als nur eine Heilmethode, sie ist eine Lebensweise. Für Madame Guo war es eine Selbstverständlichkeit, daß sie nach ihrer Heilung der Gesellschaft etwas zurückgab. (Diese Haltung wird von verschiedenen westlichen Studien bestätigt, nach denen »Altruismus« ein typischer Zug von Patienten ist, die von einer schweren Krankheit genesen sind.) Als eine Schauspieltruppe Benefizvorstellungen zugunsten des Klubs gab, kauften die Mitglieder Bücher und schenkten sie jugendlichen Straftätern. Madame Goa sah darin einen Weg, die sozialen Kontakte ihrer Patienten auch auf Randgruppen auszuweiten und »heilsame Energie« in der gesamten Gesellschaft zu verbreiten. Ihr Klub in Peking heißt »Paradies der Krebspatienten«.

Viele der in den letzten Jahren entstandenen und häufig von ehemaligen Patienten ins Leben gerufenen Selbsthilfegruppen für Krebskranke bedienen sich herkömmlicher Praktiken, die in aller Welt bekannt sind. Häufig führen Patienten ihre Genesung darauf zurück, daß sie fast instinktiv zu uralten Methoden griffen, mit denen sich die Selbstheilungskräfte des Körpers stimulieren lassen. Viele davon wären jedem traditionellen Heilkundigen bekannt: Meditation und Visualisierungsübungen, reinigende Diät, Musik, Tanz, Kunst, Massage, Gruppeninteraktion, das »Ausagieren« von Gefühlen und sogar Spiel.
Das Krebs-Selbsthilfezentrum im englischen Bristol ist von all diesen Gruppen vielleicht die bekannteste. Zu dem breiten Angebot des Zentrums gehören: individuelle psychologische und medizinische Beratung, Diät und Nahrungsergänzung, Atem-, Visualisierungs- und Entspannungsübungen, Stunden mit einem Heiler (»konfessionsunabhängig, verlangt nur die Bereitschaft, Energie zu empfangen«), Kreativitätstraining (»Spaß haben; positive Energie und Inspiration durch Schönheit, Freude an der Natur und Besuch heiliger Orte; wir folgen unseren Träumen und leben

unerfüllte Wünsche aus«), Shiatsu-Massage, Musiktherapie, Lyrik-Kreise, »Stimmbildung«, »Vollwertküche« und chinesische Kräuterheilkunde. Das Ziel der Institution ist es, »der Verzweiflung entgegenzuwirken und eine Medizin für neues Leben zu bieten«, so Penny Brohn, Mitgründerin des Zentrums, die selbst Krebs überlebt hat.

Penny ist ein wahres Energiebündel und eine temperamentvolle Rednerin, die einen unermüdlichen Kampf gegen »jeden Hang zum Mittelmaß« führt. Sie erzählt uns von ihrer schwierigen Kindheit, die geprägt war von der erdrückenden Gegenwart ihres »furchteinflößenden« Großvaters, eines Laienpredigers, und der stillschweigenden Erwartung ihrer Mutter, ihre Töchter sollten »die unschuldigsten, reizendsten und tollsten Kinder« auf der Welt sein. Und sie erinnert sich an eigene mystische Erfahrungen. »Die einzige Möglichkeit, mit all dem auf mir lastenden Druck fertig zu werden«, sagte sie, »bestand darin, abends im Bett einfach meinen Körper zu verlassen. Ich schwebte dann oben in einer Ecke des Zimmers, schaute auf mich und meine Schwester herunter und fühlte mich ruhig und überglücklich.« Aufgrund dieser ungewöhnlichen Erfahrungen entwickelte sie ein »lockeres, humanistisch geprägtes Verhältnis zum christlichen Glauben« und gelangte zu der festen Überzeugung, daß »der Mensch über Fähigkeiten verfügt, die über seine fünf Sinne hinausgehen«.

Aus dieser Überzeugung schöpfte sie vorübergehend Trost, als man 1979 bei ihr einen Tumor in der Brust feststellte. Sie war damals 35 Jahre alt und gerade erst als frischgebackene Akupunkturistin von ihrer Ausbildung in Hongkong nach England zurückgekehrt. Dennoch kam die Erkrankung für sie nicht völlig unerwartet. Sie hatte wichtige Bezugspersonen verloren, war abwechselnd deprimiert und verwirrt und empfand ihr Leben oft als sinnlos. Im selben Jahr war ihr Vater gestorben. Ihre Mutter hatte daraufhin erklärt, sie könne ohne ihren Mann nicht leben, und erlag acht Wochen später einem Herzinfarkt. Penny selbst war zwar seit 15 Jahren verheiratet und hatte drei Kinder, fühlte sich in dieser Ehe aber »seit langem sehr unglücklich«. Schon das ganze Jahr hatte sie das Gefühl gehabt, daß »etwas Fürchterliches geschehen würde«.

Gleichwohl war sie entsetzt, als die Ärzte für sie sofort eine Mastektomie (Brustamputation) ansetzten, der wahrscheinlich eine Chemotherapie und Bestrahlungen folgen würden. »Die Tinte auf meinem Diplom in Ganzheitsmedizin war ja kaum trocken. Ich konnte es einfach nicht. Meine Mutter hatte zu den Menschen gehört, die glauben, daß man mit ein wenig Kohlabsud so ziemlich alles kurieren kann. Ob zu meinem Vor- oder zu meinem Nachteil, jedenfalls hat sie mir ein paar wunderbar ausgefallene und höchst eigenwillige Ansichten über das Heilen mitgegeben.«

»Außerdem«, fährt Penny fort, »hatte ich mich ein wenig kundig gemacht und dabei den Eindruck gewonnen, daß die Statistiken über die konventionelle Behandlung von Brustkrebs seit 1908 nicht viel besser geworden waren.« Sie nahm ihren ganzen Mut zusammen und teilte den Ärzten mit, daß sie sich zuerst nach Alternativen umsehen wolle. »Ich zitterte vor Angst, denn schließlich mußte ich damit rechnen, auf Unverständnis und Ablehnung zu stoßen. Hätte ich dagegen der Mastektomie zugestimmt, wären alle weiterhin nett zu mir gewesen.« Ihre Ärzte waren »hell entsetzt und tauchten zu dritt und zu viert an meinem Bett auf und versuchten, mich zu dem Eingriff zu überreden. Schließlich waren es so viele, daß sie kaum noch am Fußende Platz fanden.« Zu guter Letzt stimmte Penny Brohn einer Biopsie bei lokaler Betäubung zu. Als aus der Pathologie der Befund kam, daß der Tumor bösartig war, wurden in aller Eile Vorbereitungen für eine Operation getroffen. Doch Penny sträubte sich. »An diesem Abend war es mit meiner passiven Rolle vorbei. Ich ließ mich nicht so einfach überfahren, wenn es darum ging, eine so wichtige Entscheidung zu treffen.«

Penny hatte schon in den sechziger Jahren ein wenig rebelliert. »Ich machte das Übliche. Ich sagte den Leuten, sie sollten kein Fleisch essen und keine Pestizide verwenden, lief in langen Röcken herum, fütterte Hühner und molk Ziegen. Aber einer Autoritätsperson ein ›Nein‹ ins Gesicht sagen? Niemals. David, mein Mann, kam ins Krankenhaus, um mich abzuholen. Er konnte kaum fassen, wie ich mich verändert hatte. Er fragte sich: ›Wo ist die Frau, die so wenig Rückgrat hatte, daß sie alles getan hätte,

nur um es allen recht zu machen? Wo ist sie geblieben?‹ Es gab sie nicht mehr.«
Sie bestand darauf, mit David nach Bayern zu fliegen, wo sie Dr. Joseph Issels besuchten, den umstrittenen Verfechter einer alternativen Krebstherapie. Eigentlich wollten sie nur einen Tag bleiben, aber Penny war so beeindruckt, daß sie gleich ein neunwöchiges Programm in der Klinik absolvierte. Sie unterzog sich verschiedenen Behandlungen, die von homöopathischen und Naturheilverfahren bis zu einer fiebererzeugenden Immuntherapie reichten.
Im psychologisch orientierten Teil des Programms stürzte Penny kopfüber in ihre größtenteils noch unausgeloteten emotionalen Abgründe. Als Kind hatte sie einen immer wiederkehrenden Alptraum gehabt: Sie träumte, wie sie in den Keller ging und dort einen Mann mit einer Guillotine antraf. Vor ihm kniete ein Junge, und der Mann war gerade dabei, dem Jungen die Daumen abzuschneiden. Sie kam als nächste an der Reihe. Immer wenn sie brav die Hände unter das Fallbeil legte, wachte sie auf. Der Traum symbolisierte völlige Hilflosigkeit: Ohne Daumen kann die Hand nichts mehr greifen oder festhalten. Im Traum glitt ihr das Leben buchstäblich aus den Händen.
Aber diesmal, angesichts der Bedrohung durch den Krebs, gedachte sie, ihr Schicksal in die Hand zu nehmen. »In Issels' Klinik las ich ein Buch, in dem stand, Krebspatienten hätten ›Schwierigkeiten, ihren Ärger zum Ausdruck zu bringen‹. Gut, dachte ich, auf dich trifft das nicht zu, denn schließlich regst du dich ja sehr darüber auf, was mit den Walen und Delphinen geschieht. Dann blätterte ich um, und der Satz ging so weiter: ›... wenn es darum geht, sich selbst zu verteidigen‹. Da kapierte ich!« Peggy zieht eine selbstironische Grimasse. »Eine Stärke von mir war das nämlich nicht.« Und sie grinst. »Also brachte ich die nächsten fünf Wochen in der Klinik damit zu, mit dem Fuß auf den Boden zu stampfen und laut zu schimpfen.«
In der ersten Woche erhielt sie Besuch von ihrer Freundin Pat Pilkington, die sie moralisch unterstützen wollte. Pat hatte geerbt und mit dem Geld ein ehemaliges Nonnenkloster in Bristol gekauft, rund dreißig Leute um sich geschart und eine kleine, wohl-

tätige Stiftung gegründet, die sich mit Meditation, Yoga, Akupunktur und Geistheilen beschäftigte. Einmal sprachen die beiden bis spät in die Nacht miteinander, da faßte Penny plötzlich einen Entschluß: »Verdammt noch mal, egal, was passiert: Wenn ich lange genug lebe, werde ich ein Zentrum für Krebskranke gründen.«

Pat erinnert sich an den entschlossenen Zug um Pennys Mund, ein sicheres Zeichen dafür, daß auch Taten folgen würden. »Penny hätte gern einen Menschen bei sich gehabt, der auf dieselbe Art geheilt worden war, die sie jetzt ausprobierte. Jemanden, der mit ihr reden und ihr Mut machen konnte. Und mit einem Mal kam ihr der Gedanke, daß ja sie selbst dieser Mensch werden könnte, wenn sie es schaffte, wieder gesund zu werden. Das war der Wendepunkt. Bis dahin war sie ziemlich niedergeschlagen gewesen, aber der Gedanke, anderen zu helfen, verlieh ihr neue Kraft. Sie setzte sich im Bett auf, und wir begannen mit der Planung.«

Wir wissen nicht, was der Grund war – Dr. Issels Medikamente, Pennys psychologische Einsichten, die Visualisierungsübungen, ihre Familie, die liebevolle Unterstützung ihrer Freundin oder die Tatsache, daß sie wieder ein lohnendes Ziel vor Augen hatte –, jedenfalls verschwand ihr Tumor zur Verwunderung ihrer Ärzte binnen kurzer Zeit.

Bereits ein Jahr nach ihrer Diagnose eröffnete sie mit Pat das Zentrum. Das Gebäude in Bristol eignete sich ideal dafür: Das weitläufige ehemalige Kloster aus dem 18. Jahrhundert lag im höher gelegenen Vorort Clifton und war von Gärten umgeben, die einen weiten Ausblick über das Tal boten. Es verfügte über dreißig kleine Schlafzimmer, die ehemaligen Zellen der Nonnen, große Versammlungsräume und eine riesige Kapelle. Das Programm selbst war zunächst improvisiert. Penny machte Anleihen bei der chinesischen Medizin, griff auf ihre in Deutschland gemachten Erfahrungen zurück und bastelte daraus »einen einfachen dreibeinigen Hocker aus Körper, Geist und Seele. Ich bin zwar keine Wissenschaftlerin und keine Ärztin, aber unter Blinden ist der Einäugige König.«

Ihr Hauptziel war, so Penny, »die Patienten der Unausweichlichkeit der Prognose, daß sie sterben müßten, zu entreißen. Wenn ich ihnen nahebringen konnte, daß auch nur ein einziger Mensch auf der Welt es geschafft hatte, den Spieß umzudrehen, würde ihnen das Hoffnung geben. In den Kliniken schien niemand zu begreifen, daß man gegen eine tödliche Krankheit ankämpfen und sie besiegen konnte.«

Das eintägige Programm des Zentrums wurde erweitert, und bald umfaßte es zwei, dann drei Tage. Das Angebot war nun zwar klarer strukturiert, aber aus Sicht der Patienten immer noch abwechslungsreich. Es umfaßte Entspannungs- und Visualisierungsübungen, autogenes Training, Ernährungstips und sogar Sitzungen mit Mitgliedern der Fellowship of Spiritual Healers, der Gesellschaft der Geistheiler in England. »Doch am allerwichtigsten waren die Gruppensitzungen«, sagt Penny, »bei denen alle im Kreis zusammensaßen und miteinander redeten.«

Ein Bericht über das Zentrum in Bristol, der in einer beliebten Fernsehsendung ausgestrahlt wurde, löste ein Chaos aus. »Die Leute rannten uns die Türen ein«, erzählt Penny. Und die Warteliste wurde noch länger, als 1983 Prinz Charles höchstpersönlich sich für die Einrichtung stark machte und erklärte, daß sie großen Einfluß darauf gehabt habe, »wie die Gesellschaft auf Krebspatienten und ihre Bedürfnisse eingeht«. Die ersten Spendengelder flossen. Ganzheitlich denkende Ärzte und Schwestern schlossen sich dem Zentrum an. Doch da entdeckte Penny, nachdem sie vier Jahre ohne Symptome gewesen war, zwei Knoten in ihrer Brust. Einer wurde chirurgisch entfernt, doch der Krebs war bereits zu weit fortgeschritten. Für eine Mastektomie war es bereits zu spät, doch setzte man eine leise Hoffnung auf Bestrahlungen. Penny fand einen Radiologen, der bereit war, zunächst einmal die weitere Entwickung zu beobachten, und beschloß, es erneut auf eigene Faust zu versuchen. Nach einem Jahr kam sie jedoch zu der Erkenntnis, sie sei »etwas zu starrköpfig und dumm gewesen«. Sie suchte den Radiologen auf und teilte ihm mit, sie sei nun zu einer Behandlung bereit. »Es war eine komische Situation«, erzählt sie. »Der Radiologe zückte nämlich sein Plastiklineal, maß nach und sagte: ›Sie überraschen mich. Irgendwie ist es Ihnen gelungen, mit der Sache selber fertig zu werden.‹«

Penny hatte zum zweiten Mal das große Los gezogen und war

bester Dinge. Sie hatte einen Bestseller geschrieben, und aus einem »Wohnzimmer in der Downfield Road« war das Krebshilfezentrum in Bristol entstanden, das Tausenden von Patienten eine unterstützende Krebsbehandlung geboten hatte. Penny, deren Vorfahren Baptistenprediger gewesen waren, hatte inzwischen auch das Rednerpult erklommen, hielt überall auf der Welt engagierte Vorträge und regte die Gründung von Heilzentren in Südafrika, Neuseeland, Hongkong und Simbabwe an. Im Londoner Hammersmith Hospital bezeichnete man die in Bristol geleistete Arbeit als »vorbildlich für alle unterstützenden Krebstherapien« und machte sich daran, selbst eine richtungweisende Onkologiestation aufzubauen, die sich verschiedener Ansätze bediente. War die »Bristol-Diät« anfangs auf Skepsis gestoßen, so fand sie jetzt breite Akzeptanz und wurde Rekonvaleszenten jeder Art verordnet. Das stationäre Programm fand großen Zuspruch.

Natürlich waren viele Bristol-Patienten in der Zwischenzeit gestorben, doch alles deutete darauf hin, daß durch das Programm die Lebensdauer verlängert und die Lebensqualität verbessert wurde. Eine kleine Gruppe von »Golden Oldies«, die schon in den ersten Wochen nach der Eröffnung des Zentrums nach Bristol gekommen waren, lebte erstaunlicherweise noch.

Doch im September 1990 erlebte die Einrichtung einen herben Rückschlag. Die vorläufigen Ergebnisse einer Studie, die das renommierte britische Fachblatt *Lancet* veröffentlichte, waren ebenso aufsehenerregend wie niederschmetternd: Bei Frauen, die in Bristol behandelt wurden, so die Studie, sei die Wahrscheinlichkeit einer Ausbreitung der Krankheit dreimal so groß und die Wahrscheinlichkeit, an ihr zu sterben, doppelt so groß wie bei Frauen, die mit den Mitteln der Schulmedizin behandelt wurden.[16] Die Studie, der sogenannte Chilvers-Report, war eine vernichtende Anklage: Alternative Heilverfahren, so schien es, waren nicht nur wirkungslos, sondern leisteten dem Fortschreiten des Krebses auch noch Vorschub.

Die Nachricht platzte mitten in die Vorbereitungen für die Feierlichkeiten zum zehnjährigen Bestehen des Zentrums. Statt Feststimmung herrschte jetzt helles Entsetzen. Die Presse verbreitete die Ergebnisse, und das hatte weitreichende Folgen. Einige Krebspatienten glaubten gar, daß »Dinge wie Entspannungs- oder Visualisierungsübungen ihrer Gesundheit ernsthaft geschadet haben könnten«, wie einer der Ärzte des Zentrums in einer Gegendarstellung im *Lancet* schrieb.[17]

Doch der Sturm der Entrüstung, den der Bericht unter den Anhängern des Zentrums und auf den Seiten des *Lancet* selbst entfacht hatte, zwang die Verfasser des Chilvers-Reports, öffentlich zuzugeben, daß ihre Studie in wesentlichen Punkten fehlerhaft sei. Eine britische Zeitung nannte den Vorfall denn auch »eine der beschämendsten Episoden in der Geschichte der britischen Medizin«.[18] Gleichwohl hatte die Affäre nicht nur dem Zentrum, sondern auch Penny persönlich geschadet, denn Gesundheit und soziales Umfeld beeinflussen sich gegenseitig. Penny empfand diese Zeit als unglaublich anstrengend, denn sie war nie bereit, »klein beizugeben«. Die Aufregung, so glaubt sie, hat dazu beigetragen, daß sie zum dritten Mal Krebs bekam.

»Mit der für mich typischen Selbstaufopferung setzte ich den Kampf fort«, erzählt Penny, »und als ich mich schließlich zu den Ärzten ins Krankenhaus schleppte, hatte ich einen so großen Tumor am Rückgrat, daß ich kaum noch laufen konnte.« Sie erhielt sofort Bestrahlungen. »Natürlich war mir klar, daß ich damit gegen alle meine Grundsätze und auch gegen die der anderen verstieß. Aber es führte kein Weg daran vorbei, ich brauchte eine wirksame aggressive Behandlung.« Wie eine Katze mit sieben Leben erholte sie sich auch diesmal wieder und feierte in den folgenden Osterferien ihre Genesung mit einer 300 Kilometer langen Fahrradtour von Moskau nach St. Petersburg. Im Jahr darauf waren ihre Röntgenbilder nach Auskunft ihres Arztes »nicht nur in Ordnung, sondern ausgezeichnet«. Penny erinnert sich, daß er ihr sagte: »Sie haben den Knochen wiederaufgebaut, und das ist ziemlich bemerkenswert. Ich werde mir die Aufnahmen, die wir vorher und nachher gemacht haben, über den Schreibtisch hängen.«

Wieder jubelte Penny zu früh. Sie erlitt einen neuerlichen Rückfall, und sie begegnete ihm mit der üblichen Mischung aus Courage und Glück. Der Tumor in ihrem Rücken war nachgewachsen und drückte auf die Nervenbahnen an ihrem Rückenmark. Ihr Arzt erkärte, er könne nicht mehr tun, als den Schmerz zu lindern. »Ich dachte, das war's«, erzählt Penny. »Doch am nächsten Tag kam er wieder und meinte, er könnte es vielleicht mit einer langwierigen und schwierigen Operation versuchen. Er schaffte es tatsächlich. Er schnitt den Tumor heraus und warf ihn in den Mülleimer. Mein Rückgrat sieht jetzt natürlich aus wie die Kerze auf dem Plakat von Amnesty International mit dem Stacheldraht außen rum. Mein Arzt hat es mit Draht und dicken Metallstäben gestützt. Hinterher war er zufrieden mit sich wie ein Handwerker, der etwas repariert hat, so als hätte er einfach nur mein Hüftgelenk ausgewechselt. Ich war begeistert von ihm.«

Das scheinbar endlose Auf und Ab hat aus Penny eine Überlebenspersönlichkeit gemacht, die ihresgleichen sucht. Längst haben sich die Grenzen zwischen konventioneller und alternativer Medizin für sie verwischt. »Ich nutze alle Waffen, die mir zur Verfügung stehen«, meint sie einfach. »Und ich habe aufgehört, mich als Versagerin zu sehen und mich damit selber fertig zu machen.«

»Meine wiederholten Rückfälle«, so fährt sie fort, »scheinen mich den Patienten nähergebracht zu haben als meine Erfolge. Früher, als ich noch eine Art Superfrau war, die alles allein schaffte, habe ich nur schlecht zum Vorbild getaugt. Seit es mir aber ebenso ergeht wie den anderen und ich manche Sachen richtig und andere falsch mache, in der einen Minute genau weiß, was ich will, und schon in der nächsten ganz durcheinander bin, seitdem bin ich meinen Patienten näher.«

Genau um diese menschliche Nähe bemüht sich das Personal in Bristol, aber auch in den meisten anderen Heilzentren, die wir besucht haben, ein Bemühen, das auf der Einsicht beruht, daß Heilung auch von den Bedürfnissen und Fähigkeiten des einzelnen abhängt. Dr. Rosy Daniel, die medizinische Leiterin des Zentrums, sagt dazu: »Man kann dem einen etwas sagen, und es fällt sofort auf fruchtbaren Boden. Er schöpft Energie, und los geht's. Bei einem anderen sagt man es drei- oder viermal, und nichts scheint sich zu verändern. Aber beim sechsten Mal passiert dann etwas. Das kann ein bedeutsamer Traum sein, ein Ereignis in ihrem Leben oder ein entscheidender Durchbruch in der Beziehung zum Ehepartner. Und auf einmal merkt man, daß er sich für das Leben entschieden hat.«

Sie selbst hat während ihrer Zeit in Bristol aus eigener Anschauung erfahren, was die Beziehung zu einem Menschen ausmachen kann, selbst wenn es nur darum geht – eine Grundvoraussetzung in den Heilberufen –, mit jemandem Schmerzen zu teilen. Sie beschreibt uns den Fall der ersten Patientin, die sie 1986 im Zentrum kennenlernte. Die Frau hatte metastasierenden Krebs an den Eierstöcken. »Sie hatte schreckliche Schmerzen, und ich wußte nicht, was ich tun sollte. Also sagte ich zu ihr: ›Wir wollen diese Schmerzen gemeinsam spüren.‹ Am Ende wälzten wir uns beide stundenlang am Boden und *waren* die Schmerzen. Sie schrie und stöhnte, fluchte und tobte. Wir lachten und wir weinten zusammen, bis wir schließlich völlig erschöpft waren. Sie verließ das Zentrum, und als ich später nichts mehr von ihr hörte, dachte ich, sie sei gestorben. Doch vor ein paar Monaten tauchte sie, nach acht Jahren, wieder hier auf, und zwar um einer anderen Patientin zu helfen!«

Die Rolle des Helfers kann schwierig sein. Penny Brohns Ehemann David meint dazu: »Einmal, als ich einen Vortrag hielt, fragte ein Zuhörer, wie das Ganze eigentlich für mich gewesen sei. Normalerweise fragen sie immer nur Penny, wie es für sie war. Ich sagte, daß ich manchmal natürlich Angst gehabt hatte, sie könnte sterben. Es gab aber auch Zeiten, in denen ich Angst hatte, daß sie *nicht* sterben könnte, denn ich wußte nicht, wie lange ich das noch aushalten würde. Dann war die Vorstellung direkt angenehm, an ihrem Grab zu weinen und von allen bedauert zu werden. Aber ich habe mich seither sehr verändert, manchmal sogar gegen meinen Willen.«

Hier schaltet sich Penny ein und neckt ihren Mann liebevoll: »Aber schließlich verdanken wir es diesen gefühlsgeladenen Auseinandersetzungen und Kämpfen, daß wir noch zusammen sind, nicht wahr, mein Schatz?« Sie nimmt seine Hand, so daß sich ihre Finger verschränken. »Und darauf kommt es an.«

Es kommt also auf den sozialen Faktor an, und am wichtigsten ist der einzelne Mensch, der uns zur Seite steht. Immer wieder haben wir gesehen, wie wichtig eine solche Beziehung im Zusammenhang mit unerwarteten Genesungen ist. Für Conrad Hazen war dieser andere Mensch die Ehefrau, für »Daniel« die Therapeutin, für Rocky Edwards die Mutter. Wir haben weiter gesehen, wie die Kraft zu heilen von einer Hand zur nächsten weitergereicht, wie sie durch Berührungen weitergegeben wird und sich so in konzentrischen Kreisen immer weiter ausbreitet.

Doch ein Heilungsprozeß besteht aus vielen solchen Kreisen, die sich in einer Weise überschneiden, die wir noch nicht ganz verstehen. Dr. Rosy Daniel, die medizinische Leiterin des Zentrums in Bristol, zählt auf, was nach ihrer Erfahrung die wichtigsten Faktoren sind: »Liebe und die Fähigkeit, sich selbst auszudrücken, menschliche Nähe und Kontakte, Vertrauen, das Wiederentdekken der eigenen Individualität, nach Werten zu leben, die man persönlich für wichtig hält, ganz allgemein das Gefühl, mit dem Leben verbunden zu sein.« Diesem Gefühl der Verbundenheit – unverzichtbar und hochkomplex – müssen wir als nächstes unsere Aufmerksamkeit zuwenden. Mitten in dem Gewirr der sich überschneidenden Linien liegt der Brennpunkt unseres Interesses: das menschliche Heilsystem.

9

Das Heilsystem

Eine Neuheit hat der Medizin besondere Fortschritte beschert: der Einblick in Gesamtsysteme. Das Nervensystem beispielsweise wurde erst entdeckt, nachdem aufgefallen war, daß Schädigungen an Nerven zuweilen entfernte Bereiche des Körpers in Mitleidenschaft ziehen. Erst jetzt begriff man die einst nur isoliert betrachteten Teile des Systems in ihrem sinnvollen Gesamtzusammenhang. Ganze Spezialgebiete (und neue Heilverfahren) entstanden aus einer wissenschaftlichen Erkenntnis, die in der Einsicht gipfelt: »Das Ganze ist mehr als die Summe seiner Teile.«

Schon griechische Ärzte sezierten Tiere, um den Transportwegen des Blutes auf die Spur zu kommen. Doch entdeckte erst Dr. William Harvey im 17. Jahrhundert, daß das Herz den roten Lebenssaft durch Arterien, Kapillaren und Venen pumpt, die zusammen ein komplexes *Kreislaufsystem* bilden.

Die Medizin beobachtet Wirkungen, erkennt Strukturen, entdeckt Funktionen, erahnt Zusammenhänge und tastet sich schließlich weiter bis zur Aufdeckung eines gesamtheitlichen Systems vor. Mit der Verfeinerung ihrer Untersuchungsmethoden erhielt die Wissenschaft immer tiefere Einblicke in Zusammenhänge: Die Beobachtung, wie Mund, Zähne, Zunge und Speiseröhre beim Kauen, Schlucken, Transportieren und Zersetzen der Nahrung zusammenspielen, bedeutete die Entdeckung des Verdauungssystems. Aber erst die Grundlagen der Biochemie konnten erklären, wie der Körper die zersetzte Nahrung in die für Wachstum und Regeneration erforderliche Energie umwandelt.

Mit neuen Beobachtungsmethoden kam die Wissenschaft weiteren Systemen auf die Spur. Daß endokrine Drüsen und ihre Kanäle ein Transportsystem für den Stoffwechsel sind, wurde erst vermutet und dann bewiesen. Dann stellten Forscher das Nervensystem in seinen Einzelteilen graphisch dar, erstellten Modelle, schufen eine Sprache zu seiner Beschreibung und legten Schritt um Schritt das System offen, durch das Empfindungen wie Schmerz und Lust von Rezeptoren über Nervenbahnen bis zum Gehirn geleitet werden. Und schließlich wurden einige Geheimnisse des Immunsystems gelüftet.

Im Jahre 1974 zeigte Robert Ader in einem berühmten Experiment, daß sich das Immunsystem einer Ratte so »konditionieren« ließ, daß es auf gewöhnliches Saccharin ansprach.[1] Damit hatte er einen Zusammenhang zwischen den drei bis dahin als unabhängig geltenden Systemen der endokrinen Drüsen, der Nerven und der Immunabwehr aufgedeckt.

Aders Entdeckung, die in die Entstehung der neuen Disziplin der Psychoneuroimmunologie (PNI) mündete, bestätigte die Existenz eines aus mehreren Teilsystemen bestehenden Gesamt- oder eines sogenannten »Metasystems«. Daß in diesem Gesamtsystem Nervenfasern mit Lymphozyten oder Endorphinmoleküle mit Hirnzellen kommunizieren, bedeutete für die theoretische Medizin eine Revolution. Unserer Meinung nach gibt es ein besonders wichtiges Argument dafür, das Phänomen der unerwarteten Genesungen umfassend zu untersuchen: Es bietet die Chance, ein neues Metasystem, das Körper und Geist miteinander verbindet, auszuloten und die Erkenntnisse praktisch zu nutzen: das System der menschlichen Selbstheilungskräfte.

Der verstorbene Norman Cousins schrieb einmal:

> Ich suchte in den Registern der medizinischen Lehrbücher nach dem Eintrag »Heilsystem« und fand nichts ... Ich konsultierte die Vorlesungsverzeichnisse der medizinischen Fakultäten und stieß auf Listen von Veranstaltungen zur Anatomie, Physiologie, Endokrinologie, Pathologie, Psychologie, Immunologie, Physik, Biophysik und Chemie, aber wieder nichts dazu, wie der Gesamtorganismus gewappnet ist, um Unregelmäßigkeiten zu beseitigen und sich von Krankheiten zu erholen.[2]
> Das Heilsystem erfüllt nach unserer Definition drei grundlegende Funktionen: Selbstdiagnose, Selbstreparatur und Selbstregeneration. Alle drei finden gewöhnlich völlig unbewußt statt. So haben Krebszellen im normal funktionierenden Organismus kaum eine Chance: Sie werden identifiziert, unschädlich gemacht und vernichtet, entstandene Schäden beseitigt. Homöostase heißt der diskret arbeitende Pförtnerdienst, der für gesunde, gleichbleibende Zustände in unsererm Körper sorgt. Ihm verdanken wir es, daß wir nicht daran denken müssen, Schnittwunden zu schließen, blaue Flecken zu entfernen, die Hornhaut unserer Augen feucht zu halten und den täglichen Ansturm von Bakterien mit unserem wachsamen Immunsystem abzuwehren.

Bei ernsthaften Verletzungen oder Krankheiten muß der Körper dagegen für den Notfall mobil machen. Norman Cousins sprach in diesem Zusammenhang von einer »großartigen Orchestrierung aller Systeme des Körpers, die den Menschen in die Lage versetzen, ernsthafte Gefahren abzuwehren«. Ausgehend von der Tatsache, daß das Immunsystem und das Nervensystem (mit dem Gehirn als dem Sitz des Denkens und der Empfindungen) miteinander kommunizieren, erhebt sich natürlich die Frage, wie bewußt die verschiedenen Vorgänge des Heilsystems ablaufen. So wurde lange Zeit angenommen, das autonome System, das die Grundfunktionen des Körpers wie Herzschlag und Temperatur reguliert, funktioniere ausschließlich aus sich selbst heraus. Dann aber wurde mit Hilfe von Biofeedback und Hypnose nachgewiesen, daß Abläufe, die sich angeblich einem bewußten Zugriff ent-

zogen, doch willentlich beeinflußbar sind: in veränderten Bewußtseinszuständen, wie sie bei Meditation, Entspannung und in Trance auftreten.
Wir fragten uns, ob sich das Bewußtsein in kritischen Situationen gewissermaßen von selbst in physiologische Abläufe im Körper einschaltet, was einige der von uns beobachteten Phänomene bei unerwarteten Genesungen erklären würde. Alles deutete darauf hin, daß der Einfluß des abstrakten Lebenswillens auf den konkreten Verlauf einer Krankheit über eine Achse verläuft, die Seele, Körper und Geist miteinander verbindet. Man kann sagen, daß das Heilsystem immer dann voll in Aktion tritt, wenn die gewöhnliche Physiologie des Körpers auf eine Gefahr nicht mehr angemessen reagieren kann und alle Ressourcen mobilisiert werden müssen, um das Ende abzuwenden.
Beim Abstecken des Heilsystems hielten wir uns an die Anregung des verstorbenen Richard Buckminster Fuller, des Schöpfers geodätischer Kuppeln: »Wenn man etwas verstehen will«, meinte er mit einem Blick durch seine Coca-Cola-Brille, »muß man beim Universum beginnen.« Wir versuchten, das Heilsystem zu verstehen und begannen, es als integralen Bestandteil des Universums jener Reize zu begreifen, die das menschliche Leben ausmachen und mit den Elementen unserer Persönlichkeit aufs engste verknüpft sind.
Ein Blick zurück auf die Patienten, die wir im vorangegangenen Kapitel auf ihren sozialen Rückhalt hin betrachtet haben, zeigt die gesamte Vielfalt der für das Heilsystem bedeutsamen Faktoren. Alle fanden in ihrem sozialen Umfeld starke Unterstützung, und die meisten erhielten eine medizinische Behandlung, auch wenn sie zumeist als unwirksam betrachtet wurde. Daniel unterzog sich zudem einer Psychotherapie, einer Hypnotherapie und einer Art Rebirthing. Rocky machte zehnmal am Tag Visualisierungsübungen und nahm an einem vielfältigen Therapieprogramm teil. Ian Gawler hielt sich an Yoga, Akupunktur, Meditation und eine spezielle Diät und vertraute sich einem philippinischen Wunderheiler an. Guo Ling praktizierte unablässig Chi Gong.
Wie praktisch alle Fälle von unerwarteten Genesungen deuten

auch diese Krankengeschichten darauf hin, daß ein Zusammentreffen verschiedener Faktoren eine Heilungsreaktion auslösen kann. Wir sind nicht die einzigen, denen dies aufgefallen ist. In einem Artikel von 1977, dessen Titel »Anmerkungen zu spontaner Rückbildung von Krebs« lautet, zeigt der Psychologe Charles Weinstock anhand verschiedener Fälle, unter welch vielfältigen Bedingungen das Heilsystem in Erscheinung tritt:

> Fallstudien: 1. Eine meiner Tanten wurde vor zwanzig Jahren wegen Dickdarmkrebs operiert. Der Krebs hatte sich bereits auf die Organe im Unterleib und die Bauchhöhle ausgebreitet, so daß man sie wieder zunähte und zum Sterben nach Hause schickte. Die 40jährige (die ihre alten Eltern lange Zeit gepflegt und sie dann verloren hatte) lernte dann aber einen Mann näher kennen, für den sie sich bereits vom dem Auftreten ihrer Krebssymptome interessiert hatte. Sie erfuhr nie, daß sie Krebs hatte. Als sie Heiratspläne zu schmieden begann, erholte sie sich rasch. Nach ihrer glücklichen Eheschließung geht es ihr heute gesundheitlich gut. 2. Dr. Maurice Green verfolgte als Assistenzarzt die Behandlung eines praktischen Arztes, der an einem polymorphen Glioblastom (Hirntumor) erkrankt war. Die Operation brachte keinen Erfolg. Dennoch nahmen die Symptome und Beschwerden des Patienten eher ab als zu. Schließlich ging es ihm wieder so gut, daß er aus dem Krankenhaus entlassen wurde. Zu dieser Besserung meinte er lediglich, er habe angesichts des drohenden Todes zu einer neuen Lebenseinstellung gefunden ... 6. Ein 45jähriger praktischer Arzt in Südafrika mit Dickdarmkrebs im fortgeschrittenen Stadium wurde von den Ärzten aufgegeben. Er arbeitete allerdings intensiv an einem Buch. Er erholte sich wieder und überlebte mindestens zehn Jahre ... 9. Eine 51jährige mit Blasenkrebs wurde ohne Erfolg operiert. Nach einer religiösen Bekehrung geht es ihr seit zehn Jahren wieder gut. 10. Eine 55jährige mit Dickdarmkrebs im Endstadium hatte laut Prognose nur noch zwei Wochen zu leben. Sie war bereits zum Skelett abgemagert. Nach der Geburt eines Enkels nahm sie wieder zu, bil-

dete alle Symptome zurück und lebte weitere 14 Monate, in denen sie bei der Säuglingsbetreuung kräftig Hand mit anlegte ... 12. Eine 52jährige hatte einen Gebärmutterkrebs, der bereits auf die Bauchorgane übergegriffen hatte. Die Ärzte gaben ihr noch wenige Wochen. Dann starb plötzlich ihr Ehemann, den sie haßte. Heute, eineinhalb Jahre danach, geht es ihr blendend.[3]
Das Heilsystem tritt offenkundig unter den vielfältigsten Umständen in Aktion. Die Liste der beteiligten Phänomene ist im Verlauf der vorliegenden Betrachtung immer länger geworden: Neben rein biologischen Mechanismen wie Wundheilung, Immunität, genetischen Faktoren und Neurotransmittern spielen auch Emotionen, religiöse Überzeugungen, Träume und Symbole, Hypnose, dissoziative Bewußtseinszustände, persönliche Beziehungen, die Macht der Liebe, visuelle Vorstellungen, Kunst, Biofeedback, Ernährung und möglicherweise sogar die Auswirkungen bislang nicht bekannter »Energien« eine Rolle. Die Beschäftigung mit unerwarteten Genesungen führt uns unweigerlich auf die Suche nach dem »übergreifenden Modell«, wie es Gregory Bateson einmal genannt hat.

Aber wie dieses Modell auszusehen hat, ist beileibe nicht klar. Nehmen wir den hypothetischen Fall eines Krebspatienten, der ohne Heilerfolg auf konventionelle Weise behandelt wird und es anschließend mit alternativen Heilmethoden versucht, deren Wirksamkeit nicht erwiesen ist. Er macht Visualisierungsübungen, meditiert und betet. Als unerklärliche Fieberschübe auftreten, macht er eine psychische Katharsis durch. Er erfährt viel Unterstützung durch liebevolle Menschen in seiner Umgebung. Im Umgang mit der Krankheit gilt er als »Kämpfer«. Und ganz unerwartet wird er wieder gesund. Sofort werden verschiedenste Erklärungen vorgebracht. Für die Onkologen hat die Chemo- oder Strahlentherapie überraschend spät angeschlagen. Für die Genetiker ist das Aktivwerden eines noch unbekannten DNA-Markers verantwortlich. Die Kräuterheilkundler reden von der Wirksamkeit von rotblühendem Klee und Kräutertees. Die Neuroendokrinologen ziehen die Ausschüttung von Endorphinen und die Immunologen die Mobilisierung eines Tumor-Nekrose-Faktors als auslösendes Element der Genesung in Erwägung. Die Psychologen verweisen auf Selbsthypnose oder einen Placebo-Effekt, die Theologen auf das Eingreifen einer höheren Macht, die Sozialwissenschaftler auf die heilsame Wirkung sozialen Rückhalts und die Epidemiologen schließlich auf einen statistischen Ausreißer. Als Forschungsgebiet gleicht das Phänomen der unerwarteten Genesungen einem Kontinent, der von verschiedenen Völkern mit unterschiedlichen Sprachen bewohnt wird. Die konkurrierenden Modelle und Auffassungen erinnern an die Geschichte von den blinden Männern, die darüber stritten, ob beim Elefanten die Stoßzähne, der Rumpf oder der Schwanz das gesamte Tier ausmachen. Wie die Physiologen bei den Systemen des Organismus einst auf Spekulationen angewiesen waren, so können wir die Existenz eines Heilsystems nur von seinen Begleiterscheinungen her ableiten, möglichst viele Indizien sammeln (der Anfang jeder wissenschaftlichen Theorie) und aus den Umständen unerklärlicher Heilungen verschiedene Hypothesen erstellen. Auch wenn unsere Arbeit notgedrungen spekulativ bleibt, lassen wir uns von Einsteins Wort leiten, wonach es bei der Erstellung einer Theorie niemals genügt, nur belegte Phänomene zu sammeln. Der menschliche Geist muß immer etwas freie Erfindung zugeben, die den Kern der Sache trifft.[4]

Besonders reich an Indizien für die Wirkung des Heilsystems ist die Krankengeschichte eines Mannes namens Peter Hettel, auch wenn sie, wie stets, aus einem komplexen Lebenszusammenhang herausgefiltert werden muß. Peters Werdegang war bis zum Zeitpunkt seiner Krebsdiagnose nicht geradlinig verlaufen. Dieser Mann, der auf der AOD-Skala als besonders suggestible »dionysische« Persönlichkeit eingestuft wurde, hatte sich von seiner Umgebung stark beeinflussen lassen. Nach eigenem Bekunden fühlte er sich stets hin- und hergerissen zwischen »der linken und der rechten Gehirnhälfte, Logik und Intuition, Selbstunterdrückung und Selbstbefreiung«. Als Sohn eines Army-Offiziers hatte er eine strenge Erziehung genossen und plante schon vor dem Eintritt ins College eine höhere militärische Laufbahn. Dann aber kam die Liebe zu einem »Hippie-Mädchen« dazwischen, das ihn mit der psychodelischen Kultur der Sechziger vertraut machte. Die Begegnung vermittelte ihm »philosophische Einsichten«, die ihn bewogen, das College zu verlassen und sich dem bunt gemischten Völkchen anzuschließen, das 1967 im »Summer of Love« nach San Francisco pilgerte.

Unbehagen bereitete ihm allerdings, daß Militärs bei Treffen der Blumenkinder als »Säuglingsverbrenner« gegeißelt wurden, und es verunsicherte ihn, daß er sich der Love Generation im gleichen Alter angeschlossen hatte, in dem sein Vater als Fallschirmjäger an der Landung in der Normandie und der Befreiung Europas vom Nationalsozialismus mitgewirkt hatte. Peter wurde wenig später zum Militärdienst eingezogen und schwenkte rasch »wieder auf das Denken der linken Gehirnhälfte« um, wie er es nennt. Nach der Grundausbildung (»unter glühender Sonne stundenlang Bajonetts in Strohpuppen rammen und schreien: ›Stoß zu! Töte!‹«) kam er zum Nachrichtendienst. Dort, so meint er spöttisch, hätten sie »den Einmarsch in andere Länder geprobt und sich die Polizeiakten eines prominenten Fernseh-Entertainers vorgenommen«. Den Alltag in der »unpersönlichen Militärmaschinerie« empfand er als »zermürbend«. Auf Urlaub geriet er in West Virginia in eine Hippie-Kommune und kehrte »als Soldat völlig versaut« zurück. »Knapp am Militärgericht vorbei« schaffte er den Absprung.

Er ging wieder nach West Virginia, führte drei Jahre lang ein idyllisches Leben und schwenkte dann wieder »auf die linke Gehirnhälfte« um: Er gründete eine Computerfirma und setzte auf ein neues Betriebssystem. Anderthalb Jahre, so erklärt er uns, verbrachte er »in einem Büro, in der einen Hand eine Zigarette, in der anderen ein Plastikbecher mit übel schmeckendem Kaffee. Zwölf Stunden am Tag starrte ich in eine Kathodenstrahlröhre«. Völlig überlastet, ignorierte er monatelang die Beschwerden, die ihm eine verstopfte Nebenhöhle verursachte. Als er schließlich zum Arzt ging, wurden Polypen entdeckt und nach einer Gewebsentnahme im Herbst 1986 eine Diagnose auf Krebs gestellt. (Die Gewebsschnitte erhielt der Leiter der pathologischen Abteilung des Hustoner M. D. Anderson Cancer Center. Sein Befund: »Die Form der Zellen und das an einen Sternenhimmel erinnernde Aussehen der Felder läßt auf ein immunoblastisches Sarkom schließen, das sich wahrscheinlich aus einem Plasmozytom entwickelt hat.«)[5]

Die Krebsgeschwulst wurde mit einem laserchirurgischen Eingriff entfernt, wuchs aber rasch wieder nach. Die einzig effektive Behandlung – Entfernung der Nebenhöhle und der Hypophyse, Bestrahlungen mit dem Risiko einer Erblindung – erschreckte Peter so sehr, daß er sie ablehnte. Seine Diagnose, so berichtet er, habe bei ihm eine unerwartete Reaktion ausgelöst: »Ich fühlte mich wie jemand, der vom Lehrer nach Hause geschickt wird. Beim Gedanken an die tödliche Bedrohung durch den Krebs war ich nicht mehr bereit, mir von irgend jemandem Vorschriften machen zu lassen. Einem Todeskandidaten hatte keiner etwas zu sagen. Es war mein gutes Recht, alle Verantwortung, die ich mir selbst aufgehalst hatte, abzuschütteln. Ich stand von da auf dem Standpunkt, daß mich kein Parkverbot mehr etwas anging. Ich dachte, wenn du dich jetzt nicht ganz in den Vordergrund rückst, wirst du wohl sterben.«

Mit dem Entschluß, sich nur, wenn nichts mehr anderes half, »den Schädel aufsägen zu lassen«, fand er zu der alten »Risikofreude« aus seiner Hippie-Zeit zurück, als er mit ein paar Dollars in der Tasche »der Eingebung des Augenblicks folgend« ins Blaue getrampt war. Betrachtet man Peters dionysisches Persönlichkeitsprofil, so entsprach die intuitive Haltung, von der er sich jetzt leiten ließ, wohl am ehesten seinem natürlichen Lebensstil. Er begann eine strenge Diät mit viel Karottensaft. »Mit Naturkost war ich in meiner Zeit in der Kommune in Berührung gekommen. Es war sinnvoll, meinen Körper mit möglichst gut verdaulichen und hochwertigen Nahrungsmitteln zu versorgen.« Nach langer Suche nach einer geeigneten Behandlungsform entschied er sich für eine Klinik für Naturheilkunde bei San Diego, obwohl er wußte, daß sein Tumor weiterwuchs.

Als die Abreise nach Kalifornien näher rückte, erhielt er überraschend eine Postkarte. Eine Frau, die er vage aus seiner Zeit in der Kommune kannte, hatte von seiner Krankheit erfahren und begann ihm mit einer gutgemeinten Kampagne auf die Nerven zu fallen: »Sie hatte es sich in den Kopf gesetzt, daß ich unbedingt nach North Carolina kommen und eine Frau kennenlernen müsse, die mich durch ›Ausbalancieren des Gehirns‹ heilen würde. Das Ganze klang einfach lächerlich. Ich versuchte, ihr klarzumachen, daß ich eigene Pläne hatte. Aber sie ließ nicht locker.« Die aufdringliche Bekannte ließ sogar am Flughafen ein Ticket für ihn hinterlegen, das er nicht in Anspruch nahm. Wenig später trommelte jemand wild gegen seine Tür. Kopfschüttelnd erinnert sich Peter: »Da stand sie, fix und fertig. Sie war ins Auto gesprungen und in einem Rutsch durchgefahren, um mich abzuholen.« Widerstand war zwecklos. Peter stieg zu der Frau in den Wagen und wurde von ihr am nächsten Morgen zu einer Therapeutin gefahren, die sich als »neurolinguistische Programmiererin« bezeichnete. Sie ließ ihn Platz nehmen und fragte einfach, wie sie ihm helfen könne. »Ich war überwältigt. Zum ersten Mal fragte mich jemand aufrichtig, was ich brauchte.« Zu seiner Überraschung folgte ein heftiger Gefühlsausbruch: »Ich war ein Häufchen Elend, jammerte ›Ich war doch immer anständig!‹ und ›Warum gerade ich?‹«

Geduldig und sanft fragte ihn die Frau, ob er sich selbst liebe. »Ich hörte mich selbst mit schwacher Stimme sagen: ›Nein.‹« Wieder brach Peter zusammen. In der nächsten Sitzung begann die Frau, ihn mit verschiedenen Techniken zur sogenannten »neurologischen Umbildung« vertraut zu machen: mit »Kriechbewegungen« zur Koordinierung der linken und rechen Körperhälfte und Bewegungsübungen der Augen, bei denen die Dominanz einer Hirnhälfte »korrigiert« werden sollte. Als Peter wie ein Säugling auf Händen und Knien kroch und nach den Anweisung der Therapeutin die Augen bewegte, begann er sich plötzlich wieder an etwas zu erinnern:

> Genau in dem Moment, als ich meine Augen in eine ganz bestimmte Stellung brachte, sah ich wieder deutlich eine Szene aus meinem achten Lebensjahr vor mir. Wir lebten auf dem Land, und ich wachte eines Morgens vor meiner Familie auf und ging hinaus. Vor mir lag wie verzaubert ein Feld mit

Tautropfen wie Diamanten und einem äsenden Hirsch, dessen Atem in der Kälte dampfte. Ich erinnere mich, daß ich ein Gefühl von etwas Neuem in mir spürte, von endlosen Möglichkeiten. Ich war mit einem Schlag wieder vollkommen in diese Szene eingetaucht und sah alles lebensecht vor mir! Ich hatte das Gefühl, ich sei ein anderer Mensch oder hätte einen längst vergessenen Teil meiner Persönlichkeit wiederentdeckt. Ich lachte los, lachte und lachte, bis meine Therapeutin in Tränen ausbrach. Sie hatte es irgendwie geschafft, aus einem verzweifelten Erwachsenen einen fröhlichen kleinen Jungen hervorzuzaubern.

Auf ihre Anweisung hin sagte er sich selbst: »Ich liebe mich ohne Einschränkung, ganz gleich, was kommt. Ich bin ein unverzichtbarer Teil der Schöpfung, geschätzt, geachtet und geliebt.« Für seine Heilung beschritt er unkonventionelle Wege. Er ernährte sich strikt vegetarisch, schluckte täglich eine Handvoll Vitaminpillen und machte nach den Anweisungen eines Meditationslehrers, der über ihm wohnte, Zen- und Yoga-Übungen.
Zugleich rief er in sich eine Reihe von Bildern hervor: »Ich stellte mir Immunzellen als weiße Kaninchen vor, die sich durch Felder orangefarbener Krebszellen fraßen, Kräfte sammelten, ihren Geschlechtstrieb stimulierten und immer wilder kopulierten. Sie vermehrten sich rasend, so daß immer mehr Kaninchen Krebs fraßen.« Eines Morgens, so erinnert sich Peter, hätte er »nicht mehr für alle Kaninchen genug Karotten gehabt« und sich um sie Sorgen gemacht. Eine Woche später begann er, »eine starke Hitze und einen Druck im Kopf zu spüren. Ich wußte, daß eine grundlegende Veränderung im Gang war. Ich hatte Angst, daß sich mein Krebs weiter ausbreitete.« Von Panik getrieben, meldete er sich im Krankenhaus. Als man ihm dort aber sagte, wie gering seine Überlebenschancen ohne angemessene Behandlung seien, verschwand er wieder. »Ein Arzt warnte mich, ich würde mein Todesurteil unterschreiben, aber ich wußte, ich mußte über mein Leben und meinen Tod selbst entscheiden.«
Wenig später hatte er einen lebhaften Traum. »Ich stand in einer Art Tropfsteinhöhle, in der gewaltige Stalaktiten herabhingen,

knollig und rosafarben. Der Boden war zart rosa, weich und schwammig. Dann gab es ein Erdbeben, und ich mußte aus dieser fleischartigen Höhle fliehen, um von den herabhängenden Steinzapfen nicht erschlagen zu werden. Sie stürzten aus voller Höhe herab, während ich um mein Leben rannte.«

Tage später führte Peter ein hitziges Telefongespräch mit seinem Vater. »Mein Vater war ein stocksteifer Militär, er polterte immer gleich los und gebärdete sich wie ein hochdekorierter General. Zum ersten Mal in meinem Leben sagte ich ihm meine Meinung. Ich machte meiner Wut ganz offen und ehrlich Luft. Er knallte den Hörer auf die Gabel. Es war mein letztes Gespräch mit ihm. Er starb ein paar Monate später.«

Eine Woche nach der lautstarken Auseinandersetzung mit seinem Vater übte Peter »den Löwen«, eine Yoga-Stellung, und bekam plötzlich starkes Nasenbluten. »Ich ging ins Badezimmer, versuchte die Blutung zu stillen, zog Schleim aus der Nase und spuckte einen Auswurf in den Ausguß. Das Zeug sah aus wie Stücke von einem rosa Radiergummi.« Als er mit der Zunge oben am Gaumen entlangfuhr, entdeckte er dort, wo er seit Monaten gewöhnlich nur die Ausbuchtungen seines Tumors gespürt hatte, zu seinem Schrecken nur noch einen großen Hohlraum. »Ich rotzte und spuckte mit leidenschaftlicher Begeisterung weiter, bis ich schließlich meinen gesamten Tumor ausgespuckt hatte!«

Peter lief zu seinem Arzt. »Er war völlig überrascht. Er schob ein Endoskop in meine Nebenhöhlen und stellte perplex fest, daß da keine Tumore mehr waren. Er hatte sie untersucht, sie abgetastet und kernspintomographische Aufnahmen gemacht.« Peters Arzt, ein HNO-Facharzt der University of North Carolina, bestätigt Peters Bericht: »Es war, als hätte sein Körper fremdes Gewebe abgestoßen, wie nach einer Transplantation … Ich kann mir keinen Reim darauf machen. Ich weiß nur, daß er seine Lebensgewohnheiten offenbar dramatisch verändert hatte. Er hatte zu einem verantwortungsvollen Umgang mit sich selbst gefunden, statt einfach aufzugeben. Er fing an, nach seinen eigenen Wünschen zu leben.«

Peters Fall beinhaltet einige von einer ganzen Liste vertrauter Faktoren, die unserer Auffassung nach wie ein Tumor-Nekrose-Faktor die Bezeichnung »biologische Reaktionsmodifikatoren«

verdienen. Aber wie viele solcher Faktoren müssen in einem bestimmten Fall zusammenkommen, bevor man einen Zusammenhang mit der Genesung sehen kann?

Bei Peters Werdegang kommt ein ganzes Spektrum zusammen: Er versuchte, Geist und Körper mit physischen Übungen in Einklang zu bringen (»Kriechen« und Yoga), bekämpfte die Krankheit mit bildlichen Vorstellungen (Karotten und Kaninchen), fühlte sich gut aufgehoben bei einer einfühlsamen Heilerin und einem verständnisvollen Arzt, fand sozialen Rückhalt, erlebte eine Katharsis (Tränenausbrüche bei der Heilerin, Wutanfall gegenüber Vater), machte einen existentiellen Wandel durch (Rückkehr des Trotzalters und Entschluß, sich von niemandem mehr etwas vorschreiben lassen), machte eine Krebsdiät, erlebte intensive wechselhafte Gefühlszustände (wieder aufgetauchte glückliche Erinnerungen aus der Kindheit), bekam eine alternative Diagnose gestellt, die mit einer entsprechenden Therapieform verknüpft war (die linke und rechte Hirnhälfte mußten »in ein ausgeglichenes Verhältnis gebracht« werden), versuchte, Selbstvertrauen zu gewinnen (»Ich bin ein unverzichtbarer Teil des Universums«), und besann sich auf einen verlorengegangenen Teil seiner ureigenen Persönlichkeit (die »intuitive« Art aus früheren Jahren). Alles in allem hatte Peter offenbar ein Maximum an Kongruenz erlangt und sein inneres Sein ganz in Einklang mit den äußeren Umständen gebracht. Und es verwundert auch nicht, wie er darauf reagierte, als sein Arzt seine Genesung als »spontane Remission« bezeichnete: »Von wegen! Daran habe ich hart gearbeitet!«

Die Vorstellung, daß es ein Heilsystem gibt, liefert uns einen Anhaltspunkt für mögliche Erklärungen von unerwarteten Genesungen. Und doch läßt jeder Krankenbericht unterschiedliche Interpretationen der Abläufe zu, wie sehr wir uns auch um eine kohärente Erklärung bemühen. In Kapitel drei war von einem Mann die Rede, der nach dem Bericht seiner Ärzte »der erste Fall einer vollständigen Regression eines Bronchialkarzinoms in der bisherigen Literatur« sei. Als wir seinen Chirurgen kontaktierten, hatte er keinerlei Erklärung: »Ein ganz gewöhnlicher Patient, nichts Besonderes.« Der Mann hatte die bösartigste Form seiner Krebsart gehabt, war zum Sterben nach Hause geschickt worden und hatte sich wieder erholt. Mangels medizinischer Fakten nahmen die Ärzte im Krankenbericht einige persönliche Details mit auf:

> Der Patient, der über seine Krankheit und seine Prognose voll informiert war, berichtet, zu Hause habe er erfahren, daß sich viele sieche Krebspatienten buchstäblich zu Tode hungerten. Er entwickelte daraufhin eine positive Einstellung zum Überleben und zwang sich, bei jeder Gelegenheit Nahrung aufzunehmen. Um an die frische Luft zu kommen, arbeitete er unentgeltlich auf einer Farm. In den folgenden zwei bis drei Monaten nahm er langsam zu, schöpfte mehr und mehr Kräfte und fühlte sich immer wohler.[6]
>
> Nach dem Krankenbericht hatte der Patient über Wochen hinweg Fieberzacken bis zu 40 Grad gehabt. Ein scharfsinniger Physiologe, der die Rolle von Fieber und Infektionen bei Remissonen gut kennt, würde diesen Fall mit Genugtuung zu den Akten legen. (Eine Untersuchung zu 224 Fällen spontaner Rückbildungen erbrachte bei 62 Fällen Fieberanfälle oder Infektionen.)[7]

Auch wir hätten die Sache auf sich beruhen lassen können, aber wir wollten dem Patienten, einem gewissen Joe Mayerle, selbst Gelegenheit zu einer Darstellung geben. Wir brauchten Monate, um den inzwischen 73jährigen kerngesunden Joe – ein frommer Baptist und Sohn eines Farmpächters aus Louisiana – ausfindig zu machen. Die Suche verlief wie schon so oft: Wir forschten zunächst nach Dr. Bell, dem Verfasser seines medizinischen Berichtes, und der verwies uns an Joes Chirurgen. Der Chirurg reagierte auf unsere Anrufe nicht, und Dr. Bell lehnte eine Vermittlung ab. Dann aber ergriff Dr. Bells Frau, die in der Klinik Krankenschwester gewesen war, die Initiative und schickte uns einen jahrzehntealten Ausschnitt aus der *Saturday Evening Post,* einen Artikel, in dem erwähnt wurde, in welcher Stadt der ungewöhnliche Patient damals gelebt hatte. Wir forschten weiter, stießen auf Joes Sohn und waren begeistert, daß er uns an seinen Vater weitervermittelte.

Joe Mayerle war auf einer Farm aufgewachsen und hatte als Baumwollpflanzer und -pflücker gearbeitet. Wie viele seiner Generation fand er am Ende der Wirtschaftskrise den Weg zum Civilian Conservation Corps, einer Bundesbehörde, die arbeitslose Jugendliche in Straßenbau und Forstwirtschaft einsetzte. Der Witzbold und Possenreißer hauste in Forsthütten, brachte sich selbst das Hornblasen bei, lernte auf fahrenden Lastwagen Jitterbug tanzen und war nahe der Stadt Dodson Stammgast in einer heruntergekommenen Kneipe, wo »alte Kerls die Musikbox mit Fünfcentstücken fütterten, bloß um uns Junge tanzen zu sehen«.

Im Jahre 1942 ging Joe zur Marine, wo er in den stürmischen Gewässern vor der Pazifik-Insel Attu Island auf einem »Baby-Flugzeugträger« diente und auf Wache heimlich »Sugar Blues« trötete. Er saß auch an jenem Tag auf Deck, als ein Flugzeug durch die Fangvorrichtung donnerte, einen Freund mit dem Flügel streifte und auf der Stelle tötete. Der König der Possenreißer vergoß die bittersten Tränen seines Lebens. Beim pflichtbewußten Marsch durch die alltäglichen Schrecken des Krieges fand er die Fassung wieder.

Nach dem Krieg ließ er sich nach Jobs als Barkeeper, Lastwagenfahrer und Baumaschinenführer mit seiner ersten Frau im Staat Washington nieder. Die Ehe ging in die Brüche, und wenig später lernte er in einem Tanzlokal seine zweite Frau Betty kennen. Damals wurden die Platten noch von Hand aufgelegt, und Betty, die in dem Lokal arbeitete, flötete mit überirdischer Stimme: »Welche Nummer darf es sein?« Joe flirtete über das Mikrophon mit ihr und schlenderte eines Abends schließlich mit einem Tablett voller Sandwiches für die Mädels zum Hintereingang herein. Es war »Liebe auf den ersten Blick«.

Joe und Betty waren gerade zwei Jahre verheiratet, als Joe im Februar 1959 eine, wie er meinte, »schwere Erkältung« bekam, bei der sich Flüssigkeit in der Lunge sammelte. Die Erkältung entpuppte sich als Krebs. Betty erfuhr den Befund der Röntgenuntersuchung am Telefon: »Ihr Mann hat noch drei Wochen zu leben«, teilte ihr der Arzt mit. »Das waren genau seine Worte«, erinnert sie sich.

Als Betty mit Tränen in den Augen bei Joe erschien und ihm das ärztliche Todesurteil mitteilte, so erinnert er sich, ging er »an die Decke. ›Auf eines können Sie sich gefaßt machen‹, sagte ich dem Arzt. ›Ich lebe weiter und pisse auf Ihr Grab!‹« Joe gluckst kurz voller Genugtuung und kehrt dann zu den schrecklichen Erinnerungen zurück. Er hatte Angst, mehr Angst als damals, als die Flugzeuge über ihn hinwegdonnerten und sich sein Flugzeugträger schlingernd und stampfend durch die tosende See kämpfte.

Als er zu Untersuchungen in das Veteran's Administration Hospital aufgenommen wurde, hatte er zwanzig Kilo abgenommen. Trotzdem zwang er sich zu Optimismus. Im Monat zuvor hatte Betty ihm mitgeteilt, daß sie schwanger war. Joe, der zwei Töchter aus ihrer vorigen Ehe adoptiert hatte, freute sich auf das Kind. Vielleicht wurde es ja sogar ein Junge. Wie gern würde er ihn im Arm wiegen und heranwachsen sehen. »Vielleicht war den Ärzten ein Fehler unterlaufen«, hoffte er. »Vielleicht würde eine Operation einen Aufschub bringen.«

Aber noch bevor er operiert werden konnte, bekam er heftigen Schüttelfrost. Das Fieber stieg auf über 40 Grad. »Die Krankenschwestern zogen mich splitternackt aus und begannen, mich von Kopf bis Fuß in eisige Alkoholpackungen zu wickeln. Zunächst fand ich den Gedanke zu erfrieren ganz witzig.« Mit klappernden Zähnen versprach er ihnen »das größte Steak in Seattle«, wenn sie damit aufhörten, aber sie ließen nicht davon ab, ihn in eine Eismumie zu verwandeln. Der Kaplan des Krankenhauses betete mit ihm die ganze Nacht hindurch. Keiner rechnete damit, daß er am Morgen noch leben würde. Als dann aber um sechs Uhr früh seine Frau erschien, so Joe grinsend, »saß ich auf der Bettkante und rauchte eine Zigarette. Betty traf fast der Schlag.«

Die Ärzte dachten kurz über die Ursache von Joes Fieber und den Grund für seine vorübergehende Besserung nach und kamen zu dem Schluß, daß er jetzt kräftig genug für die Operation sei. Der Eingriff erbrachte, daß die Lunge bereits so stark verkrebst war, daß man aus der Geschwulst nur noch eine Gewebsprobe schneiden konnte. Im medizinischen Bericht liest sich das so: »Linke Thorakotomie an diesem 37jährigen Weißen erbrachte einen Tumor im Oberlappen, der auf die Pleura viszeralis und parietalis übergegriffen hat ... Eine Resektion wurde für unmöglich befunden. Der tiefgefrorene Gewebsschnitt wurde als malignes Neoplasma befundet, wahrscheinlich ein verhornendes Plattenepithelkarzinom.«[8]

Joe lag wie ein Häuflein Elend in seinem Krankenhausbett und wußte, daß er an der Schwelle des Todes stand. Dann aber spürte er, wie sich etwas in ihm aufbäumte. Er sprach ein schlichtes Gebet: »Ich möchte doch nur bis zur Geburt meines neuen Babys weiterleben.«

In den nächsten beiden Wochen erhielt Joe schwache Röntgenbestrahlungen gegen die Schmerzen in der Brust. Die Schmerzen ließen nach, aber der Krebs blieb. »Keine Reaktion«, heißt es im Bericht, der in einer Fachzeitschrift veröffentlicht wurde, »beurteilt nach seriellen Aufnahmen des Brustraumes.« Joe kehrte, von Fieberschüben geschüttelt, nach Hause zurück. Er hatte nur einem Gedanken im Kopf: Wie konnte er bis zu Bettys Niederkunft am Leben bleiben? In der Zeitung hatte er gelesen, daß der ehemalige Außenminister John Foster Dulles nicht an der Ausbreitung seines Krebses gestorben, sondern einfach verhungert war. So beschloß er, sich zum Essen zu zwingen und im Freien zu arbeiten. (Zu der im Krankenbericht erwähnten »unentgeltlichen Arbeit auf einer Farm« meinte Joe allerdings, er habe nur seinem »Cousin auf der Müllkippe geholfen«.)

Als Joe sechs Monate später in der Klinik auftauchte, so erinnert er sich, »wurde der Arzt so weiß wie sein Kittel. Er rief die Assistenzärzte und Krankenschwestern zusammen und schob mich an einer Reihe wartender Patienten vorbei zum Röntgengerät. Während der Aufnahme zog er ein altes Bild heraus, auf der meine Lunge so aussah, als hätte jemand aus einer Entfernung von dreieinhalb Metern mit grobem Schrot auf sie gefeuert. Er legte sie neben die neue Aufnahme – sie sah völlig gut aus – und machte große Augen.« Der Arzt wollte ihn über Nacht in der Klinik behalten, aber Joes Frau wartete. An diesem Freitag gebar sie ihr Kind, Joe junior. Auf diesen Moment hatte Joe hin gelebt. Am Montag erhielt er einen Anruf mit der Bitte, sich im Krankenhaus zu melden. Er wurde von einer Phalanx von 200 Ärzten aus Seattle erwartet, die eigens herbeigeeilt waren, um sich über seinen Fall zu informieren. Sie lauschten dem Bericht des behandelnden Arztes, stellten interessierte Fragen und wußten schließlich nicht, was sie sagen sollten.

»Rauchen Sie noch immer Zigaretten?« fragte einer mutig in die Stille des Raumes hinein, in dem nur das Scharren von Füßen zu hören war.

»Klar, wollen Sie eine?« antwortete Joe und erntete schallendes Gelächter.

Sein Arzt Dr. Bell grübelte noch Jahre später über ihn nach, drängte ihn immer wieder zu Untersuchungen und bettelte um Zellproben. In einem späteren Artikel in einer Fachzeitschrift schrieb er mit vorwurfsvollem Unterton: »Ganz offenkundig bot sich im Körper unseres Patienten, der nach dem Verschwinden seines Tumors zehn Jahre lang weiter rauchte, reichlich Gelegenheit zur Ausbildung eines neuen Tumors. Daß sich keine neue Läsion entwickelt hat, spricht für eine erworbene Immunität.«[9]

Angeregt durch Tierversuche, nach deren Ergebnissen »die Immunität nach einer herbeigeführten oder spontanen Rückbildung effektiver ist als nach einer chirurgischen Entfernung«,[10] ging Dr. Bell sogar so weit, Joes Lymphozyten im Labor zu züchten. Er spritzte sie in eine Petrischale mit Zellen aus dem Lungentumor eines anderen Patienten und wartete auf eine Reaktion. Während die Zellen jedes anderen Patienten so gut wie nichts bewirkt hätten, stellte Bell erstaunt fest, daß Joes Immuncocktail die Kolonie der Krebszellen auf weniger als die Hälfte reduzierte.[11]

Das Kernstück von Dr. Bells abschließendem Artikel für das *American Journal of Surgery* mutet wie ein postmoderner Totentanz an: zwei Reihen Röntgenbilder in Schwarzweiß von Brustkörben, Rippen, elegant gebogen wie die Spanten einer Galeone. Insgesamt waren es vier Bilder: eine Routineaufnahme vom Oktober 1956, klar wie ein Sommerhimmel, März 1959, der rechte Oberlappen eingehüllt in weiße Wolken aus Krebsgewebe. Im Oktober ist die Schlechtwetterfront auf dem Rückzug, und im April 1964, als Joe sich zu einer Untersuchung erneut im Krankenhaus meldete, herrscht auf der Röntgenaufnahme wieder ungetrübter Sonnenschein. Zu einer Computeranimation verschmolzen, würden die

Aufnahmen aussehen, als habe Joe eine Wolke aus Krebszellen eingeatmet und sie auf einen Satz wieder ausgehustet. Auf einem abschließenden Kopfbild ist Joe durch einen schwarzen Balken über den Augen unkenntlich gemacht, aber der etwas finstere Eindruck wird wettgemacht durch ein Grinsen und einen makellosen muskulösen Oberkörper, der auf dem Titelbild eines anatomischen Atlasses prangen könnte.

Doch vielleicht müssen wir uns eine weitere Version von Joes Krankengeschichte ansehen: Sie erschien in dem populären Hochglanzmagazin *Saturday Evening Post* und stammt von einer Lokalreporterin, die Joe auf der Naval Torpedo Station besuchte, wo er als Wachmann arbeitete. Der Artikel ist ganz offenbar nach einem persönlichen Gespräch entstanden. Allerdings läßt er Joe, der beim Test als Apollonier eingestuft wurde und den wir als bodenständigen Mann kennengelernt haben, der offen sagt, was er denkt, in einem blumigen Redestil zu Worte kommen. (Nach der Diagnose soll er angeblich eine Äußerung wie Thomas von Aquin getan haben: »Alles in mir klammerte sich an einen Strohhalm des Trostes, suchte verzweifelt nach einem Zeichen, daß es nicht wahr war.«) Aber von solchen Ausschmückungen abgesehen, steht Joe hinter dem Bericht.

Die meisten Passagen sind wenig informativ. Der Joe aus dem Magazin berichtet, er werde besonders häufig nach Einzelheiten zu seiner Diät ausgefragt. Die Leute »hören andächtig zu, als erwarteten sie völlig neue Erkentnisse, ein alltäglich scheinendes Detail, in dem der goldene Schlüssel zur Wiedererlangung der Gesundheit liegt. Falls ich diesen Schlüssel wirklich besitze, dann weiß ich davon nichts.« Fröhlich spricht er von »schmackhaften, selbst erfundenen Gerichten aus Makkaroni und Käse«. Der Rest seiner Krebsdiät, so Joe weiter, habe aus »einem mexikanischen Fleischgericht aus der Dose, tiefgefrorener Hühnerpastete und Sandwiches mit rohen Zwiebeln« bestanden. Wie er später erfahren hat, sollen Zwiebeln »im Verdauungstrakt keimtötend« wirken.

Eine Darstellung der Stimuli, denen Joe Mayerles Heilsystem ausgesetzt war, würde wohl folgendes beinhalten: die Sehnsucht eines Vaters nach einem noch ungeborenen Baby, unerklärliche

Schübe von hohem Fieber, Rückhalt im sozialen Umfeld (auch bei der gesamten Kirchengemeinde seiner Mutter, wo für ihn gebetet wurde), Bewegung an der frischen Luft (auch wenn er eine Planierraupe über Müllhaufen manövrierte) und schmackhafte Kost, all das wirkte auf die lustige Persönlichkeit des »Boogie-woogie spielenden Hornbläsers von Kompanie B« ein.
Aber Joe erinnert sich auch daran, daß er nach dem explorativen chirurgischen Eingriff in seinem Bett lag und immer wieder daran denken mußte, daß er sterben würde, ein eisiger Schock, der ihm das Blut in den Adern gefrieren ließ. Das Weitere schildert der Artikel (übereinstimmend mit Joe) so: »Ich wurde mir einer Wandlung bewußt. Plötzlich mußte ich mich nicht mehr ständig mit dem Tod beschäftigen. Meine Gedanken wandten sich vielmehr einem neuen Ziel zu: aus der mir verbleibenden Zeit das Beste zu machen.« Auch das Folgende ist einen Abdruck im Wortlaut wert:

> Es war eine Zeit der Entdeckens und Staunens. Ich beobachtete mich selbst bei ganz alltäglichen Dingen. In der einfachsten Tätigkeit lag ein tiefer Sinn. Ich erfuhr eine Bewußtseinserweiterung. Schon eine einfache Handlung, wenn ich mich beispielweise an einer juckenden Stelle kratzte, war ein verblüffendes Gefühl, überwältigte mich mit der schmerzhaften Schönheit, daß ich etwas spürte, da war und lebte. Das Plätschern von Wasser, das Rascheln von Papier, das Knarren von Schritten, alles hallte im tiefsten Inneren meiner Seele wider ... Sonne und Schatten, Bäume, Gras, Menschen und Hunde, in den alltäglichsten Dingen lag eine unbeschreibliche Schönheit, die mir Tränen in die Augen steigen ließ.[12]

Ohne das literarische Pathos des gedruckten Berichtes schildert uns Joe, wie sich die Welt für ihn verwandelte, eine Erfahrung, die viele von denen, die wir befragten, gemacht hatten. Vielleicht war es der Schock durch die schlimme Prognose nach dem chirurgischen Eingriff oder eine Nebenwirkung schmerzstillender Medikamente. Immerhin ist so viel bekannt, daß gefährliche Augenblicke, in denen Leid und Tod unausweichlich scheinen, tranceähnliche Zustände her-

> vorrufen können. Dr. David Spiegel bestätigt, daß »hypnotische Phänomene wie dissoziative Bewußtseinszustände ein Teil traumatischer Erfahrungen sind«. Er betont dabei, daß der Begriff »Trauma«, will man ihn sinnvoll gebrauchen, entsprechend weit gefaßt werden muß: »Trauma kann begriffen werden als die Erfahrung, zu einem Objekt oder Ding gemacht zu werden, zum Opfer der Wut anderer, der gleichgültigen Natur oder der eigenen körperlichen und psychischen Grenzen ... Ereignisse, die dissoziative Bewußtseinszustände mit Schutzfunktion herbeiführen, sind offenbar ähnlich geartet wie die, bei denen der Wille des Patienten physisch übergangen wird ... Die Erfahrung von Unfreiwilligkeit ist vielleicht das Bindeglied zwischen Hypnose, dissoziativen Bewußtseinszuständen und Trauma.«[13]

Eine Studie zu 40 Krebspatienten, bei denen gerade ein Rückfall diagnostiziert worden war, förderte viele Anzeichen von Störungen durch posttraumatischen Streß (PTS) zutage. »Diese Entdekkung ist insofern interessant«, schrieb ein Kommentator der Studie, »als sie ebenfalls dafür spricht, daß man die Ereignisse im Leben von Krebspatienten analog zu physischen Traumata begreifen kann.«[14] Den Forschern Everson und Cole fiel auf, daß einige Fälle spontaner Remissionen anscheinend durch ein »Operationstrauma« ausgelöst worden waren. Das Trauma habe die Ausschüttung von Hormonen stimuliert,[15] die wiederum das »Immunsystem« mobilisiert hätten.[16] Vielleicht hat die traumatische Erfahrung, eine tödliche Krankheit diagnostiziert zu bekommen, eine ähnliche Wirkung.
Dr. Charles Tart, der Verfasser des Standardwerkes *Altered States of Consciousness* (Veränderte Bewußtseinszustände), meint dazu: »Wenn einem der Arzt sagt, daß er nichts mehr für einen tun kann, dann ist das ein unglaublich wirksamer psychischer Stimulus. Es bedeutet, daß alle Denkgewohnheiten, die man im Leben hatte, völlig sinnlos geworden sind, jede Art des Denkens und Fühlens. Das kann fraglos einen veränderten Bewußtseinszustand hervorrufen.«
Viele Forscher vermuten hinter veränderten Bewußtseinszustän-

den biologische Ursachen, beispielsweise die Wirkung der »natürlichen Opiate« im Gehirn, der sogenannten Endorphine, die in Schocksituationen in großen Mengen ausgeschüttet werden können. Es ist für unsere Spekulationen zur Funktionsweise des angeborenen Heilsystems von einiger Bedeutung, daß diese chemischen Stoffe nach Meinung mancher Wissenschaftler nicht nur euphorische Zustände erzeugen und Schmerzen unterdrücken, sondern auch das Immunsystem stimulieren können.[17] Wir fragten uns, ob die ungewöhnlichen inneren Erlebnisse, von denen einige der Befragten unserer Studie berichteten, mehr als nur Begleiterscheinungen der pathologischen Vorgänge im Organismus oder der Ausschüttung von Stoffen zur Betäubung von Schmerzen sind. Sind sie womöglich ein aktiver Teil des Heilsystems?

Einige Forscher haben die Hypothese aufgestellt, daß das Gehirn unter Streß auf natürliche Weise chemische Substanzen absondere, die symbolische oder andere ganzheitliche Formen der Wahrnehmung verstärken. Der Neurologe und Augenheilkundler August Reader entdeckte, daß das Gehirn bei starkem Sauerstoffmangel einen Überschuß an Hormonen produziert, die möglicherweise für das »Vorüberziehen des Lebens« verantwortlich sind, von dem Menschen nach einem Sterbeerlebnis oft berichten: Alle Personen, Orte und Ereignisse der Vergangenheit sind miteinander verwoben und bilden eine umfassende Gesamtkomposition. Dieses oft als zutiefst spirituell erlebte Phänomen ist nach Readers Überzeugung möglicherweise einfach eine angeborene Überlebensreaktion, bei der das Gehirn seinen gespeicherten Erfahrungsschatz nach einer lebensrettenden Strategie durchsucht.[18]

Die seltsame Vorstellung, daß das Gehirn als Teil eines Selbstheilungsmechanismus nicht nur biochemische Stoffe, sondern auch Erfahrungen »produziert«, hat verschiedene andere Forscher zu Spekulationen angeregt. Raymond Prince zitiert den berühmt gewordenen Bericht des Afrikaforschers David Livingstone, der von einem Löwen angefallen wurde und nur mit knapper Not dem Tod entging. Livingstone, der bereits die Existenz von Endorphinen und die Bedeutung einer spontanen Hypnose erahnt, berichtet: »Diese Erschütterung ... versetzte mich in einen träumerischen Zustand, worin ich keine Empfindung von Schrecken und keinen Schmerz verspürte, obschon ich mir vollkommen dessen bewußt war, was um mich herum vorging. Dieser Zustand glich demjenigen, den Patienten unter dem Einfluß einer nur teilweisen Narkose durch Chloroform beschreiben, welche die ganze Operation sehen, aber das Messer nicht fühlen.«[19]

Wir Prince anmerkt, kennzeichnet diese »analgetische Euphorie« auch die Heilzeremonien von Schamanen, die sich bei ihren Ritualen zuweilen auch auf dramatische Weise »psychischer Bedrohungen« bedienen, die zu einer »schützenden Ausschüttung von Endorphinen« führen können. Wie er vermutet, könnte das Gehirn solche »künstlichen Gefahrensituationen« in Form von »Alpträumen, Delirien und Psychosen« selbst hervorbringen.[20]

Allerdings, so räumt Prince ein, erscheint es seltsam, daß Körper und Seele ausgerechnet in einem Augenblick, in dem sie Heilung am nötigsten haben, solche Schreckensbilder erzeugen sollen. Der Schlüssel zu diesem Paradox liegt seiner Meinung nach darin, daß Endorphine möglicherweise über heilsame Eigenschaften verfügen. Lebensechte psychische Erfahrungen wie diese könnten eine »positive Maßnahme« von Körper und Seele sein, um die Ausschüttung »schützender Hormone« anzuregen.[21] So kompliziert diese Abläufe auch anmuten, sie lassen so manchen Fall einer unerwarteten Genesung in einem völlig neuen Licht erscheinen: Bevor sich in Joe Mayerle und Peter Hettel der Überlebenstrieb aufbäumte, wurden sie angesichts des nahenden Todes von blankem Entsetzen gepackt. Garrett Porter und Wally Shore hatten während ihrer Krankheit Visionen von heftigen inneren Kämpfen. Und auch Geertje Brakels Halluzinationen, bei denen sie im Krankenhaus eine Schlacht gegen teuflische Wesen schlug, waren vielleicht nicht nur eine seelische Widerspiegelung des Kampfes in ihrem Körper gegen Krebszellen, sondern eine vom Heilsystem hervorgerufene Reaktion, die als Katalysator der Immunaktivität diente.

Die katalysierende Wirkung von Traumata ist von Klinikern, die sich auf posttraumatischen Streß (PTS) spezialisiert haben, auf fruchtbare Weise untersucht worden. So fand der Psychologe Eu-

gene Peniston heraus, daß an PTS leidende Vietnam-Veteranen, die mittels Biofeedback in einen Zustand der Entspannung versetzt wurden, oft spontane Erlebnisse der »Abreaktion« hatten und dabei erneut ihre schrecklichsten Kriegserfahrungen durchlebten. Peniston entdeckte, daß sich durch die psychotherapeutischen Sitzungen zudem ihr Endorphinspiegel veränderte. Und nicht wenige seiner Patienten, so berichtet er, hätten einen »vollständigen Persönlichkeitswandel« im Sinne einer wieder gewonnenen Intaktheit durchlaufen. So schreibt er in einer zwei Jahre später entstandenen Folgestudie, sie seien nach eigenem Bekunden »wieder so wie früher, bevor sie nach Vietnam gingen«.[22]
Dr. Bessell van der Kolk, ebenfalls ein führender Experte auf dem Gebiet des PTS, fand weiterhin heraus, daß das imaginäre Wiedererleben von emotionsauslösenden Zwischenfällen das autonome Nervensystem zur Ausschüttung und Aktivierung von Neurohormonen veranlaßt. Wenn man Vietnam-Veteranen den in Vietnam spielenden Film »Platoon« zeige, so entdeckte er, »werden sie zu einer massiven Ausschüttung endogener Opiate angeregt, die einer Injektion von zehn Milligramm Morphium entspricht«.[23]
Wenn einige Forscher emotionalen Streß auch für die Bildung bestimmter krebsfördernder Hormone verantwortlich machen wollen,[24] so hat man andererseits emotionale »Abreaktionen« traumatischer Erlebnisse mit unerwarteten Genesungen in Verbindung gebracht. Ein berühmtes Beispiel zitiert der Psychologe Lawrence LeShan:

> Ein 32jähriger mit einem stark metastasierten malignen Melanom hatte im frühen Jugendalter ein ungewöhnlich traumatisches Erlebnis, als er Zeuge wurde, wie sein Vater die Ermordung des einzigen Erwachsenen vorbereitete, von dem er je Wärme und Zuneigung erfahren hatte. Nach der Tat und der Überführung seines Vaters lebte er lange Zeit in panischer Angst davor, vor Gericht gegen ihn aussagen zu müssen …
> Im Verlauf der Psychotherapie deuteten wiederkehrende Träume und Assoziationen auf eine starke innere Spannung

> wegen seiner Mitwisserschaft am Mord seines Vaters hin. Zugleich begann er, über Schmerzen im Rachen und zunehmende Schluckbeschwerden zu klagen. Eine Untersuchung erbrachte ein rasch wachsendes Neoplasma im rechten Mandel-, Zungen- und Kehlkopfbereich. Eine chirurgische Entfernung wurde vorbereitet, damit er weiterhin Nahrung zu sich nehmen konnte.
> In der psychotherapeutischen Sitzung einen Tag vor der Festlegung des Operationstermins erinnerte er sich wieder an den gesamten Vorfall mit allen damals empfundenen Gefühlen. Weinend und zitternd schilderte er ihn in allen Einzelheiten. Vier Stunden später teilte er dem Therapeuten mit, er habe seit einer Woche zum ersten Mal wieder ohne Schmerzen in der Kehle eine Mahlzeit zu sich nehmen können. 24 Stunden später war die Wucherung deutlich zurückgegangen. 48 Stunden später hatte sie sich noch weiter zurückgebildet, und vier Tage später war sie vollkommen verschwunden. Die chirurgische Eingriff wurde nicht mehr ausgeführt.[25]

Wenn das erneute Durchleben eines Traumas bei Patienten mit posttraumatischem Streß zu einer »massiven Ausschüttung endogener Opiate« führt, könnten dieselben Endorphine dann nicht eine Kette von Wirkungen auslösen, die mit der Rückbildung von Tumoren in Beziehung stehen? Candace Pert, Mitentdeckerin der Endorphine, hält diese Überlegung für eine durchaus fruchtbare Spekulation. »Es gibt viele Berichte von psychischen Katharsen, die eine Heilung begleiten«, erklärte sie uns. »Die Immunzellen sondern die gleichen chemischen Stoffe ab und reagieren auf sie, von denen wir glauben, daß sie die Stimmungen im Gehirn regulieren. In Anbetracht solcher Erkenntnisse müssen wir uns überlegen, wie Gefühle in den verschiedenen Teilen des Körpers abgebildet werden. Vielleicht kann die Katharsis, was wörtlich ja ›Reinigung‹ bedeutet, in der übergreifenden Struktur aus Immunssystem, Endokrinium und Nervensystem plötzlich einen Heilungsschub auslösen.«
Vielleicht, so spekuliert sie weiter, »könnten gewisse emotionale

Blockaden zu Fehlinformationen führen, die das einwandfreie Funktionieren des Immunsystems beeinträchtigen. Das Problem besteht darin, das fehlerhafte Signal zu korrigieren und dem Immunsystem den Irrtum mitzuteilen.«

Eine Funktion des Heilsystems, so vermuten wir, ist die Verstärkung von Signalen, die für eine Gesundung krankhafter oder beeinträchtigter physiologischer Abläufe sorgen. Bekanntlich signalisieren bestimmte Zellen auf biochemischem Wege anderen Teilbereichen des Immmunssystems, wann sie gegen einen eindringenden pathogenen Faktor mobil machen müssen. Da diese Zellen in der Tat ein »hilferufendes« Neuropeptid absondern, scheint es logisch, daß der »Hilferuf« in anderen, von Neuropeptiden gesteuerten Bereichen des Heilsystems einen Widerhall findet, vielleicht in Form von Gefühlen, Gedanken und geistigen Bildern.

Einstein legte die Grundfrage der Wissenschaft einmal darauf fest, ob das Universum dem Menschen freundlich gesinnt sei. Wenn dem nicht so ist, dann sind die mitunter qualvollen psychischen Zustände, von denen unerwartet genesene Patienten zuweilen berichten, entweder krankhaft oder bestenfalls Begleiterscheinungen der Krankheit. Andererseits besteht kein Zweifel daran, daß das Universum des Heilsystems insgesamt freundlich ist, denn es hat ja nur ein einziges Ziel: Körper, Seele und Geist in Notfällen zu mobilisieren und in den Dienst der Heilung zu stellen. Wenn der Körper dem Kampf allein nicht mehr gewachsen ist, dann sendet er in Form von Neuropeptiden vielleicht Notsignale aus, die auch das Bewußtsein mit in die Schlacht rufen. In dem Falle wäre die Diskussion darüber, ob man es mit falschen Hoffnungen oder Wunschdenken zu tun hat, wenn Patienten ihre geistigen, seelischen und spirituellen Ressourcen willentlich zu mobilisieren versuchen, letztlich müßig: Das Heilsystem bemühte sich ganz von alleine darum.

Auch Dr. David Spiegel bemühte sich darum, als er – mit bescheidenen Erwartungen freilich – damit begann, die Wirkungen einer »psychosozialen Intervention« auf die Stimmung und Schmerzempfindung von 86 Patientinnen mit metastasiertem Brustkrebs zu erforschen.[26] Spiegel, der, wie erwähnt, als Fachmann für Hypnose und dissoziative Störungen an der Stanford University wirkt, teilte die Frauen in eine Kontroll- und eine »Interventionsgruppe« ein. Die Frauen der Interventionsgruppe bemühten sich vorrangig um gegenseitige Unterstützung und stärkeren Rückhalt in der Familie. Zugleich versuchten sie, durch Übungen in Selbsthypnose ihre Schmerzen zu lindern.

»Mit der ursprünglichen Studie bezweckten wir eigentlich nur, daß sie sich wohler fühlten«,[27] schrieb Spiegel in einem Bericht, der 1989 in der Zeitschrift *Science* erschien. »Das Anliegen bestand darin, aus der verbleibenden Zeit das Beste zu machen.«[28]

Die Ergebnisse waren bedeutsam: Die Frauen hatten zwar noch Schmerzen, empfanden sie subjektiv aber als weniger beeinträchtigend und kamen im Alltag mit der Krankheit besser zurecht. Zufrieden über dieses positive Ergebnis, veröffentlichte Spiegel mit seinen Mitarbeitern den Artikel und legte die ganze Sache zu den Akten. Doch in den folgenden Jahren beobachtete er mit wachsender Verärgerung, daß die Medien »irreführende Berichte« über Patientinnen verbreiteten, »die angeblich in der Lage waren, sich den Krebs vom Hals zu wünschen«.[29] Er erinnerte sich an eine Frau, die seine Gruppe verlassen und die konventionelle Behandlung abgebrochen hatte, um sich nur noch Visualisierungen zu widmen. Sie starb innerhalb eines Jahres. Eine andere Frau fragte vorwurfsvoll, ob sie »tibetanischer Mönch« werden müsse, um die Krankheit wirksam zu bekämpfen. Für Spiegel »waren die Behauptungen, wonach man mit Geisteskräften Krebs heilen könne, töricht und zuweilen gefährlich«.[30]

Dr. Spiegel beschloß, sich die Ergebnisse seiner anfänglichen Studie noch einmal vorzunehmen, überzeugt, »daß kein Einfluß auf den Krankheitsverlauf« zu beobachten sei.[31] Eine erste Analyse bestätigte seine Vermutung: Wie bei einem metastasierten Krebs im fortgeschrittenen Stadium zu erwarten, waren von den 86 Patientinnen der Studie 83 gestorben.

Dann aber, als Dr. Spiegel die Zahlen genauer unter die Lupe nahm, entdeckte er überrascht, daß alle Patientinnen der Kontrollgruppe innerhalb von vier Jahren gestorben waren, während von der Interventionsgruppe nach dem gleichen Zeitraum immerhin noch ein ganzes Drittel lebte. Bevor Spiegel daran dachte, seine unerwarteten Ergebnisse zu veröffentlichen, wertete er noch jahrelang weitere Studien statistisch aus. Am Ende kam er zu dem Ergebnis, daß die Patientinnen, die ein Training zur besseren Krankheitsbewältigung erhalten hatten, im Durchschnitt 36,6 Monate überlebten und damit ungefähr doppelt solange wie die Patientinnen der Kontrollgruppe (18,9 Monate).

Spiegel fand zudem heraus, daß die Patientinnen auf »die Höhe der Dosis« angesprochen hatten: Je häufiger sie Therapiesitzungen besucht hatten, desto länger waren sie am Leben geblieben. Aber eine Dosis wovon? Dr. Spiegel selbst glaubt, daß bei der Therapie der soziale Rückhalt entscheidend gewesen sei. Zum anderen war ihm aufgefallen, daß sich die Diskussionen in der Gruppe häufig um die Angst vor dem Tod und dem Sterben drehten. »Das aufrichtige Eingeständnis der eigenen Sterblichkeit und die rationalen Entscheidungen für das weitere Leben«,[32] so glaubt Dr. Spiegel, habe bei den Patientinnen einen »stärkenden Effekt« gehabt. Und noch weitere von Dr. Spiegels Beobachtungen sind für unsere Untersuchung relevant, auch wenn er selbst sie nicht in die Liste jener Faktoren aufnimmt, die möglicherweise heilsam wirken. So hatten die Frauen Gelegenheit, heftigen Gefühlen Luft zu machen, sich und andere zu bedauern, ihre Wut über die Krankheit und den Umgang mit Kranken auszudrücken und ihren Familien und Freunden vorbehaltlos Zuneigung zu zeigen. Darüber hinaus spornten sie sich gegenseitig zu einem selbstbestimmteren Leben an. Durch die Gruppe ermutigt, brachte eine verhinderte Dichterin vor ihrem Tod zwei Gedichtbändchen zur Veröffentlichung. Eine andere Patientin, die von ihrem Onkologen schofel behandelt und nach einem Tränenausbruch aus dem Raum gewiesen worden war, stellte ihn nach einer Beschwerde vor der Gruppe zur Rede. Eine dritte Patientin trennte sich von ihrem Ehemann und verbrachte ihre Zeit bei ihren Kindern.

Im Jahre 1991 – von der Gruppe lebten nur noch zwei Frauen, zwei andere waren kürzlich verstorben – führte Spiegel im Rahmen eines vom Institute for Noetic Science finanzierten Projektes Gespräche mit einer Überlebenden und mit den Familien der anderen drei Patientinnen. Wie er uns mitteilte, waren alle vier Frauen »auf eine stille Art zielstrebig. Sie waren nicht besonders

lebenslustig, nicht blind optimistisch und nicht der Typ, der wild entschlossen glaubt, er werde schon mit allem fertig. Sie rollten nicht stur den Stein den Berg hinauf, um ihn dann wieder auf sich herabrollen zu sehen. Sie waren einfach entschlossen, aus allem das Beste zu machen.«
Alle vier hatten festen Rückhalt bei mindestens einer nahestehenden Person. Alle hatten eine sehr persönliche Beziehung zu ihrem Gott, waren tolerant und auf undogmatische Weise religiös. Sie stammten aus Großfamilien, hatten unglückliche Kindheiten hinter sich und waren, was Krebs anging, erblich vorbelastet. Obwohl sie das Verhältnis zu den Ärzten als gut empfunden hatten, schreibt Spiegel:

> Interessanterweise verhielten sie sich bei der medizinischen Betreuung keineswegs willfährig. Zwei der vier Frauen lehnten Anfang der siebziger Jahre, als dies noch sehr selten war, eine Amputation ihrer Brust ab. Zwei verzichteten auf eine Chemotherapie, und eine dritte brach die Behandlung ab. Sie waren im Durchschnitt also medizinisch weniger intensiv behandelt worden als die Patientinnen mit kürzerer Überlebensdauer.[33]

David Spiegel bemüht sich um einen Mittelweg »zwischen der Scylla des geistlosen Materialismus – dem ausschließlichen Betrachten des Menschen als Ergebnis physikalischer Abläufe – und der Charybdis eines körperlosen Spiritualismus, der Vorstellung, daß man ein Problem im Körper allein durch Ausmerzung geistiger Ursachen beheben kann«.[34] Und doch versäumt es Spiegel, einen, wie wir glauben, wichtigen Faktor zu nennen, der zum langen Überleben seiner Patientinnen beigetragen haben könnte: Er hatte ihnen Übungen zur »Selbsthypnose und Entspannnung« gezeigt und sie aufgefordert, sich vorzustellen, sie schwebten in der Luft, empfänden intensive Wärme oder spürten das prickelnde Gefühl eingeschlafener Glieder,[35] alles Empfindungen, die in diesem Buch immer wieder als mögliche Begleiterscheinungen der Aktivität des Heilsystems genannt wurden und für Heilpraktiken in der ganzen Welt kennzeichnend sind.

Kürzlich wohnten wir einer Demonstration des Chi Gong durch einen angesehenen chinesischen Meister bei. Eine Zeitlang versuchte Meister Ho, auf englisch zu erklären, was er mit »Atmen in den Magen« meinte. Schließlich knöpfte er entmutigt sein karminrotes seidenes Hemd auf und entblößte seinen Oberkörper. »Das ist Lungenatmung«, verkündete er, während sein Brustkorb sich hob und der Bauch vollkommen flach blieb. »Mittlere Atmung«, kündigte er an und ließ seinen Bauch zu einer großen gelblichen Kugel anschwellen. »Und hier sitzt *Tan Tien.*« Er deutete auf eine Stelle drei Fingerbreit unter dem Bauchnabel. Diese Stelle ist in der fernöstlichen Medizin das Energiezentrum des Körpers, ein Sammelpunkt für die unsichtbare Energie *Chi,* die aus universellen Quellen über den Atem in den Körper einströmt. Uns fiel auf, daß Meister Ho, der nach Auskunft seines Assistenten »die Immunsysteme von HIV-Kranken und Patienten mit nicht metastasierten Krebserkrankungen« nachweislich verbessert haben soll, seine Demonstration wie eine Hypnosesitzung begonnen hatte. »Ihre Handflächen werden warm«, sprach er langsam mit sanfter Stimme. »Stellen Sie sich vor, Sie seien ein Riese zwischen Himmel und Erde. Mit dem Kopf im Himmel und den Beinen auf der Erde sammeln sie Energie von Yin und Yang.« Und ähnlich wie ein Hypnotiseur argumentierte er später, der Zweck dieser bildhaften Vorstellung habe nichts mit Aberglaube zu tun: »Wenn Sie sich das vorstellen, denken Sie an nichts anderes mehr, weder an familiäre Probleme noch an die Arbeit.«

Wie ein Hypnotiseur, der sein Gegenüber auffordert, sich vorzustellen, daß sein Arm so leicht wie ein gasgefüllter Ballon wird, gab Meister Ho die Anweisung: »Heben Sie mit Hilfe der Schulter den Arm, vielleicht fühlt sich der Arm ganz leicht an.« Langsam ließ er seinen Arm an der Seite nach oben gleiten. Und er suggerierte seinen Zuhörern weitere mögliche Empfindungen: »Vielleicht brennt Ihnen das Gesicht oder die Brust«, sagte er besänftigend. »Ihre Hand ist taub, sie kribbelt, ist angeschwollen. *Tan Tien* ist vielleicht wie Elektrizität. Wenn man Energie speichert, fühlt es sich zunächst warm an, dann schwer, dann brennt es, und schließlich … ist es vollkommen angenehm«, strahlte er.

Solche Empfindungen haben wir bereits im Zusammenhang mit

unerwarteten Genesungen behandelt. Die Völker der Welt haben zu allen Zeiten Heilpraktiken eingesetzt, um psychische und organische Abläufe zu stimulieren, die wir als universelle Komponenten der Heilreaktion bezeichnen könnten. Die Berichte über unerwartete Genesungen stecken voller Beschreibungen symbolischer Handlungen, veränderter Bewußtseinszustände, intensiver Gefühlsregungen und besonderer Körperbewegungen. Und oft spielt das Zusammentreten einer Gemeinschaft, das überall den äußeren Rahmen von Heilzeremonien bildet, eine nicht unerhebliche Rolle.

Wir fragten uns, ob diese Praktiken, die sehr häufig religiösen Charakter haben, unter der Optik des Heilsystems betrachtet nicht in einem ganz anderen Licht erscheinen. Wir sprachen mit dem Immunologen Jeffrey Levin, der Anfang der achtziger Jahre als junger Wissenschaftler mit einer Studie zur Beziehung zwischen Religion und Gesundheit begonnen hatte. Nach Rückschlägen bei Professoren, die ihm Erfolglosigkeit prophezeiten, wurde er von einem Mentor schließlich dazu ermutigt, die Fachliteratur weiter nach einschlägigen Beispielen zu durchforsten. Während einer »fünfjährigen Jagd nach Wildgänsen«, wie er es nennt, spürte Dr. Levin 250 Fallstudien auf, die sich mit Religion oder Spiritualität im Hinblick auf ihren Einfluß auf die Gesundheit befaßt hatten.

Levin, der eine gewisse Ähnlichkeit mit dem Sänger Paul Simon hat und in der Freizeit Country-music schreibt, erzielte ganz unerwartete Resultate. Auch wenn epidemiologische Studien gewöhnlich nur dann zu brauchbaren Ergebnissen führen, wenn »definierte Bevölkerungsgruppen« mit ähnlichen Merkmalen verglichen werden, so entdeckte er bei seinen Studien doch einen »Schutzeffekt von Religiosität«, der »bei Personen unabhängig von Geschlecht, Rasse oder Ethnie, Nationalität, Alter oder sozialer Schicht« zum Vorschein gekommen sei. Dieser Effekt spiele bei fast allen Krankheiten eine Rolle, auch bei »fast allen Krebsarten«. Keine Rolle spiele hingegen die Zugehörigkeit zu einer bestimmten Religion oder Glaubensrichtung wie »Protestantismus, Katholizismus, Judentum, Hinduismus, Islam, Zen-Buddismus, Zulu oder Parsi«.[36]

Diese Ergebnisse sind zum Teil leicht zu erklären. Manche Religionen verbieten den Genuß von Alkohol und Tabak, schreiben eine bestimmte Ernährung und Hygiene vor oder ermuntern zu anderen gesundheitsfördernden Verhaltensweisen. Daneben gibt es auch genetisch bedingte Unterschiede bei verschiedenen Religionsgruppen: Bei aschkenasischen Juden gibt es eine erhöhte Häufigkeit des Tay-Sachs-Syndroms, bei Südafrikanern der holländisch-reformierten Kirche der Hypercholesterinämie und bei schwarzen Baptistengemeinden der Sichelzellenanämie. Trotzdem werteten wir den fast universellen positiven Einfluß religiöser Praktiken als ein weiteres Indiz für die universell gleiche Funktionsweise des Heilsystems. Die Religionszugehörigkeit, so vermutet Levin, schafft »ein Gefühl der Zusammengehörigkeit und des Miteinander«, das »vielleicht auf psychoneuroimmunologischem Wege« Streß und Ärger abfedern kann. Glaubenssysteme können »inneren Frieden, Selbstvertrauen und Lebenssinn« spenden. (Es bleibt anzumerken, daß bei religiösen Überzeugungen häufig Leidenschaften und Gefühle eine große Rolle spielen und daß sie manchmal durch eine plötzliche Bekehrung mit katharsischem Effekt erworben werden.)

Die »Psychodynamik religiöser Riten«, so Levin weiter, »kann beim Gottesdienst und beim Beten das Gefühl auslösen, geliebt zu werden oder körperlich in Schwung zu kommen, Empfindungen, die man mit Gesundheit und Wohlbefinden in Verbindung bringt«. In seiner Untersuchung zum Heilsystem läßt er sogar Raum für Spekulationen über eine »körperlose Macht« oder »überempirische Kraft« (im Gegensatz zu einer übernatürlichen), die unter einer Vielfalt von Namen (wie *Prana, Chi,* also Lebenskraft) auftrete und ein »aktiver Bestandteil von Praktiken wie Yoga-Atmung und Akupunktur« sein könne.[37]

Der Hypnose-Experte Dr. Herbert Spiegel, den die Gemeinsamkeiten der unterschiedlichen Heilzeremonien auf unserem Globus ebenfalls faszinieren, meint dazu: »Ich glaube, es gibt sehr viele Wege nach Rom, aber wenn man einmal dort ist, ist es ein und dieselbe Stadt. Das gemeinsame Ziel besteht in der Fähigkeit, in sich einzukehren und keine Störungen der inneren Musik zuzulassen.«

Viele Forscher sehen in Musik und Kunst ein Mittel, die »Störung« des rationalen Denkens auszublenden und tiefer gelegene Bereiche des Gehirns – zum Beispiel das lymbische System – zu aktivieren, denen bei psychosomatisch bedingten Heilungen möglicherweise eine Schlüsselstellung zukommt. Bei unseren eigenen Untersuchungen fanden wir interessanterweise heraus, daß drei Viertel der Patienten, mit denen wir uns befaßten, sich regelmäßig und teilweise auch ernsthaft künstlerisch betätigten. Fast die Hälfte spielte ein Musikinstrument oder sang. (Und fast drei Viertel derer, die sich künstlerisch betätigten, bejahten auch unsere Frage, ob sie schon einmal eine ungewöhnliche oder rational nicht faßbare Erfahrung gemacht hätten.)

Die heilsame Kraft von Musik und Rhythmus ist von jeher und in fast allen Kulturen eingesetzt worden. Im antiken Griechenland war der Gott Apoll für Musik wie für Heilung zuständig. Die moderne Wissenschaft holt hier jetzt einiges nach. Der Pharmakologe Avram Goldstein von der Stanford University fragte 249 Menschen, welche Erlebnisse ihnen am ehesten ein »Prickeln« oder einen »angenehmen Schauder« verschafften.[38] Die meisten antworteten, »meine Lieblingsmusik hören«, und manche fanden das sogar noch anregender als Sex. Dr. Goldstein führte physiologische Experimente durch, die darauf hindeuten, daß solche Empfindungen an die Ausschüttung von Endorphinen im Gehirn gekoppelt sind. Andere Untersuchungen belegen, daß Musik die Pulsfrequenz, die Atemtätigkeit, die Kontraktion des Magens und den Spiegel der Streßhormone im Blut beeinflussen kann.

Bei Heilzeremonien von Schamanen spielen Musik und Trommeln fast immer eine Rolle. Forscher haben entdeckt, daß ein bestimmter Rhythmus, der bei Ritualen überall auf der Welt geschlagen wird (vier bis sieben Schläge pro Sekunde),[39] mit den Frequenzen der Aktionspotentiale im Gehirn übereinstimmt, die mit spontanen Vorstellungen, ekstatischen Zuständen und kreativen Einfällen zusammenhängen.[40] In einer bahnbrechenden Untersuchung machte die Forscherin Melissa Maxfield als Biofeedback auf einem Monitor die Gehirnwellen von Probanten sichtbar, die sich diese typischen Trommelrhythmen anhörten. Eine Hälfte berichtete, sie habe deutliche Temperaturschwankungen im Körper verspürt. Alle Teilnehmer des Versuchs berichteten von »visuellen und/oder körperlichen Imaginationen« in Verbindung mit der Musik.[41] Die meisten bezeichneten sie als besonders »lebhaft«. Nimmt man die Wirkung von Heilpraktiken als Indiz, so reagiert das Heilsystem auf Kombinationen dieser Stimuli positiv. Viele der von uns befragten Patienten waren überzeugt, daß Musik und lebhafte innere Bilder zusammen bei ihrer unerwarteten Genesung eine unverzichtbare Rolle gespielt hatten.

Im Jahr 1980 traten bei dem 29jährigen Tom Day, damals Finanzfachmann einer Computerfirma in Colorado, plötzlich epileptische Anfälle mit Erblindung auf. Nach einer Gewebsentnahme wurde ein Astrozytom festgestellt, ein Hirntumor, der nach seinem strahligen und tentakelnden Wachstum benannt ist.

Der behandelnde Krebsarzt schlug Tom überraschenderweise vor, neben der Strahlentherapie auch »alternative Therapien« in Erwägung zu ziehen, und reichte ihm ein Exemplar von Carl O. Simontons' Buch *Wieder gesund werden* ... Tom entschied sich für die Strahlentherapie, wurde in »diesen verdammten Linearbeschleuniger« gesteckt und versuchte, sich die Strahlenteilchen als Kugeln vorzustellen, die seinen Tumor zerschossen. Die Vorstellung war allerdings nicht sehr lebhaft, und der Tumor wucherte trotz der Bestrahlungen weiter: »Sie gaben mir höchstens noch sechs Monate.« Als weitere Behandlung wurden eine »Teilresektion« vorgeschlagen, das heißt eine operative Entfernung von einem Großteil des Tumors, dies allerdings mit ungewissem Ausgang und dem Risiko einer Behinderung, dazu Chemotherapie und Radium-Implantate. Angesichts der großen Risiken und des ungewissen Nutzens lehnte Tom dies ab.

Sein Gesundheitszustand verschlechterte sich weiter. Ratlos wandte er sich an einen örtlichen Psychologen, der ihm dabei half, bildliche Vorstellungen zu seiner Heilung zu entwickeln. Eines Nachmittags, so erinnert er sich, habe er den Durchbruch geschafft: »Ich griff in meine Schallplattensammlung und zog zufällig die ›Ouverture solennelle 1812‹ heraus. Ich drehte die Musik voll auf, legte mich auf mein Bett, und mit einem Knall fügte sich alles ineinander.« Überrascht tauchte vor seinem geistigen Auge plötzlich eine Schlachtenszene aus dem 19. Jahrhundert auf. Er sah »Gardisten mit Musketen und Soldaten, die auf einem Felsen hoch über einem Tal, in dem der Tumor saß, Kanonen in Stellung brachten«.

»Es begann ganz idyllisch«, erinnert sich Tom, »aber dann liefen fieberhaft die Vorbereitungen für die große Schlacht, und auf dem Höhepunkt des Stücks wurde diese ganze Schweinerei mit einer Kanonade in Fetzen geschossen.« Unter Anleitung seines Psychologen entwickelte Tom weitere und noch detailreichere geistige Bilder. »Ich ersetzte die Musketen durch leichte Schwerter wie im ›Krieg der Sterne‹ und hackte den Tumor in Stücke. Über große Schuttrutschen ließ ich die Bruchstücke in Gedanken in einen Container gleiten.«

Aus welchem Grund auch immer, zur Überraschung seiner Ärzte zeigten die Computertomogramme, daß das Tumorwachstum zum Stillstand gekommen war. Tom fühlte sich ermutigt. Dreimal täglich unterbrach er die Arbeit und kehrte zu seiner nahe gelegenen Wohnung zurück, hörte Musik und rief intensive Bilder in sich wach. »Ich war begeistert, es war spannend und machte Spaß. Mein bildhaftes Vorstellungsvermögen war früher unterentwikkelt gewesen, und jetzt ließ ein Musikstück ... in mir einen Film ablaufen, in dem eine ganze Kavallerie aufmarschierte.«

Barbara Crowe, die ehemalige Vorsitzende der National Association of Music Therapy, vermutet, daß Musik und Rhythmus ihre heilsame Wirkung dadurch entfalten, daß sie die »ständig plappernde« linke Gehirnhälfte beruhigen. »Ein ständig wiederkehrendes lautes Geräusch sendet der Großhirnrinde ein konstantes Signal, das den Input durch andere Sinne wie Sehen, Tasten und Riechen überdeckt«, erläutert sie. Bei einer Verminderung sensorischer Reize weichen die Selbstgespräche, Analysen und logischen Urteile, die in der linken Gehirnhälfte gewöhnlich lautstark produziert werden, gewissermaßen einem Murmeln. Dabei werden die tieferen Hirnregionen angeregt, die Symbole, Bilder und Gefühle hervorbringen. »Hier haben die Rituale der Stammesgesellschaften ihren Sitz«, glaubt sie. »Es gibt eine klare Parallele zwischen dem traditionellen Schamanismus und den heute praktizierten Übungen der Musiktherapie.«[42]

Die Musiktherapeutin und Wissenschaftlerin Deforia Lane führte mit einer Gruppe von Kindern, die wegen verschiedener Krankheiten stationär behandelt wurden, ein Experiment durch. Sie entdeckte, daß die Menge von Immunglobulinen der Klasse A (IgA) im Speichel, einem Immunfaktor, der Infektionen der Atemwege bekämpft, bei Kindern, die an musiktherapeutischen Sitzungen von 30 Minuten teilnahmen, signifikant anstieg.[43]

Deforia Lane tritt mit ausgreifenden Schritten in den Warteraum des Rainbow Babies and Children's Hospital in Cleveland. Alles an dieser großen, auffallend schönen schwarzen Frau in dem tiefblauen Kostüm strahlt Lebenskraft aus. Ihr Gesicht verrät Opferbereitschaft, aber nicht die häufig anzutreffende sentimentale Aufopferung der Krankenschwester, die sich vom tagtäglich erlebten Leid auffressen läßt. Ihre Liebe ist die Anziehungskraft, die Planeten in ihre Bahnen zwingt.

Deforia stammt aus der Mittelschicht und wuchs in einer Familie auf, in der Musik zum Alltag gehörte. Ihr Vater hatte einen wunderbar klaren und vollen Bariton, und sie erinnert sich, daß er mit ihrer Schwester »herumwirbelte«, tanzte und »Precious Lord, Take My Hand« sang, zur Klavierbegleitung ihrer Mutter, die auf einem Luftwaffenstützpunkt arbeitete. Die gewaltige Kraft der Musik hinterließ bei ihr einen tiefen Eindruck: »Mein Vater war völlig anders, wenn er sang, und meine Mutter war anders, wenn sie spielte.« Deforia, die ab dem fünften Lebensjahr Klavierstunden und ab dem siebzehnten Gesangsunterricht nahm, sang bei dem renommierten Curtis Institute of Music vor und wurde zu ihrer Überraschung angenommen. Kathleen Battle, mit der sie das Zimmer teilte, ist heute eine der gefeiertsten Opernsopranistinnen der Welt.

Deforia hingegen ließ ihre Pläne, Sängerin zu werden, fallen. »Ich sang sehr gefühlvoll, aber ich hatte keine Technik.« Statt dessen wurde sie Musiktherapeutin und arbeitete in einer Einrichtung, wo sie Menschen mit einem Intelligenzquotienten unter 50 kommunikative Fähigkeiten und Selbstvertrauen entwickeln half. Entschlossen ermutigte sie Kinder zu »ganz neuen Schritten« und gründete schließlich den Chor *Sing and Sign*, »eine Art Botschafter der Gemeinschaft der Behinderten«. Mit ihm trat sie an Schu-

len auf, um »Kindern beizubringen, Kinder, die anders sind, humaner zu behandeln«.
Deforia ist gläubige Christin und hat, so sagt sie, schon immer die »stützende Nähe des Herrn« gespürt. Ihr Glaube geriet nicht ins Wanken, als sie sich bei fünf chirurgischen Eingriffen gutartige Geschwülste aus der Brust entfernen lassen mußte. »Ich hatte eine ganze Reihe von Geschwülsten und war beim Gedanken, sie entfernen zu lassen, ziemlich nachlässig geworden.« Als eine weitere Wucherung auftrat, wartete sie bis nach der Geburt ihres Sohnes und ging erst dann wieder zum Arzt. »Das war dumm. Sie hatte sich zu Krebs ausgewachsen.« Die Brust mußte entfernt werden, ein Rezidiv folgte, dann Bestrahlungen und eine Behandlung mit Tamoxifen (einem Antiöstrogen). Deforia stand am Rand der Verzweiflung.
Ihr Mann, ebenfalls überzeugter Christ, baute sie wieder auf. Aber Deforia, die bei einem Test anhand der AOD-Skala als »Dionysierin« eingestuft wurde, fand ihren Halt schließlich dort wieder, wo sie ihn immer gefunden hatte: in der Musik. Sie erinnert sich, daß sie am Klavier saß, auf gut Glück ihr Notenbuch aufschlug und ein Lied entdeckte, das ihr aus der Seele sprach: »Es handelte vom Gang durch Fluten und Feuer.« Plötzlich war ihr, als habe sie eine Antwort, die stille Gewißheit: »Du schaffst es.«
Als ein weiterer verdächtiger Knoten wuchs, hörte sie sich zwei Wochen lang zur Beruhigung immer wieder die Ouvertüre zu »Carmen« an. In Gedanken sah sie »Gottes Finger auf den Knoten deuten. Aus den Fingerspitzen kamen intensive Sonnenstrahlen und brachten ihn zum Schrumpfen«. Wie bei Tom Day sorgte auch bei ihr die Musik dafür, daß die Bilder lebhafter wurden. »Ich sah, wie sich Löwen auf die Geschwulst stürzten und riesige Adler auf sie niederstießen, Stücke herausrissen und auf Nimmerwiedersehen verschwanden. Nach zwei Wochen hatte der Knoten wieder normale Größe. Ich behaupte nicht, ich hätte ihn mit meinen Vorstellungen weggezaubert, aber sie halfen meinem Körper, weil ich wenigstens wieder das Gefühl bekam, mich selbst im Griff zu haben. Das war mir beinahe abhanden gekommen.«
Aufgrund ihrer eigenen Erfahrungen kann sich Deforia gut in ihre Patienten einfühlen. Der Erfolg der Musiktherapie, so glaubt

sie, hänge besonders stark von der Beziehung zwischen Patient und Therapeutin ab. »Ich weiß, es gibt eine Verbundenheit, die über die Technik, das Heilverfahren oder den Therapieplan hinausgeht. Deshalb sind Erfolge auch nicht beliebig wiederholbar.« Deforia hat Fälle erlebt, bei denen die Patienten auf die Therapie überraschend gut ansprachen. Ein Patient mit Dickdarmkrebs, der bereits im Koma lag, wurde an seinem Krankenbett täglich mit Dulcimer-Musik berieselt, eine Musik, die er ganz besonders mochte. Obwohl die Ärzte bereits für die Abschaltung der lebenserhaltenden Apparaturen plädierten, kam der Mann wieder zu sich. Er berichtete Deforia, er habe »nicht einfach nur eine Melodie gehört, sondern einzelne Noten, die so verlockend klangen, daß er einfach wieder zu sich kommen mußte«. Der Patient lebte noch geraume Zeit. Er nutzte sie dazu, Dulcimers zu bauen, selbst darauf zu musizieren und anderen den Umgang mit dem Instrument beizubringen.

»Ich weiß nicht, ob die Musik der Katalysator gewesen ist«, sagt Deforia. »Ich würde es gerne glauben. Aber wir werden dieses faszinierende Geheimnis wohl nie ganz ergründen.«

Leichter begreiflich wird Deforias Tätigkeit, wenn man sieht, wie sie mit einem kleinen Synthesizer in der Hand einen ganzen Raum voller Kinder mit gefährlichen Krankheiten verzaubert. Das metallisch klingende Gerät mit seinen eingespeicherten Rockrhythmen bringt die himmlischen Klänge nicht von alleine hervor. Erst unter ihren Händen wird es zu einem ausdrucksstarken Instrument, einem Füllhorn, das das Heilsystem mit wohltuenden Reizen überschüttet. »Gebt nicht auf«, singt sie im Kreis der hoffnungsvollen kleinen Kranken, für die sie eine Heilerin mit der Fähigkeit ist, »alle Ketten des Kummers zu sprengen«, wie ein antiker Text von Ärzten verlangt.

Ärzte, Heiler und Patienten, sie alle finden instinktiv Wege, das Heilsystem zu stimulieren, auch wenn über seine genaue Funktionsweise im Augenblick nur spekuliert werden kann. Es ist ein dankbarer Gegenstand für jeden, der sich gerne auf wissenschaftliches Neuland begibt. Und die Sache schreit förmlich nach neuen Wortschöpfungen. Ein Theoretiker schlägt »Kyberphysiologie« vor und versteht darunter das »Studium, wie über Nervenbahnen verlaufende autonome Reaktionen, die gewöhnlich als reaktive Reflexe gelten, durch einen Lernprozeß, der offenbar von bildlichen Vorstellungen oder Denkschemen abhängt, modifiziert werden können«.[44]

Für das Heilsystem gibt es keine einheitliche Terminologie. In seinem hierarchischen Aufbau ist es anscheinend ebenso strukturiert wie die besser erforschten Systeme, bei denen übergeordnete Instanzen auf untergeordnete einwirken und besondere Reaktionen hervorrufen wie den Abtransport von Abfallstoffen oder die Reinigung des Körpergewebes. Andere Aspekte sind dagegen noch völlig unerkundet. Man hat es mit einem »Metasystem« zu tun, das auf Signale, Anregungen und Anleitungen aus dem biologischen, geistigen, seelischen und spirituellen Leben des einzelnen reagiert. In der Tat handelt es sich vielleicht um eine (besonders facettenreiche und bunte) Schnittstelle zwischen Geist und Materie, die ganz eigenen Regeln gehorcht.

Wir wir gesehen haben, müssen wir das Heilsystem auf allen seinen Ebenen betrachten, wenn wir es verstehen wollen. Auf einer Ebene handelt es sich um ein System des Informationsflusses. Auf einer anderen Ebene, die mehr mit Immunologie zu tun hat, ist es ein System, das Eigenes von Fremdem unterscheidet. (Das Immunsystem, das Muster erlernt, sie speichert und wiedererkennt, also »denkt«, hat Eigenschaften, die denen des Geistes auffallend ähneln.) In einem noch tieferen Sinn handelt es sich vielleicht um unser ureigenes Selbst, vermittelt durch eine Vielfalt informationstragender Peptide. Wie inzwischen wohlbekannt ist, hat man die gleichen Peptide, die in den inneren Organen wirken, beispielsweise auch im Gehirn gefunden und umgekehrt.

Aber es gibt andere Formen der Information, die offenkundig mit den physikalischen in Wechselwirkung stehen: Mythen, Symbole und Formen des Glaubens. Die interessante und noch unbeantwortete Frage lautet: Wie wirken diese Informationen in der gesamten Person zusammen?

Ein neuerdings kursierender Witz um einen Dummkopf mit einer Thermosflasche veranschaulicht die Problematik: Ein Mann geht mit einer Thermosflasche in der Vespertasche täglich zur Arbeit.

Eines Tages winkt er verblüfft einen Kollegen herbei und sagt: »Merkwürdig. An heißen Tagen ist meine Thermosflasche mit eiskalter Limonade gefüllt, an kalten mit dampfendem Kakao.«
»Ja und?« fragt der Kollege.
»Nun ... woher weiß die Thermosflasche ...?«
Woher weiß sie es? Das Problem führt uns zurück zu Dr. Lewis Thomas' verblüffter Frage nach dem »begabten Ingenieur und Manager«, dem »Geschäftsführer«, dem »Chef vom Ganzen«, der »die Dinge mit einer bewundernswerten Umsicht steuert«.[45] Auch Dr. Walter Cannon, der in den dreißiger Jahren entdeckte, daß das Zentralnervensystem (ZNS) zahlreiche körperliche Funktionen steuert, mußte eine gesicherte Erklärung, wie dies genau geschieht, schuldig bleiben. Vielleicht, so spekulierte er damals, sei auch das ZNS einem Steuermechanismus unterworfen, »den man beim Menschen die Persönlichkeit nennt«.[46] In jüngerer Zeit vermutete Candace Pert, der Geist sei »vielleicht die zwischen allen Bereichen des Körpers fließende Information, die das Netzwerk zusammenhält«.
Je genauer wir das Heilsystem betrachten, desto mehr Überraschungen hält es bereit. Es ist ein großartig orchestriertes Gesamtgefüge, ein Labyrinth, in dem man sich rasch verlieren kann. Wenn wir das Gück hätten, einen Menschen vom Ausbruch seiner Krankheit bis zu seiner unerwarteten Genesung begleiten und alle biologischen Abläufe in ihm verfolgen zu können, stünden wir vor dem Problem, daß wir mehrere Prozesse, die auf unterschiedlichen Ebenen ablaufen, gleichzeitig beobachten müßten. Das Ganze gleicht einer Feedback-Schleife, die vom Körper zum Geist und wieder zurück verläuft. »Sie schreiten in Ringen voran«, schrieb Hippokrates, bevor solche zirkulären Modelle nach und nach aus der medizinischen Forschung verdrängt und dann notwendigerweise wieder eingeführt wurden. Um für den plötzlich ins Blickfeld gerückten Gesamtorganismus aus Geist und Körper eine geeignete Sprache zu finden, müssen wir offenbar Jahrtausende zurückgehen: zu den Griechen, für die der lebendige Leib keine Singularität, sondern eine Vielfalt, keine empfindungslose Hülle, sondern materialisiertes Bewußtsein war mit »Körperteilen oder Organen (Herz, Lungen, Zwerchfell, Brust und Gedärm),

mit Atem, Dünsten oder Körpersäften, mit Gefühlen, Trieben und Begierden und mit Gedanken, also mit den konkreten Tätigkeiten des Verstandes wie begreifen, erkennen, benennen und verstehen«.[47]

Vielleicht fungiert unsere Persönlichkeit nicht nur als Mittler für das Heilsystem, vielleicht sind beide in einem unfassenderen Sinn identisch: der aus dem tiefsten Inneren kommende Drang nach Ganzheit, unsere tiefe Sehnsucht nach Einklang mit uns selbst. Dieses unbekannte System zu erkunden und zu fördern ist nicht nur eine lohnenswerte Aufgabe für die Forschung, es versetzt uns alle in die Lage, unsere individuellen Fähigkeiten umfassend zu entfalten. Wenn je eine Medizin praktiziert werden sollte, die sich den gesamten Facettenreichtum des Heilsystems zunutze macht, dann ist sie fest im Individuum verankert: in seiner gewaltigen Vielfalt und seinen grenzenlosen Möglichkeiten.

10

Auf dem Weg zu einer neuen Medizin

Hinter unerwarteten Genesungen steckt mehr als nur eine Sammlung anrührender menschlicher Geschichten. Sie sind ein dankbares Forschungsobjekt und eine wertvolle Informationsquelle für den Mediziner, der Einblick in den Heilungsprozeß gewinnen will. Und sie geben Patienten und Ärzten, die auf der Suche nach neuen Heilverfahren sind, Anlaß zur Hoffnung. Zugleich gehen von unerwarteten Heilungen Impulse für die Genesung eines krankenden Gesundheitswesens aus. Eine Strömung an seiner Basis bemüht sich heute, die Kluft zwischen harter und sanfter Medizin, zwischen Patient, Arzt und Pflegepersonal zu überbrücken. Diese neue Medizin interessiert sich ebensosehr für den Menschen als Ganzes wie für die Wirksamkeit des einzelnen Heilverfahrens. Schon jetzt ist vorstellbar, daß Geisteswissenschaften, Naturwissenschaften und Technik in einem übergreifenden Ganzen zusammenwirken, in dessen Zentrum der Mensch steht. Und hier steht das menschliche Wohlbefinden mehr im Zentrum als die Krankheit.

Lange herrschte in der medizinischen Forschung die Annahme vor, angesichts der biologischen Gesetzmäßigkeiten des Krebses seien psychologische, soziale oder spirituelle Faktoren ohne oder nur von geringer Bedeutung. Dr. Steven Rosenberg, für den der rätselhafte Fall des Patienten DeAngelo zur Offenbarung wurde, drückte nachdenklich die Hoffnung aus: »Wenn wir diesen Mechanismen auf die Spur kommen, sie bei anderen Patienten nachahmen könnten …«[1] Gleichwohl weitete er die Suche nach seinem Tumor-Nekrose-Faktor niemals mit einem fruchtbaren Ansatz auf noch unbekannte Faktoren in der menschlichen Seele aus. DeAngelos Erfahrungen, seine Meinung, worauf die wundersame Heilung von seinem metastasierten Magenkrebs zurückzuführen sei, interessierten Rosenberg nicht.

Eine angemessene Auseinandersetzung mit dem Mysterium – und dem realen Vorhandensein – von unerwarteten Genesungen verlangt nach neuen Begriffen, neuen Forschungsmethoden und vor allem nach völlig neuen Fragestellungen. Wenn sich das Verschwinden oder der Wachstumsstopp eines Tumors nach erkennbaren Mustern vollzieht, lassen sich aus diesen Erkenntnissen vielleicht neue Methoden zur Vorbeugung oder Behandlung der Krankheit entwickeln. Im Verlauf unserer Untersuchung ist die Liste von Faktoren, die im Heilsystem zusammenwirken, auf mehrere Dutzend angewachsen. Unbekannt bleibt indes, wie viele und welche Faktoren in einem ganz bestimmten Fall ins Spiel kommen müssen, um das Heilsystem in Gang zu bringen.

Einige Forscher werden diese Frage gewiß als Scheinfrage abtun: Bei einer Genesung muß kein Heilsystem in Gang kommen. Unerwartete Genesungen sind statistische Ausnahmen ohne erkennbare Ursachen. Und sie erfordern kein Umdenken in der medizinischen Praxis. Der Yaler Radiologe Richard Peschel schrieb zum Beispiel: »Medizinische Wunder sind ganz selten. Die Wissenschaft unternimmt keinen Versuch zu ihrer Erklärung und muß dies auch nicht. Laien mag das seltsam erscheinen, aber der Wissenschaftler gibt sich damit zufrieden, daß es äußerst unwahrscheinliche Ereignisse gibt und auch geben muß, denn sie sind statistisch ja möglich. Deshalb bedürfen medizinische Wunder keiner Erklärung.«

Peschel zitiert den Fall des 83jährigen Patienten G., der seit drei Jahren an einem metastasierten Lymphom litt. Der Mann war für eine Chemotherapie zu schwach und hatte nach den Bestimmungen der Klinikverwaltung ohne ein Minimum an Behandlung keinen Anspruch auf ein Krankenhausbett. Wegen der ausgezeichneten Pflege und Schmerzbehandlung wollten ihn die Ärzte in der Klinik sterben lassen und griffen aus humanitären Gründen zu einer List. Trotz vieler Metastasen in Rückenmark, Lymphknoten, Brustraum und Unterleib bestrahlten sie, ohne sich davon irgendeinen Erfolg zu versprechen, wahllos einen Lymphknoten in der Leistengegend. Peschel berichtet:

> Zunächst sah es so aus, als werde G. sterben. Dann aber begann er wieder zu essen und kam zu Kräften. Nach einem Monat waren seine Schmerzen verschwunden, und er hatte zugenommen! Trotzdem war die Erkankung nach wie vor manifest: Er hatte einen geschwollenen Lymphknoten im Nacken und eine große Wucherung im Unterleib. Angesichts seines verbesserten Allgemeinzustandes war eine stationäre Behandlung nicht mehr notwendig, so daß die Ärzte ihn in sein Pflegeheim zurückschickten.
> Nachfolgende Untersuchungen im Krankenhaus zeigten, daß die Wucherungen in G.s Körper kleiner geworden waren. Nach einigen Monaten war ein medizinisches Wunder offenkundig. G.s Erkrankung war weitgehend verschwunden, und eine Untersuchung erbrachte fast keinen krankhaften Befund. Sein Allgemeinzustand war schließlich sogar besser als vor dem Auftreten seines Lymphoms.
> G. lebte in seinem Pflegeheim noch jahrelang. Eine Untersuchung erbrachte keinerlei Anzeichen einer Krebserkrankung. Und den Ärzten sagte er immer wieder, er fühle sich »besser denn je«.[2]

Bei diesem dokumentierten Fall einer Remission hatten zwei Pathologen unabhängig voneinander eine tödlich verlaufende Krebsart diagnostiziert, und trotzdem war der Patient wieder gesund geworden. Die Ärzte hatten ihm natürlich gesagt, er werde kurativ behandelt. Für Dr. Peschel war seine unerwartete Genesung ein »medizinisches Wunder«, das er als »äußerst unwahrscheinliches Ereignis oder ein Ereignis [definiert], das nur mit sehr geringer Wahrscheinlichkeit eintritt: eine spontane Remission zum Beispiel«.[3] Die Möglichkeit, daß ein Placebo-Effekt, G.s Glaube an die Wirksamkeit der Scheinbehandlung, eine Rolle gespielt haben könnte, zog er niemals in Erwägung. Niemand stellte entsprechende Vermutungen an oder versuchte, neue Erkenntnisse zu gewinnen. Und auch G. selbst wurde nie danach befragt, was er über seine Genesung dachte.

Sogenannte »Patienten-Beiträge« werden im allgemeinen mit Skepsis betrachtet. Dr. Jimmie Holland, leitende Psychiaterin am Memorial Sloan-Kettering Cancer Center, meint dazu: »Wenn man hundert Langzeitüberlebende aufsucht, hört man interessante Vermutungen darüber, warum sie überlebt haben. Ich will das keinem nehmen. Trotzdem sind es grobe Vereinfachungen, bei denen die ganze Vielfalt der Möglichkeiten unbeachtet bleibt. Warum kommt es bei einigen zu einer Besserung und bei anderen nicht? Warum spricht der eine auf die Chemotherapie an, während der Effekt bei einem anderen gleich Null ist? Wir haben nicht die leiseste Ahnung.«

Die hat auch Marilyn Koering nicht. »Nenn mich Ismael«, beginnt Melvilles Roman »Moby Dick«, und er endet mit einer Zeile aus dem Buch Hiob: »Und ich allein bin entronnen, daß ich dir's ansagte.«[4] In nachdenklichen Augenblicken fühlt sich Marilyn wie der schiffbrüchige Erzähler in diesem Meisterwerk der Weltliteratur. Mit zwanzig Leidensgenossen, die wie sie an einem als unheilbar geltenden Melanom litten, war sie bei einem Experiment voller banger Erwartung zu neuen Ufern der Therapie aufgebrochen. Der Krebs zerschmetterte das zerbrechliche Schifflein ihrer Hoffnung und riß außer ihr alle in die Tiefe. Marilyn klammert sich noch heute an ein Rundholz: eine niedrig dosierte subkutane Injektion von rekombiniertem Alpha-Gamma-Interferon, die keinen ihrer Gefährten über Wasser hatte halten können.

Sie allein hatte überlebt. Aber das erfuhr sie erst Jahre später bei der Lektüre eines Artikels in der Zeitschrift *Cancer:* Dort war von einem therapeutischen Experiment mit Interferon die Rede, bei dem die durchschnittliche Überlebensdauer von 20 Patienten sechs Monate betragen habe. Beiläufig erwähnt wurde eine »zuvor nicht behandelte 47jährige mit einem durch Biopsie bestätigten Befall des Knochenmarks und diffusen Metastasen in den Beckenknochen«. Sie sei der einzige Fall einer »objektiven Regression«.[5] Mit einem Schauder erkannte sich Marilyn wieder, mit dem beklemmenden Gefühl, die anonyme Ausnahme einer Sterbestatistik zu sein. Am liebsten wäre die angesehene Anatomie-Professorin der George Washington University, die zudem für die National Institutes of Health forschte, auf die Kuppel des nahe gelegenen Kapitols geklettert und hätte gerufen: »Ich bin noch immer am Leben! Am Leben!« Aber sie stellte sich immer und immer wieder nur die eine Frage: »Warum gerade ich?«

Ihre Erkrankung an einem Melanom war eine bittere Ironie des Schicksals gewesen, denn sie hatte diese Art Hautkrebs in ihrem Seminar für mikroskopische Anatomie sehr ausführlich behandelt. »Die Krankheit war mir besonders wichtig, weil die Krebszellen bei ihr am schnellsten wandern und sich daran die Bildung von Metastasen am besten verdeutlichen läßt«, berichtet sie uns. Als sie sich nach einer Partie Tennis auf einer Zeitung in der Sonne räkelte, entdeckte sie auf ihrem Knöchel einen schwarzen Fleck. Zunächst nahm sie es mit Humor: »Ich dachte, aus Liebe zum Melanom hätte ich schließlich eines mit nach Hause genommen.« Die rasch um sich greifende Wucherung machte mehrere chirurgische Eingriffe notwendig. Wie eine Kernspintomographie zeigte, hatte die Krankheit das Knochenmark, Schädel, Rippen, Wirbelsäule und Becken befallen. »Meine Hüftknochen waren völlig zerfressen«, berichtet sie. »Mir war klar, das ist dein Todesurteil.«

Marilyn hat einen Essay, eine seltsam drollige Geschichte über die unaufhaltsame Maschinerie des Todes, geschrieben: Sie erzählt von den drei Zellen Jean, Jack und Joe Melanozyt, die in einer Sommersprosse lebten. Eines Tages bemerkten Jean und Jack, daß »Joe sich etwas merkwürdig benahm. Statt sich auszuruhen produzierte er mehr Farbstoff Melanin als notwendig.« Jean und Jack machten sich, gesetzestreu, wie sie waren, Sorgen wegen seiner »Hyperaktivität« und seines »unkontrollierten Verhaltens«. Bald spielte Joe völlig verrückt, sprengte seinen Bungalow in der Epidermis, jagte über Autobahnen in die entlegensten Stellen des

Körpers, durchbrach alle Polizeisperren der Killer-Zellen und errichtete mit zahllosen Nachkommen eine zügellose Herrschaft des Verbrechens.[6]

Zumindest bis zum Einsatz von Alpha-Gamma-Interferon. Marilyn glaubt, die Injektion, die sie sich seit acht Jahren wie eine Fixerin täglich verabreicht, helfe ihre körpereigene »Polizei mobilisieren. Der Krebs ist jetzt wie eine Bande untergetauchter Gangster, die sich wegen der Polizeistreifen nicht mehr auf die Straße trauen.« Was aber wäre ohne die Injektion? Die Frage verfolgt sie nachts, nicht nur als Patientin, sondern auch als Wissenschaftlerin. Denn nach allem, was man weiß, ist Alpha-Gamma-Interferon im Kampf gegen maligne Melanome wirkungslos. Das Experiment war ein Fehlschlag gewesen. Obwohl in dem Artikel mit dem Bericht die Vermutung angestellt wird, die niedrige Dosis könne »maßgeblich« zu den »enttäuschenden Ergebnissen« beigetragen haben, gibt sich Marilyn nach wie vor eine Dosis, die noch weit darunter liegt. Ohne sich auf ein anderes Indiz als ihr eigenes Überleben stützen zu können, spekuliert sie, daß die Antwort möglicherweise gerade in dieser niederen Dosis liege, »weil sie das System nicht überfordert«. Aber überzeugt ist sie keineswegs, und nach acht Jahren quält sie die Frage noch immer.

»Mein Problem ist, daß meine Remission möglicherweise gar nicht das Ergebnis der Behandlung war, denn außer mir hat niemand auf sie angesprochen«, schrieb sie 1990 in dem Brief, der uns auf ihren Fall aufmerksam gemacht hat. »Die meisten Wissenschaftler vom National Cancer Institute glauben, daß Interferon bei der Behandlung von Melanomen keinerlei Wirkung zeigt. Deshalb wüßte ich gerne, ob die Behandlung tatsächlich angeschlagen hat oder ob es sich um eine spontane Remission handelt.«

Marilyns Frage ist einerseits existentieller Natur: »Warum lebe ich noch?« Und andererseits ist sie ganz pragmatisch: Soll sie nach beinahe zehn krankheitsfreien Jahren weiterhin ein Medikament nehmen, das mit ihrer unerwarteten Genesung vielleicht überhaupt nichts zu tun hat? Wenn sie jetzt tatsächlich geheilt ist, ist dann das Interferon, das bei ihr und nur bei ihr gewirkt hat, hauptsächlich ein Placebo? Hat es bestenfalls über das Heilsystem die Immunabwehr stimuliert? Marilyn ist sich der Bedeutung der Frage, die hinter ihrer Zwangslage steckt, besser bewußt als andere. Einem Kollegen, der an einem einschlägigen Forschungsprojekt des National Cancer Institutes beteiligt ist, hat sie eine Probe ihrer weißen Blutkörperchen geschickt. Er kam zu keinem Ergebnis, schrieb nur: »Ich bin so neugierig wie Sie, was da vor sich geht.«

Ihre Neugierde ist allerdings die einer Betroffenen. Marilyn, eine international anerkannte Wissenschafterin an einer der bedeutendsten medizinischen Fakultäten der USA, ist ein einzigartiger Fall. Aber damit gibt sich die Forscherin nicht zufrieden. »Bei diesen Studien«, kritisiert sie, »werden die Menschen als Masse und nicht als Individuen behandelt.« Auch als Patientin, so sagt sie mit bitterem Unterton, sei ihre »Betreuung in den letzten Jahren gleich Null gewesen. Sie haben mich buchstäblich fallenlassen.« Vielleicht sei die niedrige Dosis bei ihr tatsächlich wirksam, das könne doch in weiteren Versuchen nachgeprüft werden. Die medizinische Fachwelt solle ihrem Fall mehr Aufmerksamkeit schenken. Statt dessen mußte sie darum kämpfen, weiterhin mit der selbstverordneten täglichen Injektion versorgt zu werden. Da der Versuch nicht die erhofften Ergebnisse gebracht hatte, schlug die Pharmafirma sogar vor, sie solle das teure Medikament in Zukunft selbst bezahlen, worauf Marilyn vom »Standpunkt des Versuchskaninchens« aus gewaltig Krach schlug.

Inzwischen fühlt sie sich weniger wie der überlebende Ismael als vielmehr wie Jonas, der durch ein Wunder aus dem Bauch des Wales befreit wurde, um den Bürgern von Ninive die Wahrheit zu predigen.

Sie legt uns einen prall gefüllten Aktenordner mit der Aufschrift »Leserbriefe: veröffentlicht« vor. In einem Brief an das *Wall Street Journal* übt sie vernichtende Kritik an der marktschreierischen Pressekonferenz zu Interleukin-2, bei der es, so schimpft sie, um Werbung für Firmen gegangen sei, denen »mehr an Aktien als an Menschen liegt«.[7] In einem anderen an das Magazin *Time* geißelt sie »das politische und medizinische Establishment«.[8] Dem Fachblatt *Hippocrates* schrieb sie in ihrer Eigenschaft als Forscherin und Patientin, daß sie »entsetzt« sei über die »zusätzlichen Leiden«, die der »medizinische Rummel« bei den Betroffenen hervorrufe: »Wie sollen [Krebspatienten] wissen, wie sie sich verhalten sollen, wenn nicht einmal die Fachwelt zu einem Konsens kommt?«[9] Dr. Steven Rosenberg, der renommierte Chefoperateur des National Cancer Institute, den sie auf einer Dinnerparty in Georgetown kennenlernte, verärgerte sie mit der Behauptung, es sei »unmöglich«, daß Interferon sie von ihrem metastasierten Melanom geheilt habe.

Für Marilyn, die zu einem Kampf gegen Windmühlen immer bereit ist, ist nichts unmöglich. Wenn sie von etwas überzeugt ist, dann setzt sie sich mit ganzer Kraft dafür ein, auch bei einer Bagatelle. So hatte sie jahrelang die Gewohnheit, mit dem Rad zu den Constitution Gardens zu fahren, eine kleine Cola zu kaufen und sich mit ihr und einem guten Buch auf einer Parkbank niederzulassen. Als kalte Getränke nur noch in mittleren und großen Flaschen verkauft wurden, schrieb Marilyn aufgebracht einen Brief an die Parkverwaltung, rief den Leiter an, schrieb einen zweiten Brief und einen dritten. »Ich erklärte, ich sei Steuerzahlerin, und diese Leute hätten Verträge mit der US-Regierung. Auf ihren Schildern stünde ›*kleine* Colas‹, und mehr wollte ich ja nicht.« Die Operation Rückeroberung der kleinen Cola zog sich über Monate hin. Die Parkverwaltung stellte Nachforschungen an, die Konzessionsinhaber stellten sich stur, Briefe gingen hin und her. Schließlich verbuchte sie einen Erfolg auf ganzer Linie. »Jetzt sitze ich auf meiner Bank und lächle, wenn ich sehe, wie viele Leute mit einer kleinen Cola an mir vorbeigehen. Es sind eine ganze Menge.«

Natürlich will sie endgültig gesund werden, sei es durch Interferon oder durch irgendwelche geheimnisvollen biologischen Abläufe, die sich ebenfalls positiv auswirken könnten. »Ich habe sehr viel nachgedacht«, erzählte sie uns. »Schließlich kam ich zu dem Schluß, daß man aus meiner Genesung, selbst wenn sie ein reiner Zufall war, für andere einen Nutzen ziehen sollte. Man würde erwarten, daß die Sache weiterverfolgt wird, aber statt dessen hat man die Tür zugeschlagen.« Sie ist es gewohnt, Türen durch schiere Beharrlichkeit wieder zu öffnen. Die 57jährige Marilyn gehört zur Vorhut einer Generation von Frauen, die berufliche

Barrieren niedergerissen, männliche Bastionen erstürmt und sich Ruhm erworben haben, wenn auch häufig zu einem hohen Preis. Oft wurde mehr von ihr verlangt als von männlichen Kollegen, und oft suchte man bei ihr nach Anzeichen von Verletzlichkeit und Überempfindsamkeit, jenen vermeintlich typisch weiblichen Eigenschaften, die einer Aufnahme in den Club im Wege stehen. Der Krebs, so erzählte sie uns, habe bei ihr verdrängte Empfindungen zum Vorschein gebracht und langsam und behutsam ein neues Gefühlsleben entstehen lassen. In einer Reihe privat in Umlauf gebrachter Essays über ihre Erfahrungen[10] schreibt sie noch immer so wissenschaftlich nüchtern und steif wie in den Jahren der Vorsicht: »Das Weinen ist eine allgemeinmenschliche Reaktion, ausgelöst durch ein vielfältiges Spektrum von Gefühlen, das von Rührung bis hin zu Trauer reicht. Dieses Verhalten ist in der Gesellschaft nicht gerne gesehen, gilt es doch gewöhnlich als Zeichen von Schwäche.«[11]

Wie Marilyn hat auch ihr Arzt Ed Creagan, Forschungsleiter bei dem Interferonversuch und federführender Autor des Berichts für die Zeitschrift *Cancer*, überdurchschnittliche Leistungen vorzuweisen: Er graduierte als Zweitbester seines Jahrgangs und ist, wie er glaubt, »wahrscheinlich der jüngste Professor an der medizinischen Fakultät der Mayo Clinic«. Seinen Medizinstudenten bietet er jetzt ein richtungweisendes Seminar darüber an, wie man mit den seelischen Aspekten von Krankheiten umgehen kann.

Dr. Creagan betreut seine eigenwillige und oft schwierige Patientin mit sehr viel Einfühlungsvermögen. »In ihrem Verhältnis zur medizinischen Fachwelt hat sie stürmische Tage erlebt und sich auch entfremdet«, sagt er. »Geblieben ist ihre unbeugsame Entschlossenheit.« Wie wir schon bei einigen anderen Fällen bemerkt haben, bestehen auch hier auffallende charakterliche Ähnlichkeiten zwischen Arzt und Patientin: Beide sind hartnäckig, wißbegierig, direkt und für ihre jeweiligen Institutionen zeitweilig unbequem.

Dr. Creagan hat an ihrem Fall echtes Interesse: »Natürlich will ich wissen, warum sie noch am Leben ist. Trotz der erstaunlich geringen Dosis von Alpha- und Gammainterferon glaube ich persönlich an eine gewisse Wirkung der Behandlung. Aber ich sage ihr

auch, daß sie in der medizinischen Fachliteratur weltweit das einzige Beispiel für eine solche Remission ist.«
»Ich glaube«, so Creagan weiter, »es gibt persönliche Züge, die ein Langzeitüberleben fördern, denn dahinter steckt nicht nur Glück. Und das ist für mich auch das Schwierige, die Suche nach der magischen Kombination bestimmter Eigenschaften. Die Menschen da draußen wollen natürlich eine Erklärung dafür, warum gerade sie sich wieder so gut erholt hat.«
Aber Marilyn läßt sich in kein Schema pressen. »Dr. Koering ist klug, intelligent, international angesehen und eine hartnäckige, sehr selbstbewußte Patientin«, beschreibt er sie. »Andere überlebende Patienten haben sich blind in ihr Schicksal ergeben und gut daran getan, sie aber hat den Stier bei den Hörnern gepackt und versucht, ihn niederzuwerfen.«
Marilyn ist sich ihrer rauhen Schale sehr wohl bewußt und fühlt sich deshalb vielfach unverstanden. »Im Grunde bin ich empfindsam. Sie kennen mich wahrscheinlich besser als viele andere«, gestand sie uns, nachdem wir erst wenige Stunden mit ihr gesprochen hatten. Wir waren bei unseren Interviews oft überrascht, welche Gefühle das breite Spektrum unserer Fragen auslöste und wieviel Vertrautheit es schuf. Das ließ erahnen, welchen Nutzen die betreuten Patienten daraus ziehen könnten, wenn Ärzte auf ihre Persönlichkeit besser eingingen. Selbst Dr. Creagan, so fiel uns auf, tat sich noch schwer damit, seine Patientin zu verstehen. »Es gibt die Vorstellung, Spiritualität fördere bei manchen Patienten die Gesundung«, sagte er uns. »Aber bei ihr hat man nicht den Eindruck, daß sie besonders spirituell ist.« Als wir Marilyn selbst dazu befragten, stießen wir auf überraschende, ja überwältigende spirituelle Erfahrungen.
So erinnerte sie sich an den Tag nach Weihnachten, als sie allein auf einer Rollbahre vor dem Operationssaal gelegen hatte. Es war ein Wendepunkt in ihrem Leben. »Völlig allein und mit dem Gefühl, daß meine Existenz ganz in der Hand eines unbekannten Schicksals lag, fällte ich die wichtigste Entscheidung meines Lebens.« Mit dem Gefühl des Ausgeliefertseins und der Hilflosigkeit, die Füße an der Wand und den Blick zur Decke gerichtet, erinnerte sie sich plötzlich wieder sehr lebhaft daran, wie sie mit

ihrer katholischen Klasse an einer Kreuzwegandacht teilgenommen hatte. Dabei waren auch die letzten Worte Christi gefallen: »Vater, in deine Hände befehle ich meinen Geist.« Ein Erlebnis unmittelbar vor ihrer Operation erinnert an die im vorigen Kapitel beschriebene Wandlung Joe Mayerles im Krankenhaus. In einem Essay schreibt Marilyn:

> ... in dem Augenblick empfand ich Frieden in mir. Und als ich in den sterilen Operationssaal geschoben wurde, hatte ich das Gefühl, ich sei bereits in ein neues Leben eingetreten. Alle, die mich in diesem indirekt beleuchteten Raum begrüßten, erinnerten in ihrer seltsamen Arbeitskleidung an bizarre Wesen von einem anderen Planeten. Sie hatten scheinbar keine Körper, denn ich sah nur zwei Augen und gelegentlich Arme ... Von da an eroberte ich mir neue Freiräume und hatte Frieden.[12]

Wie Joe Mayerle ist Marilyn auf der AOD-Skala am »apollinischen« (schwer hypnotisierbaren) Ende angesiedelt. Trotzdem hatte sie in diesem besonderen Augenblick das Erlebnis eines dissoziativen Bewußtseinszustandes, das oft beschriebene Gefühl der »Fremdheit« und einer »existentiellen Veränderung«, Empfindungen, die man oft am Beginn einer unerwarteten Heilung antrifft. Der Chirurg in seinem Anzug, unter normalen Umständen für sie gewiß kein Exot, hatte sich in einen Charon verwandelt, der sie zu den Ufern eines unbekannten neuen Lebens übersetzte.

Die tödliche Bedrohung durch die Krankheit, so sagt sie uns, habe sie gelehrt, daß ihr »Geist ein eigenständiges Sein ist«. Sie sei »darauf gestoßen« worden, sich wieder mit philosophischen Texten aus ihrer Zeit im College zu beschäftigen, ein Mittel auf dem Weg zur Erkenntnis, daß »mein Sein über die irdische Sphäre, in der mein Körper agiert, hinausgeht«. Wie einst für die Naturwissenschaften, so begeisterte sie sich jetzt für die Theologie, flog nach Deutschland und besuchte in Tübingen den berühmten Theologen Hans Küng, von dem sie glaubt, er habe »realistische Anschauungen von mystischen Dingen«. Statt Zellbiologie lehrt sie inzwischen die dornige Materie der medizinischen Ethik.

Dr. Creagan, der Marilyn als Mensch sehr schätzt, vermißt bei ihr einen Stimulus, der beim Aktivwerden des Heilsystems eine Rolle gespielt haben könnte. »Als einen gemeinsamen Zug bei Patienten, die sich gut erholten, fiel mir eine besondere Verbundenheit mit anderen Menschen auf. Aber bei ihr ist das anders. Marlene Dietrich hat einmal gesagt, ein Freund sei jemand, den man auch morgens um vier noch anrufen könne. Dr. Koering ist Einzelkämpferin.«

Seine Sicht ist überraschend unvollständig. Marilyn, die sich mit Ehrgeiz in einer von Männern beherrschten Domäne durchsetzen mußte, hat eine schroffe Art im Umgang mit Menschen entwickelt. Die Pathologin, die sich inzwischen mit der Fortpflanzung von Primaten befaßt, ist, wie sie selbst sagt, »beruflich gestorben«, als ihre Kollegen von ihrem Melanom erfahren hatten. Ein Kollege aus dem Arbeitszimmer neben ihr platzte einmal wie »ein Wirbelwind« herein und gestand ihr, er habe sie gemieden, weil sie bei ihm eigene verdrängte Ängste vor dem Tod wachgerüttelt habe.

Immerhin fand sie neuen sozialen Rückhalt bei einer Selbsthilfegruppe von Krebspatienten, die gegen solche Ängste besser gefeit waren. Wie viele befragte Patienten machte auch Marilyn die Erfahrung, daß ihr die Menschen, einerlei ob sie sie erst seit kurzem oder schon länger kannte, mit überraschender Liebenswürdigkeit begegneten. »Oft stiegen mir Tränen in die Augen. Ich sah alles ganz verschwommen und bekam feuchte Wangen. Das war meine Reaktion auf ihre Anteilnahme: keine Traurigkeit, sondern Rührung.« Drei Jahre lang ging sie regelmäßig zu ihrer Selbsthilfegruppe, lernte Gefühle zulassen und ausdrücken. (Einer ihrer Essays trägt einen vielsagenden Titel, den man mit »Weinen ist schon o.k.« übersetzen würde.)[13] Als eine Frau nach einer hart erkämpften Remission einen Rückfall erlitt und aufgelöst zur Sitzung erschien, rieten ihr einige zu positivem Denken. Marilyn wurde ärgerlich und sagte ganz offen, daß sie das für »Blödsinn« hielt. Die Wirklichkeit sei eine schmerzhafte Angelegenheit, meinte sie und ermunterte die Frau, ihren Gefühlen ruhig freien Lauf zu lassen.

Der Gedanke, daß Heilung an eine einzige »richtige« seelische

Haltung geknüpft sei, irritiert sie. Als der Artikel zu dem Interferonversuch, den sie überlebt hatte, in ihrer Gruppe vorgelesen wurde, reagierten die Teilnehmer mit Jubel und Applaus. Etwas verlegen berichtete sie, daß sie sich vor ihrer Operation lammfrom in ihr Schicksal gefügt hatte. »Sie nickten alle und sagten, sie fänden das gut.« Sie erinnert sich, daß sie »ermutigt« gewesen sei, weil die Gruppe akzeptiert hatte, daß verschiedene Menschen eine unterschiedliche Art haben, mit Krankheit und Tod umzugehen. »Für mich war eben diese Art die richtige. Als ich ging«, schreibt sie, »schüttelten mir alle die Hand und bedanken sich für mein Kommen ... Ich muß jetzt immer lächeln, wenn ich daran denke, daß sie ›meine Art‹, dem Tod ins Auge zu sehen, für ›gut‹ befunden hatten.«[14]

Dies ist denn wohl auch der am häufigsten genannte wichtige Faktor für eine Heilung, der uns bei den Recherchen begegnete: als Individuum und nicht als anonymer Fall oder Ausreißer in der Statistik behandelt werden. Einen Augenblick lang hatte Marilyn das Gefühl, mit ihrer Umwelt in vollkommenem Einklang zu stehen: Sie fühlte sich verstanden und akzeptiert, war sich der Anteilnahme ihrer Umgebung sicher und wurde so genommen, wie sie eben war. Als Medizinerin wie als Patientin mußte sie erst einmal lernen, »daß die Einzigartigkeit des Menschen ihm auch einen Weg diktieren kann«.

Marilyn hat ihren Weg gefunden. Mit einem ganz neuen Lebensgefühl schlüpft sie in ihren goldgelben, an den Schultern dick gepolsterten Jogginganzug, der sie fast wie ein Football-Spieler aussehen läßt. Dann startet sie Richtung Potomac River, läuft am Pentagon und den Kirschbäumen des Tidal Basin vorbei und joggt schließlich in den Nationalfriedhof Arlington, vorbei an dem Schild: »No Jogging«. (»Ich laufe durch, wenn's keiner sieht. Die Toten werden mich wohl nicht verraten.«)[15] Und jedesmal, wenn sie an einem bestimmten Stoppschild vorbeikommt, kann – und will – sie sich ein Lachen nicht verkneifen: das Ergebnis einer weiteren Leserbriefkampagne gegen die »Typen vom Pentagon, die rücksichtslos über die Kreuzung rasen«.

Noch immer wirkt sie wie die selbstbeherrschte Frau, die sie hatte sein müssen: ruhig, überlegt und bienenfleißig. Doch manchmal bricht die kindliche Freude, noch immer am Leben zu sein, aus ihr hervor, überdeckt die kühle Berechnung der nüchternen Wissenschaftlerin: »Ein herrlicher Tag! Ich radelte vorbei an Singvögeln, Enten und Menschen. Eine leichte Brise, wärmende Sonne, klare Luft und die Farbe von Herbstlaub. Ich war im Himmel«, schreibt sie. »Das alte Sprichwort sagt: ›Ohne Regen keinen Regenbogen.‹«[16]

Sie hat auch einen Weg gefunden, ihr wissenschaftliches Tun zur Erbauung zu nutzen. Sie hat sich darauf verlegt, Objektträger mit Schnitten aus der Zellehre ausgefallen einzufärben und sie elektronisch vergrößert auf Papier zu übertragen. Die farbenprächtigen Ergebnisse wurden bereits in Washingtoner Kunstgalerien ausgestellt. Ihr Melanom, so sagt sie, »fördert das Gefühl, ständig in einer Ausnahmesituation zu leben«.

In einer Ausnahmesituation befindet sich auch Dr. Creagan, wenn er laut darüber spekuliert, daß neben Interferon weitere unbekannte Faktoren an Marilyns Genesung beteiligt gewesen sein könnten, eine Sicht, die in der Fachwelt auf wenig Gegenliebe stößt. »Meine Kollegen halten das alles für einen Haufen Unfug. Für sie ist Marilyn Koering einfach Teil einer natürlichen Variation der Glockenkurve.«

Die Glockenkurve. Diese berühmte geschwungene Kurve, die an eine Schlange mit einem Elefanten im Leib erinnern mag, ist eine große graphische Ikone der modernen Wissenschaft. Auf diese »probabilistische Verteilungskurve«, wie sie heißt, stößt man immer wieder. Die meisten statistischen Auswertungen zu Naturphänomenen, psychischen Merkmalen, soziologischen Gruppierungen, Therapieergebnissen oder Lebenserwartungen – eigentlich fast alles, was mit einer ausreichenden Anzahl von Punkten als Schaubild dargestellt wird – ergibt eine Kurve, die an eine Glocke, einen Heuhaufen oder einen kleinen Hügel erinnert.

Der große, gleichförmige Wulst im mittleren Bereich des Schaubilds stellt den Durchschnitt, das Gewöhnliche, Gemeine und Häufigste dar. Die gegen Null strebenden Schrägen zu beiden Seiten stehen für die sehr seltenen, aus dem Rahmen fallenden Fälle, die in der Statistik gemeinhin als Ausreißer bezeichnet werden. Ihr trauriges Los ist es, daß sie aus den Berechnungen ausgeklammert bleiben, und zwar nicht wegen eines Mehrheitsdiktates, sondern aus wissenschaftlicher Notwendigkeit. Marilyn Koering lebt vielleicht noch 25 oder 30 Jahre. Würde man ihre Lebensspanne bei der Ermittlung der durchschnittlichen Überlebensdauer ihrer Versuchsgruppe berücksichtigen, käme ein hervorragendes Ergebnis zustande. Dieses verfälschte Resultat würde dann die Wirksamkeit eines Medikamentes belegen, das bei keinem Patienten außer ihr und vielleicht nicht einmal bei ihr gewirkt hat. Marilyn muß aus den Berechnungen folglich verschwinden.

Was aber geschieht mit solchen Ausreißern, die nicht ins Schema vorhersagbarer Reaktionen passen wie der Klassenbeste, der mit einer hervorragenden Leistung die Wiederholung einer Klassenarbeit in Frage stellt? In einer Bevölkerung gibt es stets die Kerngesunden, die niemals krank werden oder überraschend schnell wieder genesen. Sie sind gewissermaßen die Hochleistungssportler der Volksgesundheit, vielbewunderte Athleten, die von Rekord zu Rekord eilen, oder Tänzerinnen der Spitzenklasse, die wie Marcia Haydée in ihrer besten Zeit scheinbar auf geheimnisvolle Weise in der Luft schweben können. Für statistische Erhebungen sind sie irrelevant, und was bei ihnen zählt, ist allenfalls die stets nach oben weisende Leistungskurve, das Vorbild, das selbst Amateuren als Herausforderung und Ansporn dient.

Wie viele Patienten uns berichteten, war die Kunde von einem einzigen Fall einer unerwarteten Genesung auch für sie ein gewaltiger Ansporn. Das Wissen, daß ein Mensch, und sei es auch nur einer, ihre Krankheit überlebt hatte, machte ihnen Hoffnung, daß ein Weiterleben trotz schlimmsten Prognosen möglich ist. Andererseits sind statistische Ausreißer in mancherlei Hinsicht auch wie ein Chorsänger, der in einer anderen Tonart singt als die anderen und dem man besser nicht zuhört. Bei statistischen Auswertungen, ob sie nun die Wirksamkeit einer Behandlung, Überlebensprognosen oder Voraussagen zur Sterblichkeit betreffen, sind die ganz wenigen, vom Normalen abweichenden Einträge in einem Schaubild eher irrelevant oder vielleicht sogar irreführend. Und doch können uns diese Exoten vielleicht einem noch unbekannten Mechanismus der Heilung auf die Spur bringen.

Die Ärztin Dr. Karen Olness kombiniert bei der Suche nach den Mechanismen des Heilsystems traditionelle Schulmedizin mit neueren psychosomatischen Ansätzen. Als wir sie aufsuchen, wischt sie sich, verlegen lächelnd, mit dem Ärmel den Schweiß von der Stirn. Sie hat Disteln aus ihrem Acker gehackt. Gierig trinkt sie das Wasser, das sie aus dem tiefen Brunnen ihrer über 100 Hektar großen Farm heraufgepumpt hat. Sie liebt dieses Stück Land, auf dem sie jetzt nebenberuflich Erbsen und Bohnen anbaut. Jäten ist für sie eine Art »Therapie, bei der man seelische Prozesse von Unkraut befreit«. Ursprünglich habe sie im Hauptfach Botanik studiert, verrät sie augenzwinkernd. »Ich wollte mich eigentlich den Krankheiten von Pflanzen widmen.«

Statt dessen beschäftigt sie sich jetzt mit Kindern. Als Pädiaterin hat sie sich damit einen Namen gemacht, daß sie ihnen Techniken der Selbsthypnose oder Imagination beibringt, mit deren Hilfe sie die Häufigkeit von Migräne-Anfällen verringern und chronische Schmerzen lindern können. Ihr Spezialgebiet, dem sie sich mit Leidenschaft widmet, ist die Beziehung zwischen Physiologie und seelischen Prozessen. So ist es ihr in einem bahnbrechenden Experiment der psychosomatischen Medizin gelungen, das Immunsystem eines kleinen Mädchens mit der Hautkrankheit Lupus so zu konditionieren, daß es auf gewöhnlichen Lebertran ansprach wie auf ein hochwirksames Medikament. Das Kind konnte seine Symptome ein Stück weit unter Kontrolle bekommen und benötigte nach zwei Jahren nur noch die halbe Dosis seines Medikamentes.[17]

Dr. Olness bleibt eine begeisterte Vorreiterin auf ihrem Gebiet, überzeugt davon, daß die seelische Komponente bei Heilverfahren in Zukunft eine deutlich größere Rolle spielen wird, wenn vielleicht auch erst im nächsten Jahrhundert. Sie hofft, ein altes Bauernhaus auf ihrer Farm in ein Zentrum zur Erforschung innovativer Heilverfahren auszubauen. »Dort haben wir vor ein paar Jahren bereits eine Tagung des interdisziplinären Warzenprojekts veranstaltet«, verkündet sie stolz.

Ihr Blick läßt an einen Scherz denken. Ein interdisziplinäres Warzenprojekt? Tatsächlich hat Karen Olness für Dr. Lewis Thomas postum doch noch eine Art »nationales Warzeninstitut« geschaffen.[18] Im Rahmen eines von acht Forschungseinrichtungen getragenen Gemeinschaftsprojekts hat sie unlängst eine Studie vollendet, bei es darum ging, anhand der Veränderungen bei Warzen nachzuprüfen, wie der menschliche Geist auf das Immunsystem einwirkt. Als sie entdeckte, daß zu Wachstum und Rückbildung von Warzen von immunologischer Seite bislang noch keinerlei Daten gesammelt worden waren, beauftragte sie das Edison Technology Center mit der Konstruktion eines maßgeschneiderten »Warzen-Monitors«, um weitere Erkenntnisse über das Verhalten dieser hornigen Wucherungen zu gewinnen. Der Bau des Geräts habe »länger gedauert, als sich irgend jemand vorgestellt hätte«, sagt sie uns und zieht die Augenbrauen hoch. »Aber jetzt sind wir *die* Warzenexperten auf dem Planeten Erde.«

Die acht an dem Warzenprojekt beteiligten Einrichtungen, darunter die New Yorker Columbia University und die University of California in Berkeley, wählten insgesamt 90 Kinder aus allen Teilen der USA mit beobachtbaren Warzen an den oberen Extremitäten aus. Die Kinder wurden aufgefordert, eine »Wächter-Warze« auszuwählen und ihr besondere Aufmerksamkeit zu schenken. Dann wurden sie mit Entspannungs- und Imaginationsübungen vertraut gemacht, bei denen sie sich darauf konzentrieren sollten, ihre Warzen zum Verschwinden zu bringen. Eine Kontrollgruppe wurde auf herkömmliche Weise dermatologisch behandelt. Vorläufige Ergebnisse zeigen, daß die Kinder, die mit Imagination arbeiten, bei der Bekämpfung von Warzen bessere Resultate erzielen als diejenigen, die nur die medizinische Behandlung erhalten.

Praktisch alle Kinder, so klärt uns Dr. Olness auf, haben eine wunderbare Gabe zur Selbsthypnose. (Sie selbst im übrigen auch. Sie ließ sich schon einmal ohne Betäubung an den Bändern operieren und unterdrückte den Schmerz, indem sie sich eine Szene aus ihrer Kindheit vorstellte.) »Man beobachtet an einem Jungen beispielsweise einen völlig regelmäßigen Puls, der dann innerhalb von 10 Sekunden um 40 Schläge pro Minute sprunghaft ansteigt. Wenn man ihn fragt, was los gewesen ist, antwortet er, er sei in Gedanken langsam Fahrrad gefahren und habe dann beschlossen, richtig in die Pedale zu treten. Bei gewöhnlichen Kindern im Schulalter reagiert das autonome Nervensystem ebenso stark wie bei Leistungssportlern in besonderen Trainingsphasen. Das hat unbedingt gesundheitliche Folgen.«

Aber jedes Kind reagiert hier anders. Dr. Olness versucht herauszufinden, ob und wie es jeweils auf seine Fähigkeit, Warzen zurückzubilden, Einfluß nimmt. Heilung, davon ist sie überzeugt, ist ein ganz individueller Vorgang, der von Person zu Person variiert. »Wir haben Fakten gesammelt, ob ein bestimmtes Kind besser auf visuelle, auditive, kinästhetische [vom Muskelgefühl bestimmte] oder eine andere Form der Vorstellung anspricht.« Bei einem Test, der an Dr. Spiegels AOD-Skala erinnert, stellt Karen Olness Fragen, die bei den Kindern individuelle Arten des Erkennens und Wahrnehmens zutage fördern sollen: »Was ist dein Lieblingslied? Schließ die Augen und stell dir vor, du hörst es. Hörst du es richtig? Kannst du dir einen bestimmten Geruch vorstellen?« Einige Kinder, so Karen weiter, seien dazu in der Lage, andere nicht.

Aber sie räumt auch ein: »Wir haben noch nicht einmal eine Vorstellung davon, mit welchen Mitteln wir die Mechanismen, über die das Denken auf das Immunsystem einwirkt, aufdecken könnten. Gedanken scheinen über eine Kaskade von Neurotransmittern Anweisungen zu übermitteln. Aber um den Energien, die mit dem Denken verbunden sind, auf die Spur zu kommen, brauchen wir raffiniertere Mittel als die Messung von Gehirnströmen. Ich bin sicher, in hundert Jahren lacht man über uns.«

Auf unsere Frage nach ungewöhnlichen Genesungen fällt Dr. Olness ein Fall aus ihrer eigener Praxis ein, der des jungen Charlie Roth. Da sie uns die Telefonnummer seiner Familie nicht mehr geben konnte, war hartnäckige Detektivarbeit notwendig, um Charlie, dem man im Alter von zwölf Jahren nur noch drei Monate zu leben gegeben hatte, ausfindig zu machen. Wir suchten ihn einen Tag nach seinem 30. Geburtstag auf.

Charlies Kampf gegen den Krebs begann um Weihnachten 1976. Damals quälten ihn ein hartnäckiger Husten und starke Schmerzen im rechten Bein. Im Frühjahr 1977 ordnete der Kinderarzt eine Röntgenuntersuchung an, bei der am Beckenknochen ein »verschwommener« Bereich entdeckt wurde. Charlie mußte sich zur Biopsie im Minneapolis Children's Hospital melden und lernte dort Karen Olness und den Onkologen Larry Singher kennen, die beiden Ärzte, die bei seinem Kampf ums Überleben eine ganz entscheidende Rolle spielen sollten.

Tatsächlich fiel uns Charlies Fall als Musterbeispiel für eine neue Form der medizinischen Betreuung auf, die individuell auf den Patienten eingeht und von einer engen Zusammenarbeit zwischen Arzt und Patient, zwischen Schulmedizin und anderen, das Heilsystem stimulierenden Praktiken bestimmt wird. Das Zusammenwirken all dieser Faktoren rettete den Jungen vor dem sicheren Tod. Gleich nach der Aufnahme machte Karen Olness mit Charlie Entspannungs- und Atemübungen, die er dann selbständig weiterführte. »Sie forderte mich auf, mir vorzustellen, wie ich einen Pfad hinunterging«, erinnert sich Charlie. »Ich sollte versuchen, das Gras zu riechen und die Bäume zu sehen. Dann sagte sie mir sanft: ›Und nun gehst du einen Hügel hinab und fühlst dich bei jedem Atemzug entspannter.‹«

»Als ich vom Hügel hinabgestiegen war«, so Charlie weiter, »fühlte ich mich wirklich gut. Mein Puls und meine Atmung wurden langsamer, und das beruhigte mich vor dem chirurgischen Eingriff.« Der Arzt entdeckte in Charlies Beckenknochen einen Tumor von der Größe einer Grapefruit. An eine operative Entfernung war nicht zu denken. Eine Röntgenuntersuchung erbrachte 20 weitere Geschwülste in der Lunge. Die Diagnose lautete auf ein metastasiertes Ewing-Knochensarkom. »Nehmen Sie ihn mit nach Hause, und verwöhnen Sie ihn noch ein bißchen«, teilte der Chirurg den Eltern betroffen mit. Charlie habe vielleicht noch drei Monate zu leben.

»Jedesmal«, so berichtete er uns, »wenn ich dem Chirurgen nach Ablauf der drei Monate begegnet bin, ging ich auf ihn zu und sagte: ›Hallo, Chef, ich lebe noch.‹« Charlie zögert: »Er ist an Krebs gestorben, und ich bedauere es, daß ich nicht zu seiner Beerdigung gegangen bin. Ich hätte gerne noch einmal ›Hallo, Chef, ich lebe noch‹ gerufen.«

Der Onkologe Larry Singher war für Charlie genau der richtige Arzt. Er bezog seinen ungewöhnlich eigenwilligen Patienten von der ersten Begegnung an vorbehaltlos in alle Gespräche, Beratungen und Entscheidungen mit ein. Dr. Singher verschaffte ihm Zugang zu allen Krankenberichten, Untersuchungsergebnissen und Behandlungsprotokollen und klärte ihn mit schonungsloser Offenheit über alles auf. »Es war ein gutes, offenes und ehrliches Verhältnis«, faßt Charlie zusammen. »Er sagte mir schlicht und einfach: Selbst bei einer Chemotherapie sei die Prognose schlecht, aber mit viel Arbeit könnte die Behandlung mein Leben etwas verlängern und angenehmer machen. Und er sagte mir auch, daß ich ohne einen solchen Versuch alle Chancen verspielen würde. Ich müsse mich entscheiden.«

Er habe einen »angeborenen Überlebensinstinkt«, sagt uns Charlie. »Und manchmal wurde dieser Instinkt störrisch wie ein trotziges kleines Kind.« Charlies Mutter erinnert sich, daß Dr. Singher einmal zu ihr sagte: »Manchmal steige ich morgens aus dem Bett, und mein erster Gedanke ist: Heute kommt dieser verflixte Bengel wieder.« Charlie, der bei einem Test als Apollonier eingestuft wurde, nahm den Kampf um sein Leben mit kindlichem Elan auf. Mit einem Jungen, der unter der Hodgkin-Krankheit litt, wetteiferte er, »wer bei der Chemotherapie mit der intravenösen Infusion zuerst fertig wurde. Wir schoben die Flaschen so weit wie möglich nach oben, öffneten sie so weit es ging und legten uns dann ganz flach auf den Boden. Die Krankenschwester drehte fast durch. Er hat es leider nicht geschafft. Später wollte ich mich bloß noch in das Zimmer legen, in dem er gestorben war, denn ich spürte dort eine Art Energie, als würde er mich anfeuern: ›Du schaffst es.‹«

Charlie war überzeugt, daß er es schaffen würde, und zwar auf seine Art. Er lehnte Schmerzmittel ab, weil er »dieses Gefühl nicht ausstehen konnte. Ich gehöre zu denen, die es nicht mögen, wenn sie etwas passiv über sich ergehen lassen müssen.« Statt dessen zeigte ihm Dr. Olness, wie er die Schmerzen mit Biofeedback und Selbsthypnose in den Griff bekommen konnte. Es wurde für ihn zur täglichen Routine. Während der Chemotherapie und der Strahlenbehandlung setzte er beides im Kampf gegen die Übelkeit ein. Wie er an die Übungen heranging, war typisch für ihn. »Für das Biofeedback stellten sie mir einen Monitor hin, mit dem ich die Temperatur an meinen Fingerspitzen messen konnte. Für mich war es eine Herausforderung, sie willentlich zu beeinflussen.

Das gelang mir immerhin so gut, daß man mich schließlich in ein psychiatrisches Institut brachte und an einen noch präziseren Apparat anschloß. Dort machte ich vor, daß ich meine Fingertemperatur von 32 auf 41 Grad Celsius erhöhen konnte.« Seine Mutter erinnert sich: »Charlie arbeitete mit besonderer Intensität und Hingabe an sich. Er sagte, er wolle nicht, daß irgendwelche Stoffe die Wirkung seiner Endorphine beeinträchtigen. Er hatte zu ihnen gewissermaßen ein ganz persönliches Verhältnis!« Dr. Olness führte ihn zudem in Visualisierungtechniken ein. Bald lehnte Charlie jede Regieanweisung ab und inszenierte eine eigene Bilderwelt, in der er sich seine Chemotherapie beispielsweise als »ein Rudel bösartiger Tiere vorstellte, ähnlich den Tasmanischen Teufeln in den Zeichentrickfilmen, die Samstag morgens im Fernsehen kommen«.

Dr. Singher war nicht weniger stur als Charlie. Charlies Mutter erinnert sich: »Er ließ keine Einwände gelten. Wenn Charlie an seinem Geburtstag zur Chemotherapie bestellt war und sich beklagte, sagte Singher: ›Willst du nächstes Jahr noch Geburtstag feiern?‹«

Nach sechs Monaten Behandlung wurden bei einer Röntgenuntersuchung in seinen Lungen keine Tumore mehr gefunden. Die Geschwulst im Becken war geschrumpft. Und fast ein Jahr nach der ersten Gewebsentnahme zeigte seine Hüfte nur noch die vernarbten Überbleibsel mehrerer Lymphknoten. Charlie sagt, seine innere Bilderwelt habe ihm bereits verraten, daß der Krebs verschwunden sei: »Irgendwann kamen meine weißen Blutkörperchen und meldeten, sie seien mit Aufräumarbeiten beschäftigt. Ich konnte sie so deutlich vor mir sehen wie in einem Film.« Singher ordnete eine Fortsetzung der Chemotherapie an, bis zum Sommer 1980: Dann galt Charlie nach über drei Jahren strapaziöser Behandlung als krebsfrei.

Aber noch war der Kampf nicht gewonnen. Kein Jahr nach der frohen Kunde spürte er beim Bücken im Rücken einen stechenden Schmerz. Er wußte, daß etwas nicht in Ordnung war. Eine Woche später wurde bei einem chirurgischen Eingriff eine vom Krebs befallene Rippe entfernt. Wieder unterzog er sich einer Chemotherapie. »Ich dachte, meine Zeit sei vielleicht abgelaufen«, berichtete er. »Dann aber sagte mir eine innere Stimme, wenn ich es einmal geschafft hatte, könnte ich es wieder schaffen.« Er ließ sich die operativ entfernte Rippe zeigen. »Sie war ungefähr 30 Zentimenter lang, ein schmales Ding mit einem kleinen Knoten.« Er deutete auf die kleine Wucherung und sagte: »Gegen das da haben wir die ganze Zeit gekämpft! Kinderspiel!« Dann schrie er mit Blick auf den Tumor: »Ich kann dich jederzeit fertigmachen!«

Charlies Diagnose liegt inzwischen 18 Jahre zurück. Dr. Singher ist inzwischen an Magenkrebs gestorben. »Ich habe ihn ein paarmal besucht, bevor er starb«, sagt Charlie traurig und voller Respekt. »Er war sehr wichtig für mich. Ohne ihn wäre ich jetzt nicht mehr am Leben.« In einem Zeitungsartikel, den seine Mutter uns vorlas, führte Dr. Singher Charlies unerwartete Genesung zum Teil auf die Arbeit mit Karen Olness und die »von Grund auf störrische Veranlagung des Jungen« zurück.

Charlie bezeichnet sich selbst als »harte Nuß«, was übrigens auch der Markenname (»Tough Nut«) seiner bevorzugten Arbeitskleidung ist. Er ist heute Geschäftsführer eines Restaurants und Angehöriger der Hilfspolizei, »Tag und Nacht auf der Lauer, ob es nicht etwas zu tun gibt«. Wir fragten Charlie, der mit einer Floristin verheiratet ist, die er beim Kauf von Blumen für eine Freundin kennengelernt hat, was ihm dabei geholfen habe zu überleben. »Einfach alles«, antwortete er.

Und was könnte bei seiner unerwarteten Genesung alles mitgespielt haben? Sein lebenslustiges und kämpferisches Wesen? Das hervorragende Verhältnis zu den behandelnden Ärzten? Biofeedback und Imagination? Sein kindlicher Glaube an die eigene Unbesiegbarkeit? Die liebevolle Unterstützung seiner Familie? Der durchschlagende Erfolg einer Chemotherapie, von der eigentlich nur ein Aufschub erwartet wurde? Charlie ist überzeugt, daß alles Genannte zu seiner Genesung beigetragen hat, und humorvoll fügt er hinzu: »Jedenfalls hat es *mir* gutgetan, sonst wäre ich jetzt tot.«

Man hat die Ansicht vertreten, jeder Fall einer unerwarteten Genesung sei ein nicht wiederholbares »Experiment der Natur«. Doch wenn wir den möglichen Einfluß von Stimmungen, Gefühlen und persönlichen Eigenarten, von sozialem Rückhalt, Anschauungen und Haltungen untersuchen, so sprengen wir damit gleichzeitig die Grenzen der althergebrachten experimentellen Medizin: Können wir jemals sicher sein, daß eine Behandlung mit den Mitteln der Schulmedizin einen bestimmten Anteil ihrer Wirkung nicht diesen »nichtmedizinischen« Faktoren verdankt? Wie können wir wissen, inwieweit der Erfolg von Behandlungen, deren Wirksamkeit angeblich erwiesen ist, durch psychosomatische Faktoren mitbestimmt wird?

Ein wissenschaftlicher Artikel, der 1994 bei einer Tagung des National Institutes of Health Office of Alternative Medicine vorgelegt wurde, befaßte sich mit den sogenannten »unspezifischen Effekten«, also mit der Wirkung von Placebos auf bestimmte Erkrankungen, sowohl bei alternativen wie bei Therapieformen der Schulmedizin. Der Artikel kommt für beide Fälle zu folgendem Ergebnis: »Wenn beide, Heiler und Patient, mit dem Erfolg einer Behandlung rechnen, kann man in bis zu 70 Prozent der Fälle eine Besserung erwarten, auch wenn die Therapie ausschließlich unspezifisch wirkt.« Dr. Alan Roberts, der Verfasser des Artikels, führte dazu weiter aus: »Patienten geht es oft auch nach Behandlungen besser, die als unwirksam gelten. Je nach Neigung spricht man dann von einem Placebo-Effekt, von einem Wunder, von göttlichem Eingreifen oder von einer spontanen Remission ...«[19]

Und uns gegenüber meinte Roberts: »Wenn eine Behandlung als konventionell betrachtet und allgemein anerkannt wird, heißt dies noch nicht, daß ihre Wirkung erwiesen oder spezifisch ist. Die Grenzen zwischen der angewandten wissenschaftlichen Medizin und der Wirkung, die das Verhältnis zwischen Arzt und Patient hat, sind sehr fließend und in der klinischen Praxis zuweilen nicht mehr erkennbar.«[20]

Wenn wir von der Existenz eines Heilsystems ausgehen, wie genau können wir dann die »tatsächliche« Wirksamkeit unserer klinischen Verfahren überhaupt einschätzen? Bei einer wissenschaftlichen Betrachtung kann eine vorhersagbare Wirkung erst dann bestätigt werden, wenn alle möglichen beteiligten Faktoren mit in Erwägung gezogen worden sind. Die kontrollierten und randomisierten, das heißt nach dem Zufallsprinzip durchgeführten

Arzneimittelprüfungen nehmen zwar Rücksicht auf Dinge wie Alter, Krankheitsstadium, Geschlecht und Krankheitsdauer, lassen aber psychische, soziale und spirituelle Faktoren gewöhnlich völlig außer acht. Bevor wir nicht erforschen und in Rechnung stellen, wie verschiedene Gemütsverfassungen, Grade von Suggestibilität, psychoneuroimmunologische Reaktivitäten, das individuelle Gesundheitsbewußtsein, allgemeine Haltungen, soziale Milieus, persönliche Überzeugungen und selbst religiöse Erfahrungen das Fortschreiten oder die Rückbildung von Krankheiten beeinflussen, können wir Untersuchungen zur Wirksamkeit von Therapien kaum vorbehaltlos vertrauen.

Im Modell des Heilsystems, das hier vorgeschlagen wird, kommt den individuellen Unterschieden eine Schlüsselrolle zu. Manche Menschen sind beispielsweise für Suggestionen, die auf physiologischer Ebene zu starken Reaktionen führen, besonders empfänglich: Bei einer Studie zur Wirksamkeit einer Chemotherapie gingen in einer Kontrollgruppe, in der lediglich das Placebo einer schwachen Kochsalzlösung als Infusion verabreicht wurde, immerhin 30 Prozent der Teilnehmer ebenfalls alle Haare aus. Und die Wirkung von Suggestion reicht vielleicht noch sehr viel weiter. Wenn geistige und seelische Eigenheiten in der Forschung und der klinischen Praxis weitgehend ausgeklammert bleiben, stellt dies nicht nur die Wissenschaftlichkeit von Verfahren in Frage, es verhindert die Nutzung bedeutender therapeutischer Möglichkeiten. Sprechen »Placebo-Empfängliche« vielleicht auch besser auf eine Stimulierung ihres Heilsystems bei der Bekämpfung ihrer Krankheit an? Was wäre, wenn sie als Mitglied der Versuchsgruppe mit dem echten Medikament behandelt worden wären und besonders gut darauf angesprochen hätten? Wie läßt sich die Stichhaltigkeit solcher Versuche einschätzen, wenn diese »unspezifischen Effekte« als bedeutungslos oder nicht nachprüfbar, als reine »Komplikationen« bei der Datengewinnung betrachtet werden?

Jeanne Achterberg und Frank Lawlis, die zusammen insgesamt 65 Jahre damit zugebracht haben, Medizinstudenten beizubringen, wie man wissenschaftliche Studien durchführt und statistisch auswertet, und die selbst für das National Cancer Institute

Forschungsprojekte geleitet haben, hoben in einem Artikel von 1992 hervor, randomisierte und kontrollierte Versuche eigneten sich

> vornehmlich für Untersuchungen in der Landwirtschaft und im Gartenbau ... Versuchsanordnungen mit randomisierten Kontrollgruppen werfen bei komplexen Untersuchungen zum menschlichen Verhalten oder zu psychosozialen Fragestellungen keine befriedigenden Ergebnisse ab und können dies auch nicht ... Wenn Forschungsmethoden diktieren, wie die wissenschaftliche Fragestellung genau auszusehen hat (statt umgekehrt), so bedeutet dies die Entartung der Wissenschaft. Der Schwanz wedelt hier mit dem Hund ...[21]

Es reiche nicht aus, diagnostische oder demographische Variablen zu vergleichen und Übereinstimmungen festzustellen, »wenn Lebenswille, Hoffnung, Vertrauen, sozialer Rückhalt, persönliche Überzeugungen, Vorstellungen zu Gesundheit und Krankheit oder die Ernährungsweise für das Ergebnis ebenso wichtig oder unserer Meinung nach wichtiger sind als die gewöhnlich gemessenen Variablen«.[22]
Sie fordern, auf »veraltete ungeeignete Methoden« zu verzichten und den sogenannten »anekdotischen Fällen« mehr ernsthafte wissenschaftliche Aufmerksamkeit zu schenken: »Die Krankengeschichte eines einzigen überlebenden Patienten aus Spiegels Gruppe kann für unser praktisches Wissen weitaus interessanter und aussagekräftiger sein als alles, was bislang quantitativ präsentiert worden ist.«[23] Und zum Abschluß mahnen Achterberg und Lawlis: »Krebspatienten um eine Behandlung zu bringen, die im Einklang mit ihrer Weltsicht oder ihren allgemeinen Anschauungen steht und möglicherweise hilft (schlechtestenfalls wohltut), ist unmoralisch, inhuman und rücksichtslos.« Eine veränderte wissenschaftliche Betrachtungsweise von Krankheit und Heilung werde ihrer Meinung nach »eine weitgehend veränderte Wissenschaft, veränderte Psychologie und veränderte Medizin« ins Leben rufen.[24]

Eine »weitgehend veränderte Medizin«, die auf den Eigenheiten des Individuums, dem Konzept eines Heilsystems und der Realität von unerwarteten Genesungen beruht, nimmt schon jetzt am Rande und im Zentrum der offiziellen medizinischen Praxis Gestalt an, und sie gewinnt bei den medizinischen Forschern wie Ärzten eine immer größere Unterstützung. In seinen innovativen Therapieprotokollen trägt Dr. Steven Rosenberg bei der Zusammenstellung seiner TNF-Impfungen der zellulären Besonderheit jedes Patienten individuell Rechnung. Rosenbergs Behandlungen werden ganz ähnlich wie die William Coleys im 19. Jahrhundert dem Kranken sozusagen nach Maß auf den Leib geschneidert. Anders als eine gängige Chemotherapie besteht jeder seiner einzigartigen Therapieschritte darin, daß krebsbekämpfende Zellen aus dem Körper des Patienten gewonnen, im Labor behandelt und reinjiziert werden. In der Nachrichtensendung »ABC News« erläuterte Rosenberg im April 1994:

> Wir können jetzt bei etwa zehn Prozent der Patienten mit einem Nierenkrebs, der bereits stark um sich gegriffen hat, die gesamte bösartige Wucherung zum Verschwinden bringen: bei einem von zehn. Und die überwiegende Mehrheit dieser Patienten, über drei Viertel, scheinen geheilt, das heißt, es hat in Zeiträumen von neun und fast zehn Jahren keinen Rückfall gegeben. Wir können also bei einem geringen Prozentsatz von Patienten das Immunsystem so stimulieren, daß es die Krankheit vollständig ausmerzt. Wir kommen nur schrittweise voran, aber ich glaube, wir machen Fortschritte darin, das Immunsystem willentlich so zu beeinflussen, daß es das gleiche bewirkt, was bei spontanen Regressionen anscheinend auf geheimnisvolle Weise vor sich geht.[25]

Aber was wissen wir schon von diesen 10 Prozent Langzeitüberlebenden und den 7,5 Prozent von Nierenkrebs Geheilten, deren Krankheit im übrigen bei einem kleineren Prozentsatz von Fällen bekanntermaßen auf »natürliche Weise« verschwindet? Wer sind sie? Was dachten, taten, fühlten und glaubten sie? Zu welchen Personen hatten sie starke gefühlsmäßige Bindungen? Empfan-

den sie ihren Arzt, ihre Behandlung und den Krankenhausbetrieb als seelische Stütze, als im Einklang mit ihren persönlichen Anschauungen stehend? Oder empfanden sie sie als furchteinflößend oder anonym? Wenn Rosenbergs Behandlung nur bei wenigen wirkt, warum gerade bei diesen?
Die Frage, wie sehr psychische Faktoren die Gesundheit des Patienten beeinflussen, ist in einer Zeit, die von den Geburtswehen eines neuen medizinischen Paradigmas geprägt ist, immer wieder heftig diskutiert worden. Für die einen »ist Biologie Schicksal«, der Glaube, bestimmte Haltungen könnten den Verlauf einer Krankheit beeinflussen, nur eine irrige und falsche Hoffnungen weckende Ansicht. In einem vielzitierten Artikel, der 1985 im *New England Journal of Medicine* erschien, übte Marcia Angell heftige Kritik und bezeichnete die Vorstellung, daß Gefühle einen Krankheitsverlauf beeinflussen können, als »Folklore ... [und] Mythos, der als eine Form von Herrschaft dient«. Weiter schrieb sie:

> Eine Sichtweise, die den Patienten einen Einfluß bei der Eindämmung ihrer Krankheit einräumt, bedeutet zugleich Mitschuld, wenn diese fortschreitet ... Neben der Angst vor dem persönlichen Versagen birgt sie die Gefahr, daß diese Patienten schließlich zu der Überzeugung kommen, daß die medizinische Behandlung weitgehend unwichtig sei ..., und sich ganz einer Methode des mentalen Trainings anvertrauen ... Aus dem Bedürfnis, uns angesichts des menschlichen Leids höflich und taktvoll zu verhalten, führen wir Heilungen manchmal auf solche Eigenschaften zurück und bemerken nicht, daß dies im Falle von Rückschlägen auch Vorwürfe beinhaltet ... Die Patienten haben bereits an ihrer Krankheit zu tragen, und man sollte sie nicht noch damit belasten, sie für deren Verlauf mitverantwortlich zu machen.[26]

Marcia Angells Artikel rief ungewohnt viele kritische Reaktionen hervor. Zwei ehemalige und ein gegenwärtiger Vorsitzender der Society of Behavioral Medicine hoben in Leserbriefen hervor, Angell mißachte »die jüngste Entwicklung in den Neurowissenschaften«, wonach »die biologische Basis einer Vielfalt mentaler Zustände« jetzt besser verstanden werde. In einem anderen Brief schreiben Forscher der University of Rochester, ein »wachsender Corpus an wissenschaftlicher Literatur deutet darauf hin, daß Faktoren des Verhaltens eine Menge physiologischer Funktionen beeinflussen, die für die Homöostase und Widerstandsfähigkeit gegen Krankheiten grundlegend sind … Wir wissen gegenwärtig lediglich noch nicht, in welchem Umfang und durch welche Mechanismen psychobiologische Faktoren beim Auftreten, Fortschreiten und bei der Genesung von Krankheiten eine Rolle spielen.«[27]

Wenn es einen Persönlichkeitstyp für bestimmte Erkrankungen gibt (eine heiß diskutierte Vorstellung), dann könnten neue Therapieformen darin bestehen, den typischen Haltungen, Überzeugungen und Verhaltensweisen solcher Typen entgegenzuwirken und das Heilsystem mit Strategien zu aktivieren, wie sie bei ungewöhnlichen Heilungen unbewußt ablaufen. Dies wäre die Aufgabe einer völlig neuen Medizin. Zahllose Studien deuten auf das Vorhandensein krankmachender Faktoren hin: Unterdrückung von Gefühlen, Mangel an Ausdrucksfähigkeit, Resignation, Gefühle des Ausgeliefertseins und der Hoffnungslosigkeit. Nach den Untersuchungen von Dr. Lawrence LeShan haben viele Krebspatienten seelische Traumata hinter sich, sie waren starken unterschwelligen Feindseligkeiten ausgesetzt, haben sich isoliert gefühlt und Verzweiflung verspürt. Es überrascht nicht, daß LeShans Therapie vor allem darin besteht, wieder ein Gefühl der »Begeisterung« zu wecken.

Aber der Psychologe LeShan, der von mehreren Fällen unerwarteter Genesungen berichten kann, spricht auch eine Warnung aus: »Man kann nicht einfach in den Spiegel sehen und sich sagen, daß man von Tag zu Tag mehr Begeisterung empfindet. Man muß sein Leben umstellen.«

Die Ergebnisse seiner Forschung sind mit der klinischen Praxis von Krankenhäusern, die vornehmlich nach funktionalen Kriterien organisiert und um die Apparatemedizin zentriert sind, nicht immer leicht in Einklang zu bringen. »Ich weiß, daß ich meine Pflicht tue«, meint LeShan, »wenn ich zum Termin in die

Klinik komme und die Krankenschwestern gallig sind und Unterlagen verstecken, weil mein Patient Ärger gemacht hat. Das bedeutet, daß die Leute wirklich um ihr Leben kämpfen, daß sie unbequeme Fragen stellen, Aufsehen erregen und Krach schlagen.«

Wenn das Heilsystem eine »großartige Orchestrierung« der Systeme des Körpers darstellt, kann dieses Orchester dann beliebig dirigiert werden? Während unserer Recherchen zu unerwarteten Genesungen sagte uns ein Betroffener: »Sie können die Erfahrungen eines Menschen noch so auseinandernehmen, Sie werden sie niemals nachmachen können. Das ist wie beim Blitz.« Nach kurzer Überlegung fuhr er fort. »Oder bei einer köstlichen Suppe mit zahlreichen Zutaten und dem gewissen Etwas, das den Geschmack so unvergleichlich macht.«[28] Und ein anderer meinte: »Man kann es nicht verschreiben und nicht lehren, aber man kann es erlernen.«

Dr. Johannes Schilder vom Rotterdamer Helen Dowling Institute hat sich die Preisfrage gestellt: Kann man das Unnachahmliche nachahmen, eine Genesung künstlich auslösen? »Ich glaube schon«, sagt er. »Aber wenn man die vorhandenen Fälle als genaue Instruktionen nimmt, müßte man ein Schlüsselereignis oder ein komplettes Gefüge äußerer Umstände im Leben eines Menschen nachstellen. Das wäre gewiß eine andere Art Psychotherapie als die gewohnte. Und man kann einen Patienten nicht einfach anweisen, ›selbstbestimmter‹ zu leben. Das ist ein Widerspruch in sich.« Gleichwohl äußerte Schilder die Hoffnung, daß durch Erfahrung bestimmte Verhaltensweisen und Situationen gefunden werden könnten, die einen Patienten in die Lage versetzten, seine »erworbene Hilflosigkeit« zu durchbrechen und wieder eigene Stärke zu entwickeln.[29]

Zehntausende von Patienten auf der ganzen Welt sind damit bereits beschäftigt. Diese neue Form der Medizin empfängt einen Großteil ihrer Impulse von den Kontaktgruppen Betroffener und Angehöriger, die ein ausgesprochenes Bedürfnis nach individuellen Therapieformen zur Stimulierung des Heilsystems bekunden.

Susan Silberstein, die Gründerin des Center for Advancement in

Cancer Education in Philadelphia, ist ein typisches Beispiel. Sie arbeitete als Professorin für Linguistik, als bei ihrem damals 30jährigen Mann ein besonders seltener Krebs des Rückenmarks diagnostiziert wurde. Er konnte nur noch palliativ behandelt werden. Die Ärzte des Sloan-Kettering Cancer Center führten in neun Monaten acht neurochirurgische Eingriffe durch und experimentierten zugleich mit einer Chemotherapie und Bestrahlungen. Susan mußte mit ansehen, wie sich »ein Mann von 1,80 Metern und 90 Kilogramm in einen verschrumpelten Großvater verwandelte, der an seinem Todestag gerade noch 30 Kilo wog«. Aber sie hat das Gefühl, vor seinem physischen Verfall sei »er bereits seelisch und geistig« am Ende gewesen.

Während seiner Zeit im Krankenhaus verbrachte sie ihre Tage fast nur noch in medizinischen Bibliotheken und suchte nach Alternativen zu den zehrenden Behandlungen, die ihr Mann stoisch über sich ergehen ließ. Für sie standen Kosten und Nutzen in keinem Verhältnis. »Ich wußte sehr wenig über Krebs und hatte das Wort ›Chemotherapie‹ noch nie gehört«, sagt sie. »Aber ich war Wissenschaftlerin.« Sie las sich durch Stapel von Büchern, trieb die Telefonrechnung mit Auslandsgesprächen in die Höhe, knüpfte Kontakte in anderen Ländern und stieß auf interessante Therapieansätze. Aber für ihren Mann kam jede Hilfe zu spät. Nach seinem Tod nahm sie sich fest vor, »mit ihm nicht alles zu begraben, was ich gelernt hatte und was anderen Patienten vielleicht helfen konnte«.

Im Oktober 1977, einige Monate nach dem Tod ihres Mannes, baute sie ihr Zentrum auf, »nicht um mit der konventionellen Krebsmedizin und ihren Ärzten abzurechnen. Sie waren alle sehr aufrichtig gewesen, und der Verlust eines so jungen Patienten, noch dazu auf so scheußliche Art, hatte sie tief erschüttert. Ich war vielmehr überzeugt, daß es andere Ansätze geben mußte.«

Inzwischen hat sie zusammen mit einer Gruppe von Freiwilligen fast 10000 Patienten betreut, ohne jemals Geld dafür zu verlangen. (In der Tat ist es erstaunlich, wie viele Einrichtungen, die wir als Vorreiter für die aufkommende Medizin betrachten, mit spärlichsten Finanzmitteln von Betroffenen betrieben werden. Kaum jemand wird wegen Geldmangels abgewiesen. Geschäftemacherei ist bemerkenswert selten, und manchmal ist die Arbeit gerade kostendeckend: Medizin ist nach alter Auffassung zuallererst eine Frage der Caritas, der christlichen Nächstenliebe.)

Susan hatte mehrfach Gelegenheit, spontane Remissionen zu beobachten. Den Begriff selbst lehnt sie freilich ab, sie spricht lieber von »hart erkämpften Wundern«. Sie zählt eine ganze Liste von gemeinsamen Merkmalen der betroffenen Patienten auf, eine Liste, die nur durch ihre Übereinstimmung mit unseren eigenen Ergebnissen überrascht: »Sie akzeptieren die Diagnose, lehnten die Prognose aber ab. Sie fällen Entscheidungen in Einklang mit ihren individuellen Anschauungen und Überzeugungen. Während des Genesungsprozesses haben sie mindestens eine intensive Beziehung, entweder zu einem Angehörigen, Arzt oder Freund, zu einer Selbsthilfegruppe oder einem Therapeuten. Sie werden sich unterschwelliger Gefühle bewußt, entdecken wieder Freude, Kreativität, Lebenssinn, Selbstwertgefühl, einen Grund zu leben oder das Gefühl von Erfüllung. Sie stellen ihr Leben um, wechseln den Beruf, die Stadt oder den Ehepartner. Wahrscheinlich«, so fügt sie etwas bitter hinzu, »sind wir an nicht wenigen Scheidungen schuld.«

Ausgehend von ihren Beobachtungen hat Susan den Einführungsgesprächen und Therapieberatungen eine Form gegeben, die für die neu entstehende Medizin typisch ist: »Jede Beratung ist so individuell«, lacht sie, »daß wir uns selbst völlig verrückt machen.«

In einer Reihe persönlicher Gespräche befaßt sich Susan eingehend mit den körperlichen Handicaps der Patienten, ihren finanziellen Möglichkeiten und eventuellen geographischen Hindernissen. Sie und ihre Freiwilligen setzten sich mit ihrem Allgemeinzustand, ihren Ernährungsgewohnheiten, religiösen Überzeugungen, Lebenszielen und ihrem sozialen Rückhalt auseinander. »Wir schauen uns an, ob sie einen bestimmten Therapieansatz befürworten und ob er sich für ihre psychische Situation eignet. Wir schreiben ihnen niemals etwas vor. Wir fragen sie, wie sie von den Ärzten aufgeklärt und welche Therapieangebote ihnen unterbreitet worden sind, was sie von den Angeboten und von ihrem Arzt halten und mit welchen konventionellen und

alternativen Behandlungsformen sie sich anfreunden können. Dann bieten wir Unterstützung an.«
»Man kann sich nicht vorstellen, wie vertraut der Umgang mit einem Patienten nach nur einer Stunde werden kann«, ruft sie aus. »Ich erfahre Dinge, die sie, wie sie mir hoch und heilig versichern, noch nie jemandem erzählt haben. Ich glaube nicht, daß es daran liegt, daß ich eine brillante Psychologin bin. Ich habe von den anderen 9999 Patienten einfach viel gelernt.«

Wenn wir etwas gelernt haben von den ungewöhnlichen Menschen, mit denen wir bei unseren Recherchen anregende Gespräche geführt haben, so ist es dies: Heilung vollzieht sich auf ebenso chaotische wie geordnete Weise, sie ist ebenso unergründlich wie offensichtlich. Die Auseinandersetzung mit ihr erfordert Wagemut und die Bereitschaft, viele Facetten eines umfassenden Ganzen zu betrachten. Nur die wenigsten von denen, die gesund wurden, folgten stets eingefahrenen Wegen. Und auch eine neue Medizin muß neue Wege gehen: Sie muß die künstlich errichteten Barrieren überwinden, die zuweilen Arzt und Patient, Tatsache und Gefühl, Chirurgie und Synergie, Chemotherapie und Caritas voneinander trennen.
Je mehr wissenschaftliche Aufmerksamkeit ungewöhnlichen Genesungen zuteil wird, desto besser verstehen wir, wie die Selbstheilungskräfte des Menschen stimuliert und das geeignete Umfeld zu ihrer vollen Entfaltung geschaffen werden können. Neue Erkenntnisse auf diesem Gebiet wirken sich nicht nur auf unser Verständnis von Krankheit und Gesundheit, sondern auch auf die Suche nach neuen Therapien aus. Eine Kombination aus Geist, Genetik, Psychoneuroimmunologie und Geist-Körper-Forschung sind nicht nur die Teile eines Puzzles, das sich zu einem neuen Gesamtbild zusammenfügt, sie führen vielleicht auch zu neuen Heilverfahren einer ganzheitlichen Medizin.
Eine Heilkunde, die für die wahren Bedürfnisse der Patienten empfänglich ist, baut ebensosehr auf die immateriellen Werte und Überzeugungen des einzelnen wie auf Medikamente und chirurgische Verfahren auf. Die therapeutischen Ergebnisse müßten sich dann auch am Selbstverständnis des einzelnen, an seiner

Beziehung zu anderen, seinen Zielen und an seiner Überzeugung messen lassen, daß er im übergeordneten Ganzen seinen persönlichen Platz hat. Erst dann können wir auf eine Medizin hoffen, die gleichermaßen heilt wie betreut.

Die mittelalterliche Mystikerin und Heilerin Hildegard von Bingen, die 1098 wahrscheinlich in Bermersheim geboren wurde, nahm die Theorie und Praxis der neu aufkommenden Medizin auf seltsame Weise vorweg. In theoretischen Abhandlungen hob sie die Wechselwirkung von Körper, Geist und Seele hervor. Die Heilung von Krankheiten entsprang für sie aus einer Lebensenergie, die sie *viriditas* oder »die grünende Kraft« nannte. Nach einem Biographen beinhaltetet dieses Konzept »alles Lebendige, die von Gott kommende Lebenskraft, die Vitalität der Jugend, die Macht der Sexualität, die Potenz von Samen, die Reproduktion von Zellen und die Kraft der Regeneration, Frische und Kreativität«.[30]

Die meisten von Hildegards Heilverfahren waren beste Volksmedizin. Aber die Heilkunde des 21. Jahrhunderts wird sich auf ihr Konzept der *viriditas* (und *caritas*) zurückbesinnnen müssen, wenn sie Patienten gesund machen und unser Verständnis vom Menschen, der mehr ist als ein Zusammenwirken verschiedener biologischer Abläufe, wiederherstellen und erweitern helfen will.

Die Medizin, einst ein Kronjuwel des wissenschaftlichen Reduktionismus, hat ganz unerwartet eine ganz neue Sicht des menschlichen Geistes entdeckt. Nach dem, was wir an unerwarteten Genesungen gesehen haben, glauben wir, daß sich die Menschheit auf den Augenblick zubewegt, den Claude Bernard, der Begründer der modernen Physiologie, vorausgesehen hat: »Ich bin überzeugt«, schrieb er, »wenn die Physiologie weit genug vorangeschritten ist, dann werden Dichter, Philosoph und Physiologe einander verstehen.«[31] Ihre gemeinsame Sprache ist dann wohl die des Heilsystems. Erst dann hat die Erforschung unerwarteter Genesungen richtig begonnen.

Anhang Teil 1

Das Register der unerwarteten Genesungen

Die Erforschung der Ausnahmen, des Unerwarteten, des Seltenen und Schwerzufassenden war für die Medizin schon immer eine Herausforderung und auch ein Feld, auf dem sie große Erfolge erzielte. So hat uns beispielsweise die Erforschung der Autoimmunkrankheiten zu wichtigen Erkenntnissen in der Immunologie verholfen. Gleichwohl hat es nur wenige methodische Studien zu dem Phänomen der unerwarteten Genesungen gegeben. Das liegt nicht zuletzt daran, daß über solche Fälle in der medizinischen Fachliteratur nur selten berichtet wird. In dieser Hinsicht stehen wir heute vor einer ähnlichen Situation wie Dr. Joseph DeCourcy im Jahre 1933. DeCourcy, einer der frühesten Forscher auf dem Gebiet der unerwarteten Genesungen, erklärte sich den Mangel an Fallbeschreibungen so:

> Angesichts der in der Vergangenheit vorherrschenden Überzeugung, Krebs sei eine unheilbare Krankheit, neigte man dazu … im Heilungsfall die Diagnose für fehlerhaft zu halten. Die Folge war, daß der zuständige Arzt über den Fall lieber schwieg oder ein Fragezeichen hinter seinen Bericht setzte.

Selbst die wenigen Berichte, die es über solche Fälle gab, enthielten kaum Informationen zu den Menschen, um die es ging. Wenn wir herauszufinden versuchten, welche Persönlichkeiten sich hinter den vagen Angaben verbargen, stellten wir zu unserem Erstaunen fest, daß viele Ärzte den Kontakt zu ihren Ausnahmepatienten verloren hatten. Die Frage ist, wie die verstreuten Daten zu diesem von der Medizin bislang so stiefmütterlich behandelten Thema zum Nutzen von Patienten und Ärzten leichter zugänglich gemacht werden können. Die Veröffentlichung des vorliegenden Buches soll ein erster Schritt sein. Wir müssen mehr Material sammeln, wenn wir aus den Fällen unerwarteter Genesungen lernen wollen.

Unseres Erachtens ist dazu aber ein breiterer Ansatz erforderlich. Aufgrund unserer Erfahrungen halten wir zwei Aufgaben auf diesem Gebiet für besonders wichtig: Erstens muß die Medizin die Zahl der Fallberichte steigern, zweitens muß sie die Fälle anhand eines Registers der unerwarteten Genesungen über Jahre hinaus verfolgen. (Als Modell könnte das Tumorregister des amerikanischen Krebsinstituts dienen; eventuell könnte es ihm sogar angegliedert werden.)
Der Mangel an Fallberichten beruht teilweise auch darauf, daß es an einer geeigneten Definition gefehlt hat, die weit genug gefaßt war, um auch andere komplexe Sonderfälle einzuschließen, so etwa eine unerwartet lange Überlebensdauer, die Genesung von Patienten, die zwar konventionell behandelt wurden, eigentlich aber nicht hätten gesund werden »dürfen«, oder ungewöhnliche Verbesserungen des Gesundheitszustandes infolge einer Kombination aus konventionellen und alternativen Behandlungsmethoden.
Tatsächlich wurden Menschen, die ihre Genesung anderen Faktoren als der Schulmedizin zuschrieben, häufig nicht ernst genommen. Man hielt sich an die Kardinalsregel, die es dem Wissenschaftler verbietet, eine Unbekannte durch eine andere zu erklären. Wir fragen uns allerdings, was unwissenschaftlicher ist: Eine unerwartete Genesung einfach als »spontane Remission« zu

bezeichnen und sich damit zu begnügen oder die Hypothese aufzustellen, daß die Reaktion des Körpers durch eine alternative Behandlungsweise oder psychosoziale Faktoren verändert worden sein könnte.

Unsere wichtigste Informationsquelle für dieses Buch waren neben den medizinischen Berichten und den Beschreibungen der Ärzte unsere Gespräche mit Patienten, die eine unerwartete Genesung erfahren hatten. Diese Vorgehensweise stieß bei anderen Forschern auf deutliche Skepsis. Eine prominente Kritikerin fragte, warum wir uns überhaupt die Mühe machten, »subjektive« Daten zu sammeln: »Solche Informationen sind bekanntlich unzuverlässig«, protestierte sie. »Niemand hält sie für glaubhaft, und niemand schenkt ihnen Beachtung, bis auf das breite Publikum, in dem die falsche Vorstellung geweckt wird, jeder könnte eine spontane Remission erfahren. Was Betroffene als Grund für eine Remission anführen und was dabei ihrer Einschätzung nach mit ihrem Körper passierte, das sind bestimmt keine harten Daten.« Laut Wörterbuch sind Daten jedoch alle Informationen, aus denen sich Schlüsse ziehen lassen. Bezeichnenderweise stammt die Vokabel vom lateinischen *datum* ab, was soviel wie »Geschenk« bedeutet. Daten sind Geschenke, einerlei ob sie aus äußeren Beobachtungen gewonnen werden oder aus der Innenwelt der Gedanken und Gefühle stammen.

Vor einigen Jahrzehnten galt das Sammeln dieser »inneren« Daten noch als akzeptable wissenschaftliche Vorgehensweise. So entdeckten wir einen Artikel aus dem Jahr 1957, in dem der Autor von einer »hochinteressanten« Konferenz im M. D. Anderson Hospital in Houston berichtete. Teilnehmer waren »rund 40 Psychologen und Ärzte aus den gesamten Vereinigten Staaten, die sich alle aus psychologischer Sicht mit der Erforschung von Krebs beschäftigten«. Eine solche Veranstaltung, noch dazu unter dem Dach einer staatlich finanzierten Krebseinrichtung, wäre in jüngerer Zeit noch bis vor kurzem kaum vorstellbar gewesen. Mittlerweile wird jedoch zunehmend anerkannt, daß psychologische Faktoren eine große Rolle spielen können, wie auch die Entstehung der Disziplin der Psycho-Onkologie belegt. Im Jahr 1984 fand bei der Jahrestagung des amerikanischen Psychiatrie-Verbandes ein mehrstündiges Symposium zum Thema »Hoffnung als Faktor bei Krankheitsremissionen« statt. Das unterstrich die Bedeutung dieses Aspekts bei der Behandlung der Patienten. Im Rahmen einer Erhebung wurden Spezialisten dazu befragt, welche Bedeutung sie verschiedenen psychosozialen Faktoren bei der Behandlung von Krebs beimaßen. Von den 649 Onkologen, die antworteten, schrieben 90 Prozent, daß Hoffnung und Optimismus, ein starker Überlebenswille, Vertrauen in den Arzt und emotionale Unterstützung durch Familie und Freunde die Behandlung deutlich positiv beeinflussen könnten.

Natürlich läßt sich das Rätsel der unerwarteten Genesungen nicht dadurch lösen, daß man Anekdoten auflistet. Ob und wie oft das Phänomen auftritt, hängt von zu vielen Faktoren ab, die wir noch nicht kennen und auch in absehbarer Zeit noch nicht kennen werden. Mit dem Sammeln und Auswerten gesicherter Daten zum Vorkommen von unerwarteten Genesungen könnten wir dem interessierten Arzt allerdings die Möglichkeit geben, selbst vermeintlich unheilbaren Kranken so etwas wie »vertretbare Hoffnung« zu vermitteln.

Zusätzlich könnten wir beim sorgfältigen Studium einer ausreichenden Zahl von Einzelfällen unter Umständen wichtige biologische Informationen gewinnen. Forscher bekunden ein wachsendes Interesse daran, Blut und Gewebe von Patienten zu untersuchen, die eine unerwartete Genesung erfahren haben. Sie erhoffen sich Hinweise darauf, wie sich dieser Vorgang stimulieren läßt. Die Genmusterkartierung und andere hochentwickelte Techniken, mit deren Hilfe sich seltene biologische Substanzen klonieren lassen, eröffnen der Medizin heute vielleicht die einzigartige Chance, aus Fällen unerwarteter Genesungen bahnbrechende Entdeckungen abzuleiten.

Generell ermöglicht uns die Psychoneuroimmunologie mittlerweile, auf neuartige Weise Fälle zu analysieren, bei denen psychische Faktoren möglicherweise eine wichtige Rolle gespielt haben. Wenn man anhand unerwarteter Genesungen die gegenwärtigen Therapieformen noch einmal genau unter die Lupe nähme und neue medizinische Protokollierungsweisen erprobte, käme das sowohl den Patienten wie auch der medizinischen Behandlung und der ärztlichen Ausbildung zugute. Die Einbeziehung von Fällen, bei denen alternative Methoden angewandt wurden, würde ein genaueres Bild vom Spektrum der menschlichen Selbstheilungskräfte ergeben. Wenn bei der Untersuchung von Neuzugängen auch psychologische, spirituelle und zwischenmenschliche Aspekte Beachtung fänden, könnte man vielleicht neue, auf den einzelnen zugeschnittene Behandlungsmodelle entwickeln.

Wenn unerwartete Genesungen eine soziale Komponente haben, dann müßte es ein wesentlicher Bestandteil der medizinischen Behandlung werden, jedem, der es wünscht, soziale Unterstützung zu geben. Häufig haben wir von Krebspatienten gehört: »Wenn ich nur einen Menschen kennen würde, der es geschafft hat, dann würde ich mir ebenfalls zutrauen, den Krebs zu besiegen.« Der Kontakt zu Menschen, die wider Erwarten genesen sind, würde Patienten, die mit derselben Krankheit ringen, anspornen und ihnen neue Hoffnung geben. Eine Beratung durch Betroffene könnte für Patienten wie Ärzte von großem Nutzen sein.

Mit der Veröffentlichung dieses Buches rufen wir eine Initiative ins Leben, deren Ziel es ist, ein Register der unerwarteten Genesungen einzurichten. Wir hoffen, daß ein solches Register die internationalen Bemühungen verstärken wird, entsprechende Fälle systematisch zu erfassen und zu verfolgen. Es könnte, wenn es erst einmal genügend Fälle umfaßt, vielleicht Antwort auf die folgenden Fragen geben:

- Bei welchen Krebsarten kommt es am häufigsten zu unerwarteten Genesungen (UG)?
- Gibt es bestimmte Typen von Menschen, bei denen eher mit UG zu rechnen ist?
- Mit welcher Häufigkeit treten UG in den einzelnen Ländern und weltweit auf?
- Bei welchen Typen von Menschen treten UG auf, und was für einen genetischen, sozialen und psychologischen Hintergrund haben sie?
- Gibt es bestimmte zwischenmenschliche, therapeutische oder andere unterstützende Strukturen, die UG begünstigen?

- Gibt es genetische oder chromosomatische Muster, die bestimmte Personen für UG prädisponieren? Gibt es eine genetische Kombination, die Selbstheilungsmechanismen auslöst?
- Mit welchen Veränderungen in bezug auf Verhaltensmuster, Lebensstil und Gewohnheiten stehen UG in Wechselbeziehung?
- Welche Grundhaltungen und Überzeugungen haben Menschen, die UG erfahren?
- Welche psychischen und spirituellen Folgen haben UG?
- Wie oft kommt es bei Primärtumoren zu UG? Wie oft bei Metastasen? Wie oft bei Metastasen in den verschiedenen Gewebsarten (Lunge, Leber usw.)?
- Was für ein »Timing« haben UG? In welchem zeitlichen Abstand zur Entdeckung des Primärtumors treten sie auf? In welchem Abstand zur Entdeckung von Metastasen? In welchem Zeitraum vollzieht sich eine UG: in einem Monat, einer Woche oder über Nacht?
- Besteht ein Zusammenhang zwischen UG und dem Alter der Patienten? Wie lange lebten Eltern und Großeltern der Patienten? (Legt nahe, daß eine genetische Komponente des Immunsystems mit dafür verantwortlich ist.)
- Wie entwickelt sich der physische und psychische Gesundheitszustand von Menschen mit UG auf lange Sicht?

Ohne Antwort auf diese grundsätzlichen Fragen wird eine systematische Erforschung unerwarteter Genesungen niemals möglich sein. Die Schaffung eines entsprechenden Registers könnte zu einem besseren Verständnis von Krankheiten und ihrer Behandlung beitragen. Sie würde es Ärzten erleichtern, ihren Patienten zu bestimmten Schutzmaßnahmen, Übungen und Veränderungen in der Lebensweise zu raten, die im Sinne einer Vorsorge sinnvoll für sie sein könnten. Und es stünden dann aktuelle (und dynamischere) Statistiken zur Verfügung, an denen sich mögliche Ergebnisse ablesen ließen.
Wir möchten jeden auffordern, der selbst eine unerwartete Genesung erfahren hat oder einen solchen Fall kennt, sich an das Register zu wenden. Dabei schließen wir ausdrücklich langzeitüberlebende HIV-Infizierte und Aids-Kranke mit ein. Auf den fol-

genden Seiten ist ein Formular für das »Register der unerwarteten Genesungen« abgedruckt, das aus dem Fragebogen entwikkelt wurde, den wir bei unseren Nachforschungen verwendet haben. Wir möchten Sie auffordern, den Fragebogen* zu kopieren, auszufüllen und an folgende Adresse zu schicken:

THE REMARKABLE RECOVERY REGISTRY
CALL BOX 5009
BEN LOMOND, CA 95005-5009
USA

* Einen zweiten Fragebogen zur Erforschung von Spontanremissionen, den die »Arbeitsgruppe Biologische Krebstherapie« erstellt hat, finden Sie auf den Seiten 437 und 438.
Dieser Fragebogen ist zusätzlich auch als Einzelblatt beigelegt, um dem Leser das Ausfüllen und Versenden zu erleichtern.

REGISTER DER UNERWARTETEN GENESUNGEN

Würden Sie sich bitte ein paar Minuten Zeit nehmen und die folgenden Fragen beantworten?

Name: .... Adresse: ....

Vorname: ....

Geb. Datum: ....

Geburtsort: .... Telefon: ....

Geschlecht M ☐ W ☐ Fax: ....

Was ist Ihr Familienstand? Unverheiratet ☐ Verheiratet ☐ Geschieden ☐ Weitere Möglichkeiten ☐

Wie lange sind Sie / waren Sie mit Ihrem Ehepartner oder einer anderen für Sie wichtigen Person zusammen? ....

Falls Sie mehrmals verheiratet waren oder in dauerhaften Beziehungen gelebt haben, geben Sie bitte die Dauer der längsten Beziehung an.

....

Haben Sie Kinder? Ja ☐ Nein ☐ Falls ja, wie viele und wie alt sind sie?

....

Wie alt ist Ihre Mutter? .... Ihr Vater? ....

(Falls verstorben, geben Sie bitte Sterbealter und Todesursache an.)

....

Wie alt ist Ihre Großmutter mütterlicherseits? ....

Ihr Großvater mütterlicherseits? ....

(Falls verstorben, geben Sie bitte Sterbealter und Todesursache an.)

....

Welche Schul- bzw. Hochschulabschlüsse haben Sie?
Hauptschule ☐ Realschule ☐ Gymnasium ☐ Hochschule ☐ Akademische Titel ....

Falls Sie eine Hochschulausbildung haben, in welchen Fächern?

....

Welchen Beruf üben Sie aus? Wie lange arbeiten Sie in diesem Beruf?

....

Betätigen Sie sich auf einem künstlerischen oder kunsthandwerklichen Gebiet (Zeichnen, Malen, Musik, Schreiben, Gesang, Holzschnitzerei usw.) bzw. haben Sie sich auf solchen Gebieten betätigt und halten Sie sich für talentiert? Ja ☐ Nein ☐ Wenn ja, auf welchen Gebieten?

....

....

....

Welcher Religionsgemeinschaft gehören Sie an? Ihre Familie? (fakultativ)

....

Haben Sie körperliche, psychische oder geistige Erfahrungen gemacht, für die es keine logische / rationale Erklärung zu geben schien? Ja ☐ Nein ☐ Wenn ja, beschreiben Sie diese Erfahrung(en) bitte.

....

....

....

Welche der folgenden Punkte haben spürbar zu Ihrem Überleben / Ihrer Genesung beigetragen? (Bitte alle zutreffenden Punkte ankreuzen.)

☐ Meditation/ Entspannungsübungen	☐ Hypnose	☐ Selbsthypnose	☐ Yoga
	☐ Diäten/ Ernährung	☐ Unterstützung in der Gruppe	☐ Gruppentherapie
☐ Akupunktur	☐ Sport	☐ Psychotherapie	☐ Tanz/Bewegung
☐ Musik/Gesang	☐ Reisen	☐ Geschichtenerzählen	☐ Malen/Zeichnen
☐ Geführte Imagination/ Visualisierungen	☐ Streßabbauende Techniken	☐ Besuche bei Heilern (psychol. o. spirituell orient.)	☐ Außergewöhnliche psychospirituelle Erfahrungen
☐ Beten	☐ Lebhafte Träume	☐ Berührungen mit therapeut. Effekt	☐ Gartenarbeit
☐ Nachforschungen/Informat. über Krankheit	☐ Verhältnis zu Ärzten	☐ Musizieren mit einem Instrument	☐ Alternative medizinische Praktiken
☐ Kontakt zu anderen	☐ Soziales Engagement	☐ Trommeln/andere rhythm. Betätig.	☐ Schreiben
☐ Lesen/Bücher	☐ Bezugsperson	☐ Glück	☐ Humor
☐ Homöopathie	☐ Heilkräuter	☐ Arbeit/Hobbys	☐ Massage

☐ Kunsttherapie
☐ Naturerfahrung
☐ Spazierengehen/ Wandern.
☐ Zugehörigkeit zu einer Religionsgemeinschaft
☐ Medizinische Behandlung
☐ Spiele
☐ Spiritualität
☐ Vererbung

Andere Punkte (bitte erläutern) ....

....

Welche der folgenden psychischen bzw. spirituellen Faktoren waren für Ihr Überleben / Ihre Genesung von Bedeutung? (Bitte alle zutreffenden Punkte ankreuzen.)

☐ Religiöse/spirituelle Erweckung oder Bekehrung
☐ veränderte Überzeugungen u. Einstellungen
☐ Unterstützung durch Familie/ soziales Umfeld
☐ positive Gefühle/ Gedanken/ Einstellungen
☐ Glaube
☐ Veränd. in der Lebensweise
☐ Kampfgeist
☐ Negieren der Krankheit
☐ frühere Erfahr. mit Krankheit
☐ bewußtere Wahrnehmung der Umwelt/ Mitmenschen
☐ selbstloses Verhalten/anderen helfen
☐ veränderte Sinneswahrnehmungen
☐ sich selbst Mut machen
☐ Gefühl der Kontrolle
☐ intensivere Lebensweise
☐ Ausdrücken von Bedürfnissen
☐ in der Krankheit eine Herausforderung sehen
☐ Verantwortung f. d. Krankheit übernehmen
☐ neuer Lebenssinn
☐ neuer Wunsch und Wille zu leben
☐ Glaube an einen guten Ausgang
☐ mehr Selbständigkeit/ Unabhängigkeit
☐ veränderte Gewohnheiten o. Verhaltensweisen
☐ Veränderungen in zwischenmenschl. Beziehungen
☐ Ziele in der Zukunft/ Orientierung
☐ Akzeptanz der Krankheit
☐ Lachen/Humor
☐ »Nein« sagen können.

Andere Punkte (bitte erläutern) ....

....

Welche der folgenden Eigenschaften würden Sie sich selbst zuordnen? Bitte notieren Sie andere Besonderheiten in den dafür vorgesehenen Zeilen.

☐ sensibel	☐ stark	☐ ängstlich	☐ reif
☐ humorvoll	☐ zurückhaltend	☐ selbstsicher	☐ gutgläubig
☐ abhängig	☐ impulsiv	☐ glücklich	☐ kooperativ
☐ stolz	☐ selbstsüchtig	☐ engagiert	☐ zäh
☐ sanft	☐ mutig	☐ lebenslustig	☐ ernsthaft
☐ freundlich	☐ selbstkritisch	☐ streng	☐ denkend
☐ organisiert	☐ unzufrieden	☐ rebellisch	☐ bescheiden
☐ selbstlos	☐ unnahbar	☐ faul	☐ logisch

☐ ruhig	☐ schüchtern	☐ liebevoll	☐ unbeirrbar
☐ unordentlich	☐ optimistisch	☐ arbeitsam	☐ kreativ
☐ gefühlsbetont	☐ frech	☐ mißmutig	☐ unberechenbar
☐ ordentlich	☐ pessimistisch	☐ mitfühlend	☐ nachsichtig
☐ flexibel	☐ geduldig	☐ vorsichtig	☐ aggressiv
☐ umsichtig	☐ gelassen	☐ intuitiv	☐ rechthaberisch
☐ zuverlässig	☐ kritisch	☐ pragmatisch	☐ tolerant
☐ aufmerksam	☐ experimentierfreudig	☐ unkonventionell	☐ begeisterungsfähig
☐ ehrlich	☐ diszipliniert	☐ analytisch	☐ praktisch
☐ naiv	☐ vertrauenswürdig	☐ passiv	☐ neugierig
☐	☐	☐	☐ ....
☐	☐	☐	☐ ....

Hausarzt/Behandelnder Arzt

Name ....

Straße ....

Anschrift ....

Land .... Tel. .... Fax ....

Gestatten Sie uns, mit Ihrem Arzt Kontakt aufzunehmen?
Ja ☐ Nein ☐

Gibt es andere medizinische Stellen, mit denen wir uns Ihrer Meinung nach in Verbindung setzen sollten? Ja ☐ Nein ☐
Falls ja, geben Sie bitte in den folgenden Zeilen deren Namen, Anschriften und Telefonnummern an.

....

....

....

Geben Sie bitte den Sitz der Muttergeschwulst oder die Krebsart an.

Brust ☐ Eierstöcke ☐ Uterus ☐ Prostata ☐ Hoden ☐ Lunge ☐ Dickdarm/Mastdarm ☐ Magen ☐ Leber ☐ Bauchspeicheldrüse ☐ Knochen ☐ Gehirn ☐ Niere ☐ Bauchhöhle ☐ Melanom ☐ Sarkom ☐ Lymphom ☐ Leukämie ☐ Retinoblastom ☐ Neuroblastom ☐ Hypophyse ☐ Schilddrüse ☐ Anderes (bitte erläutern)

....

Zeitpunkt der Diagnose ....

Falls sich bei Ihnen Metastasen oder Tochtergeschwülste gebildet haben, wo?
Lunge ☐ Dickdarm/Mastdarm ☐ Magen ☐ Leber ☐ Knochen ☐ Gehirn ☐ Bauchhöhle ☐ Haut ☐ Niere ☐ Lymphknoten ☐ Anderswo (bitte erläutern)

....

....

Zeitpunkt der Diagnose ....

Auf welche Weise wurde der Krebs diagnostiziert?
Gewebsentnahme ☐ Röntgenbild ☐ Chirurg. Eingriff ☐ Bluttests ☐ Knochenmarkanalyse ☐ Andere Arten (bitte erläutern)

....

....

Welche traditionellen Behandlungsarten wurden Ihnen verabreicht? Bitte kreuzen Sie alle zutreffenden Punkte an. Falls möglich, fügen Sie bitte auch den Zeitpunkt und die Dauer der Behandlung, die Namen der behandelnden Ärzte und den Behandlungsort hinzu. Geben Sie bitte im Falle einer Chemotherapie, einer Immuntherapie oder neu erprobter Therapien die verwendeten Krebsmedikamente an.

Operation(en) ....

....

....

Bestrahlungen ....

....

....

Chemotherapie ....

....

....

Immuntherapie ....

....

....

Neu erprobte Therapien ....

....

....

Anderes ....

....

....

Haben Sie ergänzende Krebstherapien in Anspruch genommen oder Übungen gemacht, denen Sie eine heilsame Wirkung zuschreiben? Ja ☐ Nein ☐
Falls ja, nennen Sie bitte die angewandten Therapieformen und beschreiben Sie, was Sie an ihnen als heilsam empfanden.

....

....

....

....

Welchen Faktoren schreiben Sie Ihre erstaunliche Genesung zu? (Fügen Sie nötigenfalls zusätzliche Seiten bei).

....

....

....

....

....

....

(Fakultativ) Bitte berichten Sie in eigenen Worten von Ihren Erfahrungen. (Wie sehen Sie und / oder Ihr Arzt Ihre erstaunliche Genesung / Ihr Überleben?) (Fügen Sie nötigenfalls zusätzliche Seiten bei.)

....

....

....

....

Anhang Teil 2

Fallberichte über erstaunliche Genesungen

Wir bitten um formelle Fallberichte, um klären zu können, wie häufig erstaunliche Genesungen auftreten, was ihre Ursachen sind und welche besonderen Eigenschaften die Patienten haben. Wie bereits erwähnt, enthalten die meisten Fallbeschreibungen in der Literatur der letzten Jahre nur wenig Information über die betroffenen Personen. Deshalb sind wir daran interessiert, Kriterien für das Abfassen eines Fallberichts festzulegen, die neben der Diagnose und dem Behandlungsverlauf auch Informationen zum Patienten umfassen.
Will man feststellen, wie oft es tatsächlich zu erstaunlichen Genesungen kommt und welche Behandlungsmethoden welchen Anteil daran haben, muß man zunächst neue Methoden entwickeln, mit den Patienten zu sprechen und über medizinische Fälle zu berichten. Wir konnten beobachten, daß die Eigenarten eines Patienten von ebenso großer Bedeutung sind wie seine biologische Beschaffenheit. Häufig sind diese für den Arzt so wertvollen Informationen von anderen Betreuern zu bekommen, die den Patienten besser kennen als er selbst – etwa von einer Gemeindeschwester, einer Arzthelferin oder einem Sozialarbeiter. Der Be-

richt des Patienten über seine Erfahrungen, der häufig als subjektiv oder »verzichtbar« bezeichnet wird, sollte als objektive Information in bezug auf das Heilsystem verstanden werden. Besonders wichtig wäre, Ärzte dazu zu bewegen, die ihnen bekannten Fälle in medizinischen Fachzeitschriften zu veröffentlichen. Dies wäre die Voraussetzung für eine brauchbare Epidemiologie des Phänomens.

Nach unserem Verständnis liegen Gesundheit und Krankheit auf einem Kontinuum mit vielen Variablen. Für die Entwicklung einer Epidemiologie der unerwarteten Genesungen müssen wir die gesamte Person verstehen lernen, Körper, Geist und Seele. Aus diesem Grund halten wir unter anderem folgende Informationen für wichtig:

- Die Lebensgeschichte des Patienten. Sie sollte enthalten: eine möglichst lückenlose Biographie, Informationen über Herkunft, Familienstand, religiösen Hintergrund, soziales Umfeld, Krankengeschichte der Familienmitglieder, Erziehung, Schulbildung, Freundschaften, Besuche bei Psychologen bzw. Psychiatern, vorgenommene psychologische Tests.
- Die konventionellen und alternativen Behandlungsarten, die eingesetzt wurden. Darunter fallen: Operation(en), Bestrahlungen, Chemotherapie, Immuntherapien (teilweise oder vollständig erfolgreich), Vitamine, Ernährungsumstellung, ernährungsspezifische Therapien, Gesprächs- und Verhaltenstherapien, pharmakologische oder biologische Behandlungen, Massage, Biofeedback, Homöopathie, Akupunktur, Behandlungen mit Heilkräutern.
- Die verhaltensspezifischen Faktoren, die von Bedeutung sein könnten: Lebensweise, Ernährung, Gewohnheiten, Sport, soziales Engagement, Praktiken wie Meditation, Yoga usw.
- Wichtige Faktoren im Umfeld: War der Patient pathogenen oder karzinogenen Stoffen ausgesetzt? Wie steht es um soziale Bezüge, den Einfluß der Umgebung, den religiösen Hintergrund und das Familienleben?
- Wichtige Ereignisse im Leben des Patienten. Sie können zwischenmenschlicher, psychologischer oder spiritueller Natur sein oder sich auf sein Umfeld beziehen. Besonders wichtige

Ereignisse vor der Diagnose der Krankheit bzw. ihrer Heilung sollten detailliert aufgeführt werden.

- Informationen zur Person des Patienten. Warum hat er eine spezielle Behandlungsart gewählt, welche Bücher zum Thema hat er gelesen, hatte er wichtige Träume, Einsichten, spirituelle Erfahrungen, welche Werte sind ihm persönlich wichtig?

Anhang Teil 3

Tortengraphiken ausgewählter Versuchspersonen

Wir möchten uns bei Dr. Jean Achterberg und Dr. Warren Berland dafür bedanken, daß sie uns auf diese Möglichkeit der Befragung aufmerksam gemacht haben.

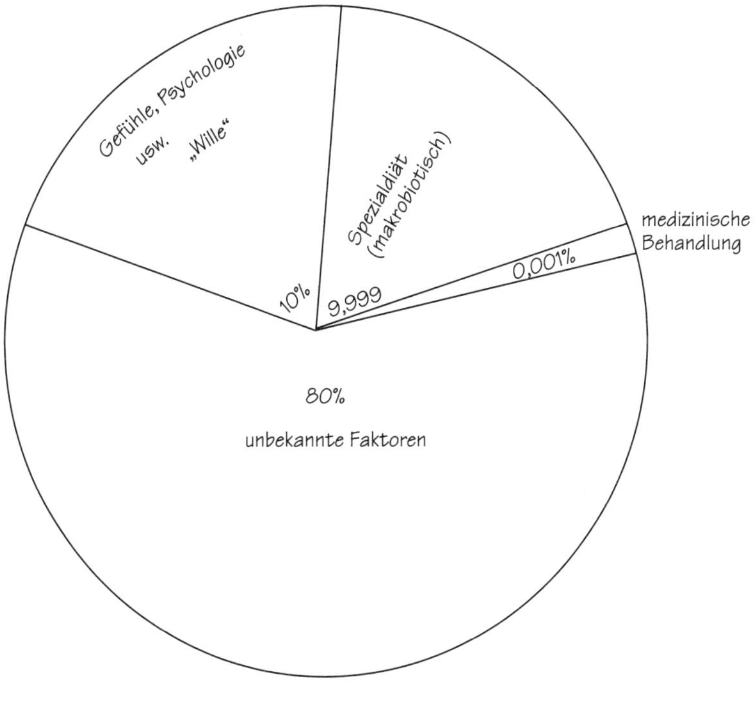

NORMAN ARNOLD

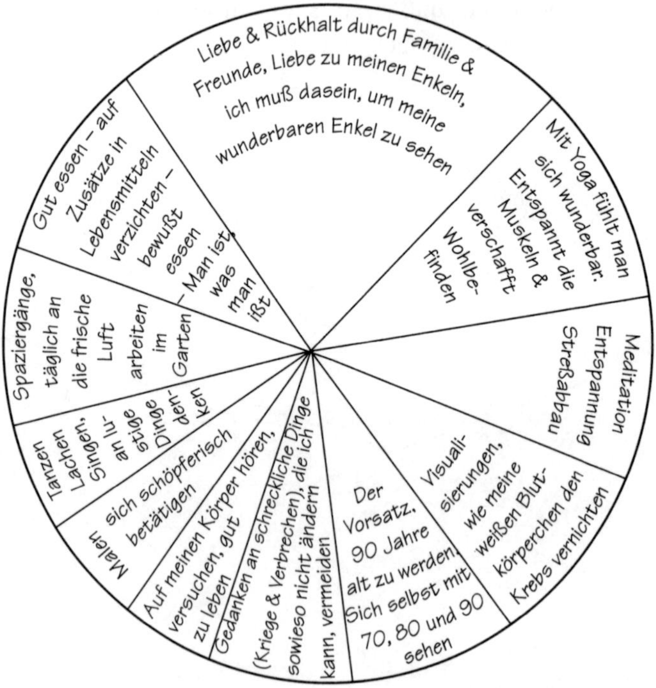
Liebe & Rückhalt durch Familie & Freunde, Liebe zu meinen Enkeln, ich muß dasein, um meine wunderbaren Enkel zu sehen
Mit Yoga fühlt man sich wunderbar. Entspannt die Muskeln & verschafft Wohlbefinden
Meditation Entspannung Streßabbau
Visualisierungen, wie meine weißen Blutkörperchen den Krebs vernichten
Der Vorsatz, 90 Jahre alt zu werden. Sich selbst mit 70, 80 und 90 sehen
Gedanken an schreckliche Dinge (Kriege & Verbrechen), die ich sowieso nicht ändern kann, vermeiden
Auf meinen Körper hören, versuchen, gut zu leben
Malen sich schöpferisch betätigen
Tanzen Lachen Singen, an lustige Dinge denken
Spaziergänge, täglich an die frische Luft arbeiten im Garten
Gut essen – auf Zusätze in Lebensmitteln verzichten – bewußt essen – Man ist, was man ißt

INGE SUNDSTROM

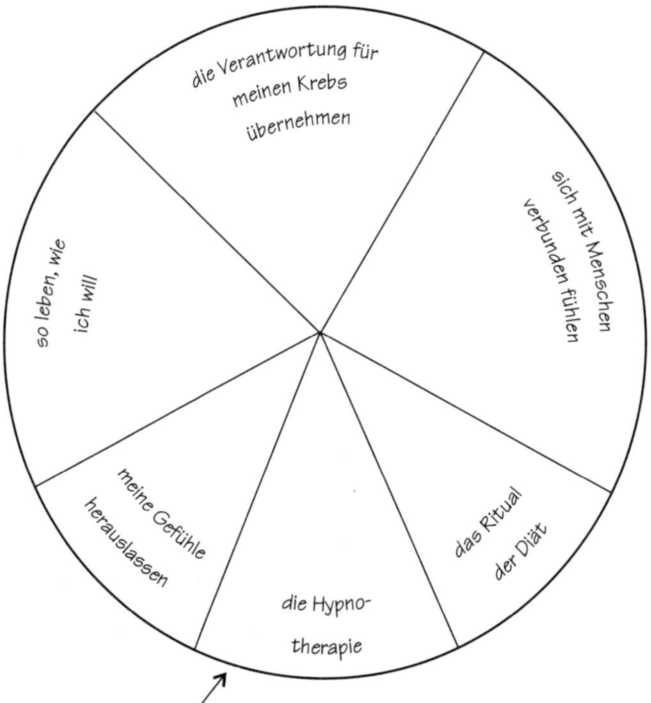

Die Ursache war der Umschwung vom „Tod“ zum Leben,
ein Sprung aus dem Dunkel ins Licht.
Aber letztlich habe ich für diese Entwicklung keine Worte.

GEERTJE BRAKEL

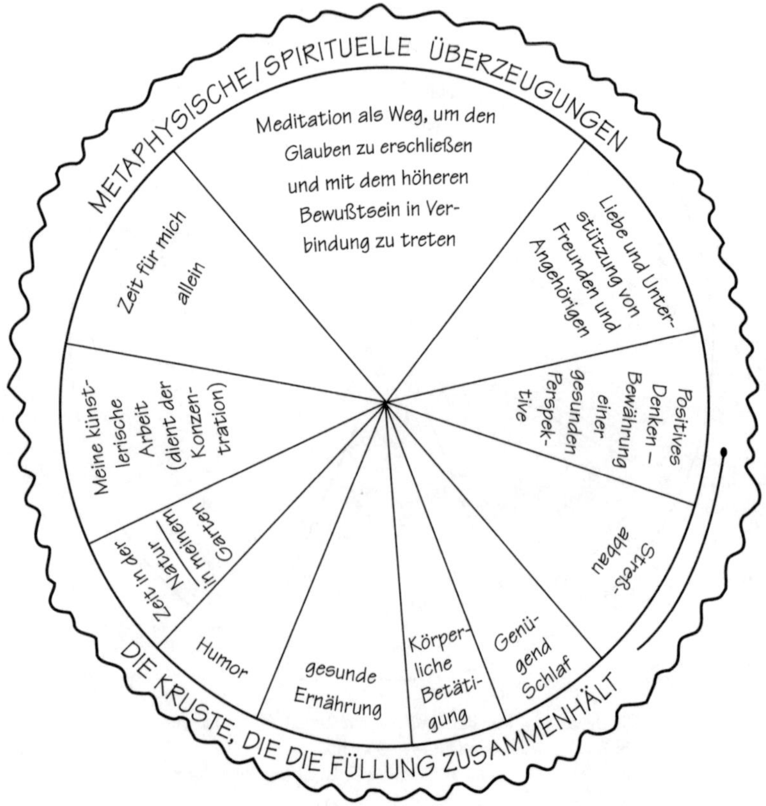

METAPHYSISCHE/SPIRITUELLE ÜBERZEUGUNGEN
Meditation als Weg, um den Glauben zu erschließen und mit dem höheren Bewußtsein in Verbindung zu treten
Liebe und Unterstützung von Freunden und Angehörigen
Positives Denken – Bewährung einer gesunden Perspektive
Streßabbau
Genügend Schlaf
Körperliche Betätigung
gesunde Ernährung
Humor
Zeit in der Natur / in meinem Garten
Meine künstlerische Arbeit (dient der Konzentration)
Zeit für mich allein
DIE KRUSTE, DIE DIE FÜLLUNG ZUSAMMENHÄLT

ROB ANDERSON

Mit den Ärzten gleichberechtigt zusammenarbeiten. Sie können einen nicht heilen, wenn man sich selbst aufgibt. In der Klinik braucht man sich bloß umzusehen. Man findet immer jemanden, der noch übler dran ist. Das muß man nutzen. Die Technik als Waffe gebrauchen und sie mit Gedanken an die eigene Genesung noch schärfer machen.
Von mir wird es nicht heißen, die schafft es nicht. Wenn ich scheitere, weiß ich wenigstens, daß ich verdammt gut gekämpft habe. Bis jetzt glaube ich nicht, daß ich mich anders gefühlt habe als jetzt.
Angehörige sind besonders wichtig. Leider haben sie keine Ahnung, was sie sagen sollen. Sie haben genausoviel Angst, wie man am Anfang selbst hatte. Man muß ihnen einfach zeigen, daß man kein Opfer mehr ist.
Wenn es hilft, dann tu so, als seist du jemand anders. Stell die Fragen, die jemand stellen würde, der alle Untersuchungen schon hinter sich hat. Jemand anders kann alles in sich aufnehmen und dir Stärke verleihen.

LESLEY BERMINGHAM

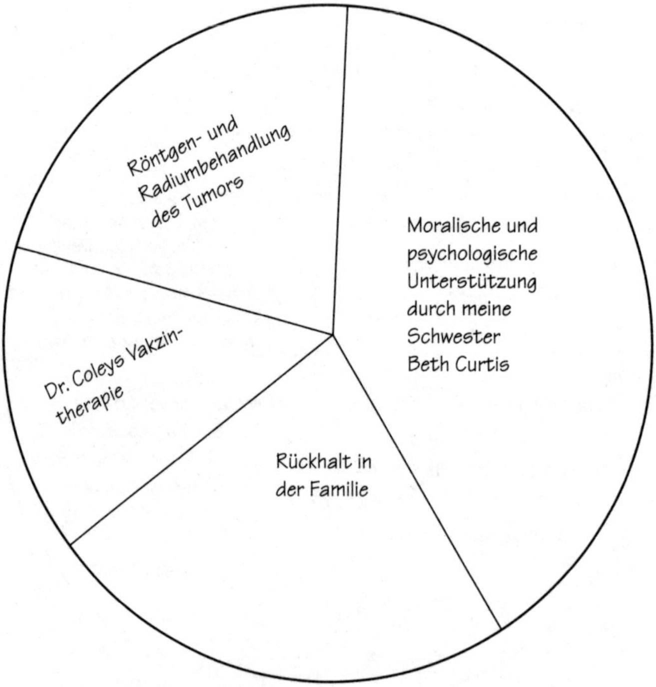
Röntgen- und
Radiumbehandlung
des Tumors
Moralische und
psychologische
Unterstützung
durch meine
Schwester
Beth Curtis
Dr. Coleys Vakzin-
therapie
Rückhalt in
der Familie

DR. WILLIAM CURTIS

Anhang Teil 4

Psychosoziale Merkmale unerwarteter Genesungen: eine Pilotstudie

Bei der Arbeit an diesem Buch fragten wir uns, ob es möglich wäre, die gemeinsamen Merkmale unerwarteter Genesungen, sofern es überhaupt welche gab, quantitativ zu erfassen. Gab es Gemeinsamkeiten beim Ausleben von Gefühlen, bei der Art der Krankheitsbewältigung, den Grundüberzeugungen, der Hypnotisierbarkeit oder der sozialen Unterstützung, die mit ungewöhnlichen Heilungen korrelierten?

In mehreren in der Fachliteratur veröffentlichten Studien werden verschiedene psychosoziale Faktoren mit der Entstehung von Krebs und mit der Wahrscheinlichkeit, an ihm zu sterben oder ihn zu überleben, in Verbindung gebracht. So wird ein »Typ C« postuliert, mit dem Menschen gemeint sind, die Ärger (und andere negative Gefühle) unterdrücken und die Bedürfnisse anderer über die eigenen stellen. Es heißt, daß persönliche Merkmale und Haltungen wie Entschlossenheit, Zugehörigkeit zu einer Gruppe, Kampfgeist, Negieren der Krankheit und Ausdrücken der eigenen Bedürfnisse und Gefühle (negativer wie positiver) mit dem Überleben in Verbindung gebracht werden können. Weitere mögliche unterstützende Faktoren bei der Erhaltung der Ge-

sundheit könnten die »drei C's « sein: *control* (Kontrolle), *commitment* (Hingabe) und *challenge* (Herausforderung).
Wir fragten eine Reihe von Forschern um Rat, die als Experten in der Methodik der klinischen und psychometrischen Quantifizierung gelten. Unter anderem baten wir Dr. Herbert Spiegel, für uns telefonische Interviews mit Patienten zu führen und ihnen die zehn Fragen zu stellen, mit deren Hilfe er den »Mind-style« oder Persönlichkeitstyp der Befragten ermittelt und auf der AOD-Skala (für Apollonier, Odysseaner oder Dionysier) einstuft (vgl. Kapitel sechs). (Die AOD-Skala ist als Mittel zur klinischen Erfassung von Persönlichkeitsmerkmalen bereits bei Tausenden von Patienten im Rahmen der Erstuntersuchung eingesetzt worden, gehört allerdings nicht zu den Standardtests.) Das Ergebnis der von Dr. Spiegel durchgeführten Telefonbefragung ist in Schaubild I dargestellt. Danach scheinen Patienten *aller* Persönlichkeitstypen von lebensbedrohlichen Krankheiten zu genesen. Außerdem deuten die Ergebnisse darauf hin, daß es bei unerwarteten Genesungen weniger darauf ankommt, *welche* individuellen Merkmale der einzelne hat, als vielmehr darauf, ob sein Verhalten, seine Überzeugungen, seine Grundhaltung und seine Einstellung zur Heilung mit seinem »Mind-style« übereinstimmen bzw. in Einklang stehen. Die Anzahl der Befragten reicht zwar nicht aus, um allgemeingültige Aussagen zu treffen, aber die Verteilung deutet darauf hin, daß Menschen aller Persönlichkeitstypen unerwartete Genesungen erfahren. Den Daten zufolge könnte also die »Kongruenz« der Persönlichkeit, von der Dr. Johannes Schilder und wir gesprochen haben, durchaus ein wichtiger Faktor für das Überleben sein.
Viele Patienten, mit denen wir gesprochen haben, berichteten von der großen Bedeutung, die das Beten (68%) und der Glaube (61%) für ihre Gesundung hatten. Wir suchten also nach einer Möglichkeit, die religiöse bzw. spirituelle Einstellung zu quantifizieren. Dr. Jeffrey Levin, der sich intensiv mit dem Zusammenhang zwischen Religion und Gesundheit beschäftigt hat, schlug uns vor, die sogenannte Allport Intrinsic-Extrinsic Religiousity Scala zu benutzen, eine Skala zur Erfassung der intrinsischen bzw. extrinsischen Qualität von Religiosität. Die Ergebnisse von über 250 Studien lassen darauf schließen, daß im allgemeinen eine

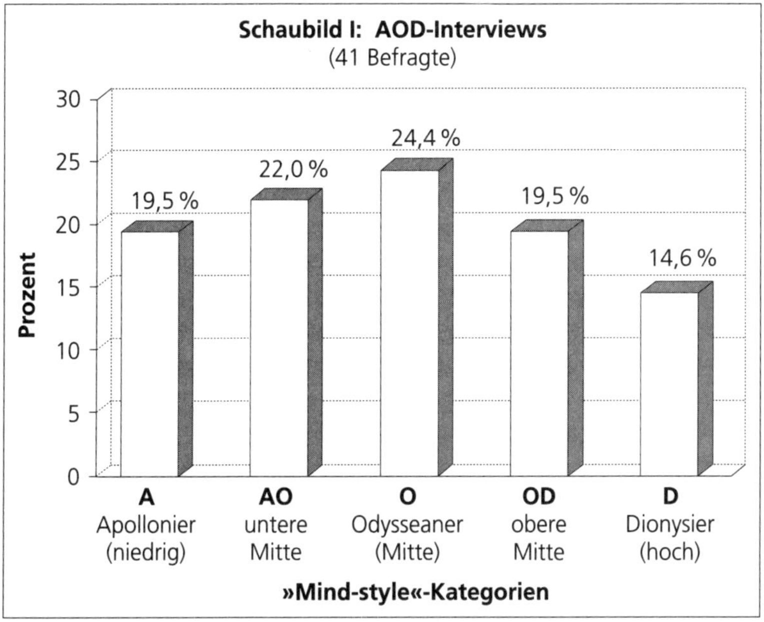

positive Wechselwirkung zwischen Gesundheitszustand und der Zugehörigkeit zu einer Religionsgemeinschaft und dem Glauben besteht. Levin schreibt dazu: »Neuere epidemiologische Erkenntnisse deuten darauf hin, daß Religion beispielsweise einen starken Einfluß auf die Mortalitätsrate bei Krebs hat. Dieser Einfluß macht sich auch dann bemerkbar, wenn man bekannte demographische und Umweltdeterminanten berücksichtigt.« (Levin, Chatters und Taylor 1994). Intrinsische Religiosität ist durch private, eher nach innen gerichtete religiöse Überzeugungen gekennzeichnet. Intrinsisch-religiöse Menschen sind eher nachdenklich und tolerant und haben moralische Überzeugungen, die von ihrem Glauben gefärbt sind. Extrinsische Religiosität zeichnet sich dagegen durch ein höheres Maß an Öffentlichkeit oder Institutionalisierung aus – man geht zum Beispiel zur Kirche oder in die Synagoge. Obwohl auch die Ergebnisse dieser Umfrage nicht statistisch signifikant sind, war bei unseren Fällen doch ein deutlicher Trend zur intrinsischen Religiosität abzulesen.

Wir nahmen auch Kontakt mit Dr. Ian Wickramasekera auf, der mit seinem sogenannten High Risk Model of Threat Perception (HRMTP) den Zusammenhang zwischen Höhe des Risikos und persönlicher Einschätzung der Bedrohung untersucht und davon ausgeht, daß es eine Reihe von Risikofaktoren gibt, die zu einer Erkrankung beitragen können. Dazu gehören etwa die Fähigkeit, negative Gefühle auszudrücken oder zu erkennen, bzw. das Fehlen dieser Fähigkeit, die Art, mit einer Krankheit umzugehen, kleinere »Streitigkeiten«, einschneidende Veränderungen im Leben, das Vorhandensein oder Fehlen unterstützender Systeme, die Fähigkeit bzw. Unfähigkeit zur Hypnose. Zudem hat Dr. Wickramasekera (Wickramasekera, 1988) vermutet, daß die Umkehrung dieser Faktoren die Genesung deutlich fördern könne.

Das HRMTP ist ein multidimensionales Modell für psychosoziale Faktoren, die eine körperliche Krankheit a) auslösen, b) verschlimmern und c) abschwächen können. Dr. Wickramasekera benutzt verschiedene psychologische Tests, um diese Risikofaktoren zu quantifizieren. Er schlug vor, mit unseren Probanden mehrere Tests durchzuführen, mit deren Hilfe in seinem Modell jeweils eine Verhaltenskomponente ermittelt wird. Da ist zunächst die Absorptions-Skala, die Aufschluß darüber gibt, bis zu welchem Grad sich jemand in Gedanken oder Handlungen »verlieren« kann, ein Korrelat zur Hypnotisierbarkeit; dann die Eysenck-Skala, mit der sich soziale Extraversion und »Neurotizismus« (also die negative Affektivität) erfassen lassen; ferner die Marlowe-Crowne-Skala, die damit korreliert, inwieweit jemand seine negativen Gefühle unterdrückt; und schließlich das Coping Response Inventory, bei dem ermittelt wird, ob jemand dazu neigt, auf die Anforderungen des Lebens mit den Bewältigungsstrategien des (aktiven) Zupackens oder des (passiven) Vermeidens reagiert.

Dr. Wickramasekera wertete für uns die Tests von über sechzig Versuchspersonen aus, die sich freundlicherweise bereit erklärt hatten, bei dieser Studie mitzuwirken. 45 von ihnen waren von Krebs genesen, und wir legten diese Untergruppe unserer Tabelle zugrunde. Allerdings ist dabei zu beachten, daß in dieser Aus-

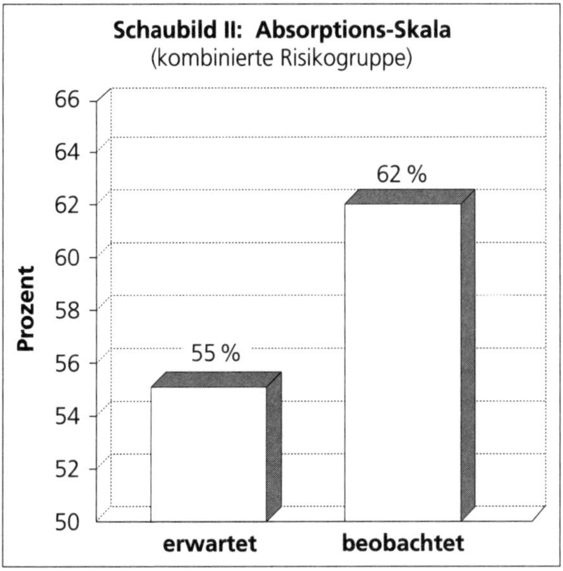

wahl eine Vielzahl von Krebsarten und unterschiedlichen Behandlungen repräsentiert ist. Einige Personen waren, sieht man einmal von einer Biopsie oder der Verabreichung von Palliativen ab, in keiner Weise medizinisch behandelt worden, andere hatten eine ganze Palette traditioneller und alternativer Behandlungen hinter sich. Angesichts der kleinen Anzahl von Versuchspersonen mit so unterschiedlichen Voraussetzungen können unsere Ergebnisse nur als vorläufig gelten. Wir hoffen jedoch, daß diese Pilotstudie, wie auch das Register unerwarteter Genesungen, den Anstoß zu weiteren und breiter angelegten Untersuchungen geben wird.

Die Ergebnisse, die Dr. Wickramasekera mit seinem HRMTP-Modell erzielte, lassen auf einen nicht-linearen Zusammenhang zwischen streßbegünstigten Krankheiten und Hypnosefähigkeit schließen. Das heißt, seinem Modell zufolge sind Menschen, die entweder einen hohen *oder* einen niederen Wert erreichen, einem höherem Risiko ausgesetzt, streßbegünstigte Krankheiten zu bekommen, wenn auch aus unterschiedlich postulierten Gründen.

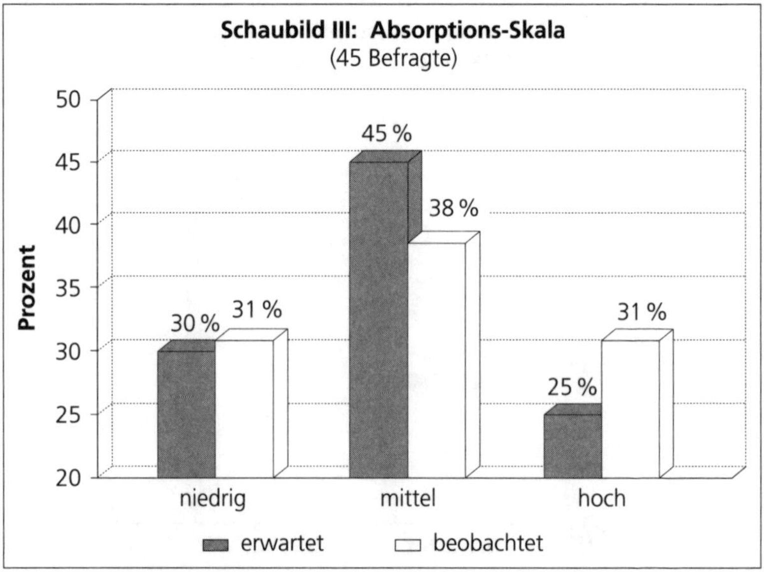

Ungefähr 55 Prozent der Bevölkerung fallen unter diese »Hoch-und-niedrig«-Risikogruppe. Von unseren Versuchspersonen (45 Personen, die von Krebs genesen waren) gehörten 62 Prozent der kombinierten Risikogruppe mit hoher bzw. niedriger Hypnosefähigkeit an (siehe Schaubild II).

Die Absorptions-Skala wurde als Indikator für die Hypnosefähigkeit benutzt, weil sie positiv, wenn auch nur in bescheidenem Umfang mit anderen Messungen der Hypnosefähigkeit korreliert. Absorption bedeutet ebenfalls »die Veranlagung, unter entsprechenden Umständen in psychische Zustände zu verfallen, die sich durch eine deutliche Veränderung der Erfahrung von Ich und Welt auszeichnen. Diese mehr oder weniger schnell vorübergehenden Zustände haben eine dissoziative oder integrative Qualität bzw. den Charakter einer Ausnahmeerfahrung. Sie können einen äußeren ›empfindungsfähigen‹ Fokus haben oder eine innere Fokussierung auf Erinnerungen, Bilder oder Vorstellungen widerspiegeln« (Auke Tellegen, 1992). 31 Prozent unserer Versuchspersonen waren am oberen Ende der Absorptions-Skala angesiedelt (gegenüber einer erwarteten Norm von 25 Prozent), 31

Prozent am unteren Ende (gegenüber einer erwarteten Norm von 30 Prozent). Siehe Schaubild III.

Man möchte meinen, daß die Personen am oberen Ende der Skala, die eher für innere Reize empfänglich sind, auch eher in der Lage sein müßten, ihre inneren Kräfte zu mobilisieren, während Menschen am unteren Ende stärker dazu tendieren, im Kampf gegen eine lebensbedrohliche Krankheit Hilfe von außen in Anspruch zu nehmen, sei es von Fachleuten oder Freunden. Es bedarf jedoch weiterer Untersuchungen und Analysen, bevor sich Schlüsse ziehen lassen. Unsere Befunde bleiben ohne statistischen Wert, da unsere Versuchsgruppe zu klein oder auch der Allgemeinbevölkerung zu ähnlich war.

Mit negativer Affektivität (NA) wird das Ausdrücken und/oder Erkennen negativer Gefühle bezeichnet. In einigen Studien wurde gezeigt, daß das Fehlen negativer Affekte mit Krankheiten (z.B. Krebs oder Herzkrankheiten) korreliert (laut mündlicher Mitteilung von Charles Spielberger). In unserer Studie fielen 69 Prozent der Personen unter die kombinierte Gruppe mit hohen oder niedrigen NA-Werten. Das heißt, sie zeichnen sich durch ein hohes Niveau an negativen Emotionen (wie etwa Depressionen, Angst, Eifersucht, Ärger usw.) aus, wobei diese Emotionen entweder bewußt (hohe NA, 36%) oder unbewußt (Verdrängung, 33%) sind. Mit anderen Worten, die »Verdränger« haben diese Emotionen vielleicht »aus ihrem Kopf« verbannt, »nicht unbedingt aber auch aus ihren Körpern« (Wickramasekera, 1988). Die Gruppe mit hoher NA ist sich dagegen ihrer negativen Emotionen in größerem Umfang bewußt.

Das HRMTP-Modell geht auch hier von einer nicht-linearen Beziehung zwischen streßbegünstigten Krankheiten und negativer Affektivität (NA) aus, so daß Menschen am oberen Ende der Skala ebenso wie die am unteren Ende ein erhöhtes Risiko tragen, solche Krankheiten zu bekommen (siehe Schaubild IV).

Der Norm zufolge fallen 55 Prozent der Allgemeinbevölkerung in diese kombinierte »Hoch-und-niedrig«-Gruppe. Interessant ist, daß von unserer gesamten Gruppe 44 Prozent eine niedrige Affektivität aufweisen. Der Anteil der Personen mit »echten« niedrigen NA-Werten (also derjenigen, die verdrängen) lag bei elf Prozent.

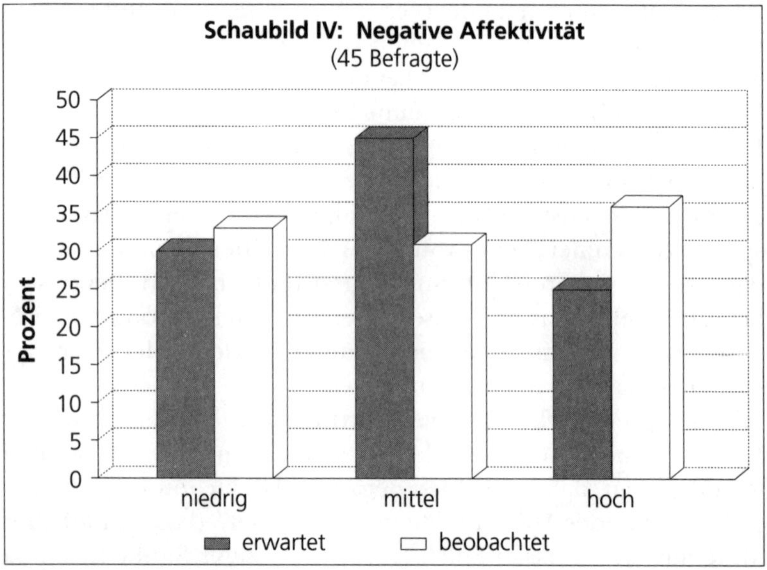

Das bedeutet, daß 33 Prozent dieser Menschen negative Affekte entweder bewußt oder unbewußt unterdrücken. Man weiß aus verschiedenen empirischen Studien, daß eine solche Unterdrückung mit einer größeren Wahrscheinlichkeit einhergeht, an Krebs zu erkranken (Eysenck & Kissen, 1962). Die Hypothese von der unbewußten oder bewußten Unterdrückung negativer Affekte wird dadurch noch untermauert, daß 71 Prozent der Versuchspersonen einen hohen Wert auf der Marlowe-Crowne-Skala erzielten. Ein solch hoher Wert scheint auf eine Neigung zur »Selbsttäuschung« hinzudeuten, inbesondere auf eine Unfähigkeit, negative Gefühle als solche zu erkennen (siehe Schaubild V).

Wenn Menschen neben hohen NA-Werten auch eine hohe Absorptionsfähigkeit (Hypnosefähigkeit) aufweisen, dann besteht, so die Vermutung von Dr. Wickramasekera, tatsächlich die Möglichkeit, daß sich dadurch ihre Grund-NA deutlich erhöht. In einer späteren Analyse soll eine mögliche Wechselwirkung zwischen hoher Hypnosefähigkeit und hoher NA untersucht werden.

(Angesichts der Messungen der Absorptions- bzw. Hypnosefähig-

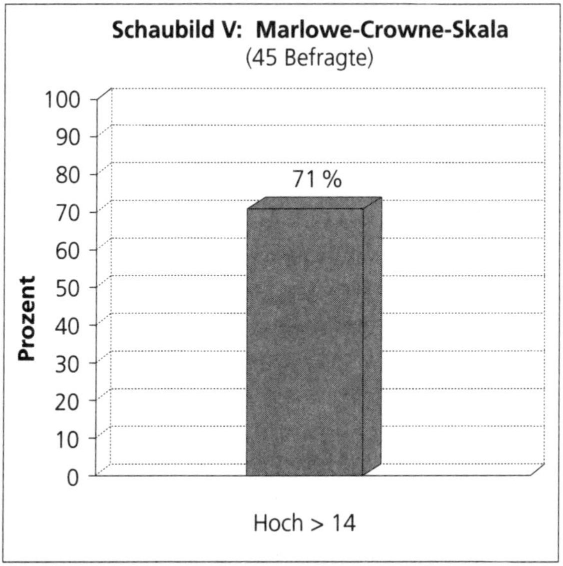

keit lohnt es sich festzuhalten, daß Dr. Spiegels AOD-Skala in unserer subjektiven Analyse eine positive Korrelation mit den Ergebnissen der Absorptions-Skala zeigt. Das heißt: Würde man die AOD-Skala statistisch standardisieren und sollte sie tatsächlich mit der Absorptions-Skala korrelieren, dann könnte man sie in Situationen, in denen die Absorptions-Skala selbst nicht verwendet werden kann, als Indikator für die Absorptionsfähigkeit benutzen.)

Nach dem von Rudolf Moos entwickelten Coping Response Inventory (CRI) zur Ermittlung der bevorzugten Bewältigungsstrategie neigten 77 Prozent unserer aus 43 Versuchspersonen bestehenden Gruppe zumindest unbewußt dazu, Probleme direkt anzugehen, statt sie zu vermeiden (siehe Schaubild VI). Das CRI kennt acht verschiedene Formen, mit Streßsituationen umzugehen: Vier davon stehen für »zupackende«, vier für »vermeidende« Strategien. Die Normwerte dieses Testes lagen nicht vor, doch Dr. Wickramasekera geht davon aus, daß der Anteil derjenigen, die Probleme angehen, statt sie zu vermeiden, in unserer Gruppe erheblich höher ist als in der Durchschnittsbevölkerung. Dies ist

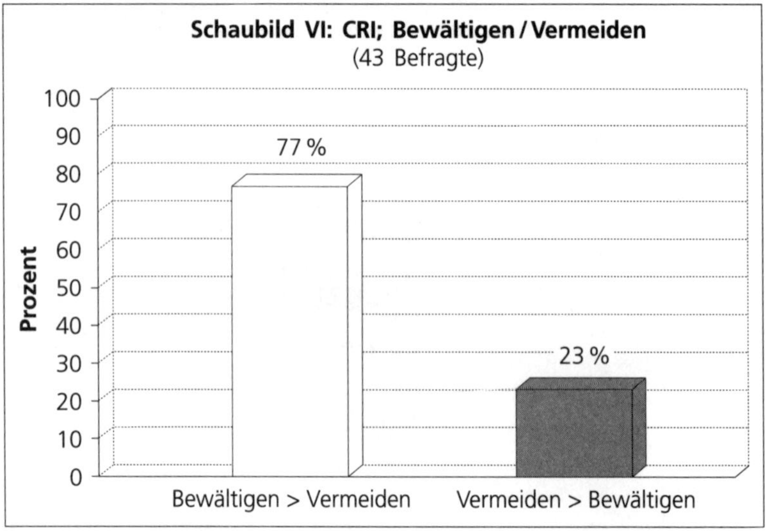

statistisch bedeutsam. Es könnte darauf hinweisen, daß die Personen unserer Versuchsgruppe, sobald sie erkennen, inwieweit bestimmte psychosoziale und andere Faktoren zu ihrer Erkrankung beigetragen haben, entweder alleine oder mit Unterstützung von außen darangehen, eben diese psychosozialen Mechanismen zu ändern.

80 Prozent unserer Versuchsteilnehmer haben hohe oder mittlere Werte in bezug auf ihre soziale Extraversion (Eysencks »E«-Skala 31%); sie sind also zu positiven Gemütszuständen fähig (siehe Schaubild VII). Aufgrund dieser positiven Gemütszustände könnte es ihnen leichtergefallen sein, kognitive und emotionale Ressourcen zu mobilisieren und mit ihrer Hilfe die Wirkungsrichtung ihrer psychosozialen Risikofaktoren umzukehren. Möglicherweise wurden sie auch offener für Unterstützung von außen, (ein Faktor, der in dieser Studie nicht untersucht wurde), was die Genesung von einer lebensbedrohlichen Krankheit ebenfalls begünstigt. Positive Affekte (PA) und negative Affekte (NA) haben sich bei Befragungen als nicht korrelierende und voneinander unabhängige Größen erwiesen.

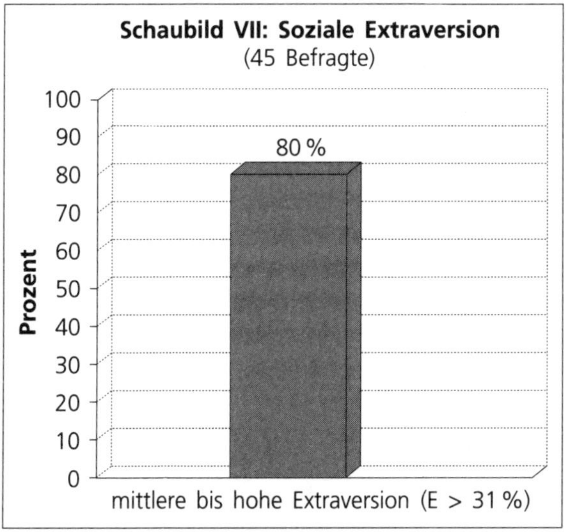

In unserem eigenen Fragebogen, der in einer erweiterten Version in Anhang 1 abgedruckt ist, baten wir die Versuchsteilnehmer, anzukreuzen, welche Aktivitäten ihres Erachtens zu ihrer Gesundung beigetragen hatten. Von den 30 Punkten auf der Liste wurden am häufigsten (von mindestens oder über 50 Prozent der Teilnehmer) folgende angekreuzt:

Beten	68%	Spazierengehen	52%
Meditation	64%	Musik/Gesang	50%
Sport	64%	Streßabbau	50%
Geführte Imagination	59%		

Außerdem fragten wir die Teilnehmer, welche psychospirituellen Faktoren ihrer Meinung nach für ihre Genesung besonders wichtig gewesen waren. Von 26 Punkten auf der Liste wurden am häufigsten (von mindestens 50 Prozent der Befragten) genannt:

Glaube an einen guten Ausgang	75%
Kampfgeist	71%
Akzeptanz der Krankheit	71%
In der Krankheit eine Herausforderung sehen	71%
Neuer Wunsch und Wille zu leben/intensivere Lebensweise	64%
Verantwortung für die Krankheit übernehmen	68%
Positive Gefühle	64%
Glaube	61%
Neuer Lebenssinn	61%
Veränderte Gewohnheiten oder Verhaltensweisen	61%
Gefühl der Kontrolle	59%
Veränderungen in der Lebensweise	59%
Sich selbst Mut machen	57%
Unterstützung durch soziales Umfeld	50%

75 Prozent der Befragten gaben an, daß ihnen künstlerische Betätigung geholfen habe, und 60 Prozent berichteten von Gefühlen oder Erfahrungen, für die sie keine logische oder rationale Erklärung hatten.

Alle diese Daten wurden im nachhinein gesammelt. Dies schränkt die Beweiskraft unserer Studie ein. Es gibt allerdings Belege dafür, daß Hypnosefähigkeit und Neurotizismus (NA) in verschiedenen Situationen und über einen langen Zeitraum hinweg (25 Jahre) stabil bleiben. Sie sind teilweise genetisch bedingt (Piccione, Hilgard und Zimbardo, 1989; Morgan, 1973; Tellegen et al., 1988). Es ist daher sehr wahrscheinlich, daß diese Persönlichkeitsmerkmale bereits vor der Krebserkrankung bestanden. Sie könnten den biologischen Krankheitsprozeß begünstigt haben und folglich, wenn man sie umkehrt, auch zur Heilung beitragen. Was den Wert unserer Studie zusätzlich einschränkt, ist, daß die Hypnosefähigkeit nicht direkt gemessen wurde, sondern vermittels eines Tests (nämlich des Absorptions-Tests), der zwar zuverlässig, aber nur in bescheidenem Maß mit der Hypnosefähigkeit korreliert. Die Absorptions-Skala wurde anstelle von Skalen verwendet, mit denen sich die Hypnosefähigkeit direkt ermitteln läßt (wie etwa mit der Stanford Clinical Scale, der Harvard Group Scale of Hypnotic Susceptibility oder dem Hypnotic Induction Profile). Ein weiterer eklatanter Mangel unserer Studie besteht darin, daß sich anhand unseres Fragebogens der Faktor soziale Unterstützung nicht quantifizieren läßt (obgleich wir verbale Aussagen dazu ge-

sammelt haben). Nach dem HRMTP (House, 1988) stellt dieser Faktor jedoch eine wichtige Variable dar, wenn es darum geht, Mortalität vorherzusagen.
Bei künftigen Forschungen auf diesem Gebiet müßten andere Mittel zur Messung der Hypnosefähigkeit (also etwa das Hypnotic Induction Profile oder die Harvarder bzw. die Stanforder Skala) sowie weitere Forschungsinstrumentarien herangezogen werden. Zusätzlich zu erfassen wären Streßbelastung, soziale Unterstützung, Ausdruck von Ärger, Ängste und Mechanismen zur Aufrechterhaltung des Lebensstils. Die uns vorliegenden mündlichen Aussagen von Betroffenen (Interviews) wurden im Rahmen dieser Studie keiner formalen qualitativen Auswertung unterzogen. Das Material könnte jedoch wertvolle Zusatzinformationen zu der Frage liefern, wie sich die Patienten vor ihrer Krebsdiagnose wahrnahmen und wie sie sich im Unterschied dazu heute sehen. Vielleicht lassen zusätzliche psychometrische Messungen und die Informationen aus den Interviews klarere Rückschlüsse darauf zu, welche Komponenten aus Verhalten, Glauben und Lebensstil mit unerwarteten Genesungen in Verbindung gebracht werden können.

Danksagung

An dieser Stelle wollen wir den vielen Menschen danken, die uns bei unserer Arbeit geholfen haben:

Unserer Lektorin Amy Hertz, ohne deren Visionen, Fähigkeiten und Ausdauer dieses Werk nicht entstanden wäre. Unserem Agenten Ned Leavitt, dessen Scharfsinn und Elan uns ein wichtiger Ansporn waren.

Unserer Projektleiterin Michele Paulet, die unsere Arbeit mit vorbehaltlosem Vertrauen und besonderem organisatorischen Geschick sehr gefördert hat. Unseren wissenschaftlichen Hilfskräften Elena Aquilar, Cousette Copeland, Helen Giffrow, Sarah Harman, Juliette Hollier, Nate Johnson, Matt Klein, Niki Lang, Anita Levy, Dr. med. Iris Paul, Tanya Reeves und Melinda Weinstein.

Unseren loyalen Freunden, Verwandten und Gefährten: Leah Barasch, Pat Brown, Miriam und Alan Burdick, Joe Dryden, Rick Fields, Winston Franklin, Jan Hirshberg, David Kennard, Sam Matthews, Doug Murphey, Neva Newman, Claire Nuer, Lara Nuer, Stany Stuart, Dr. phil. Libby Tanner und Cybel Wolf.

Dem Institute of Neotic Sciences und dem verstorbenen Brendan

O'Regan für ihre jahrzehntelange Unterstützung auf diesem Forschungsgebiet. Dr. med. Herbert Spiegel, Dr. phil. Marcia Greenleaf, Dr. phil. Ian Wickramasekera und Dr. phil. Jeffrey Levin für ihre Anstöße, Unterstützung und Mitwirkung an diesem Forschungsprojekt.

Unseren Kollegen, die uns großzügig ihre Zeit und ihr Fachwissen zur Verfügung stellten: Dr. phil. Jeanne Achterberg, Dr. phil. Warren Berland, Dr. med. Bennett Braun, Dr. phil. Dee Brigham, Dr. med. Susan Buchbinder, Dr. med. Rosy Daniel, Dr. med. Marco DeVries, Dr. med. Gerald Epstein, Dr. phil. Hans Eysenck, Dr. phil. Steve Fahrion, Dr. med. Jimmie Holland, Dr. phil. Roxie Heubscher, Petrea King, Dr. phil. Rudolf Moos, Dr. phil. Pat Norris, Dr. med. Chris Northrup, Paul O'Malley, Helen Coley Nauts, Dr. med. Karen Olness, Dr. med. Rose Papac, Dr. phil. Candace Pert, Dr. med. Richard Rahe, Dr. med. Rachel Naomi Remen, Dr. phil. Paul Roud, Dr. phil. Beverly Rubik, Dr. phil. Michael Ruff, Dr. med. Wallace Sampson, Dr. med. Dr. phil. Johannes Schilder, Dr. phil. Al Siebert, Dr. phil. Stephanie Simonton, Dr. med. George Solomon, Dr. med. David Spiegel, Dr. phil. Charles Spielberger, Dr. med. Leo Stolbach, Dr. phil. Auke Telegen und vielen anderen, die uns mit Rat und konstruktiver Kritik zur Seite standen.

Vor allem aber den bemerkenswerten Menschen, die in der Hoffnung, anderen zu helfen und ihren Weg durch das Dunkel zu finden, Aufschlußreiches über ihre Kämpfe und Triumphe berichteten.

Anmerkungen

Kapitel 1
Wer, was, wo, wann und warum: einem medizinischen Geheimnis auf der Spur

1. S. A. Rosenberg, E. Fox und W. H. Churchill, »Spontaneous regression of hepatic metastases from gastric carcinoma«, in: *Cancer* 29, Nr. 2 (Februar 1972), S. 472 ff.
2. S. A. Rosenberg und J. M. Barry, *The Transformed Cell: Unlocking the Mysteries of Cancer,* New York 1992, S. 11–18.
3. S. A. Rosenberg, E. Fox und W. H. Churchill, a. a. O., S. 474.
4. Joseph de DeCourcy, »The spontaneous regression of cancer«, in: *Journal of Medicine* 14 (Mai 1933), S. 141–146.
5. H. J. G. Bloom, W. W. Richardson und E. J. Harries, »Natural history of untreated breast cancer (1805–1933)«, in: *British Medical Journal* 2 (Juli 1962), S. 213–221.
6. Charles McKay, »A case that seems to suggest a clue to the possible solution of the cancer problem«, in: *British Medical Journal* 2 (1907), S. 138 ff.
7. Ebenda S. 140.
8. G. A. Boyd, »Arrested development of cancer«, in: *Colorado Medicine* 11 (1914), S. 162–165.
9. Alexander D. Lowy jr. und E. Ralph Erickson, »Spontaneous 19-year regression of oat cell carcinoma with scalene node metastasis«, in: *Cancer* 58, Nr. 4 (15. August 1986), S. 978–990.
10. Alexander D. Lowy jr., »Spontaneous 19-year regression of oat cell carcinoma with scalene node metastasis«, in: *Cancer* 72, Nr. 11 (1. Dezember 1993), S. 3366.

11. Charles Mayo, »Tumor clinic conference«, in: *Cancer Bulletin* 15 (1963), S. 78 f.
12. G. B. Challis und H. J. Stam, »The spontaneous regression of cancer: A review of cases from 1900 to 1987«, in: *Acta Oncologica* 29, Nr. 5 (1990), S. 549.
13. R. T. D. Oliver, »Surveillance as a possible option for management of metastatic renal cell carcinoma«, in: *Seminars in Urology* 7, Nr. 3 (August 1989), S. 149–152.
14. Rosenberg und Barry, *The Transformed Cell*, S. 18.
15. Bloom, Richardson und Harries, »Natural History«, S. 213–221.

Kapitel 2
Das Unmögliche definieren

1. Lewis Thomas, *The Youngest Science: Notes of a Medicine Watcher*, New York 1983, S. 205.
2. William Boyd, *The Spontaneous Regression of Cancer*, Springfield 1966, S. 6.
3. Frank Godfrey, »Spontaneous cure of cancer«, in: *British Medical Journal* 2, Nr. 2 (1910), S. 2027.
4. Jean L. Grem u. a., »Spontaneous remission in diffuse large cell lymphoma«, in: *Cancer* 57, Nr. 10 (15. Mai 1986), S. 2042 ff.
5. Ebenda S. 2044.
6. Ebenda S. 2044.
7. Rose J. Papac, »Spontaneous regression of cancer«, in: *Connecticut Medicine* 54, Nr. 4 (1990), S. 179–182.
8. Anthony A. Bowlby, »Long freedom from recurrence after operation for cancer of the breast«, in: *British Medical Journal* 1 (31. Januar 1925), S. 234.
9. Boyd, a. a. O., S. 7.
10. Martin F. Shapiro, »Chemotherapy: Snake Oil Remedy?«, in: Los Angeles Times, 9. Januar 1987, S. 5.
11. C. I. V. Franklin, »Spontaneous regression of cancer«, in: *Prolonged Arrest of Cancer*, hrsg. v. B. A. Stoll, London 1982, S. 103.
12. G. L. Rohdenburg, »Fluctuations in the growth energy of malignant tumors in man with especial reference to spontaneous recession«, in: *Journal of Cancer Research* 3, Nr. 2 (1918), S. 193–225.
13. K. C. Lam, J. C. I. Ho und R. T. T. Yeung, »Spontaneous regression of hepatocellular carcinoma: A case study«, in: *Cancer* 50, Nr. 2, (15. Juli 1982), S. 332–336.
14. S. L. Shapiro, »Spontaneous regression of cancer«, in: *Eye, Ear, Nose, Throat Monthly* 46, Nr. 10 (Oktober 1967), S. 1306–1310.
15. Ebenda.
16. Tamara Jones, »The Saint and Ann O'Neill«, in: *The Washington Post*, Sonntag, 3. April 1994, F1–F5.
17. Boyd, a. a. O., S. 89.
18. Lewis Thomas, a. a. O., S. 205.

Kapitel 3
Körpereigene Kräfte:
Gibt es eine biologische Erklärung?

1. Lucien Israel, *Conquering Cancer,* New York 1979, S. 22.
2. Ebenda, S. 60.
3. Tilden Everson und Warren Cole, *Spontaneous Regression of Cancer,* Philadelphia 1966, S. 519f.
4. William B. Coley, »The treatment of inoperable sarcoma by bacterial toxins (the mixed toxins of erysipelas and the bacillus prodigiosus)«, in: *Practioner* 83 (1909), S. 589–613.
5. Charlie O. Starnes, »Coley's toxins in perspective«, in: *Nature* 357 (7. Mai 1992), S. 12.
6. Helen Coley Nauts, »Immunotherapy of cancer – The pioneer work of Coley«, Papier zum *International Symposium on Endotoxin: Structural Aspects of Immunobiology of Host Responses,* Riva del Sole, Giovinazzo (Bari), Italien, 29. Mai – 1. Juni 1986, S. 4.
7. J. W. Bell, J. E. Jesseph und R. S. Leighton, »Spontaneous regression of bronchogenic carcinoma with five-year survival«, in: *Journal of Thoracic and Cardiovascular Surgery* 48, Nr. 6 (1964), S. 984–990.
8. William B. Coley, »Some thoughts on the problem of cancer control«, in: *American Journal of Surgery* 14 (1931), S. 605–619.
9. Vincent T. DeVita jr., Samuel Hellmann und Steven A. Rosenberg, *Cancer: Principles and Practice of Oncology,* Philadelphia 1993, S. 1437.
10. Helen Coley Nauts, »Bacteria and cancer-antagonisms and benefits«, in: *Cancer Surveys* 8, Nr. 4 (1989), S. 714.
11. Ebenda, S. 714.
12. Helen Coley Nauts, »Coley Toxins – The First Century«, Vortrag bei einer Tagung der International Clinical Hyperthermia Society im Mai 1989 in Rom.
13. Vincent T. DeVita jr., Samuel Hellman und Steven A. Rosenberg, *Biologic Therapy of Cancer,* Philadelphia 1991, S. 97.
14. Frank Godfrey, »Spontaneous cure of cancer«, in: *British Medical Journal* 2, Nr. 2 (1910), S. 2027.
15. Eugene Hodenpyl, »Treatment of carcinoma with the body fluids of a recovered case: A preliminary communication«, in: *Medical Record* 77 (1910), S. 359f.
16. G. A. Boyd, »Arrested development of cancer«, in: *Colorado Medicine* 11 (1914), S. 162–165.
17. *Medical World News,* 7. Juni 1974, S. 13.
18. W. S. Handley, »The Natural Cure of Cancer«, in: *British Medical Journal* (1909), S. 582–589.
19. Gloria Hochman, »When Cancer Vanishes«, in: *Science Digest* (Sommer 1980), S. 95.
20. Stephen S. Hall, »Cheating Fate«, in: *Health* (April 1992), S. 44.

21. Ebenda, S. 44.
22. Hochman, a. a. O., S. 96.
23. Kathleen McAuliffe, »The cell seer«, in: *Omni* 8 (Februar 1986), S. 57.
24. Ephraim Cutter, »Diet in cancer«, in: *Albany Medical Annals,* 8. Juli 1887, S. 218–230.
25. B. Grillet, M. Demedts, J. Roelens, P. Goddeeris und E. Fossion, »Spontaneous regression of lunge metastases of adenoid cystic carcinoma«, in: *Chest* 85, Nr. 2 (Februar 1984) S. 289–291.
26. Brian Blades und Robert G. McCorkle jr., »A case of spontaneous regression of an untreated bronchiogenic carcinoma«, in: *Journal of Thoracic and Cardiovascular Surgery 27 (1954), S. 415–419.*
27. U. Niethe, »Spontaneous healing of a malignoma?«, in: *Klinische Monatsblätter für Augenheilkunde und Augenärztliche Fortbildung* 166, Nr. 1 (Januar 1975), S. 137f.
28. Harold Foster, »Lifestyle changes and the ›spontaneous‹ regression of cancer: An initial computer analysis«, in: *International Journal of Biosocial Research* 10, Nr. 1 (1988), S. 17–33.

Kapitel 4
Eine verwickelte Frage: Wirkt der Kopf auf den Körper?

1. Bruno Klopfer, »Psychological variables in human cancer«, in: *Journal of Projective Techniques* 21 (1957), S. 329–340.
2. Zitiert nach Samuel S. Myers und Herbert Benson, »Psychological factors in healing: A new perspective on an old debate«, in: *Behavioral Medicine* 18 (Frühling 1992), S. 7.
3. Patrick Mallam, »Billy O«, in: *Journal of the American Medical Association* 210, Nr. 12 (22. Dezember 1969), S. 2238.
4. Myers and Benson, a. a. O., S. 6.
5. Norman Sartorius, zitiert nach Brendan O'Regan und Thomas J. Hurley, »Placebo – The hidden asset in healing«, in: *Investigations* 2, Nr. 1 (1985), S. 5.
6. J. W. L. Fielding et al., »An interim report of a prospective randomized controlled study of adjuvant chemotherapy in operable gastric cancer: British Stomach Cancer Group«, in: *World Journal of Surgery* 3 (1983), S. 390–399.
7. H. W. Baker, »Spontaneous regression of malignant melanoma«, in: *American Surgeon* 30, Nr. 12 (Dezember 1964), S. 825–829.
8. M. A. Gravitz, »An 1846 report of tumor remission associated with hypnosis«, in: *American Journal of Clinical Hypnosis* 28, Nr. 1 (Juli 1985), S. 16–19.
9. Yujiro Ikemi und Shunji Nakagawa, »A psychosomatic study of contagious dermatitis«, in: *Kyushu Journal of Medical Science* 13 (1962), S. 335–350.
10. Theodore X. Barber, »Changing ›unchangeable‹ processes by (hypnotic)

suggestions: A new look at hypnosis, cognitions, imagining, and the mind-body problem«, in: *Advances* 1, Nr. 2 (Frühjahr 1984), S. 30–34.

11. David Spiegel, »Hypnosis in the treatment of victims of sexual abuse«, in: *Psychiatric Clinics of North America* 12, Nr. 2 (Juni 1989), S. 296–297.
12. E. Taub, »Self-regulation of human tissue temperature«, in: *Biofeedback: Theory and Research,* hrsg. v. G. E. Schwartz und J. Beatty, New York 1977, passim. Zitiert nach Barber, a.a.O., S. 27.
13. Evelyn K. Stampley, »The healing power of suggestion«, in: *Tourovues,* (Sommer 1989), S. 1.
14. Dabney M. Ewin, »The effect of hypnosis and mental set on major surgery and burns«, in: *Psychiatric Annals* 16, Nr. 2, S. 115–118.
15. Eugene Taylor, *William James on Exceptional Mental States: The 1896 Lowell Lectures,* Amherst 1984, S. 32, und Barber, a.a.O., S. 23.
16. Jon D. Levine, Newton C. Gordon und Howard L. Fields, »The mechanism of placebo analgesia«, in: *The Lancet* 2 (23. September 1978), S. 654–657.
17. E. Goldstein und E. Hilgard, »Failure of opiate antagonist naloxone to modify hypnotic analgesia«, in: *Proceedings of the National Academy of Sciences* 95 (1975), S.2041ff., sowie D. Spiegel und L. H. Albert, »Naloxone fails to revers hypnotic alleviation of chronic pain«, in: *Psychopharmacology* 81 (1983), S. 140–143.
18. R. H. Gracely et al., »Placebo and naloxone can alter post-surgical pain by seperate mechanisms«, in: *Nature* 306 (17. November 1983), S. 264–265.
19. Leonard White, Bernard Tursky und Gary Schwartz (Hrsg.), *Theory, Research and Mechanisms,* New York 1985, S. 442.
20. Stephanie Simonton, schriftliche Mitteilung vom 22. November 1994.
21. Ebenda.
22. Howard R. Hall et al. »Voluntary modulation of neutrophil adhesiveness using a cyberphysiologic strategy«, in: *International Journal of Neuroscience* 63 (1992), S. 287–297.
23. Herbert Benson et al., »Body temperature changes during the practice of g Tum-mo yoga«, in: *Nature* 295 (21. Januar 1982), S. 234 ff.
24. A. H. C. Sinclair-Gieben und D. Chalmers, »Evaluation of treatment of warts by hypnosis«, in: *The Lancet* 2 (3. Oktober 1959), S. 480–482, sowie Lewis Thomas, *The Medusa and the Snail,* New York 1980, S. 62.
25. Lewis Thomas, *The Youngest Science: Notes of a Medicine Watcher,*, New York 1983, S. 63.
26. Ebenda, S. 64f.
27. T. A. Clawson und R. H. Swade, »The hypnotic control of blood flow and pain: The cure of warts and the potential for the use of hypnosis in the treatment of cancer«, in: *American Journal of Clinical Hypnosis* 17 (1975), S. 160–169.
28. Terry Clifford, *Tibetische Heilkunst: Einführung in Theorie und Praxis der altbewährten Naturheilkunde der Tibeter,* München 1990, S. 82.
29. Garrett Porter und Patricia A. Norris, *Why Me? Harnessing the Healing Power of the Human Spirit,* Walpole 1985, S. 63–70.
30. Ebenda, XIV – XV.

31. Garma Chang, *Teachings of Tibetan Yoga,* New York 1993, S. 59.
32. Candace Pert, persönliche Mitteilung vom 7. Juli 1994.
33. Yujiro Ikemi und Akira Ikemi, »An oriental point of view in psychosomatic medicine«, in: *Advances* 3, Nr. 4 (Herbst 1986), S. 150.
34. Thomas, a. a. O., S. 64.
35. William Osler, »Medicine in the Nineteenth Century«, in: *Aequanimitas,* London: 1914, S. 273 f.

KAPITEL 5
AUF DER SUCHE NACH DEM WUNDER

1. William Osler, »The faith that heals«, in: *British Medical Journal* (18. Juni 1910), S. 1471.
2. Richard E. Peschel und Enid Rhodes Peschel, »Medical miracles from a physician-scientist's point of view«, in: *Perspectives in Biology and Medicine* 31, Nr. 3 (Frühjahr 1988), S. 392.
3. Ebenda S. 394.
4. St. John Dowling, »Lourdes cures and their medical assessment«, in: *Journal of the Royal Society of Medicine* 77 (August 1984), S. 634–638.
5. Ruth Cranston, *The Miracle of Lourdes,* New York 1988, S. 31 (dt. *Das Wunder von Lourdes. Ein Tatsachenbericht,* München 1957).
6. Ebenda S. 47.
7. Ebenda S. 48.
8. Jerome Frank, »The faith that heals«, in: *Johns Hopkins Medical Journal* 137, Nr. 3 (September 1975), S. 130.
9. Cranston, a. a. O., S. 35.
10. H. T. Butlin, »Remarks on spiritual healing«, in: *British Medical Journal* (18. Juni 1910), S. 1469.
11. Ebenda S. 1468.
12. Ernest Rossi, *Psychobiology of Mind-Body Healing: New Concepts of Therapeutic Hypnosis,* New York 1986, S. 8.
13. Jerome Frank, *Die Heiler. Wirkungsweisen psychotherapeutischer Beeinflussung. Vom Schamanismus bis zu den modernen Therapien,* a. d. Amerikanischen v. W. Krege, Stuttgart 1981, S. 109.
14. Donald J. West, in: Daniel J. Benor, *Healing Research: Holistic Energy Medicine and Spirituality,* Bd. 1, Oxfordshire 1993, S. 258.
15. Steve Fishman, »What a lovely day to go hunting for a miracle!« in: *Health,* 6 (Februar/März 1992) S. 56.
16. Ebenda.
17. Ebenda.
18. Bertrand Vandeputte, »Le miracle entre science et foi«, in: *La Croix* (23. Oktober 1993); Henri Tinco, »Lourdes: le miracle désenchanté«, in: *Le Monde* (Oktober 1993).

19. Fishman, a. a. O., S. 59.
20. Michelle Majorelle, »Clôture à Lourdes du congrès ›guérisons‹ et miracles, AFP (25. Oktober 1993); Michelle Majorelle, »De la guérison inexpliqué au miracle«, AFP (20. Oktober 1993).
21. Dowling, a. a. O., S. 634–638.
22. Bernadette Wiemann und Charlie O. Starnes, »Coley's toxins, TNF and cancer research: A historical perspective«, eingereichtes Manuskript, 1993, S. 24.
23. Henri Tinco, a. a. O.
24. Johannes N. Schilder, »Long-term survival of cancer and its ultimate: Spontaneous regression of cancer: A study of psycho-social factors involved«, in: *Healing: Beyond Suffering or Death,* hrsg. v. Luc Bessette, Quebec 1994, S. 453.
25. Ebenda.
26. Ebenda.
27. Paul C. Roud, *Making Miracles: An Exploration into the Dynamics of Self-Healing,* New York 1990, S. 271.
28. Ebenda S. 174.
29. James Randi, *The Faith Healers,* Buffalo 1989, S. 225.
30. Georg Lange, zitiert nach Randi, a. a. O., S. 222.
31. James Randi, a. a. O., S. 194 f.
32. Medizinischer Bericht des Hdarmarville Rehabilitation Center (23. Juni 1986) und »Rita Klaus: A Gift of Faith«, Videofilm der Grey Havens Films, 1993.
33. Deborah Deasy, »Medical mystery: Teacher's recovery is investigated as miracle«, in: *The Pittsburgh Press* (24. Januar 1988) A1, A11.
34. Ebenda A1.
35. Michael Talbot, *The Holographic Universe,* New York 1992, S. 107.
36. Cranston, a. a. O., S. 139.
37. Ebenda S. 266 f.
38. Roud, a. a. O., S. 195.
39. David J. Hufford, »Epistemologies in religious healing«, in: *Journal of Medicine and Philosphy* 18 (1993), S. 186f.
40. Ebenda.
41. Benor, a. a. O., S. 59.
42. Alex Carrel, *Voyage to Lourdes,* New York 1950 (dt. *Das Wunder von Lourdes,* Stuttgart 1951).
43. Cranston, a. a. O., S. 287.
44. T. Claye Shaw, »Consideration on the occult«, in: *British Medical Journal* (18. Juni 1910), S. 1473ff.
45. Albert L. Huebner, »Healing cancer with electricity«, in: *East West Journal* (Mai 1990), S. 48.
46. Björn E. W. Nordenstrom, *Biologically Closed Electric Circuits: Clinical, Experimental and Theoretical Evidence for an Additional Ciculatory System,* Stockholm 1983, S. 1–10.
47. Frederic S. Young, »Theories and Mechanisms of Biomagnetic Interactions:

A Critical Review«, Artikel für das BioEnergy Medicine Program am Institute of Noetic Sciences (1990), S. 25–30.

48. Richard Leviton, »Current affairs: Exploring both the health risks and the medical benefits of electromagnetic fields«, in: *East West Journal* (Mai 1990), S. 48.
49. Ebenda.
50. Ebenda S. 49.
51. Ebenda S. 46ff.
52. Ebenda S. 102.
53. Persönliche Mitteilung 1986.
54. Videoband von Peter Walsh, »Bioenergy: A healing Art«, 1992.
55. Benor, a. a. O., S. 97.
56. Ebenda S. 65.
57. Walsh, a. a. O.
58. David Aldridge, »Is there evidence for spiritual healing?« in: *Advances* 9 (Herbst 1993), S. 5.
59. Benor, a. a. O., S. 14f.
60. Alan Cooperstein, *The Myths of Healing: A Descriptive Analysis and Taxonomy of Transpersonal Healing Experience* (Dissertation am Saybrook Institute, 1990) S. 55ff.
61. Ebenda S. 112.
62. Neher (1980) zitiert nach Cooperstein, a. a. O., S. 63f.
63. Tamara Jones, »The saint and Ann O'Neill«, in: *The Washington Post* (Sonntag, 3. April 1994), F1-F5.
64. R. C. S. Ayres und andere, »Spontaneous regression of hepatocellular carcinoma«, in: *Gut* 31, Nr. 6 (Juni 1990), S. 722ff.
65. H. W. Baker, »Spontaneous regression of malignant melanoma«, in: *American Surgeon* 30, Nr. 12 (Dezember 1964), S. 825–829.
66. Zitiert nach *The Heart of Healing*, Atlanta Broadcasting System Inc., 1993.
67. Roger Pilon, »Les miraculés de Lourdes«, Vortrag zur Tagung: »Healing: Beyond Suffering or Death, First International Conference on Transcultural Psychiatry«, Montreal / Quebec Juni 1993.
68. Ebenda.
69. Agnes Sanford, *The Healing Light*, 8. Aufl., St. Paul 1949 (dt. *Heilendes Licht*, Marburg/Lahn 1978), zitiert nach Lawrence LeShan, *The Medium, the Mystic, and the Physicist*, New York 1974, S. 107.

Kapitel 6
Ist Genesung eine Frage der Veranlagung?

1. C. L. Bacon, R. Renneker und M. Cutler, »A psychosomatic survey of cancer of the breast«, in: *Psychosomatic Medicine* 14 (1952), S. 453–460.
2. Johannes N. Schilder und M. J. DeVries, »Psychological changes preceding tumor regression«, in: *Psycho-Oncology Letters* 5 (1994), S. 7–25.

3. Bruno Klopfer, »Psychological variables in human cancer«, in: *Journal of Projective Techniques* 21 (1957), S. 329–340.
4. Zitiert nach *The Heart of Healing,* Video der Time/Life Video, inc., New York 1993.
5. Herbert und David Spiegel, *Trance and Treatment: Clinical Uses of Hypnosis,* Washington 1978, S. 84.
6. Herbert Spiegel und Marcia Greenleaf, »Personality style and hypnotizability: The fix-flex continuum«, in: *Psychiatric Medicine* 10, Nr. 1 (1992), S. 18.
7. Marcia Greenleaf et al., »Hypnotizability and recovery from cardiac surgery«, in: *American Journal of Clinical Hypnosis* 35, Nr. 2 (Oktober 1992), S. 119–129.
8. R. T. D. Oliver, »Surveillance as a possible option for mangagement of metastatic renal cell carcinoma«, in: *Seminars in Urology* 7, Nr. 3 (August 1989), S. 149–152.
9. Ian Wickramasekera, »Observations, speculations and an experimentally testable hyposthesis: On the presumed efficacy of the Pesiston and Kulkosky procedure«, in: *Biofeedback,* Bd. 21, Nr. 2 (Juni 1993), S. 19.
10. Zitiert nach *The Heart of Healing,* Turner Broadcasting System, Inc., Atlanta 1993.
11. Ebenda.
12. Theodore X. Barber, »Changing ›unchangeable‹ bodily processes by (hypnotic) suggestions: A new look at hypnosis, cognitions, imagining and the mind-body problem«, in: *Advances* 1, Nr. 2 (Frühjahr 1984), S. 31.
13. K. W. Pettingale und andere, »Mental attitudes to cancer: an additional prognostic factor«, in: *The Lancet* (1985), S. 750.
14. Marco J. DeVries, »Healing and the process of healing: The synthesis of the mind and heart in medicine«, in: *Humane Medicine* 1, Nr. 2 (Oktober 1985), S. 55 f.
15. Yujiro Ikemi et al., »Psychosomatic considerations on cancer patients who have made a narrow escape from death«, in: *Dynamic Psychiatry* 8, Nr. 2 (1975), S. 85.
16. Zitiert nach Howard Hall, »Hypnosis and the immune system: A review with implications for cancer and the psychology of healing«, in: *American Journal of Clinical Hypnosis* 25, Nr. 2–3 (Oktober 1982-Januar 1983), S. 97.
17. Gary Peterson, persönliche Mitteilung.
18. Scott D. Miller und Patrick J. Triggiano, »The psychophysiological investigation of multiple personality disorder: Review and update«, in: *American Journal of Clinical Hypnosis* 35, Nr. 1 (Juli 1992), S. 54, nach unveröffentlicher Studie von Shepard und Braun, 1985.
19. Ebenda S. 55, nach einer unveröffentlichten Studie von Hunter, 1986.
20. Candace Pert, persönliche Mitteilung, Juli 1994.
21. Johannes N. Schilder, Vortrag zur Tagung »Healing: Beyond Suffering and Death, First International Conference on Transcultural Psychiatry«, Montreal / Quebec Juni 1993.

22. Schilder und DeVries, a. a. O.
23. Johannes N. Schilder, a. a. O., Juni 1993.
24. Johannes N. Schilder, »Het geheim van een lastige patiënt: Spontane regressie van kanker onderzocht«, in: *MGZ* 19 (Juni 1991), S. 4–8.
25. Piero Ferrucci, *What We May Be: Techniques for Psychological and Spiritual Growth Through Psychosynthesis,* Los Angeles 1982, S. 47.
26. William Blake, aus »The Four Zoas«, übersetzt nach *Poetry and Prose of William Blake,* hrsg. v. Geoffrey Keynes, London 1961, S. 293.
27. Bruce Bower, »Mind-survival link emerges from death data«, in: *Science News,* (6. November 1993), S. 293.
28. Paul Tillich, »The meaning of health«, in: *Religion and Medicine: Essays on Meaning, Values and Health,* hrsg. v. David Belgum, Ames, Iowa 1967, S. 9 f.

Kapitel 7
Das Wunder zu überleben

1. Suzanne C. Kobasa, Salvatore R. Maddi und Stephen Kahn, »Hardiness and health: A prospective study« *Journal of Personality and Social Psychology* 42, Nr. 1 (1982), S. 168–177, sowie Clive Wood, »Buffer of hardiness: An Interview with Suzanne C. Ouellette Kobasa«, in: *Advances* 4, Nr. 1 (1987), S. 37–45.
2. Al Siebert, *The Survivor Personality,* Portland, Oregon 1993, S. 23f.
3. Joel Dimsdale, »The coping behavior of Nazi concentration camp survivors«, in: *American Journal of Psychiatry* 131, Nr. 7 (Juli 1974), S. 793.
4. Victor E. Frankl, *Man's Search for Meaning,* New York 1984, S. 170.
5. Victor E. Frankl, ... *trotzdem ja zum Leben sagen: Ein Psychologe erlebt das Konzentrationslager,* München 1977, S. 26.
6. Ebenda, S. 37.
7. Ebenda, S. 128.
8. Ebenda, S. 129.
9. Ebenda, S. 122.
10. Ebenda, S. 63.
11. Geoffrey M. Reed et al., »Realistic acceptance as a predictor of decreased survival time in gay men with Aids«, in: *Health Psychology,* im Druck.
12. George F. Solomon et al., »An intensive psychoimmunologic study of long-surviving persons with Aids«, in: *Annals of the New York Academy of Sciences* 496 (1987), S. 647–655.
13. George F. Solomon et al., »Prolonged asymptomatic states in HIV-seropositive persons with fewer than 50 CD4+T cells per MM^3«, in: *Journal of Acquired Immune Deficiency Syndrome* 6, Nr. 10 (Oktober 1993), S. 1172f.

Kapitel 8
Die soziale Bindung

1. Janice K. Kiecolt-Glaser et al., »Negative behaviour during marital conflict is associated with immunological down-regulation«, in: *Psychosomatic Medicine* 55, Nr. 5 (19–), S. 395–409.
2. Susan Kennedy, Janice K. Kiecolt-Glaser und Roland Glaser, »Immunological consequences of acute and chronic stressors: Mediating role of interpersonal relationships«, in: *British Journal of Medical Psychology* 61 (1988), S. 77–85.
3. James S. Godwin et al., »The effect of marital status on stage, treatment and survival of cancer patients«, in: *Journal of the American Medical Association* 258, Nr. 21 (4. Dezember 1987), S. 3125.
4. Richard Katz, *Boiling Energy,* Cambridge, Magisterarbeit 1982, S. 40 f.
5. Daniel Goleman, »Doctors find comfort is a potent medicine«, in: *The New York Times,* 16. Februar 1991, B5, B8.
6. Jane E. Brody, »Maintaininig friendships for the sake of health«, in: *The New York Times,* 5. Februar 1992, B8-B9.
7. Margaretta K. Bowers und Charles Weinstock, »A case of healing in malignancy«, in: *Journal of the American Academy of Psychoanalysis* 6, Nr. 3 (1978), S. 393–402.
8. Fawzy I. Fawzy et al., »A structured psychiatric intervention for cancer patients: I. Changes over time in methods of coping and affective disturbances; II. Changes over time in immunological measures«, in: *Archives of General Psychiatry* 47 (August 1990), S. 720–725, 729–735; Fawcy I. Fawcy et al., »Malignant melanoma: Effects of an early structured psychiatric intervention, coping, and affective state on recurrence and survival 6 years later«, in: *Archives of General Psychiatry* 50, Nr. 9 (September 1993), S. 681–689.
9. J. L. White und R. C. Labarba, »The effects of tactile and kinesthetic stimulation on neonatal development in the premature infant«, in: *Developmental Psychobiology* 9 (1976), S. 569–577. Zitiert nach Martin Reite, »Touch, attachment, and health: Is there a relationship?«, *Touch: The Foundation of Experience,* hrsg. v. Kathryn E. Barnard und T. Berry Brazelton, Madison 1990, S. 200.
10. Ainslie Meares »Regression of osteogenic sarcoma metastases associated with intensive meditation«, in: *Medical Journal of Australia* 2 (21. Oktober 1978), S. 433.
11. Ebenda, S. 433.
12. Goleman, a. a. O., B8.
13. Mark J. Plotkin, *Tales of a Shaman's Apprentice,* New York 1994, S. 79.
14. George J. Shen, »The study of mind-body effects and Qi Gong in China«, in: *Advances* 3, Nr. 4 (Herbst 1986), S. 139 f.
15. Institute of Noetic Sciences, *The Heart of Healing,* Atlanta 1993, S. 131.
16. F. S. Bragnal et al. »Survival of patients with breast cancer attending Bristol Cancer Help Centre«, in: *The Lancet* 336 (8. September 1990), S. 606–610.

17. T. A. B. Sheard. »Letters to the Editor«, in: *The Lancet* 336 (10. November 1990), S. 1186.
18. Liz Hunt »Cancer charities attacked for lack of fund control«, in: *The Independent,* 7. Januar 1994, S. 15.

Kapitel 9
Das Heilsystem

1. Robert Ader und Nicholas Cohen, »Behaviorally conditioned immunosuppression«, in: *Psychosomatic Medicine* 37, Nr. 4 (Juli – August 1975), S. 333–340.
2. Zur Diskussion um das Heilsystem siehe Norman Cousins, *Head First: The Biology of Hope and the Healing Power of the Human Spirit,* New York 1989, S. 122 ff. Siehe auch Norman Cousins, *Human Options: An Autobiographical Notebook,* New York 1981, S. 205.
3. Charles Weinstock, »Notes on ›spontaneous‹ regression of cancer«, in: *American Society of psychosomatic Dentistry and Medicine. Journal* 24, Nr. 4 (1977), S. 106–110.
4. Siehe Georg Feuerstein, »Cultivating the Power of Intuition«, in *The Quest* (August 1994), S. 36.
5. Brief vom 5. November 1986.
6. J. W. Bell, J. E. Jesseph und R. S. Leighton, »Spontaneous regression of bronchogenic carcinoma with five-year survival«, in: *Journal of Thoracic and Cardiovascular Surgery* 48, Nr. 6 (Dezember 1964), S. 984–990.
7. Hugh E. Stephenson jr. et al., »Host immunity and spontaneous regression of cancer evaluated by computerized data reduction study«, in: *Surgery, Gynecology and Obstetrics* 133 (Oktober 1971), S. 649–655.
8. J. W. Bell, »Possible immune factors in spontaneous regression of bronchogenic carcinoma: Ten-year survival in a patient treated with minimal (1,200 r) radiation alone«, in: *American Journal of Surgery* 120 (Dezember 1970), S. 804.
9. Ebenda S. 105.
10. Ebenda.
11. Ebenda.
12. Zitiert nach Ruth Bolotin, »Cancer can be conquered«, in: *The Saturday Evening Post* Mai 1974, S. 24–29.
13. David Spiegel, »Dissociation and hypnotizability in posttraumatic stress disorder«, in *American Journal of Psychiatry* 145, Nr. 3 (März 1988), S. 304.
14. David Spiegel, »Psychological aspects of cancer«, in: *Current Opinion in Psychiatry* 4 (1991), S. 892.
15. William F. Sindelar und Alfred S. Ketcham, »Regression of cancer following surgery«, in: *National Cancer Institute Monograph* Nr. 44 (November 1976), S. 82 f. Die Autoren heben hervor, daß nach »chirurgischen Verfahren verstärkt Steroide, Katecholamine und verschiedene Stoffwechselprodukte zirkulieren. Steroide haben bei verschiedenen tierischen Organismen nachweislich

zu einer Rückbildung von Krebs geführt, und von gewissen menschlichen Neoplasmen ist bekannt, daß sie im Wachstumsmuster auf hormonelle Substanzen reagieren.«

16. Basil A. Stoll, »Restraint of growth and spontaneous regression of cancer«, in: *Mind and Cancer Prognosis* New York 1979, S. 23.
17. Jeanne Achterberg, *Imagery in Healing: Shamanism and Modern Medicine,* Boston 1985, S. 175.
18. Jeanne Achterberg, »Healing images and symbols in nonordinary states of consciousness«, in: *ReVision* 16, Nr. 4 (Frühjahr 1994), S. 150.
19. David Livingstone, *Missionsreisen und Forschungen in Südafrika während eines sechzehnjährigen Aufenthaltes,* übers. v. Hermann Lotze, Leipzig 1858, S. 7.
20. Raymond Prince, »Shamans und endorphins: Hypotheses for a synthesis«, in: *Ethos* 10, Nr. 4 (Winter 1982), S. 415.
21. Ebenda S. 416.
22. Persönliche Mitteilung von 1993, siehe auch Eugene G. Peniston und Paul J. Kulkowsky, »Alpha-theta brainwave neuro-feedback for Vietnam veterans with combat-related post traumatic stress disorder«, in: *Medical Psychotherapy* 4 (1991), S. 1–14.
23. »Trauma and Memory II: The Instrusive Past«, Video der Cavalcade Productions, Inc. 1993.
24. Basil A. Stoll, a. a. O., S. 25.
25. L. LeShan und M. L. Gassman, »Some observations on psychotherapy with patients with neoplastic disease«, in: *American Journal of Psychotherapy* 12 (1958), S. 723–734.
26. David Spiegel et al., »Effect of psychosocial treatment on survival of patients with metastatic breast cancer«, in: *The Lancet* 14. Oktober 1989, S. 888 ff.
27. Bericht in *Science* von 1989, zitiert nach Marcia Barinaga, »Can psychotherapy delay cancer deaths?« in: *Science* 246 (27. Oktober 1989), S. 448 f.
28. Daniel Goleman, »Cancer patients benefit from therapy groups«, in: *New York Times* 23. November 1989, B7.
29. David Spiegel, »A psychosocial intervention and survival time of patients with metastatic breast cancer«, in: *Advances* 7, Nr. 3 (Sommer 1991), S. 15.
30. Ebenda.
31. Ebenda.
32. Ebenda S. 16 f.
33. David Spiegel, »The role of emotional expression on cancer survival«, Vortrag für die Jahrestagung der American Psychological Association, San Francisco, 12. August 1991, S. 11.
34. David Spiegel, »A psychosocial intervention ...«, S. 10.
35. Ebenda S. 14.
36. Jeffrey S. Levin, »Does religious involvement protect against morbidity and mortality?« *Bridges* (Nachrichtenmagazin, ISSSEEM), im Druck.
37. Jeffrey S. Levin, »Religion and health: Is there an association, is it valid, and is it causal?« in: *Social Science and Medicine* 38, Nr. 11 (1994), S. 1478.

38. Avram Goldstein, »Thrills in response to music and other stimuli«, in: *Physiological Psychology* 8, Nr. 1 (1980), S. 126–129.
39. Studie von Wolfgang Jilek von 1974, zitiert nach Melinda Maxfield, »The journey of the drum«, in: *ReVision* 16, Nr. 4 (Frühjahr 1994), S. 159.
40. Ebenda.
41. Ebenda S. 160 f.
42. Jeff Volk, »Of sound mind and body«, Video der Lumina Productions, 1992.
43. Deforia Lane, »Music therapy: A gift beyond measure«, in: *Oncology Nursing Forum* 19, Nr. 6 (1992), 863–867.
44. Denis Stillings (Hrsg.), »Cyberphysiology: The Science of Self-Regulation«, Nr. 2, in: *Time, Mind and Medicine,* St. Paul 1988, S. 3.
45. Lewis Thomas, *The Medusa and the Snail,* New York 1980, S. 81.
46. Walter Cannon, »Stresses and strains of homeostasis«, in: *American Journal of the Medical Sciences* 189 (1935), S. 2, zitiert nach Steven Locke, *The Healer Within: The New Midicine of Mind and Body,* New York 1986, S. 13.
47. Jonathan Crary et al. (Hrsg.), *Fragments for a History of the Human Body: Part One,* New York 1989, S. 22.

Kapitel 10
Auf dem Weg zu einer neuen Medizin

1. Steven A. Rosenberg und John M. Barry, *The Transformed Cell: Unlocking the Mysteries of Cancer,* New York 1992, S. 18.
2. Richard E. Peschel und Enid Rhodes Peschel, »Medical Miracles from a physician-scientist's view-point«, in: *Perspectives in Biology and Medicine* 31, Nr. 3 (Frühjahr 1988), S. 397 f.
3. Ebenda S. 396.
4. Melville, Herman, Mobby Dick, übers. v. Thesi Mutzenbecher, Hamburg 1956, S. 7; Bibelstelle: Hiob 1,19.
5. Edward T. Creagan et al., »A Phase I–II Trial of the Combination of Recombinant Leukocyte A Interferon and Recombinant Human Interferon [gamma] in Patients with Metastatic Malignant Melanoma«, in: *Cancer* 62, Nr. 12 (15. Dezember 1988), S. 2473.
6. Marilyn J. Koering, »When a cell goes astray (melanocytes)«, privat in Umlauf gebrachte Essays: *A New Beginning: Reflections of a Cancer Survivor, A Collection of Inspirational Essays,* copyright Marilyn J. Koering, Washington D. C. 1993.
7. Leserbrief in *The Wall Street Journal* 15. Juni 1988.
8. Leserbrief in *Time* 12. März 1990.
9. Leserbrief in *Hippocrates* (Mai–Juni 1989), S. 8.
10. Marilyn J. Koering, a. a. O.
11. Marilyn J. Koering, »It is ›OK‹ to Cry«, a. a. O.
12. Marilyn J. Koering, »Chasing the Apricot Pit«, a. a. O.
13. Marilyn J. Koering, a. a. O.

14. Marilyn J. Koering, »Which Way«, a. a. O.
15. Marilyn J. Koering, »Today«, a. a. O.
16. Marilyn J. Koering, »Perfect Moments«, a. a. O.
17. Karen Olness und Robert Ader, »Conditioning as an adjunct in the pharmacotherapy of lupus erythematosus«, in: *Journal of Developmental and Behavioral Pediatrics* 13, Nr. 2 (April 1992), S. 125.
18. Lewis Thomas, *The Medusa and the Snail: Notes of a Biology Watcher*, New York 1979, S. 80f.
19. Alan H. Roberts, »The magnitude of nonspecific effects«, Vortrag zur Conference of Examining Research Assumptions in Alternative Medical Systems, NIH Office of Alternative Medicine, National Institutes of Health, Bethesda, MD, 11. – 13. Juli 1994, S. 2.
20. Ebenda S. 18.
21. Jeanne Achterberg und G. Frank Lawlis, »Letters: Human research and studying psychosocial interventions for cancer«, in: *Advances* 8, Nr. 4 (Herbst 1992), S. 2.
22. Ebenda S. 3.
23. Ebenda.
24. Ebenda S. 4.
25. »The vanishing cancer«, Sendung der ABC News vom 1. April 1994.
26. Marcia Angell, »Disease as a reflection of the psyche«, in: *New England Journal of Medicine* 312, Nr. 24 (13. Juni 1985), S. 1570 ff.
27. Redford B. Williams jr. et al., »Disease as a reflection of the psyche: Letters to the editor«, in: *New England Journal of Medicine* 313, Nr. 25 (21. November 1985), S. 1356–1359.
28. Mitchell May, persönliche Mitteilung vom Juli 1993.
29. Johannes Schilder, »Long-term surviving cancer patients and the ultimate: spontaneous regression of cancer, a study of psychosocial factors involves«, in: *Healing: Beyond Suffering or Death*, Luc Bessette (Hrsg.), Quebec 1994, S. 449–454.
30. Wighard Strehlow und Gottfried Hertzka, *Hildegard of Bingen's Medicine*, nach der englischen Übersetzung von Karin Anderson Strehlow, Santa Fe 1988, S. XXVI f.
31. Zitiert nach Norman Cousins, *Head First: The Biology of Hope and the Healing Power of the Human Spirit*, New York 1989, S. 195.

Register

Erforschung von Spontanremissionen bei bösartigen Erkrankungen

Die von Professor W. M. Gallmeier geleitete und durch die Deutsche Krebshilfe geförderte »Arbeitsgruppe Biologische Krebstherapie« an der 5. Medizinischen Klinik / Institut für Medizinische Onkologie und Hämatologie der Stadt Nürnberg erforscht Spontanremissionen von bösartigen Krankheiten (Krebs-, Leukämie- und Lymphomerkrankungen).

Falls Sie der Meinung sind, daß bei Ihrer Krankheit eine Spontanremission oder eine unerwartete Genesung vorliegt, so bitten wir Sie, mit den Ärzten der »Arbeitsgruppe Biologische Krebstherapie« Kontakt aufzunehmen. Ihre Angaben werden natürlich vertraulich behandelt und unterliegen der ärztlichen Schweigepflicht.

Bitte füllen Sie den umseitigen Fragebogen aus und senden Sie ihn an die angegebene Adresse.

Wir danken für Ihre wichtige Mithilfe.

Für die
Arbeitsgruppe Biologische Krebstherapie

Dr. med. Herbert Kappauf
Oberarzt der 5. Medizinischen Klinik
Internist – Hämatologie / Psychotherapie
Flurstraße 17
90340 Nürnberg

Arbeitsgruppe Biologische Krebstherapie Tel.: 0911 / 398-3056
Dr. med. Herbert Kappauf
5. Medizinische Klinik 5
Institut Medizinische Onkologie und Hämatologie
Klinikum Nord
Flurstr. 17
90340 Nürnberg

Name: .... Adresse: ....

Vorname: ....

Geb. Datum: ....

Geburtsort: .... Telefon: ....

Geschlecht M ☐ W ☐ Fax: ....

Medizinische Bezeichnung Ihrer Krankheit, bei der eine Spontanremission eingetreten ist: ....

Diagnosezeitpunkt: ....

Seit wann ist die Remission bekannt: ....

Durchgeführte Behandlung:
Operation ☐ Chemotherapie ☐ Hormontherapie ☐
alternative medizinische Behandlung ☐ keine Therapie ☐

Erläuterungen: ....

....

Worauf führen Sie Ihre Genesung zurück: ....

....

Wenn möglich, legen Sie einen aktuellen Arztbrief über Ihre Krankheit in Kopie bei.

Sind Sie einverstanden, daß Ärzte der »Arbeitsgruppe Biologische Krebstherapie« Sie oder Ihren Hausarzt (eventuell Adresse und Telefonnummer des behandelnden Arztes angeben) per Brief oder Telefon kontaktieren, um weitere Informationen einzuholen?
Entbinden Sie Ihren Arzt dahingehend von seiner Schweigepflicht?

Ja ☐ Nein ☐

Unterschrift ....